Sand in ihren Schuhen

Petra Liermann

Sand in ihren Schuhen

Biografischer Roman

Für Mariam

2. Auflage

Kontakt: Petra Liermann – Mail: info@lichtpfad-reiki.de

Du warst nie allein, bist nicht allein und wirst nie allein sein.
Alles, was du denkst und fühlst, wird gehört. In jeder Phase,
auch in der dunkelsten deines Lebens, wirst du unendlich geliebt."
(Robert Betz)

I

Auch wenn mein Leben sehr konservativ und geordnet anfing und die zu erwartende Entwicklung offensichtlich wenig aufregend zu sein schien, wurde es doch eine Geschichte, die für jeden etwas dabei hat: Romantik, Spannung und fremde Kulturen. Aber auch in Bezug auf Spiritualität gibt es einige interessante Entwicklungen, die wohl bis zu meinem 25. Lebensjahr niemand von mir erwartet hätte.

Wie erwähnt begann mein Leben in einer gut bürgerlichen, der Mittelschicht angehörenden Familie, bestehend aus Vater – Mutter – Kind. Meine Eltern sparten fleißig für den jährlichen Urlaub im Schnee und den Sommerurlaub im netten Vier-Sterne-Hotel auf den Kanaren. Nebenbei gab es die Haushaltskasse, ein Sparbuch und alle fünf Jahre ein neues Auto. Als echte Flüchtlingskinder, die unter den Auswirkungen des Zweiten Weltkriegs gelitten hatten, waren meine Eltern sehr bedacht auf finanzielle Sicherheiten. Aber auch ein angepasstes Benehmen, mit dem man in der Umgebung nicht auffiel und das Streben nach Zugehörigkeit zur „besseren Gesellschaft" prägten meine Erziehung. Dementsprechend waren gute Noten in der Schule ein Thema, über das man erst gar nicht diskutieren brauchte. Selbstverständlich war das Kind eine gute Schülerin und konnte sich schon mit sechs Jahren in einem Fünf-Sterne-Hotel im Sauerland benehmen. Während andere Kinder noch mit den Fingern in ihrem Kartoffelbrei herum wühlten, wusste ich, dass man das Besteck von Außen nach Innen benutzt und fand es wenig komisch, dass für ein Essen drei Gläser und acht Besteckteile ausgelegt wurden.

Meine Mutter fand ich schön, ihre Schuhe probierte ich heimlich an und ihre wöchentlichen Pflegemaßnahmen betrachtete ich mit Interesse. Leider teilte ich ihren Geschmack bei Kleidung nicht und so war das Einkaufen ein Gräuel für mich. Ich erinnere mich noch lebhaft an die Zeit, in der lange Haare und eine Vanilla-Hose oder der Stufenrock total „In" waren und ich kurzhaarig und Tränen überströmt aus einem Kaufhaus kam, weil ich eine braune Cordhose mit passender Weste und ein braun kariertes Hemd mit einem Schnürsenkel um den Kragen bekommen hatte. Bis heute ist mir die Farbe Braun bei Kleidung verhasst. Meine Mutter zog mich nach ihren Maßstäben schick und vorteilhaft an. Denn so lange ich mich erinnern kann, hatte ich ja nie eine Standardgröße. Zum Leid meiner Eltern war der Babyspeck nicht mit zwölf Jahren verschwunden, sondern blieb in Form von drei bis vier Kilogramm Übergewicht an meinen Hüften kleben. Da dies nicht der perfekten Tochter entsprach und das Schönheitsideal weitestgehend erreicht werden sollte, kannte ich in jungen Jahren nicht nur die 600 Kalorien-Abnehm-Kur im Schwarzwald, sondern auch die Brigitte Diät für zu Hause. Ein Grund, warum ich diese Zeitung bis heute sehr vorsichtig in die Hand nehme. Leider waren Diätkuren Anfang der 80er Jahre noch nicht sehr weit fortgeschritten, sodass wir in einem netten Hotel in Bad Steben saßen, tolles Essen serviert wurde, bei dem das Fleisch in cremigen Soßen nur so schwamm und mein Teller eben dieses Essen in Miniaturausgabe enthielt. Ich hatte ständig Hunger. Auch Massagen wurden mir für den Rest meines Lebens verdorben. Zwar erzählte man mir, dass ich besonders empfindlich sei und die blauen Flecken nach ein paar Tagen schon weggehen würden, aber glauben konnte ich das nicht wirklich. Auch wenn diese Maßnahmen zeitweise von Erfolg gekrönt schienen, hatte mein Körper sein natürliches Wohlfühlgewicht scheinbar anderswo. Sehr zum Leidwesen meiner Mutter, die es nie aufgab, mir vor Augen zu führen, welch hübsches Mädchen ich hätte sein können.

Da ich natürlich früh eingeschult worden war, hatte ich die Rolle des Klassenkükens inne und gelangte so naturgemäß auch später in die Pubertät als meine Mitschüler. Da körperliche Nähe für mich ein Mysterium war, hörte ich meinen Klassenkameradinnen bei den Erzählungen über ihre ersten Erfahrungen mit Jungen sehr interessiert zu. Über mehr als eine Kleinmädchenschwärmerei ging es bei mir jedoch nicht hinaus. Die waren zwar dauerhaft und intensiv, brachten aber nichts. Bis heute kenne ich noch das Autokennzeichen dieses tollen Jungen aus der 12. Klasse, wegen dem ich Stunden in der Kälte zubrachte, nur um ihn einmal zu sehen. Während bei unserer ersten Klassenfahrt mit Übernachtung in Südtirol die meisten abends knutschend in der Ecke lagen, sah ich diesem Schauspiel fasziniert zu und wurde so als idealer Kummer-kasten sowohl für den weiblichen wie auch den männlichen Part einer Beziehung auserkoren. Auch meine Aufklärung erhielt ich auf diesem Weg. Denn solch intime Details wären zu Hause niemals Thema gewesen. So hielt mich meine Angst vor einer Schwangerschaft selbst vom Küssen ab. Denn wer weiß, was da alles so passieren konnte.

Während ich mich also Lernen, Diäten, dem Orgelspielen (mein heiß ersehntes Klavier hätte die Nachbarn verärgern können) und freundschaftlichen Treffen mit Schulkolleginnen widmete, tobte das Liebesleben bei den anderen. Doch keiner hatte die Tanzschule einkalkuliert. Dieser Sündenpfuhl brachte mich zum Leidwesen meiner Eltern doch noch vom rechten Weg ab. Denn hier lernte man nicht nur Tanzen. Sicher, wir tanzten Partyfox bis die Sohlen qualmten, aber viel wichtiger war der Klammerblues. Und um hier einen tollen Partner abzubekommen, rasten wir jedes mal vor dem Tanzcafé schnell auf die Damentoilette und packten unser Schminkzeug aus. Kajal, Wimperntusche, Rouge und Lidschatten waren Allgemeingut und hätten meine Eltern mich jemals so gesehen, hätte ich das Haus bestimmt nie wieder verlassen.

Da ich schon immer einen Hang zu Machotypen ohne vorhandenes Gefühlsleben hatte, versuchte ich mich mit 15 auch beim Tanzen an solchen. Und war verwundert, als ich plötzlich bei einem echt süßen Softie landete, der mir endlich die ersehnte Frage stellte, ob ich vielleicht „mit ihm gehen" wolle. Da weit und breit und seit geraumer Zeit kein anderer Junge in Reichweite gewesen war, dachte ich mir, dass ich das doch einfach mal versuchen könnte. Christian war wirklich niedlich. Und schüchtern. Was mir mit meinen nur aus Erzählungen vorhandenen Erfahrungen sehr entgegen kam. Meistens hielten wir Händchen, aber das sehr gerne. Und wir trafen uns oft und freuten uns immer mehr darauf.

Während Christian Sohn einer alleinerziehenden Mutter war, die tagsüber arbeiten ging und ihrem Kind alle Freiheiten ließ, traute ich mich bei meinen Eltern nicht wirklich, von meinem neuen Freund zu berichten. Aber irgendwann wollte ich auch stolz sein und die Heimlichkeiten beenden. Das Donnerwetter zu Hause war bestimmt noch in Afrika zu hören. Zu jung, was sollen die Nachbarn denken, vielleicht mal mit 18, der schlechte Umgang in der Schule ist schuld, nie wieder Tanzschule, Hausarrest bis zur Rente und ähnliche Dinge wurden mir um die Ohren gepfeffert. So lernte ich schnell, dass Verheimlichen und Verschweigen ein guter Weg waren. Fortan trafen wir uns in der Stadt, bei Christian oder in der Tanzschule. Wenigstens konnte so nicht viel passieren. Eigentlich war dieser Junge ein echter Traumfreund. Als ich in den Ferien in ein Kloster nach Meschede fuhr, packte ihn die Sehnsucht und er besuchte mich. Sein gesamtes Taschengeld war für die Zugfahrt draufgegangen, aber es hatte sich gelohnt. Wenn da nicht ein Machotyp gewesen wäre, der im Stall arbeitete. Den wollte ich viel lieber. Das zwar nur zeitweise, aber der Fehler war passiert.

Im zarten Alter von 16 lernte ich, dass ältere Jungs höhere Ansprüche an Beziehungen in Form von körperlichem Kontakt stellten und dass man eben in den sauren Apfel beißen muss, wenn man so jemanden will. Eigentlich ein System, das ich gut kannte, denn wer gute Noten nach Hause bringt, sich zu benehmen weiß und den Vorgaben entspricht, wird mit Stolz und Liebe belohnt. So schien es auch in Beziehungen zu sein. Also übertrug ich dies auf den Macho. Der nach seinem Erlebnis eigentlich nichts mehr von mir wollte, da er ja eine Freundin hatte. Doch als Idealistin und Optimistin, die ich schon immer war, beendete ich bei meinem Nachhause-Kommen mal eben die Beziehung zu Christian. Bis heute tut mir das leid. Nicht nur, weil ich eigentlich nur in Christian verschossen war, sondern auch, weil dieser danach in ein wirkliches Loch fiel, seinen Körper mit Piercings und Tattoos versah und mit dem Abschaum unserer Stadt bei einem Joint eine Flasche Schnaps im Park leerte.

Nach diesem einschneidenden Erlebnis wurde es ruhig in meinem Liebesleben. Die Jungs, die ich toll fand, guckten mich nicht an, die, die mich toll fanden, fand ich total langweilig. Eigentlich hatte ich Glück, dass es nur bei dem einen dramatischen Erlebnis blieb, das ich mit 17 erlebte, als ich mich in einen 23jährigen verliebte, der so gar nicht meine Kragenweite hatte. Schon immer sehr offen für Neues, mit einer großen Klappe und einem Naturtalent im Flirten hatte ich Holger so weit gereizt, bis ich mich auf einmal spät abends in seinem Manta auf einem einsamen Parkplatz wiederfand. Eigentlich wollte ich das nicht, aber meine große Klappe hatte mich dahin gebracht und ein Rückzieher kam für mich ja nun gar nicht in Frage.

Also stand ich mein „erstes Mal" durch und fragte mich nicht nur, was alle so toll daran fänden, sondern am nächsten Tag auch, wie es mir passieren konnte, dass ich in der Notfallambulanz im Krankenhaus saß, um die „Pille danach" zu bekommen. Mit 17 ist das gar nicht so einfach. Nachdem ich einem Arzt mein Dilemma geschildert hatte, holte der den nächsten, der sich alles genauestens schildern ließ, um dann wiederum einen Kollegen dazu zu bitten. Am Ende musste ich noch eine Apotheke mit Notdienst finden, die mir mein ganzes Taschengeld abnahm, nur damit ich am Abend Holger begegnen durfte, der mich nicht mehr ansah. Eine sehr heilsame Erfahrung, die mich die nächsten drei Jahre vor ähnlichen Begebenheiten schützte. Manchmal war ich zwar frustriert, weil es für meinen Topf irgendwie keinen Deckel gab, aber ich fand meine Erfüllung in meinem Dasein als Kummerkasten und diversen Schwärmereien.
Zu Hause fühlte ich mich aber mehr und mehr fehl am Platz. Schon länger hielt ich es für fragwürdig, ob dies wirklich meine Eltern sei-

en oder ich nicht vielleicht doch vertauscht worden war. Weder war ich konservativ, noch hatte ich das Bedürfnis, Geld zu horten. Ich fand alles Neue interessant, ging gerne ein Risiko ein und sah meine Zukunft nicht in einer Ehe, Kinderkriegen und einen Mann umsorgen. Dementsprechend war das Verständnis bei meinen Eltern gleich Null. Schon früh hatte ich aufgegeben, meine Sichtweise verständlich machen zu wollen.

Und mit steigendem Alter wurden diese Probleme immer massiver. Ich probierte heimlich einfach alles aus. Rückblickend muss ich sagen, dass ich vor wirklich gefährlichen Dingen immer genügend Respekt hatte. Drogen und Alkohol waren für mich von jeher ein natürliches Tabu. Trotzdem versuchte ich diverse verbotene Dinge. Das Rauchen ist geblieben, während durchgeknallte Typen schnell wieder verschwanden. Ich jobbte in einer Pennerkneipe, besuchte esoterische Gruppen und verbrachte meine Zeit mit den wirklich schlimmen Jungs. Die Mitarbeit im CVJM war zwar weniger abgefahren, dafür aber mindestens genauso traumatisch. Einen Höhepunkt erreichte die häusliche Krise, als mein Abitur bevorstand und ich mich an einer Universität einschreiben wollte. Denn da ich nicht gerade mit beruflichem Ehrgeiz und Durchhaltevermögen gesegnet bin, weigerten sich meine Eltern, weitere Jahre der Ausbildung zu finanzieren. BaföG kam aufgrund der Einkommensverhältnisse nicht in Frage.

Meine Eltern stellten sich einen sicheren, angesehenen Beruf vor, insbesondere mein Vater argumentierte, dass er kein Studium finanzieren würde, damit ich hinterher verheiratet hinter einem Herd landen würde. Wie meistens fügte ich mich. Zwar brodelten in meinem Inneren Träume von einer Gesangskarriere, einem Studium der Rechtswissenschaften und ähnliche absurden Dingen, dennoch begann ich eine Ausbildung zur Diplom-Verwaltungswirtin. Das hört sich vielleicht toll an, ist aber eigentlich nichts weiter als eine sichere, angesehene Karriere als gute deutsche Beamtin.

Mit Beginn der Ausbildung durfte ich auch das erste Mal die Freiheit einer eigenen Wohnung in Berlin kennenlernen. Ich genoss mein Leben, das eigenen Geld und die neu gewonnene Freiheit. Und als ich mit 20 dann Elmar kennenlernte, war das Glück meiner Eltern doch noch perfekt. Als Student der Elektrotechnik, einem Krankenhausdirektor als Vater und mit einem perfekten Benehmen ausgestattet, entsprach dieser genau der Vorstellung meiner Eltern von einem idealen Schwiegersohn. Leider sind perfekt erscheinende Dinge meist ziemlich chaotisch unter der Oberfläche und auch bei Elmar war dies nicht anders. Zwar war er ein richtig netter Kerl und ich war wirklich verliebt in ihn, jedoch verstärkte sich mein Verdacht, dass ein erfülltes Sexualleben genauso realistisch ist wie ein lilafarbenes Schwein, das Eier legen kann.

Zeitweise hatte ich den Gedanken, mich bei einem Psychologen behandeln zu lassen, weil ich frigide sein könnte. Aber alles im allem war ich zufrieden, bis neben Elmars steigendem Alkoholkonsum diverse andere Frauen unsere Beziehung störten. Auch seine Begründung, er müsse seine sexuellen Fantasien ausleben und wolle mir dies nicht „antun", half nicht darüber hinweg, dass ich betrogen worden war. Vielleicht hätte meine Bereitschaft zum Leiden eine andere Frau noch überstanden, drei waren jedoch definitiv zu viel. Auch wenn es eine für Sex an öffentlichen Orten, eine für Sado-Maso Spiele und eine andere für den Quickie zwischendurch war. Elmar weinte mir hinterher, während ich mich bei einem Urlaub in Zandvoort mit einem holländischen Croupier namens Fritz tröstete, der zwar die erste Liebe auf dem ersten Blick für mich war, jedoch leider auch verheiratet. Ich ließ mich all den bittenden Menschen in meiner Umgebung zuliebe zwar auf einen weiteren Versuch mit Elmar ein, konnte mich am Ende jedoch nicht so weit selbst erniedrigen, dass ich seine Spielchen weiter mitmachte.

Für meine Eltern brach eine Welt zusammen und die Worte meiner Mutter erstaunen mich bis heute, denn auf die Darlegung der Gründe für die Trennung erwiderte sie nur, dass man in einer Beziehung eben manchmal auch so was ertragen müsse und Elmar ansonsten doch wirklich perfekt sei. Ihren Wunsch, mir meine Entscheidung noch einmal durch den Kopf gehen zu lassen, ignorierte ich geflissentlich.

Es folgten Jahre des steilen beruflichen Aufstiegs und einer Beziehung, die zwar nett war, jedoch eher einer Freundschaft in einer Wohngemeinschaft glich. Ich entdeckte endlich, dass ich weder frigide war noch die anderen über Sex gelogen hatten und nahm mir, nachdem die Beziehung zur „Nur-Freundschaft" umgewandelt worden war, das Recht, auch mal einen One-Night-Stand zu haben. Meine Figur, die sich zum Leidwesen meiner Mutter weiter verschlechtert hatte, war dabei zwar hinderlich, da sie mein Selbstbewusstsein deutlich schmälerte, verhinderte jedoch nicht die wichtigen Erfahrungen.

II

Mit 26 konnte ich dann nach einigen Beförderungen auf eine gute Position mit einem netten Gehalt, einen ausreichenden Erfahrungsschatz mit Männern und ein kaum vorhandenes Privatleben blicken. Nach den Maßstäben meiner Eltern befriedigend, nach meinen ziemlich langweilig. Ich beschloss, in einem Urlaub in Ägypten zu entspannen und mir über all dies Gedanken zu machen.

Schon im Flugzeug lernte ich ein Pärchen kennen, das aus meiner Umgebung kam und sehr nett schien. Annette und Gerd passten eindeutig perfekt zueinander, auch wenn ziemlich oft die Fetzen flogen. Allerdings hätte man dies auch auf die im vierten Monat befindliche Schwangerschaft von Annette schieben können, die dafür sorgte, dass sie sich ständig übergeben musste. Der Duft einer Wasserpfeife, der Geruch von Fisch oder einfach nur ein falsches Wort hatten einen Sturm aufs nächstgelegene Klo zur Folge. Trotzdem hatten wir reichlich Spaß. Wir gingen morgens an den Strand, entspannten bis zum Snack am Mittag, schwammen ein wenig, lästerten über andere Urlauber und warteten ab 18.45 Uhr wie halb verhungerte Geier auf das Öffnen des Restaurants um 19 Uhr. Abends relaxten wir an der Bar, gingen in eine Disco oder fuhren nach Hurghada zum Shoppen. Auch Männer fehlten hier nicht. Mit meinen langen, fast schwarzen Haaren und der fülligen Figur war ich hier scheinbar der Traum aller Einheimischen. Später ging mir auf, dass auch ein deutscher Pass alleine gereicht hätte, mich derartig attraktiv auf das männliche Geschlecht wirken zu lassen. Dennoch: Die Aufmerksamkeit tat mir gut und meine Selbstzweifel bezüglich meiner Figur nahmen deutlich ab.

Allabendlich drängte mich Annette, den Typen an der Rezeption anzusprechen, der mich seit unserer Ankunft anstarrte wie ein Verdurstender ein Glas Wasser. Ich suhlte mich auch in so viel Aufmerksamkeit und füllte meine Selbstbewusstseinsvorräte für harte

Zeiten in Deutschland. Weniger schön fand ich allerdings, dass dieses besondere Exemplar mich nicht ansprechen wollte. Und leider sollte der Urlaub übermorgen schon zu Ende sein.

„Eigentlich sollte man seine Sachen packen und hierhin ziehen." Annette sprach das aus, was ich auch dachte. „Das wär's. Ein bisschen arbeiten und den Rest der Zeit mit Nichtstun am Strand verbringen", träumte sie weiter.

„Du musst erst mal dein Kind auf die Welt bringen", lachte ich und schaute auf den schon leicht gerundeten Bauch. Ich hatte schon lange den Wunsch nach fremden Ländern, ihn jedoch wie alle anderen Wünsche immer begraben. Angepasst und abgesichert entsprach einfach mehr meiner Erziehung.

„Wann treffen wir uns zum Abendessen?", wollte Annette wissen. Gerd betrachtete sie ein wenig verzweifelt. Seit Annette schwanger war, verzehrte sie Unmengen an Nahrung und das hatte sich auch während ihres Urlaubs in Ägypten nicht geändert.

„Geht einfach, ich komme später hinterher." Irgendwie hatte ich so kurz vor Ende des Urlaubs keine Lust, mich von dem stummen Ägypter frustrieren zu lassen. Jeden Tag verschwand meine Hoffnung mehr, dass er sich irgendwann ein Herz fassen und seine Stimme dazu benutzen würde, mich anzusprechen.

„Im Leben nicht. Meinst du, ich will den Blick von dem Typen an der Rezeption verpassen? Ich habe noch nie jemanden gesehen, der eine Frau derartig mit seinen Blicken verschlungen hat, wie der es bei dir tut." Ich konnte nicht mehr als sie nur zweifelnd anzusehen.

„Ja, aber wenn er weiter nur starrt, wird es auch dabei bleiben. Außerdem fahren wir übermorgen ab. Da passiert eh nichts. Und für zwei Tage lohnt es sich auch gar nicht mehr, auf irgendwas zu hoffen."

„Weil du dich weigerst, einfach mal an die Rezeption zu gehen und ihn anzusprechen", erwiderte Annette.

„Was soll ich ihm denn sagen? Dass ich bemerkt habe, dass er mich anstarrt? Außerdem sind wir im Land der arabischen Machos. Wenn die es nicht schaffen, eine Frau zu umwerben und anzusprechen, wer dann?"

„Verliebt anhimmeln ist wohl der bessere Ausdruck. Der will definitiv was von dir", verbesserte Annette.

„Na ja, ein wenig vielleicht. Aber die Schweizerin, die da als Gästebetreuung arbeitet, sagte auch, dass er generell nichts mit Touristinnen anfängt und noch nicht mal mit ihnen ausgeht. Warum soll ich mich also jetzt noch zum Affen machen?" Klar fühlte ich mich geschmeichelt, andererseits aber auch betrogen, weil es beim Starren blieb. Der Mann sah gut aus, hatte ein tolles Auftreten und redete einfach nicht. Außerdem fehlte jegliche Aussicht auf ein Happy End. Knapp 5000 Kilometer waren genauso viele gute Gründe, es beim Starren zu belassen.

„Aha, du hast dich also nach ihm erkundigt?", zog Annette mich auf.

„Das kam irgendwie so", versuchte ich mich raus zu reden. Natürlich wollte ich mehr über den Mann erfahren und die Auskunft, dass er kein wild in der Gegend herum schlafender Ägypter war, der es nur auf ein Visum oder Geld abgesehen hatte, tat meinem Selbstwertgefühl schon enorm gut. Aber das musste ich Annette ja nicht gleich auf die Nase binden.

„Wir haben uns unterhalten, als ich sie nach einem Ausflug gefragt habe und da kam das Gespräch auf Männer und diesen Mann eben auch", ich wollte nun wirklich nicht zugeben, dass ich Wert auf den Kontakt legte. Aber wenn es Annette glücklich machte, mich dabei zu beobachten, dann bitte. „Ok. Wir treffen uns in einer Stunde vor dem Restaurant, damit du deinen Spaß hast." Annette lachte nur.

An diesem Abend gab ich mir besonders viel Mühe, denn irgendwie musste der Mann doch dazu zu bringen sein, dass er mich ansprach. An Erfolg bei Männern mangelte es mir nun wirklich nicht. An Liebe und Beziehungen schon eher, aber was flirten und Körperkontakte anging, hatte ich eigentlich immer Glück gehabt. Also hatte ich geduscht, mich besonders sorgfältig geschminkt und war dann in mein enges, schwarzes Kleid gestiegen. Mit einer durchsichtigen Bluse sah das nicht zu aufgetakelt, aber doch elegant aus. Und es verbarg die nicht ganz idealen Körpermaße an den richtigen Stellen und betonte die gut gebräunte Haut. Die Haare, die meiner Meinung nach mein absolutes Highlight waren, ließ ich offen. Auf dem Weg zum Hauptrestaurant war ich dann doch ein wenig nervös. Vielleicht war er ja nicht da? Oder er hatte ein neues Opfer zum Starren gefunden? Vielleicht missverstand ich ihn ja auch komplett und machte mich mit meiner Show zum Narren? Und außerdem brachte der Kerl es irgendwie fertig, mich mit seinen Blicken zu verunsichern. Was ja auch der Grund war, warum ich gar nichts mehr verstand. Denn schüchtern und unsicher wirkte er eigentlich nicht. Ich hatte zwar von einigen Mitarbeitern gehört, dass er sehr religiös war und noch nie auch nur ein privates Gespräch mit einer Touristin geführt hatte, aber trauen konnte ich der ganzen Sache nicht.

„Da bist du ja", rief Annette. „Er ist da", flüsterte sie mir grinsend ins Ohr. Ich drehte mich um in Richtung Rezeption und sah direkt in die dunkelbraunen Augen, die mich anlächelten. Mir wurde heiß und das Blut schoss mir ins Gesicht. Ertappt. Schnell sah ich weg. „Lass uns essen gehen", sagte ich zu Annette und Gerd. Besser zu flüchten und einen effektvollen Gang ins Restaurant hinzulegen, als hier zu sitzen und die Blicke zu spüren. Also stand ich lieber schnell auf und zog Annette mit. Unauffällig schielte ich noch einmal zu dem Hotelangestellten an der Rezeption. Es waren schon sehr eindeutige Blick, aber ich war zu unsicher, ob es nicht vielleicht nur ein Missverständnis wäre. Also drehte ich mich lieber um und ging Richtung Restaurant. Wir gingen direkt ans Buffet, das mal wieder mit den verschiedensten orientalischen Spezialitäten bestückt war.

„Hmmmm, ich glaube, ich nehme alles", lachte Annette. Sie nahm sich von den gegrillten Lammkoteletts und dem leckeren Reis und platzierte ihn auf einem freien Tisch, um die Hände für einen weiteren Teller frei zu haben. Kopfschüttelnd setzen Gerd und ich uns und warteten auf Annettes Rückkehr vom Buffet. Nachdem wir ausgiebig gegessen hatten und beim Nachtisch angekommen waren, führte Annette ihre Verkupplungsversuche fort.

„Ich will mal gleich fragen, wie wir heute Abend am besten noch nach Hurghada rein fahren können", sagte Annette, während sie genüsslich ihren Kuchen verzehrte.

„Geh raus und nimm Dir ein Taxi", sagte Gerd, der den Heißhunger seiner schwangeren Frau bestaunte. Annette stieß ihn in die Seite.

„Halt den Mund", grinste sie verschwörerisch.

„Ok, verstanden. Wenn du Wert darauf legst, fragen wir", erwiderte Gerd grinsend.

Ich konnte nur von einem zum anderen sehen und das Kribbeln in meinem Bauch ignorieren. Anstarren ist ja aus der Entfernung ganz schön, aber mehr? Ich konnte doch unmöglich an die Rezeption gehen, wenn der Typ da war. Hinterher entpuppte sich das alles als großes Missverständnis und mehr als berufliche Höflichkeit wäre da nicht. Dann lieber mit der Vorstellung, der Traum eines ägyptischen Rezeptionisten zu sein, nach Hause fahren.

„Macht ihr nur", sagte ich deshalb. Ich wollte Annettes Kuppelmanövern aus dem Weg gehen. „Und du kommst mit", bestimmte Annette nun, wie ich meinen Abend weiter zu verbringen hätte. Nach einigem Hin und Her, gab ich dann endlich nach.

„Ja ja, ich tue dir den Gefallen", erwiderte ich in der Hoffnung, dass Annette vielleicht nicht an den Torten würde vorbei gehen können und darüber ihr Vorhaben vergäße. Doch diese hatte ihren Plan nicht geändert und schleifte ihren Mann und mich nach dem Essen direkt zur Rezeption. Die leise Hoffnung, dass der Mann inzwischen seine Arbeitszeit beendet hatte, wurde enttäuscht. Schon von weitem wurden wir beobachtet. Ich stellte mich bewusst etwas abseits von Annette und Gerd in zweiter Reihe zur Theke auf. Aber auch als Annette ihre Frage stellte, ließ der Rezeptionist, auf dessen Namensschild Ashraf stand, mich nicht aus den Augen. Als es nichts mehr zu fragen gab, wandten sich Annette und Gerd zum Gehen. Annette war sichtbar enttäuscht, aber dann breitete sich ein Lächeln auf ihrem Gesicht aus, als sie das erste an mich gerichtete Wort vernahm.

„Könnte ich dir eine Frage stellen?", vernahm ich auf Englisch. Ich erstarrte und guckte Ashraf an. Pech gehabt, dachte ich nur. Ich hatte plötzlich Angst, ihm eine Abfuhr erteilen zu müssen, aber mindestens genauso fürchtete ich mich vor der Möglichkeit, dass ich diesen Ashraf toll finden könnte oder er mir sagen würde, dass ich eine schiefe Nase hätte und er mich nur deshalb anstarren würde.
„Sicher." Ich ging einen Schritt auf ihn zu, gespannt, ängstlich und verunsichert, was jetzt folgen würde.

„Ich weiß, wir haben uns nie unterhalten und ich mache das auch eigentlich nicht. Aber ich weiß, dass du nur noch morgen hier bist und du musst wissen, bevor du fährst, dass du die schönste Frau bist, die ich je gesehen habe. Und du musst wissen, dass ich mich noch nie zu einer Frau so hingezogen gefühlt habe wie zu dir. Ich weiß, du wirst wahrscheinlich hunderte solcher Sätze hören, aber ich habe dies noch nie gesagt. Und ich wollte dich fragen, ob du vielleicht später fünf Minuten mit mir spazieren gehen würdest, damit ich dir sagen kann, wer ich bin." Ich konnte in diesem Moment einfach nur stumm starren. Noch nie hatte jemand auch nur etwas ansatzweise ähnlich Tolles zu mir gesagt. Und noch nie hatte jemand mich so angesehen. Aus Mangel an Erfahrung wusste ich nicht, was ich sagen sollte. War das irgendwie gefährlich? War das irgendein Trick? Oder meinte er das vielleicht? Ich war komplett verwirrt. Hatte er vielleicht Hintergedanken? Oder ein Problem mit den Augen? Das mangelnde Selbstbewusstsein brach durch. Trotzdem nickte ich und gab meinem tiefen Wunsch nach, dass es wirklich jemanden gab, der mich so sehen könnte. Ashraf sah mich zufrieden an. Nicht glücklich, nein, zufrieden.
„Gut", sagte er. „Ich warte auf dich, bis du wieder hier bist."

„Wow, hast du das gehört?", fragte Annette, als sie das Taxi nach Hurghada bestiegen, um die letzten Geschenke für Freunde zu kaufen. „Gerd hat mir lediglich gesagt, dass ich ganz nett bin und er mein Bier bezahlt", lachte sie.

„Du hast mir ja noch nicht mal die Chance gelassen, dich zuerst anzusprechen", beschwerte sich dieser.

„Mensch, jetzt guck doch mal ein wenig glücklicher. Nicht jeder bekommt so eine Liebeserklärung." Aber ich war mit meinen Gedanken immer noch bei den Worten von Ashraf und schwebte einerseits auf Wolke 7, andererseits nagten Zweifel an mir.

„Ach Annette, das ist ein Ägypter. Ich meine, ich kenne ihn nicht, ich fahre in 30 Stunden nach Hause und ich habe nicht vor, nach Ägypten zu ziehen. Und wahrscheinlich ist das alles nur ägyptisches Blabla, das er jeder zweiten Touristin erzählt."

„Das glaube ich kaum. Erinnerst du dich, was unser Kellner erzählt hat, als ich ihn gefragt habe, wer das denn sei? Dass dieser Ashraf noch nie mit einer Touristin weg war und auch gar keine will? So, wie der dich anguckt, meint er das auch."

Annettes Worte taten mir gut, aber ich wollte nicht zu optimistisch sein: „Ich weiß nicht." Und vor allen Dingen und was noch viel schlimmer wäre: Was sollte ich denn machen, wenn das alles stimmte und ich ihn auch noch mochte?

„Jetzt mach bloß keinen Rückzieher und trau dich." Eigentlich hatte Annette recht. Seit wann ging ich auf Nummer sicher und plante alles haarklein? Ich mochte diese Blicke und wenn ich ehrlich war, war Ashraf anziehend und hatte genau meinen schwachen Punkt getroffen. Während die Geschäfte von Annette bestürmt wurden und sie im Kopf überschlug, wie viel Geld sie heute noch ausgeben konnte, war ich ungewöhnlich ruhig und ungeduldig. Hurghada, die Geschäfte und das bunte Treiben auf der Straße interessierte mich nicht mehr die Bohne, weil meine Gedanken nur noch bei dem Treffen waren.

Als wir schwer bepackt wieder ins Hotel kamen, stand Ashraf immer noch da, wo ich ihn verlassen hatte. Wo auch sonst, er arbeitet ja an der Rezeption. Aber er hatte seine Uniform gegen eine Leinenhose und ein weißes Hemd ausgetauscht. Mein Herzschlag beschleunigte sich sofort. Er sah wirklich gut aus. Und er hatte etwas Männliches, Selbstsicheres, was mich anzog. Gleichzeitig war ich aber auch von Angst gepeinigt. Was würde während des Spaziergangs passieren? Was erwartete er von mir? Und war es nicht besser, vielleicht Kopfschmerzen vorzutäuschen und einfach aufs Zimmer zu gehen? Ich war hin und her gerissen. Ich wollte keine Enttäuschung, ich wollte nicht bedrängt werden und ihn abweisen müssen, ich wollte nicht, dass meine romantischen Gedanken ein jähes Ende fanden. Aber mein Verstand sagte mir, dass es Liebe auf den ersten Blick und die Cinderella-Geschichte in Wirklichkeit nicht geben konnte. Aber ich hatte nun mal zugestimmt, also musste ich auch da durch.

„Hi", Ashraf lächelte mich an.
„Hi." Was sollte ich auch anderes sagen? Von Weitem hatte ich genug Selbstbewusstsein gehabt, aber jetzt? Weg, alles weg.
„Wollen wir gehen?", fragte Ashraf und stellte meine Einkaufstüten hinter die Rezeptionstheke. Ich sah hilfesuchend zu Annette und Gerd und hoffte, die beiden würden mich irgendwie davon abbringen wollen, mit dem Ägypter das Hotel zu verlassen. Da keine Reaktion, sondern nur ein zufriedenes Lächeln auf Annettes Gesicht erschien, nickte ich nur und ließ alles mit mir geschehen, während mein Verstand sich mögliche Reaktionen auf alle verschiedenen Situationen ausdachte. Eigentlich war ich ja nicht schüchtern. Flirten machte mir viel Spaß und ich gehörte eher zu dem Typ Frau, der offen und herzlich auf alle zuging. Aber es hatte ja auch noch nie jemand zu mir gesagt, dass ich die schönste Frau der Welt sei. Wie ging man damit um? Eigentlich war ich immer auf Männer zugegangen und konnte nun gar nicht darauf reagieren, da es umgekehrt war.

Wir verließen Seite an Seite das Hotel. Die Straße war nicht wirklich einladend. Eine Schnellstraße, wenig beleuchtet, mitten in der Wüste und nur ein Haus in der Nähe. Wieder fing mein Kopfkino an, diverse Filme abzuspielen. Ich beachtete kaum die wenigen Menschen auf der Straße, den sternenklaren Himmel und die Palmen vor dem Hotel.

„Ich wollte nicht im Hotel mit dir reden. Aber ich musste die Gelegenheit ergreifen, als du vor mir standest. Entschuldige." Ashraf war wirklich selbstsicher. Ihm war keinerlei Nervosität anzumerken.
„Ist schon ok, ich bin nur etwas erstaunt." Ich sah ihn prüfend an. War das nun ein guter Anfang oder ein schlechter? Deutete es auf irgendwas Komisches hin?
„Worüber? Dass ein Mann sich auf den ersten Blick in dich verliebt?" Jetzt sah ich ihn noch einen Tick erstaunter an. Verliebt? Ging das? Ein paar Tage, wenige Minuten am Abend anstarren und man war verliebt?

„Ja, ich weiß auch nicht, warum und wie es passiert ist. Aber ich meinte, was ich vorhin zu dir gesagt habe. Ich habe noch nie für eine Frau das empfunden, was nur ein Lachen von dir ausgelöst hat. Und ich will, dass du weißt, wer ich bin." Das fehlende Interesse anderer Männer, die ich attraktiv fand, hatte mich immer verletzt und mich in meiner Vorstellung von der wenig hübschen, mit viel zu viel Figur ausgestatteten Petra nur noch bestärkt. Ich hatte mir in meinen Träumen ausgemalt, dass einmal ein toller Mann sich Hals über Kopf in mich verlieben würde. Romantik pur, nichts als Liebe und Glück. Aber die Erfüllung dieses Traums machte mir einfach Angst und ich konnte ihm nicht wirklich glauben.

Er führte mich die Straße entlang und ich fragte mich, ob er ein Ziel hatte oder wirklich nur mit mir ein wenig gehen wollte. Mein Kopf wollte einfach nicht mit dem Aussortieren aller Möglichkeiten aufhören.

„Ich bin 26 Jahre alt, ich bin Moslem und stolz darauf, ich komme aus einer guten Familie in Monoufia. Meine Brüder und Schwestern sind alle jünger als ich und mein Vater ist krank, sodass ich die Familie ernähren muss. Aber ich bin ehrgeizig und bekomme in der Regel, was ich mir in den Kopf setze. Und ich will eine Karriere, eine gute Ehefrau, Kinder und ein gutes Leben. Ich bin ehrlich, stolz auf mich selbst und intelligent, auch wenn meine Schulbildung nicht die beste war. Und seit ich dich gesehen habe, empfinde ich sehr stark für dich und ich will dich heiraten." Jetzt blieb ich stehen und starrte Ashraf an. Ich meine, dass jemand seine Qualitäten aufzählt, ist ja eine Sache, dass er sich verliebt und jemanden kennenlernen will auch, aber heiraten? Entweder hatte der Mann zu viel Wasserpfeife geraucht oder er war noch im Mittelalter zu Hause.

„Du kennst mich nicht, du weißt nicht wer ich bin, wir beide haben wenig gemeinsam. Wie kannst du all das sagen?" Jetzt brachen doch die Zweifel durch und ich wurde eher ärgerlich. Das Gefühl, einfach nur veräppelt zu werden, wuchs stetig.

„Ich muss dich nicht länger kennen, ich kenne dich schon. Und ich weiß genau, wer du bist. Du bist mein Traum. Das reicht." Irgendwie war mir das dann doch zu viel. Liebe auf den ersten Blick hin oder her: Abgesehen von sprachlichen, religiösen, kulturellen und lokalen Unterschieden lief das Leben so einfach nicht ab.
„Ashraf, du bist ein netter Mann, aber ich fahre übermorgen nach Deutschland und ich komme so schnell nicht wieder hier hin." Ich konnte nicht glauben, dass er wirklich meinte, was er sagte. Ich wusste nicht genau, warum er das alles sagte, aber es war einfach unmöglich, dass jemand so nach einigen Tagen Blickkontakt empfand.
„Ich habe auch nicht damit gerechnet, dass wir morgen heiraten. Ich wollte nur, dass du weißt, was ich denke und fühle und wer ich bin. Das ist alles." Kein bisschen Unsicherheit, keine sichtbaren Zweifel:

Dieser Mann hatte einfach ein Selbstbewusstsein, das kein Ende kannte.

„Es tut mir leid, dass ich dir nicht mehr sagen kann, aber ich kenne dich nicht. Und ...“, setzte ich an, um ihm eine Abfuhr zu erteilen. Mein Verstand sagte mir einfach, dass das ein viel zu unrealistisches Szenario war. Ashraf unterbrach mich: „Ich weiß, und ich erwarte nicht mehr als das. Ich will, dass du meine Telefonnummer hast, für den Fall, dass du mich irgendwann einmal erreichen willst.“ Ich nahm den Zettel mit der Nummer und starrte auf das Papier. Gedanken überschlugen sich in meinem Kopf. Ich wollte ihm den Zettel schon zurückgeben und ihm sagen, dass er es bei einer anderen dummen Touristin mit der Masche versuchen sollte, aber dann hielt mich etwas zurück. Vielleicht ein kleiner Funken Hoffnung, dass es doch stimmen könnte. Ich musste dringend auf mein Zimmer und nachdenken.

Der Weg zurück verlief schweigend. Er hatte wirklich kein Ziel gehabt und wollte nur seinen Text loswerden. Ab und an sah Ashraf mich an.
„Ich werde dich morgen nicht sehen. Ich habe Urlaub und fahre heute Nacht noch nach Hause. Wann immer du mich anrufen willst, tu es bitte.“ Das war ja nun wirklich der Hammer. Er fuhr weg? Ein kleiner Schmerz in der Herzgegend durchzuckte mich, bevor mein Kopf wieder anfing, diese neue Information zu verarbeiten. Ich hatte gehofft, noch einen Tag die Bewunderung genießen zu können. Trotzdem nickte ich nur und blickte ihn an. Bis zur Eingangshalle erwartete ich, dass er noch irgendetwas sagen würde wie: „Ich brauche übrigens einen neuen Computer.“ Oder dass er versuchen würde mich zu küssen und zu einer gemeinsamen Nacht zu überreden. Aber nichts passierte. Und ein wenig war ich sogar darüber enttäuscht.

„Gute Nacht“ und ein Handschlag war alles, was es dabei gab.

Am nächsten Morgen fühlte ich mich wie gerädert. Die Nacht war ein wenig schlaflos verlaufen. Immer wieder durchlief ich den Abend und rief mir die Sachen ins Gedächtnis, die Ashraf gesagt hatte. Das Ganze war so surreal, dass ich zeitweise überprüfte, ob ich wach war. Danach wog ich die Wahrscheinlichkeiten ab. War es möglich, dass so etwas passierte? Wie hoch waren die Erfolgschancen einer solchen Beziehung? Was könnte Ashraf noch beabsichtigt haben?

Komischerweise glaubte ich ihm, was er sagte. Das machte das Ganze schwierig. Und ich musste verhindern, dass ich zu viel darüber nachdachte. Deutschland war weit entfernt, ein Leben hier mit einem Moslem etwas, was absolut unmöglich war. Meine Eltern würden mich enterben, steinigen, aus ihrem Leben streichen. Und meine Freunde würden mich für total abgedreht halten. Außerdem war dies kein Land für emanzipierte Frauen. Ich wollte Gleichberechtigung, Unabhängigkeit, einen Mann, der mich als gleichwertigen Partner respektierte und schon gar kein Leben in einem Dorf im Hinterland. Ich hatte mich hochgearbeitet, ein gutes Gehalt und Freunde. Meine Wohnung war schön eingerichtet, ich hatte mein Traumauto, einen kleinen, netten Zweisitzer und mein Leben mit Männern. Zwar alles andere als perfekt, aber auch nicht zu langweilig. Unabhängig und zufriedenstellend. Nichts Aufregendes und nicht die große Liebe, aber vollkommen zufriedenstellend. Gefühle, wie Ashraf sie beschrieben hatte, reizten und schreckten mich zugleich ab. Und ich wollte auch nicht mehr darüber nachdenken. Denn wäre das alles möglich und real, bestünde das Risiko, dass es mich irgendwann verletzen würde. Und dass ich alles dafür stehen und liegen lassen würde. Die Chancen dafür standen ziemlich gut.

Annette bestürmte mich beim Frühstück sofort und bereitwillig erzählte ich ihr, was Ashraf gesagt hatte. Reden hatte schon immer geholfen und beim Erklären klärten sich auch meist die Gedanken und ein Entschluss reifte. Nur heute schien das anders zu sein.

„Ein harter Brocken. Selbstbewusst, sieht gut aus, zielstrebig und auch noch nett. Vielleicht solltest du darüber nachdenken."

„Ja Annette, was soll ich denn da nachdenken? Da gibt es nichts zu denken. Es ist nicht nur unmöglich, es ist auch total unlogisch, ungesund und unvernünftig." Ich wollte nun wirklich niemanden, der mir auch noch gut zuredete, etwas absolut Verrücktes zu tun.

„Unvernünftig, unvernünftig... Die gute deutsche Beamtin braucht System", lachte Annette und biss herzhaft in ihr Brötchen mit Marmelade. Das Frühstück verlief ziemlich ruhig, denn meine Gedanken waren überall, nur nicht beim Essen.

Den Rest des Tages verbrachte ich für mich sehr untypisch still neben meinen neuen Freunden am Strand. Heute Morgen hatte kein Ashraf an der Rezeption gestanden und der Gedanke, dass ich ihn nicht mehr sehen würde, machte mir zu schaffen. Die Möglichkeit, dass hier der erste Mann war, der mich so wollte wie ich war, ließ mich trauern. Zwar bestand mein Kopf weiterhin darauf, dass ich froh sein sollte, endlich wieder in den gewohnten Trott mit normalen Männer und bekannten Verhaltensweisen zurückzukehren, aber mein Herz, das ich versuchte, zum Schweigen zu verdonnern, begehrte auf. Meinen Koffer packte ich nach dem Abendessen mit weniger Elan als es notwendig gewesen wäre. Als wir das Hotel am nächsten Tag verließen, empfand ich das Gefühl des Verlusts. Nur ein wenig, aber dennoch genug, um sich nicht richtig auf zu Hause zu freuen. Auch der Rückflug verlief größtenteils schweigend. Die Telefonnummer von Ashraf war in meiner Handtasche. Ich hatte keine Ahnung, ob ich sie jemals benutzen würde, aber mein Verstand hatte mich noch nicht weit genug gebracht, um sie wegzuwerfen. Ich versuchte mir einzureden, dass das bald geschehen würde, sobald ich wieder in meinem täglichen Trott war.

III

Meine Katzen begrüßten mich kalt bis eiskalt. Was meine Stimmung nicht wirklich steigerte. Regen, Wolken und Temperaturen unter 20 Grad machten mich depressiv. Da half es auch nichts, dass ich wieder in meinem MG fahren, die Einsamkeit meiner schönen Wohnung genießen und meine Freunde wiedersehen konnte. Der erste Arbeitstag zog sich in die Länge, die liegengebliebene Arbeit lenkte mich nur wenig von meinen trostlosen Gedanken ab und die Kollegen waren wie immer: gute deutsche Beamte, die meine Mentalität nicht wirklich verstehen konnten.

„Wie war es denn im Urlaub? Toll? Hast du nette Männer kennengelernt?" Wenn ich ihnen jetzt auch noch von meinem Erlebnis erzählen würde, wäre ich unwiderruflich als Sonderling abgestempelt.
„Ja, alles super, tolles Hotel, geniales Wetter und einfach viel Spaß", war meine Standardantwort. Eigentlich hätte mich die Arbeit genug ablenken sollen. Denn vor meinem Urlaub hatte sie zumindest dafür gesorgt, dass ich meine Freunde kaum noch sah, geschweige denn etwas mit ihnen unternahm. Sieben Uhr arbeiten, 18 Uhr nach Hause, essen, gestresst auf dem Sofa fernsehen und dann schlafen. Am Wochenende ein paar Marketingveranstaltungen und vielleicht ein Kommunikationstraining geben und sich in einem abgelegenen Kaff von sturen Beamten erklären lassen, dass sie ja nicht verbeamtet worden seien, um nett zu einfachen Bürgern zu sein. Mein Leben bestand mehr oder weniger nur aus Arbeit.

Eine Zeit lang hatte ich meine musikalischen Fähigkeiten genutzt und Gesangsunterricht in der Hoffnung genommen, dass aus mir doch noch eine begnadete und berühmte Sängerin werden würden. Aber da es zu meiner Zeit kein DSDS oder Supertalent gab, gelangte ich lediglich bis zum Background eines bekannten Musicals und hinterher auf kleinere Bühnen mit einer Galaband. Meine sichere und gut bezahlte Position in der Krankenkasse gab ich nie auf. Die langjährige Arbeit meiner Eltern, aus mir eine Standard-Mittelstandsfrau zu machen, hatte also wirklich Früchte getragen. Vielleicht fehlte mir aber auch einfach die Kraft, mich allen zu widersetzen und einfach meiner inneren Stimme und meinen Wünschen zu folgen. Und ähnlich war es jetzt auch wieder. Denn ich saß vor dem Fernseher und bekam eigentlich nichts von dem mit, was gezeigt wurde.

Ich dachte daran, was wäre, wenn ich frei wäre und mich trauen würde, nach Ägypten zu fahren und zu sehen, was aus Ashraf und mir werden könnte. Der Zettel mit der Telefonnummer lag auf meinem Schreibtisch. Jeden Tag nahm ich mir vor, entweder anzurufen oder ihn wegzuwerfen. Bis ich auf einmal die Lösung hatte. Hinfliegen. Doch was würde mein Chef sagen? Und meine Eltern? Denen könnte ich nun wirklich nicht erzählen, dass ich noch mal nach Ägypten fliegen wollte. Da ich aber in einer ihrer beiden Eigentumswohnungen wohnte und sie direkt unter mir, konnte ich auch schlecht eine glaubhafte Geschichte erfinden. Trotzdem ließ mich der Gedanke nicht los. Und als Annette und Gerd mich besuchten, ließ ich ganz nebenbei einen Satz einfließen, der ihre Reaktion testen sollte.

„Ich bekomme hier noch schwerwiegende Depressionen bei dem Wetter. Und dann die Arbeit... Ich habe so viele Überstunden, dass ich eigentlich glatt noch mal eine Woche nach Hurghada fliegen könnte." Annettes Augen sprangen mich förmlich an.

„Wow, der muss ja Eindruck in den fünf Minuten gemacht haben", grinste sie. Eine Widder-Frau versteht die andere eben einfach sofort. Gerd guckte nur erstaunt.

„Meinst du nicht, dass das ein wenig zu viel des Guten wäre?", meinte er.

„Ja, wahrscheinlich hast du recht. Aber hier ist es wirklich im Moment unerträglich."

„Das ist es doch immer in den ersten Tagen nach einem Urlaub."

„Nun lass sie doch. Vielleicht redest du ihr gerade ihre ganz große Liebe aus. Ich finde die Idee toll." Auf Annette war wirklich immer Verlass. „Was sagst du deinem Chef und deinen Eltern?"

„Keine Ahnung, ich habe ja auch noch nichts wirklich beschlossen", schränkte ich ihre Begeisterung ein.

„Vielleicht rufst du ihn mal an?" Gerds Ideen waren typisch kopfgesteuerter Mann, der von der Spontaneität einer gefühlsgesteuerten Frau keine Ahnung hat.

„Nein, das wäre ja zu einfach. Dann kann er sich drauf vorbereiten. Wenn, dann solltest du es schnell machen!" Annette lieferte mir genau den Zuspruch, den ich brauchte.

„Und meine Eltern? Mein Chef ist kein Problem, aber wenn die das mitbekommen...!"

„Du fährst mit uns....hmmm, jaaaaaaaaa, du fährst mit mir zu meiner Mutter, weil Gerd keine Zeit hat und ich unbedingt vor der Geburt noch mal hin will."

„Aber du verabscheust deine Mutter." Annette und ich sahen Gerd verzweifelt an. Männer.

„Ja, aber das müssen Petras Eltern doch nicht wissen, oder?" Annette war sichtbar der Meinung, dass Gerd sich besser heraushalten sollte.

„Gut, das ist gut. Dann also nur noch ein Flug", dachte ich die ganze Aktion weiter.

„Und ein Hotel", meinte Annette.

„Nö, kein Hotel. Dafür habe ich wirklich kein Geld mehr. Da wird sich schon was finden und bestimmt ist es billiger, wenn man direkt in einem Hotel bucht." Wenn schon spontan, dann richtig.

Gerd wurde immer verzweifelter.

„Du kannst doch nicht spontan in ein arabisches Land als Frau fliegen ohne zu wissen, wo du schlafen wirst. Und dann noch zu einem Mann, mit dem du nur fünf Minuten geredet hast. Also das ist doch wirklich etwas zu spontan für meine Begriffe."

„Gerd, ich bin gute deutsche Beamtin. Lass mir doch einmal eine Woche als Abenteurer und dann bin ich auch wieder ganz brav und angepasst, versprochen." Ich wollte einfach alles auf mich zukommen lassen. Und diesem arroganten Mistkerl, der mich angeblich heiraten wollte, zeigen, dass er so mit einer Frau wie mir nicht umgehen konnte. Wenn ich es mir recht überlegte, wollte ich mehr aus Wut denn aus Sehnsucht zu ihm. Denn inzwischen war ich mehr als sauer, dass er mir noch nicht mal die Gelegenheit einer Reaktion gegeben hatte. Dem würde ich es zeigen. Und wenn er mich plötzlich nicht mehr wollte, wäre das auch ok. Dann würde ich eben eine Woche entspannt am Strand verbringen und ohne die Frage „Was wäre wenn...?" einen nicht geplanten Urlaub genießen. Die Sache war geklärt.

„Ich rufe Euch jeden Tag an, damit Ihr Euch keine Sorgen machen müsst. Morgen buche ich. Kann ich die Nacht vor dem Flug bei Euch schlafen?" Annette und Gerd wohnten fast neben dem Flughafen und für meine Geschichte wäre es zudem praktisch.
„Klar, gerne, dann können wir noch alles genau planen", freute sich Annette. Ich war glücklich. Mit dem Ausblick auf das Treffen mit Ashraf waren auch die nächsten Tage bei der Arbeit auszuhalten. Mein Chef war zwar nicht wirklich begeistert, musste aber einsehen, dass die Zahl meiner Überstunden auch einen dreiwöchigen Zusatzurlaub gerechtfertigt hätte. Und da alle anderen da waren, konnte er nicht wirklich einen guten Grund finden, mich dazubehalten. Und auch der Flug war schnell gefunden und vom Preis her mehr als akzeptabel.

Im Nachhinein war ich wirklich blauäugig und bin mir heute bewusst, was alles hätte passieren können. Damals reagierte ich impulsiv und voller Optimismus, dass schon alles gut laufen würde.

IV

Eigentlich lief dann auch alles gut. Bis auf einige wenige Ausnahmen. Aber da ich schon immer recht flexibel gewesen bin und unbekannte Gegebenheiten mich mehr reizen als abschrecken, empfand ich alles als großes Abenteuer. Das erste kleine Problem trat auf, als im Flugzeug die Einreisepapiere für Ägypten ausgefüllt werden mussten. Während alle ihr Hotel eintrugen, hatte ich keinen blassen Schimmer, wo ich übernachten würde. Ich trug einfach unser altes Hotel ein in der Hoffnung, dass das schon reichen würde.

An der Passkontrolle in Hurghada schickte mich der wenig freundliche Mitarbeiter zurück zu einer Art Bankschalter, an dem ich eine Briefmarke käuflich erwerben sollte, die mein Visum wäre. Ohne Reiseleiter passierten solche Fehler eben. Und während alle anderen in die bereitstehenden Busse stiegen, suchte ich mir ein Taxi. Ich hatte keine Ahnung, wo das Hotel lag und konnte mich noch dunkel an die Innenstadt und die lange Straße vom Hotel dorthin erinnern. Dafür konnte es der Taxifahrer, der angesichts des horrenden Preises, den er verlangte, glücklich lächelte und sich bestimmt schon den Rest seiner freien Woche ausmalte, die er dank meines Geldes haben würde. Aber ich machte mir keine weiteren Gedanken über solche Nichtigkeiten, denn gleich wäre ich bei Ashraf. Ich hatte mir vorgenommen, ihm gründlich die Meinung zu sagen. Er sollte erst gar nicht glauben, dass ich wegen seiner Worte dahingeschmolzen sei und nun angekrochen käme, um von ihm meinen Ehering in Empfang zu nehmen.

Aber erst mal musste ich den Guten finden. Denn im Hotel war er nicht. Vorsichtig sagte man mir, dass er erst wieder am nächsten Morgen arbeiten würde. Ägypter decken einander wirklich optimal und da keiner wusste, wer die komische Deutsche mit dem wenigen Gepäck war, die noch nicht mal ein Zimmer im Hotel hatte, gaben sie so wenig Informationen wie möglich heraus. Die Unterbringung der Angestellten war über die Straße in einem wenig komfortabel aussehenden Kasten. Während meines Urlaubs hatte ich die Angestellten nach ihren Schichten immer dahin gehen sehen. Mit einem ein wenig gedämpften Optimismus machte ich mich auf den Weg dorthin. Hier wurde ich allerdings noch komischer angesehen, vor allen Dingen, als ich nach Ashraf fragte. Bei knapp 200 Angestellten war der Name Ashraf nicht so selten. Als ich die Rezeption erwähnte, war dieses Problem zumindest gelöst. Wenn ich mir gedachte hatte, dass hier jeder sein nettes, kleines Zimmer hätte und ich einfach durchgehen könnte, war ich jedoch falsch gewickelt. Man sagte Ashraf Bescheid, dass da unten eine Deutsche mit Gepäck stehen würde. Zwei Minuten später stand er in Jogginghose und T-Shirt vor mir und grinste über beide Ohren. Da das nicht die erhoffte Reaktion war, wurde ich wirklich sauer.

„Also nicht dass du jetzt meinst, dass ich gekommen bin, um dich zu heiraten. Eigentlich wollte ich dir nur mal sagen, was ich von dir halte. Denn das ist ja wohl das arroganteste Verhalten überhaupt, mir einfach so aus dem Nichts solche Dinge an den..." Weiter kam ich nicht, denn ich bekam den aufregendsten Kuss meines Lebens. Und davon hatte ich schon ein paar gehabt. Er stand da einfach, hielt mich im Arm und küsste mich, als ob es kein Morgen gäbe. Ich schmolz dahin. Vergessen war die schöne Rede, die ich mir zurechtgelegt hatte. Ich genoss die Umarmung, den Kuss und den Mann. Die Zwischenrufe meines Verstands, der mir sagte, dass ich doch nicht einfach so mitten auf einem von allen Seiten einsehbaren Platz einen mir komplett fremden Mann küssen könnte, brachte ich zum Schweigen. Und als der Kuss endete, konnte ich ihn einfach nur anlächeln. „Was soll's", dachte ich. „Eine Woche ist einfach zu kurz, um sie mit gestellten Szenen zu verschwenden."

„Du bist da", lächelte Ashraf strahlend

„Ja, scheint so", grinste ich zurück.

„Wo wohnst du und wie lange bleibst du?", fragte er voller Hoffnung.

„Tja, das ist so eine Sache. Ich bleibe eine Woche, aber wo, das kann ich dir nicht sagen. Ich dachte mir..." Schon wieder wurde ich unterbrochen.

„Du bist einfach gekommen und hast kein Hotel und nichts? Was machen wir denn jetzt mit dir?" Ashraf schien ein wenig ratlos. Und ich fragte mich, ob er sich das mit der Hochzeit angesichts meiner Verrücktheiten vielleicht doch noch mal überlegen würde.

„Also, ich habe den Rest des Tages frei. Ich muss dann erst mal eine Wohnung für dich auftreiben. Warte hier." Sagte es und verschwand im Staffhouse. Nur wenige Minuten später stand er ausgehfertig wieder vor mir und dirigierte mich zur Straße.

„Hast du Hunger? Hast du was gegessen? Brauchst du etwas zu trinken?" Ich liebte seine Besorgnis. Echte Gentlemen waren in Deutschland rar gesät.

„Nein, danke. Nur eine Dusche wäre wirklich nicht schlecht."

„Wir sehen uns jetzt mal eine Wohnung an, die ein Freund von mir mal gemietet hat. Die ist bezahlbar, zentral und soll sehr schön sein." Ashraf war sichtbar besorgt um mein Wohlergehen und mochte ebenso offensichtlich die Tatsache nicht, dass ich nicht in einem Hotel gebucht hatte.

„Ich komme mit allem klar, mach dir keine Gedanken."

„Das glaube ich dir. Aber wenn das geklärt ist, musst du mir alles erzählen. Wie du hier hin gekommen bist und warum und... Ich freue mich so, dich zu sehen." Er guckte mich mit dem Blick an, den ich während meines gesamten Urlaubs abends bekommen hatte und der mir so gefallen hatte. Sprachlos lächelte ich einfach zurück und fragte mich, in was ich da wohl reingeraten war.

Die Wohnung war wirklich zentral. Und bezahlbar. Und nachdem Ashraf sie sich angesehen hatte (ich musste dabei in einem Coffeeshop warten), sagte er mir, dass sie auch wirklich gut aussehen würde. Ich solle mich nur vorher bitte von europäischen Standards verabschieden. In dem Glauben, dass mich nichts umhauen könnte und ich nun wirklich nicht verwöhnt und zickig sei, ging ich frohen Mutes mit ihm zu dem Gebäude. Es gab nur sandige Wege, die Straßen abseits der Einkaufsstraße waren voller Müll und Frauen waren weit und breit nicht zu sehen. Das Haus selbst sah nett, aber irgendwie unfertig aus. Ägypter haben nun mal die komische Angewohnheit, immer nur so weit zu bauen wie das Geld reicht. Was manchmal zur Folge hat, dass der Hausflur noch keine Fliesen und kein Geländer hat. Gespannt betrat ich die Wohnung und musste erst mal nach Luft schnappen. Europäischer Standard hin oder her, wenn das eine schöne Wohnung war, wie lebten dann die normalen Menschen? Ich stand in einem Wohnzimmer, das kein Fenster besaß, dafür aber ein Sofa, wie man es bei Ikea in der Basisversion findet. Leider sah es so aus, als sei es die bereits benutzte Ikea-Version, die sich nun auf dem Sperrmüll befand. Der Fernseher, wichtigstes Utensil eines jeden ägyptischen Haushalts, wäre in Deutschland nur noch in einem Antiquitätengeschäft zu finden gewesen. Ich sah mich um und wartete, dass Ashraf hereinkam. Doch der stand festzementiert vor der Wohnungstür.

„Was ist, willst du nicht reinkommen und die Tür zumachen?", fragte ich ihn.

Er guckte mich nur mit hochgezogenen Augenbrauen an.

„Bestimmt nicht. Erst wenn wir verheiratet sind, werde ich alleine mit dir in einer Wohnung sein."

„Du veräppelst mich, oder? Was ist denn so schlimm daran, wenn du im Wohnzimmer wartest, während ich mich dusche?"

„Dein Ruf. Die Leute würden reden und es gehört sich wirklich nicht, wenn ein Mann und eine Frau alleine in einer Wohnung sind, wenn sie nicht verheiratet sind."

Wo war ich hier bloß gelandet? Allerdings war unter diesen Gesichtspunkten die Wohnung wirklich nicht so wichtig, denn wenn ich ihn sehen wollte, würden wir sowieso draußen sein müssen.

„Gut, mach, was du willst. Ich gehe duschen und mich umziehen und dann komme ich zu dir." Sollte er doch seine komischen Regeln einhalten. Ich musste dringend aus diesen Klamotten raus. Ich machte Licht in der Küche, um zu sehen, ob vielleicht irgendetwas Trinkbares im Kühlschrank war. Und machte es schnell wieder aus und die Tür zu. Ich hatte noch nie eine lebende Kakerlake gesehen. Die, die gerade unter den Schrank gerannt war, hätte ich mir auch lieber erspart. Die Küche war also Tabu. Ich ging ins Schlafzimmer in der Überzeugung, dass man hier ja nun wirklich wenig falsch machen könne und starrte benommen auf ein kreisrundes und faustgroßes Loch in der Scheibe, das einen wunderschönen Blick auf eine Baugrube freilegte, die mit Müll angehäuft war. Vielleicht nicht ganz vergleichbar mit dem Meerblick im Hotel, dafür günstig. Auch das Bett war wenig vertrauenerweckend und die Laken wirkten ein wenig fadenscheinig. Aber nun gut, wer braucht bei dem Wetter schon eine Decke? Die fehlende Klimaanlage wurde ausgeglichen von einem perfekt funktionierenden Deckenventilator. Gott sei es gedankt. Auch kleine Dinge können glücklich machen. Ich ging vorsichtig und auf alles gefasst ins Bad. Zu meinem Erstaunen sah dieser Raum am besten aus. Aber wie so oft sind es die versteckten Kleinigkeiten, die dazu führen, dass man seinen ersten Eindruck revidieren muss. Denn als ich voller Hoffnung unter die Dusche ging (wohlgemerkt, eine Duschwanne oder einen Vorhang gab es nicht, dafür aber ein Loch im Boden, durch das das Wasser abfloss) und den Wasserhahn aufdrehte, kam der nächste Schock. Das Wasser war sehr warm und ließ sich auch nicht kälter drehen. Und meine Haare fühlten sich trotz langem Spülen irgendwie sandig an. Ich erklärte mir, dass das alles ein großes Abenteuer sei und machte mich so gut es ging fertig.

Geduldig hatte Ashraf die letzten 30 Minuten vor der Haustür gewartet und sah mich jetzt fragend an.
„Und, alles ok?"
„Nun ja, soweit schon. Nur irgendwie ist das Wasser ziemlich warm und sandig und das Schlafzimmerfenster hat ein Loch. Aber kein Problem"

Ashraf lachte.

„Die Häuser hier sind leider keine Hotels mit kaltem Wasser und Filtern. Die Wassertanks sind auf dem Dach und bei der momentanen Hitze läuft das Wasser eben so zu dir, wie es auf dem Dach ist. Und der Wind treibt den Sand rein. Du gewöhnst dich schnell dran."

Aufmunternd sah er mich an.

„Klar, mach dir keine Gedanken. Ich bin ziemlich anpassungsfähig."

Er drückte meine Hand. „Ich hatte nichts anderes erwartet", neckte er mich.

Wir gingen Richtung Hauptstraße, um etwas zu essen zu kaufen. Ich wollte seine Hand nehmen, aber er schüttelte nur bedauernd mit dem Kopf.

„Hier können wir uns nicht anfassen. Wenn ein Polizist vorbeikommt, kann ich viel Ärger bekommen. Es ist verboten, in der Öffentlichkeit eine Frau zu berühren, mit der man nicht verheiratet ist."

„Du machst Scherze." Ich war wirklich entrüstet. Was war das denn? Das war doch wohl mir überlassen, mit wem ich was in der Öffentlichkeit machte.

„Nein, aber das ist auch zur Sicherheit der Touristinnen so geregelt. Wir finden schon Orte, wo man nicht so genau hinsieht, aber hier geht das leider nicht. Komm, wir gehen was essen, du hast bestimmt Hunger."

Ich nickte nur und lief neben ihm her. Komisches Land, dachte ich immer wieder. Aber trotzdem irgendwie faszinierend. Bevor ich mir aber weitere Gedanken machen konnte, wollte ich etwas essen. Denn der kleine Imbiss im Flugzeug war schon seit Stunden aus meinem Magen verschwunden. Ashraf steuerte auf ein Gebäude zu, vor dem eine Kühltruhe und ein Grill standen. In der Kühltruhe, der leider die Verbindung zum Stromnetz fehlte, lagen in der prallen Sonne diverse Fleischstücke. Lammkoteletts, Lammspieße, Hähnchenspieße und diverse Innereien, von denen ich nicht alle kannte.

„Was ist das? Eine Metzgerei oder so?"

„Nein, das ist ein Restaurant."

„Und warum liegt das rohe Fleisch dann da rum?" Irgendwie durchblickte ich das System noch nicht ganz.

„Du suchst dir aus, was du essen willst, sie grillen es für dich und servieren es dir dann drinnen."

„Ahhh, oooookaaaaaaayyy." Ich wusste noch nicht so genau, ob ich das wirklich ausprobieren wollte. Andererseits sahen im Restaurant noch alle sehr gesund aus und ich konnte auch nicht glauben, dass so viele Menschen in einem Restaurant essen würden, in dem sie sich eine Fleischvergiftung holen könnten. Man muss alles mal ausprobieren, dachte ich mir und ging beherzt hinter Ashraf her.

Mit einem arabischen Wortschwall, von dem ich aber auch rein gar nichts verstand, diskutierte er fünf Minuten mit einem Mann, der der Kellner zu sein schien. Danach setzten wir uns an einen Tisch, auf dem eine Metalltasse mit Wasser stand. Ashraf trank während ich ihn fasziniert ansah.

„Gibt es hier auch Cola?", fragte ich ihn und er lachte.

„Nachher kaufe ich dir eine Cola, hier gibt es nur das Wasser.

„Ahhhh", sagte ich nur.

„Aber das solltest du wohl nicht trinken, denn es ist normales Leitungswasser. Ich hole dir eben eine Flasche aus dem Supermarkt."

Eine Minute später war er wieder da und hatte eine Flasche Wasser in der Hand. Erleichtert und dankbar nahm ich sie ihm ab.

„Ich danke dir. Du hast mich gerettet. Ich war fast am Verdursten."

„Hattest du denn nichts in der Wohnung?", fragte er erstaunt.

„Naja, ich weiß nicht. Diese riesige Kakerlake war da und..." Er lachte nur.

„Ok, du musst dich noch an vieles gewöhnen. Kakerlaken sind in den saubersten Wohnungen. Und sie haben enorm viel Angst vor dir", lachte er.

„Ich weiß, aber ich würde sie trotzdem lieber nur aus der Ferne sehen. Wenn überhaupt." Es schüttelte mich schon wieder bei der Erinnerung an dieses Tier in meiner Küche.

Der Kellner kam und stellte diverse Teller und Schüsseln auf den Tisch. Ich begutachtete interessiert das unbekannte Essen und wartete, während Ashraf sich in eine Reihe von Männern begab, die sich die Hände an einem Waschbecken an der Wand wuschen. Komische Sitten, aber nun gut. Als Ashraf wiederkam, wartete ich noch immer.
„Fang an", sagte Ashraf.
„Ähm, irgendwie haben wir noch kein Besteck und keine Teller."
„Habibi, die brauchen wir auch nicht", sagte er und zeigte mir schnell, wie man aus einem Stück Fladenbrot ein schaufelähnliches Gebilde formte, mit dem sich alles in den Mund befördern ließ. Ich vergaß meine gute Erziehung und probierte einfach alles aus. Ehrlich, ich hatte keinen blassen Schimmer, was ich da zu mir nahm. Ich kannte das Fleisch. Dem ich zwar immer noch nicht traute, dass aber ausnehmend gut schmeckte. Den Salat kannte ich auch. Gurken und Tomaten gemischt mit Zwiebeln. Aber dann waren meine Kenntnisse am Ende. Das eine war Tahine, ein Sesamdip. Dann gab es Babaghanough, einen Auberginendip. Und Baamia, Okraschoten in einer Tomatensauce. Sowieso schien alles in Tomatensauce zu schwimmen. Da diese aber gut schmeckte, machte mir das wenig aus. Zumindest würde es mir für ein paar Tage nichts ausmachen, aber danach könnte es etwas langweilig werden. Komisch fand ich, dass die Kartoffeln auf den Reis gegeben wurden. Natürlich auch in Tomatensauce. Aber egal, es schmeckte.

Danach war ich gesättigt und zufrieden. Wir hatten wenig geredet, viel gegessen und uns ständig lächelnd angesehen. Komischerweise gab es aber keine Distanz zwischen uns. Es schien normal, so zusammen zu sitzen und zu essen und auch das Schweigen war nicht beklemmend. Ashraf schien entspannt und ich bewunderte seine Selbstsicherheit. Er ging mit allen auf diese erstaunliche Art um. Es war nicht nur das klare Wissen, was er wollte, sondern auch die Gewissheit, immer sein Ziel zu erreichen ohne dabei arrogant zu wirken. Sein Vertrauen in Gott und in sich selbst schien unermesslich und ich beneidete ihn um dieses Wissen. Er war freundlich zu jedem, zuvorkommend anderen Menschen gegenüber, aber trotzdem bestimmt und zielgerichtet. Wenn er von seiner Familie erzählte, wurde sein Blick weich und ich bekam eine Ahnung von der großen Liebe, die er in der Lage war zu fühlen. Er faszinierte mich. Gefühle machten ihn nicht schwach, sondern waren ein Teil von ihm, auf den er stolz war. Trotzdem war er Mann und sich seiner Rolle als solcher bewusst. Mir war am Ende des Essens schon klar, dass ich vor einem Problem stehen würde, wenn die Woche vorbei wäre. Aber noch wollte ich mir keine Gedanken darum machen.

Nach dem Essen gingen wir an den Strand. Da, wo tagsüber Touristen in der Sonne aalten, war am Abend ein beliebter Treffpunkt für Pärchen. Wir setzten uns auf eine Liege und bestellten wunderbaren, ägyptischen Tee. Irgendwie war es mir peinlich, dass Ashraf für alles zahlte und ich sagte ihm das auch. „Bitte, du beleidigst mich. Ich würde nie Geld von dir nehmen", sagte er verstimmt.

„Das ist ja alles schön und gut, und ich denke auch nicht, dass du es auf Geld angelegt hast. Aber ich verdiene wirklich gut und ich weiß, dass du zu Hause eine Familie hast, die Geld braucht. Lass uns das doch irgendwie anders machen", versuchte ich ihn zu überzeugen.

„Ich weiß, dass du es gut meinst. Aber wirklich, lass uns nicht mehr darüber reden."

Ich schwor mir, einen Weg zu finden, ihm das Geld zurückzugeben. Denn ich wusste, dass er sich eine Woche auf diese Art mit mir definitiv nicht leisten konnte. Aber ich hatte begriffen, dass es ihn in seinem Stolz verletzt hätte, wenn ich auch nur einen Tee bezahlen würde. Also schwieg ich zu dem Thema.

„Wenn wir erst verheiratet sind, wird alles einfacher", sagte er in einer Art, die mich erstaunt aufsehen ließ.

„Ashraf, das ist ja alles nett und gut und schön, aber für mich sind wir an dem Punkt noch lange nicht." Ich fand seine Sicherheit provozieren und sie weckte meinen Widerspruchsgeist.

„Ich weiß, Habibi, ich verstehe das schon. Aber du wirst irgendwann dahin kommen."

„Ich wäre mir da nicht so sicher. Ich brauche ein wenig mehr dazu."

„Und das wäre?"

„Ich brauche eine Beziehung, eine gewisse Zeit, in der ich sehe, dass sie funktioniert, dann vielleicht ein gemeinsames Leben, um auszuprobieren, ob man auch wirklich zusammen passt..."

„Tut mir leid, aber ich bin Moslem und ich liebe Gott und meinen Glauben über alles. Ich werde erst mit einer Frau das Bett teilen und eine gemeinsame Wohnung haben, wenn wir verheiratet sind."

„Aber wie kannst du dann wissen, ob das gut geht? Ich meine, man lernt sich doch erst wirklich richtig kennen, wenn man zusammen lebt. Und vielleicht stellt man dann sehr schnell fest, dass man gar nicht zusammen passt." Ich fand seine Vorstellungen wirklich mittelalterlich und für mich absolut undenkbar.

„Wenn man jemanden wirklich liebt, so wie ich dich liebe, muss man das nicht testen. Eine glückliche Beziehung braucht Respekt und dann funktioniert alles", sagte er im Brustton der Überzeugung.

„Also ich hatte schon ein paar Beziehungen und habe immer erst später herausgefunden, dass der Mann nicht wirklich zu mir passt und ich mit ihm nicht leben möchte", erklärte ich ihm.

„Ja, weil du diese Männer nicht wirklich geliebt hast."

„Also heißt das, du sitzt mit einer Frau händchenhaltend am Strand und im nächsten Schritt heiratest du sie? Vielleicht ein Kuss, aber das war's dann?" Ich wollte am liebsten aufspringen und nach Deutschland fliegen. So stellte ich mir das eigentlich gar nicht vor.

„Genau, denn Allah verbietet uns sexuellen Kontakt vor der Ehe. Und ER ist mir wichtiger als jeder Mensch."

Ich war geschockt. Ok, in der Theorie war Gott natürlich wichtiger als ich. Aber ich hätte es schon gerne anders gehört. Und was hatte das für Auswirkungen auf eine mögliche Beziehung mit Ashraf?

Der ganze Tag hatte eindeutig zu viele Informationen gehabt. Ich beschloss, das alles erst mal auf sich beruhen zu lassen und nicht noch mehr Schrecken zu riskieren. Also erzählte ich ihm von meiner

Arbeit, er erzählte mir von seiner. Dann wechselten wir zu Familien und Freunden und stellten irgendwann fest, dass wir ziemlich alleine am Strand waren.

„Ich glaube, wir sollten gehen", lachte ich und deutete auf die leeren Liegen. Ashraf sah sich ebenfalls erstaunt um. Auch er lachte, gab mir einen Kuss und erhob sich.

„Komm, ich bringe dich nach Hause. Morgen Mittag komme ich bei dir vorbei und wir können weiter reden."

Er brachte mich bis vor meine Tür, fragte, ob ich noch etwas brauchen würde und verschwand.

Ich stand alleine mit meiner Kakerlake in der Küche in der heimeligen Wohnung und schrieb noch schnell Annette und Gerd eine SMS, bevor ich ins Bett fiel.

Am Morgen wachte ich auf und dachte, einen Albtraum zu haben, als ich in den Spiegel sah. Mein Haar war über und über mit Schaumstoffstückchen übersät. Rote, weiße, gelbe und blaue verschieden große Stücke hingen in meinen dunkelbraunen Locken und Pippi Langstrumpf hätte sich sofort die Zöpfe vor Neid abgeschnitten, wenn sie das gesehen hätte. Ein Punker war langweilig verglichen mit mir. Die Ursache war schnell gefunden. Das reichlich unbequeme Kopfkissen hatte in der Nacht seinen Knoten eingebüßt und die Füllung, bestehend aus zerschnittenen Schaumstoffplatten, hatte sich nicht nur im Bett, sondern auch noch in meinen Haaren verteilt. Das Entfernen war eine Herausforderung, und der Sand aus der Dusche tat ein Übriges dazu, dass ich über einen modernen Kurzhaarschnitt nachdachte. Positiv war, dass der Morgen schnell vorüber ging. Da ich aber weder die Küche betreten noch verhungern oder verdursten wollte, machte ich mich auf den Weg, einen netten Supermarkt zu finden.

Vor der Tür stand ein Mann, der einen riesigen Kessel auf einem Wagen vor sich hatte. Die übergroße Phiole aus Metall schien sehr begehrtes Essen zu enthalten, denn die Ansammlung von Männern drumherum war beachtlich. Ich beschloss trotzdem, es langsam angehen zu lassen und etwas zu besorgen, das ich kannte. Da ich kein Arabisch konnte und nicht optimistisch genug war, um allen Englisch zuzutrauen, machte ich mich auf die Suche. Ich ging zur Hauptstraße und wanderte umher. Fand aber nichts. Ich ging zurück und entschied mich endlich, jemanden zu fragen. Der guckte mich nur zweifelnd an und deutete auf eine Art Kiosk hinter sich. Daraufhin war es an mir, zweifelnd zu gucken. Aber Versuch macht klug und so ging ich in den zirka zwei mal drei Meter großen Laden. Und tatsächlich, hier gab es Waschmittel, Cola, Wasser, Eis, Konservendosen, Brot und Marmelade. Ich griff nach einer Tüte Fladenbrot, einem Wasser und einem Glas Marmelade und machte mich für umgerechnet 50 Cent mit meinem Frühstück auf den Weg nach Hause.

Da der Fernseher sich weigerte, mir englischsprachige Programme anzubieten, aß ich auf dem Ikea-Sofa in vollkommener Ruhe und Stille und ließ den Abend Revue passieren. Ich war beeindruckt, aufgeregt und vielleicht ein wenig verliebt. Ashraf war stark, was mich anzog, aber auch eine Unbekannte für mich war. In Deutschland hatte ich immer Männer wie ihn gesucht, gefunden hatte ich aber nur solche, die einen Mutterersatz brauchten. Da ich stark war und mir nur in Bezug auf meine Liebenswürdigkeit und meinen Körper das nötige Selbstbewusstsein fehlte, dachten potenzielle Partner immer beim Kennenlernen, ich wäre auch innerhalb einer Beziehung entsprechend. Ich suchte aber jemanden, der in einer Beziehung den starken Part übernehmen konnte. Und nach einiger Zeit waren so beide Seiten immer enttäuscht.

Bei Ashraf hatte ich nicht das Gefühl, dass er einen Mutterersatz benötigte. Und auch seine Vorstellungen von Liebe gefielen mir. Denn alles basierte bei ihm auf gegenseitigem Respekt und Vertrauen. Auch war er durchaus flexibel, was seinen Wohnort anging und bereit, mit der Frau, die er liebte, in Timbuktu glücklich zu werden, wenn dies ihr Wunsch war. Alles in allem war er absolut anders, was mich reizte, aber auch verunsicherte. Selbst meine Religion wollte er nicht ändern. Zwar war er der festen Überzeugung, dass nur der Islam die einzig wahre Religion sei und diskutierte gerne und lange darüber, trotzdem störte es ihn nicht, dass ich Christin war und bleiben wollte. Hauptsache, ich glaubte an Gott. Was ich auch tat, nur nahm es kaum einen Platz in meinem Leben ein.

Mitten in meinen Gedanken schellte es an der Tür. Und da stand das Objekt meiner Gedanken. Ich strahlte ihn an, bat ihn herein und bekam erneut eine Abfuhr. Also nahm ich meine Tasche und wir begaben uns erneut in das rege Treiben auf der Straße.

Unsere Tage verliefen immer ähnlich, ich lernte einige seiner Freunde kennen und verstand immer mehr von der Kultur und Religion. Und auch meine Gefühle wuchsen und ich wollte immer weniger weg, bis ich am fünften Tag einfach sagte, dass ich mit ihm zusammenbleiben würde. Ich wüsste noch nicht wie und wann und ob ich wirklich nach Ägypten kommen könne, aber wir würden schon einen Weg finden. Ashraf war sehr glücklich. Aber natürlich hatte er das ja schon immer gewusst. Trotzdem bestand ich darauf, dass bestimmte Dinge vor einer Heirat für mich von Bedeutung wären und so betrat er am Tag vor meiner Abreise einfach meine Wohnung. Ich war fast erschrocken, als er plötzlich die Tür hinter sich zu machte.

„Ich weiß, wie wichtig es dir ist, mit deinem zukünftigen Mann vorher zu schlafen. Und für mich sind wir vor Gott schon verheiratet. Es wird nie eine andere Frau geben, die ich so lieben werde wie dich und ich will nie eine andere heiraten."
Das trieb mir fast die Tränen in die Augen. Und es machte mich verlegen. Aber ich war auch glücklich und nervös. Dies war nicht einfach mit einem Mann schlafen. Es war ein Geschenk. Und ich wollte es wertschätzen.

Ich hatte und habe auch später nie einen Mann kennengelernt, der mich mit solcher Ehrfurcht und so viel Liebe geliebt hat. Was ihm als männlicher Jungfrau an Erfahrung fehlte, machte er mit Gefühlen wett. Und wenn es bei mir irgendwelche Zweifel gab, was ich wollte, so verschwanden sie definitiv mit dieser Nacht. Entsprechend schwer fiel mir der Abschied am nächsten Morgen.

Mein Flug ging früh und schneller als gewollt saß ich mit meinen Erinnerungen und Gefühlen im Flugzeug nach Hause. Und wie vier Wochen vorher deprimierte mich Deutschland mehr als alles andere. Nichts konnte mich wirklich aufheitern. Nur die Abende mit Annette, an denen ich von Ashraf und mir erzählen konnte, machten mich fröhlich. An den Wochenenden telefonierte ich mit Ashraf, schrieb ihm lange Emails und schickte ihm mit einer Bekannten ein Foto und ein Buch als Geschenk. Während seines Urlaubs sprach ich mit seiner Mutter und seinen Schwestern, denen er berichtet hatte, dass er mich heiraten werde. Wohlgemerkt „werde", denn nur „wollen" gab es in seinem Wortschatz nicht. Zuerst plante ich, wie ich nach Ägypten ziehen würde, doch dann begannen die Zweifel.

„Warum versuchst du es nicht einfach mit einem unbezahlten Urlaub und lebst ein wenig mit ihm?", fragte Annette bei einem ihrer Besuche. Ihr Bauch war inzwischen kugelrund und sie sichtlich ungeduldig. Aber auch sie konnte nichts an der neunmonatigen Dauer einer Schwangerschaft ändern.

„Ich weiß nicht... Ich bin mir wirklich so unsicher. Ashraf ist toll, aber wie kann jemand mich so lieben? Nie hat er ein Problem mit irgendwas. Alles ist gut, für alles finden wir eine Lösung. Selbst wenn ich ihm sagen würde, dass morgen die Welt untergeht, würde er mir noch vorschlagen, dass wir dann eben auf dem Mond leben. So was gibt es doch gar nicht." Ich war wirklich verzweifelt. Es schien fast, als ob ich Probleme in einer Beziehung bräuchte, um an ihre Dauerhaftigkeit zu glauben.

„Du bist wirklich komisch. Der Mann liebt dich und will dich, wie du bist und du sagst, dass er dich dann nicht lieben kann? Verstehe ich nicht." Annette wurde langsam ungeduldig mit mir. Aber ich verstand mich ja selbst nicht. Nur, dass ich dem Ganzen einfach nicht traute.

„So was gibt es doch nur im Film. Und nicht mal da treffen sich zwei Menschen und sind von dem Tag ohne Probleme einfach nur glücklich."

„Willst du andeuten, dass er dich veräppelt oder willst du einem Ende vorgreifen, was deiner Meinung sowieso unabänderlich kommen wird?", fragte sie mich provozierend. Aber nichts konnte mich aufwecken. Für mich war es normal, dass Liebe eine Leistung für gutes Verhalten war und ich hatte nichts, aber auch rein gar nichts getan, um eine solch tiefe Liebe zu verdienen. Ich sollte Christin bleiben, in meinen gewohnten Klamotten rumlaufen, mich weiterhin so benehmen, wie ich es immer tat, arbeiten, den Wohnort aussuchen und mit meinem Geld das tun, was ich wollte. Wo war die Leistung, die Ashraf von mir für all diese Freiheiten und Gefühle wollte?

Hätte er nur etwas von mir verlangt, nur ein Problem mit mir gehabt, ich wäre bei ihm geblieben. Aber so begann sich in meinem Kopf immer mehr der Gedanke zu bilden, dass ich das alles beenden müsse. Und ein halbes Jahr nach meiner spontanen Reise nach Ägypten rief ich Ashraf an und teilte ihm mit, dass ich einen deutschen Mann heiraten würde. Ich wusste, dies wäre der einzige Grund, den er nicht ignorieren könnte. Das einzige, das ihn dazu veranlassen würde, den Kontakt zu mir komplett abzubrechen.

„Das meinst du nicht wirklich. Habe ich etwas falsch gemacht?" Ashraf war hörbar geschockt.

„Nein, du hast wirklich nichts falsch gemacht. Aber ich habe mich entschlossen, einen Mann hier in Deutschland zu heiraten. Er ist nett und wir arbeiten in derselben Firma. Ich glaube einfach, dass diese

Beziehung mehr Aussicht auf Erfolg hat. Nimm es mir nicht übel. Ich mag dich wirklich gerne."

„Aber du..."

„Ashraf, bitte. Ich möchte wirklich nicht diskutieren und es fällt mir auch nicht leicht. Machs gut."

Ich legte auf. Und ich weinte. Aber ich war auch erleichtert.

V

Ein Jahr später gönnte ich mir einen Urlaub in El Gouna. Das Sheraton dort war schon immer mein Traumhotel gewesen und ich hatte mich entschlossen, dort zu entspannen. Natürlich hatte mich mein bedingungsloser Einsatz bei der Arbeit eine Stufe höher katapultiert, der Stress war gewachsen, mein Privatleben weiter geschrumpft. Meine Eltern waren stolz auf meine Karriere, weniger zufrieden mit meinen kleinen Affären und meinen Träumereien von Kündigung und Neuanfang in einem anderen Job oder gar im Ausland. Mein Liebesleben war gleich null und mehr als unbedeutende, kurze Abenteuer waren nicht zu verzeichnen. Aber nun war ich wieder in Ägypten. Das Gefühl der Vertrautheit mit diesem Land und des Wohlbefindens stellten sich schon am Flughafen ein. Ich gönnte mir einen kurzen Gedanken an Ashraf. Auf dem Weg nach El Gouna fuhren wir am Palm Beach vorbei, wo ich Ashraf kennengelernt hatte. Ich fragte mich, ob er immer noch dort arbeitete, was er machte und ob er inzwischen geheiratet hatte, konzentrierte mich aber sofort auf meinen vor mir liegenden Urlaub und verdrängte die unangenehmen Gedanken.

Das Sheraton war wirklich ein Traum. Riesig, auf neun Inseln gebaut, mit riesigen Zimmern in traumhaften Gebäuden im nubischen Stil war es wirklich orientalisch und mit den Kästen in Hurghada kaum vergleichbar. Neben Palmen, blühenden Gärten und viel Wasser gab es hier genau die Ruhe, die ich brauchte. Nachdem ich die ersten drei Tage nichts anderes gemacht hatte als faul am Pool zu liegen, die Angebote der Angestellten abzuwehren, die ihr Glück bei einer Deutschen versuchen wollten und abends ein wenig durch den Ort zu bummeln, gestattete ich mir endlich den Gedanken an Ashraf. Ich hatte mich mit einem Kofferträger ein wenig mehr unterhalten, der sehr nett war und gar nicht erst vorgab, mich toll zu finden. Ihm erzählte ich davon.

„Hmmm, bist du sicher, dass das nicht alles nur Show von ihm war?" Ahmed ging erst mal davon aus, dass jeder Ägypter eine Deutsche nur für ein Visum oder für Geld heiraten wollte.

„Ja, eigentlich schon. Zumindest habe ich von allen immer dieselbe Geschichte über ihn gehört. Kein Kontakt zu Touristinnen, keine Frauen, keine Affären und streng gläubiger Moslem." Ich merkte, dass ich Ahmed überzeugen wollte, dass Ashraf ehrlich gewesen sei.
„Naja, kann ja sein. Ich frage ja auch nur. Aber warum hast du ihn dann nicht geheiratet?"
„Ach Ahmed, das ist eine lange Geschichte. Meinst du, du könntest für mich herausfinden, ob er noch im Palm Beach ist?" Und raus war es. Der erste Schritt war getan. Ich atmete erleichtert auf. Vielleicht könnte ich etwas von dem Schmerz gut machen, den ich Ashraf zugefügt hatte. Oder mein eigenes Gewissen beruhigen, sollte er inzwischen glücklich und verheiratet sein.

„Klar, warte kurz. Das ist nur ein Anruf." Und schon war er weg.
Ich war wirklich nervös. Auch wenn ich es vorher nicht gewusst hatte, ich wünschte mir, ihn zu treffen. Die Minuten zogen sich in die Länge und das Warten auf eine Nachricht von Ahmed dauerte gefühlte zehn Stunden. Als er endlich kam, schüttelte er bedauernd den Kopf.

„Nichts. Im Palm Beach ist er definitiv nicht mehr. Der Typ an der Rezeption sagte, er würde schon lange nicht mehr da arbeiten und wäre ins Mashrabiya gegangen. Aber da ist er auch nicht mehr."
Ich war tief enttäuscht.
„Kannst du mal sehen, ob du was herausfinden kannst?"
„Sicher, ich hör mich mal um. Gib mir ein paar Tage."
Ich bedankte mich bei ihm und versprach, am nächsten Abend mal wieder vorbeizuschauen.

Ich genoss den Rest meines Urlaubs. Zwar hoffte ich auf eine Nachricht über Ashrafs Verbleib, aber auch das Ausbleiben der selbigen verdarb mir das schöne Hotel und den gelungenen Aufenthalt nicht. Ich fuhr mit Wehmut nach Hause, dafür aber erholt und gestärkt für meine Arbeit.

VI

Je mehr meine Belastung bei der Arbeit wuchs, desto mehr formte sich in mir auch der Gedanke, einfach alles hinzuschmeißen und auszuwandern. Ich träumte noch ein Jahr von Ägypten und einem Leben dort, bevor meine Eltern mir die Nachricht überbrachten, dass mein Vater an Leukämie erkrankt sei. Kurz vor seinem 70. Geburtstag hatten die Blutuntersuchungen ergeben, dass er dringend behandelt werden musste. Die Nachricht war niederschmetternd. Als stellvertretende Geschäftsstellenleiterin bei einer Krankenkasse hatte ich natürlich die Möglichkeit, qualifizierte Ärzte zu befragen und geeignete Behandlungsmethoden auszusortieren. Doch das Gespräch mit unseren Experten war noch desillusionierender. Es handelte sich nicht nur um Leukämie, sondern um eine besonders schwierige Form, bei der nur das komplette Abtöten des Rückenmarks und ein Komplettaustausch des Bluts eine vorübergehende Heilung bringen würden, die jedoch maximal ein Jahr bleiben würde. Gerne hätte ich offen mit meinen Eltern darüber geredet und meinem Vater die schmerzhafte und anstrengende Behandlung erspart. Aber meine Mutter war für keinerlei Tatsachen offen. Sie vertrauten den Ärzten, die ihnen Heilungschancen versprachen. Und so ließ mein Vater Woche um Woche Bluttransfusionen und Therapien über sich ergehen, während wir ihn nur nach gründlicher Desinfektion und mit Mundschutz in seinem abgeriegelten Einzelzimmer besuchen durften.

Überlastet mit Arbeit fand ich nur selten die Zeit, länger als eine halbe Stunde bei meinem Vater zu sitzen. Das Wissen, dass der feste Glauben an Heilung oft Wunder bewirken kann, ließ mich schauspielern und ihm weismachen, dass alles gut werden würde. Ich, die ich nie eine gute Schauspielerin und eine absolute Niete im Verstellen gewesen war, litt und ging der Situation so weit es ging aus dem Weg. Meine Eltern deuteten dies als Desinteresse an meinem Vater, was gar nicht stimmte. Mein Verhältnis zu ihm war zwar nicht gerade eng, jedoch war er der Teil, dem ich mich näher fühlte. Ich hatte nur keine Kraft zum Verstellen und wusste nur wenig mit mir selbst im Krankenhaus anzufangen, während meine Mutter jeden Tag mindestens acht Stunden dort verbrachte.

Ich fing an, mich schuldig zu fühlen, konnte es aber auch nicht ändern. Und als mein Vater kaum noch aufstehen konnte und eine Pilzinfektion in seiner Lunge ihn zusätzlich schwächte, wurde auch die Distanz zu meiner Mutter größer als sie eh schon war. Sie verstand nicht, warum ich so offensichtlich herzlos gegenüber meinem Vater war. Ich suchte nach meinen wirklichen Gefühlen, drang jedoch nicht zu ihnen durch. Nur einmal war ich alleine bei meinem Vater, der inzwischen in einem komaähnlichen Zustand war. Ich erzählte ihm, dass ich ihn lieben würde und es mir leid täte. Und ich hoffte, dass ich das auch wirklich empfand.

Als er starb, war ich nicht im Krankenhaus. Ich wusste, dass es bald vorbei sein würde, denn man hatte mich auf der Arbeit angerufen. Im Krankenhaus hatte ich mit meiner Mutter dann abgesprochen, dass ich kurz nach Hause fahren würde und sie mich verständigen solle, wenn in der Zeit etwas passieren würde. Es war dann eine Schwester, die mich anrief und mir mitteilte, dass es wohl jetzt zu Ende gehen würde und ich besser schnell kommen solle. Ich raste zum Krankenhaus, aber als ich ankam, war er schon tot. Das Bild ist unauslöschlich in meinem Gedächtnis. Wie mein Vater, nun ohne Schläuche und piepsende Geräte um ihn, in dem dunklen, nur von der Bettlampe leicht erhellten Zimmer in seinem Bett liegt, den Mund leicht geöffnet und nur noch ein Schatten des Mannes, der er einmal war. Unendliche Trauer überwältigte mich sekundenlang, bevor mein erlernter Mechanismus des Abschottens einsetzte.

Meine Mutter konnte ich nicht trösten. Wir hatten nie gelernt, Gefühle zu teilen. Und da sie ihre auch nie gezeigt hatte, wusste ich auch jetzt nichts mit ihr anzufangen. Und so tat ich, was ich am besten konnte: Organisieren. Nachdem ich den Abend weinend mit einem Freund auf meinem Sofa verbracht hatte, während meine Mutter in ihrer Wohnung war, gingen wir am nächsten Tag zum Bestattungsinstitut, um die Beerdigung zu planen. Ich spürte den Ärger meiner Mutter mit mir, konnte und wollte ihr aber auch nicht begreiflich machen, was in mir vorging. Nur bei der Beerdigung brach ich am Grab in Tränen aus. Der Rest des Tages ist bis heute aus meinem Gedächtnis gelöscht.

In der folgenden Zeit konzentrierte sich die Aufmerksamkeit meiner Mutter voll auf mich. Da der Altersunterschied zwischen meinem Vater und ihr 15 Jahre betragen hatte, war es schwierig für sie gewesen, Freunde zu finden. Immer mal wieder waren einzelne Pärchen für kurze Zeit da gewesen, mit denen beide etwas unternommen hatten, aber echte Freunde hatte es in ihrem Leben nie gegeben. Und so versuchte meine Mutter nun, ihre Gefühle zu verdrängen, indem sie sich auf mich stürzte.

Da unser Verhältnis aber nie gut gewesen war und unsere Meinungen bezüglich meines Lebensstils weit auseinander gingen, verstärkten diese vermehrten Treffen die Konflikte nur. Auch dass sie mir aufgrund meines Verhaltens im Krankenhaus nichts von den Hinterlassenschaften meines Vaters geben wollte und erklärte, sie sei Alleinerbin und ich würde nichts bekommen, machte die Situation nicht einfacher. Sicher stand mir ein Pflichtteil zu, aber ich ging zum Gericht und erklärte meinen Verzicht. Es verletzte mich, dass sie mir nichts gab, weil ich ihrer Meinung nicht damit umgehen könnte. Als die Lage zwischen uns immer angespannter wurde und sich ihre Vorwürfe häuften, wurde mir klar, dass ich zumindest eine räumliche Distanz zwischen uns schaffen musste. Und wenn ich schon umziehen würde, könnte ich gleich weiter weg ziehen. Und wenn es weiter weg wäre, könnte ich auch gleich Ägypten nehmen. Und schon war eine Idee geboren. Wie erwähnt, ich bin Widder. Wenn die sich etwas in den Kopf setzen, hält sie keiner auf.

VII

Ich machte erst mal Urlaub im Sheraton, testete an, ob man mich dort vielleicht einstellen würde und suchte mir einen netten Makler, der mir auch eine Wohnung besorgen würde. Dann erstaunte ich meinen Arbeitgeber in sehr negativer Form, indem ich einen Antrag auf sechsmonatigen, unbezahlten Urlaub stellte. Diesen konnte man mir kaum abschlagen, da ich wegen des Todes meines Vaters als Begründung ein Burn-Out-Syndrom angab. Als Alternative drohte eine Arbeitsunfähigkeit, die für eine Behörde noch weniger tragbar ist. Meine Mutter hielt mich zuerst für verrückt und als sie verstand, dass es sich nicht nur um eine vorübergehende Laune handelte, versuchte sie mich mit den verschiedensten Gründen davon abzuhalten. Mein Vater würde sich im Grab umdrehen, ich würde meine Karriere aufs Spiel setzen, meine Rente wäre nicht mehr gesichert, Ägypten wäre unsicher und hinterwäldlerisch und ich dort alles andere als sicher. Aber dieses Mal interessierte mich nur, was ich wollte. Sollten mich alle für verrückt halten, mir die Freundschaft oder die Verwandtschaft kündigen oder mich verstoßen: Es stand fest, dass ich im September 2003 nach Ägypten ziehen würde.

Doch der Weg war nicht ganz so einfach. Denn von Deutschland aus ein Leben mit Job, Wohnung und Auto in Ägypten zu organisieren, ist gar nicht so leicht. Ein organisiertes Land, das lange Planungen kennt, ist für solche Aktionen vielleicht besser geeignet als eines, in dem die meisten Menschen nur bis zum Abendessen denken wollen. Selbst die Hotels stellen erst heute fest, dass sie für morgen eine Stelle neu zu besetzen haben. Und Wohnungen werden ebenfalls von jetzt auf gleich vermietet. Zwar war ich inzwischen bereit, bestimmte Risiken einzugehen und einen gewissen Grad an Unsicherheit hinzunehmen, jedoch wollte ich nicht am Strand kampieren. Außerdem waren die Mieten in El Gouna recht hoch. Da ich nicht mit einem ausreichenden Einkommen im Hotel rechnete und die Unterkünfte der Angestellten für mich nicht in Frage kamen, wollte ich schon frühzeitig alles in trockenen Tüchern wissen. Also flog ich im März noch einmal hin. Das Sheraton wollte mich definitiv als Gästebetreuung anstellen, dennoch musste ich den bürokratischen Ablauf einhalten. Ich ging zu meinem ersten Vorstellungsgespräch seit 13 Jahren bei einem Personalchef, der eindeutig weniger von seinem Geschäft verstand als ich. Und damit ich für den Notfall eine andere Stelle hatte, wollte ich mich ebenfalls in Hurghada in einigen Hotels vorstellen.

Da die Taxikosten jedoch enorm waren, brauchte ich ein Auto. El Gouna Limousine mit dem Monopol auf Taxifahrten und Autovermietungen war die einzig mögliche Anlaufstelle. Der ziemlich unfreundliche Mann, der kaum Englisch sprach, machte mir verständlich, dass ich vollkommen verrückt sei, wenn ich glaubte, dass man in Ägypten von jetzt auf gleich ein Auto mieten könne. Da Hartnäckigkeit nach meinen Erfahrungen aber hier immer zum Erfolg führte, erzählte ich ihm von den verschiedensten Notfällen, die eintreten würden, wenn er mir kein Auto besorgte. Daraufhin holte er seinen Chef. Eine verhängnisvolle Entscheidung, denn hier stand ich einem durchaus interessanten Ägypter gegenüber. Weniger wegen seines Aussehens. Sayed sah wirklich eher durchschnittlich aus. Sein längliches Gesicht zierte ein Dreitagebart, die Lippen waren vielleicht etwas zu voll, was man von seinen Haaren nicht wirklich behaupten konnte, denn die waren nur noch in einem Kranz um seinen Kopf vorhanden. Er wirkte nett, aber nicht umwerfend. Aber es gab schon immer zwei Merkmale bei Männern, die für mich wichtig waren. Der, sorry, Hintern und die Hände. Wobei letztere wirklich entscheidend waren. Ich konnte mir keine Beziehung mit einem Mann vorstellen, der hässliche Hände hat. Für mich enthielten sie alle wichtigen Charaktereigenschaften. Und Sayeds Hände waren einfach umwerfend. Kräftig, feingliedrig und irgendwie elegant. Wahrscheinlich halten sie mich jetzt für völlig abgedreht, aber so war ich nun mal. Lieber ein Mann mit einer schiefen Nase als mit hässlichen Händen. Ein Glück sprach Sayed Englisch und ich konnte ihm auf einfache Art und Weise und mit meinem unwiderstehlichen Charme verständlich machen, dass ich dringend jetzt ein Auto bräuchte. Meine Flirtversuche verfehlten nicht ihre Wirkung und nachdem ein Taxifahrer den Rest des Tages frei bekommen hatte, bekam ich mein Auto.

„Wie gesagt, es ist nur eine wirkliche Notlösung und das Auto ist ziemlich schwierig..", entschuldigte sich der Operation Manager.
„Keine Sorge, ich habe auf einem schrottigen Ford Fiesta mit dem Fahren angefangen und stand in Berlin jeden Morgen auf einer sechsspurigen Straße in der Mitte der Kreuzung. Ich komme mit fast allem klar", antwortete ich ihm selbstsicher. Autofahren war wirklich eine meiner Leidenschaften.

„Gut, ich komme aber noch mit raus und erkläre dir noch mal alles."
„Wenn du meinst, aber ich komme wirklich klar." Ich fand die Aktion irgendwie überflüssig, aber der Typ war ja sehr nett.
„Also" sagte Sayed, als wir vor einer roten Rostlaube standen, „die Bremsen sind irgendwie nicht mehr ganz in Ordnung, halte einfach eine Hand an der Handbremse."
„Okay", gab ich gedehnt von mir.
„Die Blinker bedienst du am besten gar nicht, brauchst du hier eh nicht."
„So.... naja." Was sollte ich da auch sagen?
„Wenn du tanken willst, brauchst du 95er."
„Was ist das? Super, Diesel oder Benzin?"
„Ihr Deutschen, hier gehen wir nach Oktan. Also vergiss den Rest, der bringt die Jungs an der Tankstelle nur durcheinander", lachte er.
„Sonst noch irgendwelche nicht funktionierenden Teile?", fragte ich vorsichtig.
„Naja, die Lenkung hakt manchmal, aber das geht schnell vorbei. Aber ich gebe dir mal meine Handynummer, falls was ist."

„Das ist sehr nett." So langsam fing ich an, mir Sorgen zu machen. Aber das gehörte bestimmt alles zu meinem Abenteuer und wollte erlebt werden.

Wir machten also die Papiere fertig und ich war erstaunt, wie viele Details man in einem unorganisierten Land von mir wissen wollte. Hier gab es noch nicht mal einen Computer.

Fröhlich zog ich sodann mit meinem Schmuckstück von Auto los. Einfach aus El Gouna raus und dann immer geradeaus. Das war ja einfach. Ich fuhr und fuhr und nach 20 Kilometern deuteten die ersten Hotels darauf hin, dass ich Hurghada erreichte. Um mich herum war ansonsten nur Wüste. Aber ich war guter Laune, bis ich an einer Kurve weiter geradeaus fuhr. Nun ja, nicht weit, aber mindestens drei Sekunden zu lang. Ich schlitterte im Sand, kam aber wieder auf die Straße zurück. Die Lenkung eben. Als dann aber nach ein paar Minuten die Bremsen auch nicht arbeiten wollten und mein Ziehen an der Handbremse auch wenig Wirkung zeigte, war mir das Ganze dann doch zu viel. Aber ich wollte nun auch nicht Sayed anrufen und mich als typische Frau mit Fahrschwierigkeiten erweisen. Ich stellte also das Auto ab, fuhr mit dem Taxi zu drei Hotels, gab dort meinen Lebenslauf ab und fuhr zum Auto zurück.

Da die Straße zurück nach El Gouna durch die Wüste geradeaus führte, machte ich mir weder über Lenkung noch Bremsen mehr Gedanken als nötig und kam eine halbe Stunde später etwas verschwitzt vor El Gouna Limousine an. Der Tag war bisher nicht sehr erfolgreich gewesen und wurde auch jetzt nicht besser. Denn Sayed, auf den ich mich irgendwie gefreut hatte, war nicht da. Ich bezahlte und fuhr erst einmal in meine gemietete Wohnung und stellte mich unter die Dusche. Auf meinem überdimensionalen Balkon mit Blick auf die Lagune beobachtete ich meine Nachbarin, die sich trotz ihrer mindestens 70 Lebensjahre mit einem höchstens 25jährigen Ägypter vergnügte, den sie aber sicherheitshalber als Gärtner ausgab. Innerlich über so viel weibliche Fehleinschätzung von Liebe den Kopf schüttelnd beschloss ich, einfach das Handy zu benutzen, um Sayed eine SMS zu schreiben. Ich bedankte mich ordentlich und lud ihn als Dank für seine Mühe auf einen Kaffee ein. Geniale Lösung, wie ich dachte. Was er mir jedoch nicht gesagt hatte war, dass das Handy ein Firmenhandy war. Somit wusste das komplette Büro Bescheid, er aber immerhin auch. Er rief zurück und wir verabredeten uns im Tamr Henna für 20 Uhr.

Das Tamr Henna war ein Lokal, das mitten in El Gouna lag und größtenteils aus Tischen und Stühlen unter freiem Himmel bestand. Während die meisten Lokale im Ort nur von Touristen besucht wurden, traf man hier auch viele Ägypter. Das Essen war günstig und lecker, die Getränke bezahlbar. Schon von Weitem sah ich Sayed an einem Tisch sitzen, das Handy am Ohr. Wie ich später feststellen sollte, eine echte Krankheit von ihm. Es gefiel mir, wie er sprach und da saß. Selbstbewusst und eine Spur arrogant. Er wirkte im Moment nicht sehr freundlich und ich war froh, nicht am anderen Ende der Leitung zu sitzen. Als er mich sah, lächelte er mich an und erhob sich. Ein echter Gentleman. Auch wenn ich emanzipiert war und meines Erachtens nach Frauen in vielen Bereichen des Arbeitslebens sogar belastbarer als Männer sind, genoss ich diese Art von männlicher Aufmerksamkeit. Ich fand es sogar wichtig und Teil eines guten Benehmens, dass ein Mann einer Frau die Tür aufhält, in den Mantel hilft und sich nach ihr setzt. Weniger lustig fand ich, dass er weiterhin unfreundlich ins Telefon sprach und das Wort „Habibi", Liebling, nicht im eigentlichen Sinn des Wortes zu benutzen schien. Als er aufgelegt hatte, erklärte er mir, dass das die Eltern seiner Verlobten gewesen seien.

„Tut mir wirklich leid, aber nachdem ich mehrfach gesagt hatte, dass es für meine Verlobte tabu sei, dass sie das Haus verlässt ohne mich vorher zu fragen, war sie heute in der Stadt unterwegs und da musste mal ein klärendes Wort gesprochen werden."

Verlobte? Seine Erlaubnis? Wie sehr man sich doch in Händen täuschen konnte.

„Wie, deine Verlobte darf ohne deine Erlaubnis das Haus nicht verlassen? Da würde ich mich sofort wieder entloben." Ich wollte ihm sofort zeigen, dass ich nicht eine von den Frauen war, die auf Anordnungen ihres Angebeteten warteten.

„Du bist Europäerin und das hier ist Hurghada. Aber in El Fayoum, wo ich herkomme, ticken die Uhren anders. Die Frauen haben weder die Bildung noch die Erfahrung, um alleine solche Entscheidungen treffen zu können. Sie sind so aufgewachsen, dass immer ein Mann für sie entscheidet und wollen es auch gar nicht anders. Außerdem lege ich so vor der Ehe schon fest, wer bei uns das Sagen haben wird. Und wenn ihr das nicht gefällt, braucht sie mich ja nicht zu heiraten."

Ich sah ihn nur erstaunt an. „Ja, aber wenn man sich liebt, sollte man doch auch Kompromisse eingehen..." Er lachte.

„Sicher, nur dass in Ägypten kaum jemand aus Liebe heiratet. Wenn wir Glück haben, kennen wir das Mädchen, weil es zur Familie gehört. Im schlechtesten Fall haben wir sie aber nur ein paar Mal in Anwesenheit ihrer Familie gesehen. Die Liebe kommt hinterher."

Entsetzt guckte ich ihn an. „Aber das ist ja schrecklich. Ich meine, wie haltet ihr es denn dann zusammen aus? Die Wahrscheinlichkeit, dass man sich dann wirklich in diese Person verliebt, sind doch ziemlich gering, oder?"

„Nein, wenn beide sich Mühe geben, lernt man, den anderen zu lieben."

Zweifelnd sah ich ihn an. „Und wenn nicht?"

Er erklärte mir das System der Verlobung, Ehe und Scheidung in Ägypten. Dass Ehen zwar nicht mehr arrangiert wurden, jedoch klare Regeln herrschten, welcher Mann bzw. welche Frau geeignet sei. Dass es ein Heiratsversprechen, eine Verlobung und eine Eheschließung gäbe, für die jeweils bestimmte Voraussetzungen zu erfüllen seien und dass eine Scheidung für eine Ägypterin meistens bedeutete, dass sie den Rest ihres Lebens bei ihren Eltern alleine verbrachte. Ich verstand, dass aufgrund der immensen Kosten, die eine Heirat für einen Mann bedeutete, eine solche mehr vom Vorhandensein der finanziellen Mittel als von der Liebe zu einer Frau abhängig war. Und so war es für mich auch einleuchtend, dass zur Erfüllung der beiderseitigen Verpflichtungen der Gehorsam der Verlobten zählen konnte. So geschen hatte das Mädchen vorher gewusst, was Sayed von ihr erwartete und hätte ihn ablehnen können. Ich war etwas beruhigt. Während unseres Gesprächs klingelte das Telefon fast ununterbrochen und es war ein Wunder, dass wir überhaupt weiter als bis zum „Hallo" gekommen waren.

„Tut mir leid, aber bei El Gouna Limousine rufen sie mich wegen jeder Kleinigkeit an."

„Hast du denn nicht schon lange Schluss?", fragte ich ihn.

„In der Theorie ja, aber selbst wenn ich schlafe, ruft irgendeiner an. Man gewöhnt sich dran und wenn ich morgens nicht den ganzen Mist ausbaden will, muss ich da eben nachts durch."

„Wird man wenigstens gut dafür bezahlt? Im Sheraton hat man mir jetzt 2500 LE angeboten und ich fand das schon ziemlich wenig." Er lachte laut.

„Also ich wohne mit Faik, dem Typen von heute morgen, in einem Zimmer, das ungefähr 15 qm groß ist. Darin haben wir eine winzige Toilette und eine Dusche. Und das ist schon Luxus. Unser Essen kaufen wir uns selbst und bekommen am Monatsende 1100 LE. Und das ist schon nicht schlecht." Ich sah ihn entsetzt an. 1100 LE entsprach ungefähr 150 Euro. Und die Mieten in El Gouna fingen bei 1500 LE an. Alleine für ein Abendessen in einem Restaurant hatte ich am Abend vorher 100 LE ausgegeben. Da konnte man doch nicht von leben.

„Und wie macht Ihr das dann? Ich meine, wie zahlt ihr die Miete und das Essen für eure Familie?"

„Ganz einfach, wir lassen unsere Familie in unseren Heimatstädten. Da kann man mit dem Gehalt ganz gut leben. Uns geht es gut. Meine Schwester ist Lehrerin und bekommt 150 LE im Monat."

„Wow, dafür würde ich morgens noch nicht mal aufstehen."

„Der Tourismus ist die einzige Möglichkeit, ein anständiges Gehalt zu bekommen. Leider."

Wir redeten noch eine Weile. Er erzählte mir von seiner Beziehung zu einer Deutschen, die sieben Jahre gedauert hatte, von seiner Familie und dass er schon 15 Jahre in Hurghada arbeiten würde.

Im Gegenzug erzählte ich ihm, warum ich nach Ägypten ziehen wollte und was ich so geplant hätte.

Der Abend verlief angenehm, wir fanden uns sehr sympathisch und konnten uns mit Sicherheit mehr vorstellen. Und nachdem ich gehört hatte, dass er nicht aus Liebe heiraten wollte, fand ich das weder schlimm noch abstoßend. Ich würde in zwei Tagen nach Hause fliegen, um den Rest meines Umzugs zu organisieren und hatte auch nichts gegen ein kleines Abenteuer einzuwenden.

Ich überließ es aber ihm, den ersten Schritt in diese Richtung zu tun und verabschiedete mich brav vor meiner Wohnungstür, die Erfahrung mit Ashraf immer im Hinterkopf.

Am nächsten Abend rief er mich an. Er sei noch im Büro, würde aber gleich mal irgendwann Schluss machen und ob wir nicht wieder einen Kaffee trinken gehen wollten. Klar wollte ich. Ich gab mir besonders viel Mühe bei meinem Make-up, wählte eine schwarze Hose und ein braves T-Shirt und machte mich auf den Weg. Allerdings kam ich nicht weit, denn draußen stand ein Taxifahrer, der mich zu „Mr. Sayed" ins Büro fahren sollte. Wie aufmerksam. Ich stieg also ein und war nun ein paar Minuten zu früh dran. Sayed saß hinter seinem Schreibtisch, das Handy wie immer am Ohr. Er lächelte mich an, zeigte auf seine Tasse mit Tee und hob fragend die Augenbrauen. Ich nickte nur und setzte mich brav vor seinen Schreibtisch. Faik kam herein und begrüßte mich sehr freundlich.

„Ich dachte schon, du wolltest gestern mich auf einen Kaffee einladen", lachte er mich an.

„Naja, ich hatte keine Ahnung, dass das euer Gemeinschaftshandy hier ist", lachte ich zurück.

„Eigentlich ist es auch immer da wo Sayed ist, nur gestern wollte er eine Stunde schlafen und da habe ich übernommen."

„Arbeitet Ihr hier alle immer so lange oder ist das nur eine Krankheit von El Gouna Limousine", wollte ich wissen.

„In den Hotels ist das schön geregelt mit Schichten, aber hier... Immerhin ist der Job ganz gut bezahlt."

„Findest du? Ich hatte eigentlich damit gerechnet, dass es außerhalb der Hotels besser aussieht."

„Nein, eigentlich umgekehrt. Wobei El Gouna noch was ganz Spezielles ist. Sawiris ist dafür bekannt, dass er seine Angestellten ganz gut behandelt." Zweifelnd sah ich ihn an.

„Hauptsache, Ihr habt einen netten Job und Spaß hier."

In dem Moment fing Sayed an, einen Fahrer, der gerade hereingekommen war, zusammenzustauchen. Ich war froh, dass ich kein Arabisch verstand, denn ich war sicher, dass ich puterrot im Gesicht geworden wäre angesichts der vielen Schimpfworte.

„Sayed ist der beste Boss, den man sich denken kann", erklärte mir Faik.

„Ach so? Das hörte sich für mich gerade aber anders an", gab ich zurück.

„Das scheint nur so. Die Fahrer wissen, dass Sayed so ist und ein Anschiss immer gerechtfertigt ist. Und dass er sie immer vor anderen verteidigen wird. Und weil er so fair ist, lieben sie ihn alle."

„Na dann ist ja gut", grinste ich zweifelnd.

Es dauerte noch eine halbe Stunde, bis Sayed fertig war. Nach diversen Zigaretten und zwei Tees verließen wir endlich das Büro, auch wenn es lustig dort gewesen war.

„Ich kann dir zwar nicht garantieren, dass die Ruhe lange anhält, aber sollen wir zum Strandclub fahren?", fragte er mich.

„Gerne, da war ich noch nie. Ansonsten habe ich fast alles von El Gouna gesehen."

„Was ja bei der überschaubaren Größe nicht weiter schwierig ist", lachte er.

Ich stimmte ein und wir fuhren mit einem Taxi, womit auch sonst, zum Strandclub. Sayed wurde überall herzlich begrüßt und ich als seine Begleitung auch. Außerdem schien der Mann ohne Geld auszukommen, denn überall, wo wir auftauchten, wurden wir eingeladen. Ich fühlte mich also weniger schlecht, weil ich mit meinem großen Gehalt in Deutschland hier von einem Kleinverdiener ausgehalten wurde.

Wir redeten viel, ich erfuhr, dass er drei Schwestern und zwei Brüder hat, seine Familie riesig und in El Fayoum ziemlich bekannt ist, dass er aber nie da leben wollte und seit 13 Jahren in Hurghada war. Erst als Busfahrer, dann als Fahrer eines deutschen Chefkochs, mit dessen Tochter er auch verheiratet gewesen war und dann als Operation Manager in El Gouna Limousine.

„Und warum hast du dich von der Frau getrennt?", wollte ich wissen.

„Sie wollte ein Kind, aber nicht in Ägypten. Und ich will nicht aus Ägypten weg und mein Kind wird bei mir aufwachsen."

„Und das ist ein Grund, sich zu trennen?"

„Sicher, ich kenne in solchen Sachen nur schwarz und weiß."

Ich schwieg. Immerhin jemand, der wusste, was er wollte. Obwohl ich das sehr überstürzt fand bei einer Frau, die für ihn zum Islam gewechselt war, sich verschleiert und unter einfachsten Verhältnissen im ländlichen El Fayoum gelebt hatte.

„Erwartest du eigentlich von jeder Frau, dass sie zum Islam für dich wechselt und sich verschleiert?"

„Nein," erwiderte er. „Melanie wollte das selbst so. Wir müssen nur eine Gläubige heiraten. Also eine, die an eines der drei Bücher glaubt. Ich erwarte nur, dass sie mir keine Schande macht."

„Und was stellst du dir darunter vor?", fragte ich interessiert.

„Ein gutes Benehmen, freundlich, aber distanziert zu anderen Männern, gut gewählte Kleidung und wenig Make-up."

„Aha." Mehr konnte ich nicht sagen. Bisher fand ich das alles nicht so schwierig einzuhalten. Wir redeten noch lange weiter, mehrfach unterbrochen von seinem Handy und stiegen dann in das Taxi. Sayed fuhr den Taxifahrer zu dem etwas außerhalb liegenden Haus der Angestellten und fragte mich dann, ob ich Lust auf einen kleinen Ausflug hätte. Hatte ich. Wieso auch nicht?

Wir fuhren aus El Gouna heraus und nahmen anstelle der Hauptstraße eine kleine Seitenstraße, die nach wenigen Metern nur noch aus Wüste bestand. Als nirgendwo mehr Lichter zu sehen waren, hielt Sayed an. Wir stiegen aus und ich war sprachlos. So ganz ohne Lichter von der Straße oder einer Stadt war die Nacht einfach unglaublich schön. Der Himmel war klar und es schien, als ob wir von Sternen eingekreist wären. Und was würde in einer solchen Atmosphäre besser passen, als sich zu küssen. Es war kein schüchterner Kuss. Sayed hatte genug Selbstvertrauen, um mit Sicherheit davon auszugehen, dass ich ihn erwidern würde. Was ich auch tat. Ich genoss es, nicht den ersten Schritt getan zu haben, nicht die Führung übernehmen zu müssen und diejenige zu sein, die Stop sagte. Denn eins hatte ich gelernt: Ägypter fangen nie eine ernsthafte Beziehung mit Frauen an, die schnell und leicht zu haben sind. Also war Rückzug die beste Methode. Sayed akzeptierte meine Reaktion ohne Widerspruch. Zwar versuchte er auf dem Rückweg noch verschiedene dezente Methoden, jedoch ließ ich mich nicht umstimmen. Er brachte mich wieder bis zur Wohnungstür und hoffte wohl darauf, dass ich ihn hereinbitten würde. Was ich nicht tat. Ich schlief sehr zufrieden mit mir ein und wurde am nächsten Morgen, am Tag meines Abflugs, vom Telefon geweckt.

„Guten Morgen, ich dachte, ich komme auf einen Abschiedskaffee bei dir vorbei."
„Guten Morgen Sayed", antwortete ich noch ziemlich verschlafen.
„Mach das, aber ich habe nichts mehr zu essen hier."
„Wer will schon essen?", sagte er und hatte schon aufgelegt.

Schnell duschte ich und zog mich an, bevor es klopfen konnte.

Sayed sah ausgeruht aus und küsste mich zur Begrüßung.

„Eigentlich solltest du gar nicht in meine Wohnung, aber da ich ja heute abreise..." lachte ich ihn an.

„Ich mag Frauen mit einem guten Benehmen", grinste er.

„Ich weiß..."

Wir tranken Kaffee auf der Terrasse, sahen dem „Gärtner" meiner Nachbarin zu, wie er sie hofierte und diskutierten aus, warum eine derart alte Frau sich einen jungen Ägypter aussucht und warum diese sich für so etwas hergaben.

„Das ist Ägypten. Geschäft. Wahrscheinlich lässt sie ihm reichlich Geld da, ya Ibn mitnaka."

„Was war das für ein Wort?", fragte ich.

„Ibn mitnaka? Hurensohn."

„Ah ja..."

Bei Sayed lernte ich schnell die verschiedensten Schimpfwörter, was mir in meinem späteren Leben in Ägypten noch einige Male zu Gute kommen sollte. Wir knutschten und knuddelten ein wenig, aber ich blieb standhaft. Zwar hätte ich gerne mit ihm geschlafen, aber ich hatte genug gehört um zu wissen, dass das der sichere Weg zu einem dauerhaften Abschied war. Also verabschiedeten wir uns und er versprach, sich die Wohnung anzusehen, die der Makler für mich aussuchen würde und mich vom Flughafen abzuholen, wenn ich im September ankäme. Ich gab ihm noch meine deutsche Handynummer und blickte ihm hinterher. Hoffentlich hatte ich dieses Mal alles richtig gemacht.

Ich verließ Ägypten weniger traurig als sonst, wusste ich doch, dass es nur ein Abschied für kurze Zeit sein würde. Zu Hause ertrug ich die Arbeit sehr viel gelassener als sonst, stellte meine Ohren auf Durchzug, wenn meine Mutter eine ihrer Tiraden darüber startete, dass ich mir mein Leben vermasseln würde und hatte im Allgemeinen gute Laune. Sayed schrieb mir regelmäßig und schon nach kurzer Zeit erreichten wir 20-30 SMS pro Tag. Da ich mein Geld für Ägypten sparen wollte, waren lange Gespräche bei einem Euro pro Minute nur selten möglich. Auch wenn wir uns nie deutlich über unsere Gefühle schrieben, sondern alles noch einen leichten Hang zum körperlichen hatte, rechnete ich fest damit, dass sich im September eine Beziehung daraus entwickeln würde.

Immer näher rückte das Abreisedatum und ich packte und packte, als ob ich mein Leben in Deutschland schon für immer aufgegeben hätte. Irgendwann setzte ich mir eine Grenze von drei Koffern und 60 kg. Aber man musste ja auch alles wichtige dabei haben, wenn man ein halbes Jahr im fernen Ausland verbringen möchte. Sayed hatte sich meine zukünftige Wohnung angesehen und fand sie toll. Ihm vertraute ich in seinem Urteil. Außerdem waren Wohnungen wie die vor Jahren in Hurghada im teuren und luxuriösen El Gouna einfach undenkbar. Ebenso hatte er mit seinen Kontakten zu alles und jedem sichergestellt, dass ich die Stelle als Gästebetreuerin im Sheraton noch hatte und nicht arbeitslos dastehen würde. Denn meinen Arbeitsvertrag sollte ich erst bekommen, sobald ich eingetroffen war.

VIII

Der Abschied von meinen Arbeitskollegen Ende August fiel mir leicht. Zwar hatte ich mich mit einigen von ihnen gut verstanden und auch außerhalb der Arbeit getroffen, jedoch war ich daran gewöhnt, dass hier das Motto „Aus den Augen, aus dem Sinn" galt. Ich bekam einen Lebensmittelkorb als Abschiedsgeschenk sowie einen feuchten Händedruck und brachte dieses Kapitel zu einem Ende. Selbst wenn ich wiederkommen sollte, war es unwahrscheinlich, dass ich diese Stelle wiederbekommen würde. Meine Katzen brachte ich zu meinem Exfreund, der sich bereit erklärt hatte, sie zu nehmen, da sie ihn ja auch gut kannten. Nur wenige Dinge oder Menschen würde ich wirklich vermissen. Und ich war sicher, dass diese Menschen auch in Ägypten für mich da sein würden.

Nächte vor meinem Abflug konnte ich vor Aufregung schon nicht schlafen. Ich konnte noch gar nicht fassen, dass ich nach all diesen Jahren endlich nach Ägypten ziehen würde. Unweigerlich kam mir Ashraf in den Sinn. Hätte ich vor Jahren nur den Mut gehabt, wären wir vielleicht heute immer noch zusammen. Sechs Jahre war das nun alles her und noch immer nicht vergessen. Ich nahm mir vor, die Telefonnummer von ihm zu suchen oder seine Email Adresse, damit ich irgendwie in Kontakt treten könnte. Auch Annette und Gerd, die ich nach dem Beziehungsende zu Ashraf auch nicht mehr gesehen oder gesprochen hatte, wollte ich eine Nachricht schicken, dass ich zu den Ägyptern gewechselt war. Aber viel wichtiger als alles andere war nun auch Sayed. Inzwischen versprach ich mir eine Menge von dieser Beziehung, die noch gar keine war. Da seine Verlobung eine reine Formsache war und er die Frau nicht liebte, war für mich auch klar, dass er diese sofort lösen würde, wenn unsere Gefühle tiefer werden würden. Alles in allem schien mir meine Zukunft rosig und aufregend.

Am Flughafen sahen mich die netten Damen am Check-in an, als ob sie gerade eine Erscheinung gehabt hätten. Manche Frauen mögen zwar bei einem Urlaub etwas viel Kleidung einpacken, mehr als 70 kg waren dann nun aber doch leicht überzogen. Die 60 kg Marke hatte ich hinterher nur noch als reinen Richtwert angesehen, denn ich konnte mich einfach nicht an den Gedanken gewöhnen, von einigen CDs, Fotos, Büchern und vor allen Dingen von meiner Kaffeemaschine getrennt zu sein. So sehr sich die Ägypter auch Mühe gaben: Einen anständigen Kaffee konnten sie immer noch nicht zubereiten. Das Auto meiner Mutter war vollgeladen bis unters Dach und der Trolley am Flughafen ächzte bedenklich unter dem Gewicht. Ein Glück gab es bei Charterflügen nette, im Internet buchbare Pakete für Übergepäck, die die finanzielle Belastung relativierten. Nun ja, wenn schon auswandern, dann richtig, dachte ich.

Meine Mutter fand die ganze Aktion weniger erfreulich und konnte sich nicht entschließen, ob eher eine besorgte oder traurige Miene angebracht war. Irgendwie war in ihr ein Funken Hoffnung geblieben, dass ich doch noch zur Besinnung kommen würde, und sei es direkt vor dem Gate. Da ich viel zu aufgeregt war, um um mich herum irgendetwas wahrnehmen zu können, fiel unser Abschied auch entsprechend kurz aus. Einen kurzen Moment tat es mir leid, meine Mutter zurücklassen zu müssen und zukünftig auf bequeme finanzielle Sicherheit von 3500 Euro netto verzichten zu müssen. Aber ich war schon immer ein Optimist gewesen und ging auch jetzt davon aus, dass alles gut gehen würde. Dieser Bruchteil einer Sekunde verging so schnell, wie er gekommen war, und ich stürzte mich in mein ganz persönliches Abenteuer.

Im Flugzeug konnte ich einfach nichts von dem netten Essen herunterbringen, erstand aber noch eine Uhr für Sayed. Die fast fünf Stunden Flug zogen sich in die Länge, so wie das nun mal ist, wenn man sehnlichst auf etwas wartete. Und dann war ich endlich da, strahlte alles und jeden am Flughafen in Hurghada an und raste mit meinem Gepäck so schnell es die Zollkontrolle erlaubte zum Ausgang.

Von weitem sah ich schon Sayed und mein Herz schlug wie wahnsinnig. Wir fielen uns in die Arme und konnten gar nicht aufhören uns zu sagen, wie glücklich wir waren. Irgendwann nahm er dann aber meinen Trolley und schob ihn Richtung Parkplatz.

„Ich habe ja so auf dich gewartet", sagte er. „Gestern habe ich die Wohnung fertig gemacht und ein paar Sachen eingekauft und die Zeit wollte gar nicht um gehen."

„Frag mich mal. Ich habe seit Wochen die Koffer ein- und dann wieder ausgeräumt", lachte ich.

„Warum? Bei der Menge hast du doch bestimmt alles eingepackt, was nicht festmontiert war", grinste er mich an. „Selbst meine Mutter würde nicht auf so viel Gepäck kommen, wenn sie ihren kompletten Hausstand einpacken würde."

„Naja, ich wollte einfach nichts vergessen oder dann hier feststellen, dass ich etwas Wichtiges zu Hause gelassen habe und da habe ich mir gedacht, besser ein wenig mehr als zu wenig." Verlegen zuckte ich mit den Schultern. Sayed lachte nur.

„Macht ja nichts, ich habe Awadallah mitgebracht, der bekommt die Koffer schon in die Wohnung."

Das freute mich enorm, denn Awadallah hatte ich nach nur zwei Fahrten mit ihm in mein Herz geschlossen. Aus Assuan kommend war er fast schwarz, im Gegensatz zu den sonst relativ kleinen Ägyptern aber ein Riese. Mit seinen fast zwei Metern und den Ausmaßen eines Kleiderschranks, wirkte er jedoch eher wie ein Riesenbaby oder ein kuscheliger Teddybär. Da er kaum Englisch sprach und ich bisher nur auf Arabisch fluchen konnte, bestand unsere Verständigung aus Zeichensprache und Anlächeln. Trotzdem gab es keinen Ägypter, den ich knuddeliger fand als ihn. Ich hätte ihn am liebsten umarmt, so wie ich die ganze Welt in diesem Moment hätte umarmen können, aber ich erinnerte mich an mein gutes Benehmen und reichte ihm nur strahlend die Hand. Das ging gerade noch durch wie ich meinte. Beim Verladen meiner Koffer verging ihm das Lachen aber schnell und das für ägyptische Verhältnisse sehr gut aussehende Auto senkte sich bedenklich bei all dem Gewicht.

Auf der Fahrt nach El Gouna redeten wir über allerlei Nichtigkeiten und wussten, dass wir nur darauf warteten, in meiner Wohnung alleine zu sein. Und als die Koffer dann in den ersten Stock gebracht waren und Awadallah seines Weges gezogen war, fielen wir auch direkt übereinander her. Monate mit vieldeutigen SMS, angedeuteten Wünschen und Telefonate, die immer intensiver wurden, hatten die Sehnsucht nach dem anderen fast unerträglich gemacht und jetzt konnten wir endlich tun und lassen, was wir wollten. Erst zwei Stunden später, als wir in dem von Sayed bezogenen Bett lagen und uns anlächelten, begann ich mich für die Wohnung zu interessieren und machte Anstalten, mich zu erheben.

„Sag mal, du hast nicht zufällig Kaffee gekauft?", fragte ich Sayed.
„Was denkst du denn? Ich kann doch nicht mehr als fünf Minuten in einer Wohnung sein, in der es keinen Kaffee und keinen Tee gibt." antwortete er entrüstet.
„Du bist ein Schatz. Und wenn ich den dann in Händen halte, will ich mich hier mal endlich umsehen." Mich interessierte sehr, wo ich die nächsten sechs Monate leben würde.
„Ok, du ziehst dir was an und ich mache den Kaffee." Wie nett, ein Mann, der sich nicht bedienen ließ.

Ich streifte ein langes T-Shirt über und ging ins Bad. Klein, aber nett. Und es hatte eine Badewanne. Vorsichtig drehte ich das Wasser auf und war überrascht, als es kalt war. Ich rief erfreut: „Sayed, das Wasser ist ja kalt hier." Der kam ins Bad und sah mich zweifelnd an.
„Ja sicher, wenn du den Hahn nach rechts drehst, ist es kalt." Ich lachte.

„Meine Erfahrung mit ägyptischen Wohnungen ist etwas anders, aber ich freue mich. Haben die hier auch Wasserfilter eingebaut oder muss ich mir einen Weg überlegen, wie ich das Haar sandfrei waschen kann?", wollte ich wissen. Wieder war sein Blick etwas komisch.

„Also, inzwischen sind auch wir ein gut entwickeltes Volk und haben im Bad kaltes, warmes und auch sandfreies Wasser."

„Sorry, mir fehlen da ein paar Jahre Entwicklung hier", lachte ich. Er grinste nur und verschwand wieder in die Küche.

Ich ging hinterher. Der Raum war angenehm groß und mit allem ausgestattet, was man brauchte. Wasserkocher, Herd, Ofen, Kühlschrank, Spüle und netten Möbeln. Vorsichtig sah ich mich um, entdeckte aber weder Ameisen noch Kakerlaken und atmete erleichtert auf. Sayed guckte mich zweifelnd an, sagte aber nichts.

„Perfekt, und keine ungebetenen Gäste hier."

Er grinste. „Manchmal kann man die zwar nicht vermeiden, aber wir geben uns Mühe", sagte er. „Aber sei einfach mit Zucker und Mehl vorsichtig. Wenn du alles immer gut geschlossen hältst, bekommst du weniger Besuch", lachte er.

Vom Küchenfenster, das an die Terrasse grenzte, konnte ich auf einen kleinen Teil der Marina mit ihren Yachten und Segelbooten sehen. Ich ging ins Wohnzimmer, um die Terrassentür aufzumachen.

„Du musst dir was anziehen", hörte ich hinter mir.

„Ich habe doch ein T-Shirt bis zu den Knien an", erwiderte ich.

„Du bist hier keine Touristin. Die Jungs in den Läden und die Nachbarn suchen nur eine Möglichkeit, dich so zu sehen und schon bist du abgestempelt. Zieh dir lieber eine Hose an", sagte er ernst. Nun gut, ich kannte das Land nicht gut genug und wahrscheinlich hatte er recht. Also zog ich mir etwas mehr über und ging auf die mindestens 20 qm große Terrasse hinaus. Von hier aus hatte man ein Blick bis zum Meer und ich stellte mir vor, wie wir hier frühstücken und Sonnenuntergänge betrachten würden. Ein Grillabend wäre auch nicht schlecht. Für's erste ging ich jedoch wieder rein und machte die

Tür zu. So konnte ich die lästige Hose wieder ausziehen und die Hitze kam nicht herein, denn draußen waren es über 35 Grad. Das Wohn- Esszimmer war recht groß und hatte vier wunderschöne Fenster, in denen man sitzen konnte. Die dunkelbraunen, geschnitzten Holzläden gefielen mir besonders gut. Auch von hier konnte ich die Marina sehen. Die Möbel waren bequem und schön und auch der Fernseher schien recht neu zu sein. Alles in allem konnte man sich hier durchaus sehr wohl fühlen und ich war sehr erleichtert.

Inzwischen hatte Sayed den Kaffee gemacht und gab mir meine Tasse. An den Geschmack würde ich mich hoffentlich nicht gewöhnen müssen, denn Nescafé mit Zucker und Milch hatte eindeutig nichts gemein mit meinem Muntermacher, den ich in Deutschland immer trank.

Ich gab ihm sein Geschenk und freute mich, dass er die Uhr liebte. Sayed legte wie ich wusste viel Wert auf seine Kleidung und die Dinge, die er trug. Und es war wichtig für mich, dass ich seinen Geschmack getroffen hatte. Wir packten zusammen meine Koffer aus und gönnten uns ein Abendessen beim Italiener in der Marina.

Wir hatten bisher nie zusammen gegessen und ich musste feststellen, dass Sayed extrem penibel war. Fleisch aß er nur, wenn er den Metzger kannte, alles andere wurde genauestens unter die Lupe genommen.

„Bist du immer so oder hat das was mit diesem Restaurant zu tun", wollte ich wissen.

„Nein, ich bin bei allem so. Wenn ich nicht weiß, woher das Fleisch kommt, esse ich lieber gar nichts."

„Aber wieso? Ich meine, so viel kann da doch nicht falsch sein, oder?" Ich verstand das nicht so genau. Immerhin war er Ägypter und selbst Touristen hatten hier keine Probleme zu essen.

„Man kann beim Schlachten jede Menge falsch machen und wer weiß, was dem Tier gefüttert wurde. Meine Geschwister und meine Mutter kennen das schon. Wenn ich komme, gibt es nur das Fleisch von selbst geschlachteten Tieren oder von einem bestimmten Metzger. Hier in Hurghada gibt es nur einen, der richtig schlachtet. Ich zeige ihn dir mal, wenn wir einkaufen fahren."

Von all dem hatte ich fast alles vergessen, denn wichtig war für mich nur die Aussage, dass wir zusammen einkaufen fahren würden. Er wollte also, genau wie ich, dass wir zusammen blieben. Meine Freude war groß. Und auch die nächsten Tage ließen mich entspannter bezüglich unserer Beziehung werden, denn Sayed und ich waren nur getrennt, wenn er arbeiten musste. Und selbst da verbrachte ich, die ich erst in zwei Wochen im Sheraton anfangen würde, viel Zeit vor seinem Schreibtisch in seinem Büro. Keiner von uns fand die Situation komisch oder hatte das Bedürfnis, alleine zu sein. In sein Zimmer ging Sayed nur noch, um neue Anziehsachen zu holen und zu mir zu bringen. Eigentlich war er bei mir eingezogen.

Die Zeit ohne Sayed verbrachte ich damit, die Wohnung fertig einzurichten und die Orte ausfindig zu machen, die man als Tourist nicht braucht, die aber zum Leben unerlässlich sind. Zum Beispiel schien kein Mensch hier seine Wäsche selbst zu waschen. Alles wurde in eine Wäscherei gebracht und dort nach zwei Tagen wieder abgeholt. Supermärkte waren in El Gouna dünn gesät und der einzig große Markt, der in Deutschland eher als Tante Emma Laden bezeichnet worden wäre, führte fast alle wesentlichen Dinge. Nur Fleisch leider nicht. Was aber auch nicht weiter schlimm war, denn Sayed würde dies ja eh nicht essen. Was immer ich brauchte, wurde von Sayed besorgt, wann immer ich irgendwohin fahren wollte, wartete ein Taxi auf mich, um mich zu fahren. Heute weiß ich, dass dies nicht alles nur der Wunsch war, mir das Leben so einfach wie möglich zu machen. Es stellte für Sayed auch eine gewissen Sicherheit dar. Denn so wusste er über jeden meiner Schritte Bescheid und konnte testen, ob ich zu den typischen Europäerinnen gehörte oder doch eine ganz Anständige war.

Als ich eine Liste mit Dingen fertig hatte, die nur in Hurghada besorgt werden konnten, fuhren Sayed und ich in die Stadt, um alles zu kaufen. Wenn man in Deutschland einfach in ein großes Kaufhaus geht, muss man in Ägypten in zehn verschiedene Geschäfte. Ein Grill? Ab in den Kohleladen (wo gibt es in Deutschland schon einen Laden, der fast nur Kohle verkauft?). Schüsseln? Der nächste Plastikwarenladen lag drei km entfernt. Ein Teppich für den Flur? Los in den Souk und feilschen was das Zeug hält. Fleisch? Nabil.

Nabil gefiel mir auf Anhieb. Mitten im Souk, der für sich schon ein Erlebnis war, befand sich sein sechs qm großer Laden, vor dessen Tür die Rinder- und Lammhälften hingen. Die Schlange vor seiner Tür deutete darauf hin, dass seine Waren wirklich beliebt waren. Genauso wie er selbst. Dunkelhäutig, ruhig und in einer weißen Galabea stand er vor seinem Fleischerblock und schnitt für jeden Kunden die gewünschte Menge ab. Er begrüßte uns freundlich und lud uns auf einen Tee ein. Mitten in dem mit Blutstropfen übersäten Raum standen ein Schreibtisch, ein Aquarium und ein Stuhl, auf den ich mich setzte. Da die Kunden mich sowieso schon anstarrten, machte ich mich so klein wie möglich. Wir rauchten Marlboro, tranken Ahwa, den starken, türkischen Espresso und warteten auf Nabil. Als endlich der Menschenstrom versiegt war, kam er zu uns. Er begrüßte mich sehr höflich, gab mir aber weder die Hand noch sprach er mich direkt an.

„Hat er was gegen Europäerinnen?", fragte ich Sayed
„Wie kommst du denn darauf?"
„Naja, er hat mir nicht die Hand gegeben und guckt irgendwie an mir vorbei", erklärte ich ihm.
„Habibi, das tut er, weil er mich respektiert und sich dir gegenüber vorbildlich verhalten will. Gerade die Menschen aus Oberägypten berühren nicht einfach eine Frau, und wenn du ihm die Hand entgegengestreckt hättest, hätte er sie nie gedrückt, sondern nur ganz leicht mit der Handfläche berührt. Der Daumen darf sich nie um die

Hand der Frau schließen. Nabil ist nur höflich, aber wenn ich ihm sage, dass es ok ist, wenn er mit dir redet, wird er das sicherlich auch tun."

Ich wusste nicht, ob ich das gut oder schlecht finden sollte. Einerseits war es sehr nett, respektvoll behandelt zu werden, andererseits gefiel mir der lockere Umgang mit Menschen und ich empfand es als Einschränkung, so als ob bestimmte Menschen für mich nun unerreichbar wären. Aber ich wollte erst einmal abwarten, wie sich das alles entwickelte.

Sayed erklärte in der Zwischenzeit Nabil, dass er ruhig mit mir reden könne. Was angesichts der Tatsache, dass Nabil lediglich „Good Morning" sagen konnte, relativ irrelevant war. Jedoch entspannte er sich mir gegenüber merklich und mit Sayed als Übersetzer wurde das Gespräch sehr nett. Als es zum Fleisch kam, hatte ich die Vorstellung, ein nettes Rinderfilet zum Grillen und ein paar Lammkoteletts mitzunehmen. Sowohl Sayed als auch Nabil sahen mich interessiert, aber doch etwas komisch an.
„Was genau ist ein Rinderfilet?", ließ Nabil Sayed fragen.
„Ähm, sagtest du nicht, er ist Metzger?"
„Ja, aber wir wissen beide nicht, was du genau damit meinst. Hier geht es nach Kilo."
„Gut, aber wenn ich grillen will, dann muss das Fleisch zart sein. Für Gulasch kann ich dann alles mögliche nehmen."
„Gulasch?", Sayed guckte mich entsetzt an. „Du willst Gulasch mit diesem Fleisch machen?"
„Ja, womit denn sonst?" Ich verstand gar nicht, was denn nun schon wieder war. Einkaufen entwickelte sich zu einer komplizierten Angelegenheit.
„Also, bei uns ist Goulash gebackener Blätterteig." Sayed schwante, dass wir von verschiedenen Dingen redeten. Mir fiel ein Stein vom Herzen.

„Nein, bei uns sind das Fleischstücke in einer Soße." Wir lachten uns an und Sayed klärte Nabil auf.

Danach erklärte er mir, dass das Fleisch von der Rinderhälfte abgeschnitten werden würde und ich vielleicht einen Einfluss darauf nehmen könnte, ob es die rechte oder linke Seite des Stücks sei, spezielle Teil wie das von mir erklärte Filet seien aber nicht zu bekommen.

Ich nahm also pauschal zwei kg Rindfleisch. Die Lammkoteletts, hier Riash genannt, waren aber möglich. Dann hielt Nabil mir zwei fleischige Bälle vor die Nase, die mit Adern durchzogen waren. Sie kamen mir bekannt vor, aber ich konnte, oder wollte, sie beim besten Willen nicht einordnen. Er lächelte und tat sie als Geschenk mit in die Plastiktüte mit Fleisch.

„Was war das noch mal?", fragte ich Sayed

„Die Hoden vom Schaf, sollen sehr potent machen." Er guckte mich vielsagend an. Ich wurde allerdings nur blass.

„Hoden! Potent! Ah... Und was genau machen wir damit? Die unters Kopfkissen legen?"

„Nein, du kochst sie, bis sie aufplatzen und dann schneidest du sie in Scheiben und brätst sie in Schaffett an." Weder lachte er dabei noch entdeckte ich irgendeine Spur von Komik in seinem Gesicht. Er meinte es ernst.

„Und das isst du?"

„Klar, das ist mehr als lecker."

Ich wollte mich weigern, wegrennen, nie wieder Fleisch kaufen oder essen und diese abgeschnittene Männlichkeit des armen Schafs bestimmt nicht in meinem Kochtopf haben. Aber ich zwang mich, dankend in Nabils Richtung zu lächeln. Fremde Länder, fremde Sitten. Und ich musste es mir ja nicht gleich mit allen verderben. Ich nahm mir aber vor, einen Weg zu finden, um diesen Kelch an mir vorüber gehen zu lassen.

Die restlichen Lebensmitteleinkäufe verliefen ohne große Schwierig-keiten. Der Souk war überfüllt, erinnert mich aber an einen deut-schen Markt in gedrängter Form. Der Teil mit frischem Fisch kam mir jedoch noch weniger geheuer vor als das Fleisch und mir kam zugute, dass ich sowieso nur selten Fisch aß. Als Fan der guten deut-schen Leberwurst und des Aufschnitts musste ich mich hier jedoch eher zum Marmeladenliebhaber entwickeln, denn weder sah die Rindswurst besonders appetitlich aus noch schmeckte sie mir. In einem Land, in dem Maggi ein Fremdwort war, war dies das einzige Lebensmittel weit und breit, das nur danach schmeckte. Der Käse war auch eher gewöhnungsbedürftig und ich fand heraus, dass Kiri einer meiner favorisierten Beläge werden würde.

Zu Hause angekommen packten wir unsere Einkäufe aus und aßen die mitgebrachten Sandwiches. Auch die waren eher überraschend. Kleine flache Fladenbrote, die mit verschiedenen ägyptischen Spe-zialitäten gefüllt waren. Sayeds vor allen Dingen mit Foul. Auch in der nächsten Zeit sollte es niemanden geben, der dieses auf eine Weise zubereiten konnte, die mir einen Grund dafür lieferte, dass sich ganz Ägypten täglich mit diesem Nahrungsmittel vollstopfte. Eine rot-braune Masse, die aus zu Tode gekochten Saubohnen be-steht und mit diversen Dingen „verfeinert" wird. Butter, Öl, Knob-lauch, Eier und Tahine waren hierbei die Favoriten. Mir blieb der Zugang zu dieser Speise immer verschlossen. Dafür fand ich Tamiia, die ägyptische Form der Falafel, ebenfalls aus genannten Saubohnen, besonders lecker. Mit Salat und Tahine ein wahrhaftiger Genuss. Bei den immer beiliegenden Turshi fragte ich mich allerdings eher, ob das Einlegen in Essig nicht dem mit Salz vorzuziehen sei und legte sowohl die Gurken, Möhren wie auch Silberzwiebeln weit entfernt von mir auf den Tisch. Alles in allem stellte ich aber fest, dass das Essen in diesem Land äußerst günstig war und im Notfall Sand-wiches immer bezahlbar.

Am nächsten Tag nahm ich mir vor, Sayed das deutsche Essen näher zu bringen. Gulasch mit Nudeln und frischen grünen Bohnen war meines Erachtens nach bestens geeignet. Allerdings musste ich dafür die Tüte mit dem Fleisch öffnen, in dem sich der Grund meiner nächtlichen Albträume befand. Wäre ich ein Mann gewesen, hätte ich definitiv einen schmerzenden Unterleib bei der Vorstellung bekommen, dass man meine Weichteile in kochendem Wasser und danach in heißem Fett braten könnte. Mir widerstrebte es, alleine die Tüte anzufassen, obwohl ich eigentlich nie wirklich penibel gewesen war.

Meine Gedanken fest auf das Mittagessen gerichtet, mit dem ich Sayed davon überzeugen würde, dass ich genau die richtige Frau für ihn war, brachte mich am Ende aber dazu, mit spitzen Fingern das richtige Stück Fleisch aus der Tüte zu fischen. Eigentlich ist Kochen eine meiner Stärken, aber da hatte ich auch noch nicht den Grund gewusst, warum es bei ägyptischem Essen immer nur gekochtes oder nach dem Kochen gegrilltes Fleisch gab. Während in Deutschland alles schön abgehangen ist, wird in Ägypten geschlachtet und am selben Tag verkauft. Brät man dieses Fleisch, könnte man auch gleich eine Schuhsohle essen. Wie gut, dass mein Gulasch einfach ein paar Stunden länger kochen konnte. So gab es ein wundervolles Abendessen. Die Nudeln waren für Sayed jedoch eine Überwindung.
„Die sehen aber komisch aus", sagte er.
„Können Nudeln anders aussehen?", fragte ich erstaunt.
„Nun ja, eigentlich werden sie erst angebraten und dann in Wasser weich gekocht. Das hier ist doch eigentlich so was wie Brei", wunderte er sich. Ich sah ihn entsetzt an.
„Rohe Nudeln? Braten? Habe ich ja noch nie gehört!", erwiderte ich.
„Kannst du mir das mal zeigen?"
„Klar, aber ich versuche es mal so, wie du das kochst. Vielleicht schmeckt es ja. Bei meiner Ex-Schwiegermutter gab es meist Kartoffeln und Falscher Hase. Das schmeckte richtig toll."

Falscher Hase war nun irgendwie gar nicht mein Ding, aber gute deutsche Frikadellen würden es auch tun. Leider hatten wir keinen Fleischwolf und Sayed aß grundsätzlich nur Hack, wenn es selbst hergestellt war. Weil man ja nie wusste, was die da alles reintun oder was vorher durch den Fleischwolf gelaufen war.

Als er die Nudeln mit dem Gulasch vermischte und probierte, atmete ich erleichtert auf. Denn sein Gesicht drückte eindeutig Zufriedenheit aus.

„Schmeckt gut. Und die Bohnen schmecken so ohne Tomatensauce auch nicht schlecht. Wirklich, das kannst du öfter kochen."

Da ich bald anfangen würde zu arbeiten und meine Verpflegung im Hotel stattfinden würde, hatten wir aber schon entschieden, dass zu Hause nur an freien Tagen gekocht werden würde. Immerhin wollten wir unsere Freizeit genießen und nicht in der Küche verbringen.

Am nächsten Tag, nachdem ich ein paar Stunden bei Sayed im Büro gesessen hatte, machte ich mich an die Lammkeule und sagte mir, dass ich die Schafshoden entweder zubereiten oder wegschmeißen müsste. Nun konnte ich mich weder zu dem einen noch zu dem anderen durchringen. Kurzerhand entschloss ich mich, meine Liebe zu beweisen und mich zu überwinden. Das konnte doch nicht so schwer sein, andere Frauen machten das doch auch. Ich nahm mutig einen Kochtopf aus dem Schrank, füllte ihn mit Wasser und ein wenig Salz und wartete, bis das Wasser kochte. Dann schloss ich die Augen und fasste in die Tüte. Die Dinger fühlten sich an wie sie aussahen. Aber nun gut. Ab in den Kochtopf damit. Und da schwammen sie nun und wurden vor meinen Augen weißlich. Das sah nicht mehr ganz so ekelig aus. Aber was nun? Wann waren die denn nun gar? Ich konnte doch nicht einfach da hinein stechen, oder? Ich wartete einfach ab und hoffte auf ein Zeichen. Und tatsächlich, ich bekam es. Plötzlich sprang die Haut auf, zog sich zusammen und legte das komplette Innere frei. Meinem Magen gefiel das gar nicht und ich verzog mich auf eine Zigarette auf die Terrasse, bis er sich wieder beruhigt hatte. Aber wer A sagt, muss auch B sagen. Also nahm ich die Dose mit Schafsfett, die von Sayed wie ein Schatz gehütet wurde und schmolz einen Löffel davon in einer Pfanne. Nun wurde es aber so richtig schlimm, denn ich musste die Hoden aus dem Wasser nehmen und in Scheiben schneiden. Als die Tür aufging und Sayed in der Küche stand, war meine Erleichterung grenzenlos.

„Wow, du hast mir wirklich die Hoden gekocht? Ich glaube, ich muss dich für diese Leistung heiraten", grinste er mich an.

„Wenn wir uns nur verloben, kannst du die dann schneiden?", fragte ich ihn mit einem bittenden Blick. Er lachte wieder und ich war stolz auf mich, dass ich es geschafft hatte, ihn glücklich zu machen.

„Sicher, bis hierhin hast du ja auch alles wirklich toll gemacht." Er nahm ein Messer und schnitt beherzt die beiden gekochten Bälle in Scheiben und legte sie in die Pfanne. Mutig blieb ich neben ihm stehen, aber es passierte nichts weiter, als dass die Farbe appetitlich wurde und es sich auch um kleine Fleischstücke hätte handeln können. Überstanden.

Die Lammkeule war ein Traum und wir hatten eine richtige Fleischparty. Der Salat war von mir in Feinstarbeit so geschnitten worden, wie ich es von Sayed gelernt hatte. Eine Tomate, eine Gurke und eine Zwiebel in winzige Quadrate geschnitten und mit ein wenig Salz und Pfeffer gewürzt. In Gedanken klopfte ich mir auf die Schulter.

Bisher war zwischen uns alles sehr harmonisch gelaufen und bis auf die Telefonate mit seiner Verlobten fühlte ich mich mit Sayed mehr als wohl. Es stimmte auf jeder Ebene zwischen uns und ich fing an, mir Gedanken um eine langfristige Beziehung zu machen, obwohl ich ihm gegenüber immer wieder betonte, dass ich im Januar entscheiden würde, ob ich in Ägypten bleiben würde. Insgeheim machte ich das auch von seinen weiteren Entscheidungen abhängig.

Nach zwei Wochen des Ausruhens und Nichtstuns ging es aber nun auch ans Arbeiten. Im Sheraton warteten sie schon sehnsüchtig auf die Besetzung der Stelle in der Gästebetreuung. Aber zuerst war das Wiedersehen mit einigen alten Bekannten an der Reihe. Ahmed, der Kofferträger von damals, war immer noch da und ich wollte gerne mein freundschaftliches Verhältnis zu ihm auffrischen. Aber auch Hamdy, der Assistant Front Office Manager war und immer als Vermittler zwischen mir und der Personalabteilung fungiert hatte, als es um diese Stelle ging, freute sich, dass ich endlich da war.

„Ya Petra, wie schön, dass du endlich da bist." rief er mir schon von weitem entgegen.
„Hi, ich freue mich auch." antwortete ich ihm.
„Ab morgen solltest du allerdings den Personaleingang benutzen, wenn es geht. Auch wenn das für dich ungewohnt ist."
„Kein Problem", antwortete ich. „Hauptsache, ich komme irgendwie rein."

Er zeigte mir, wie ich zur Staff Cafeteria kam, wo die Büros im Backoffice lagen und stellte mich meiner Kollegin Heba vor. Heba hatte ich noch nie gesehen, da sie relativ neu war. Sie saß hinter dem Schreibtisch mit einer durch große Lockenwickler wohlgeformte Frisur und Make-up, das sie abends bestimmt mit Hammer und Meißel aus dem Gesicht hämmern musste. Sie wirkte schlank und sah nach arabischer Schönheit aus, bis sie sich erhob. Ich selbst war nicht mit Schlankheit gesegnet, aber Heba hatte es hart erwischt. Bis zur Taille schätzte ich sie auf Größe 38, alles darunter war eindeutig mindestens eine Größe 48.

„Hallo, ich bin Heba", sagte sie arrogant freundlich. Na, das fing ja gut an.
„Hi, ich bin Petra", lächelte ich sie an und sagte mir, dass wir bestimmt gut miteinander auskämen.
„Ich habe hier in den letzten Wochen ein wenig System reingebracht und werde dir alles zeigen."

Hörte sich wenig begeistert an, aber nun gut. Zur Not konnte ich ja Hamdi fragen, der mich angrinste und dann verließ. Erst mal setzte ich mich und beschloss, Heba bei der Arbeit zuzusehen.

Sie war zu den Gästen immer höflich, drehte aber völlig auf, wenn jemand einen Ausflug buchen wollte.

„Sag mal, sind die Ausflüge irgendwas besonderes?", wollte ich wissen. Ich konnte mir nicht vorstellen, dass jemand wie Heba aus reiner Menschenfreundlichkeit so bedacht darauf war, dass die Leute etwas unternahmen.

„Aber sicher, das ist das, womit wir unser Geld verdienen", erklärte sie mir. „Man bekommt einen prozentualen Anteil. Mit dem Gehalt hier kann man ja nicht wirklich leben."

„Aha, und wie wird das berechnet?"

„Also, erst mal brauchst du das gar nicht kennen. Denn bis du eingearbeitet bist, mache ich hier vorrangig die Verkäufe." Daher wehte also der Wind. Gut, da ich es nicht so sehr auf das Geld in den ersten sechs Monaten hier abgesehen hatte, war mir das auch nicht so wichtig.

„Das war lediglich eine Frage, ich habe nicht beabsichtigt, dir deine Provisionen wegzunehmen", erklärte ich ihr freundlich, aber bestimmt.

„Gut, dann haben wir darüber ja gesprochen", sagte sie.

Da Heba kein Deutsch konnte, die Anzahl der deutschen Touristen im Sheraton jedoch hoch war, stellte sich schnell heraus, dass der Verkauf besser über mich lief. Eine Freundin machte ich mir so nicht.

In den kommenden Tagen lernte ich schnell. Logbuch über alles führen, Manager kontaktieren, Orientierungen durch das Hotel für Gruppen geben, Berichte an den General Manager schreiben und Geburtstagskinder beglückwünschen und mit einem Präsent überraschen. Eigentlich kein schwieriger Job. Und es gab genug Zeit, sich zu unterhalten und einiges über das Leben hier zu erfahren. Sayed kannte und schätzte jeder hier. Auch das machte mir den Start im ägyptischen Berufsleben leicht. Da ich spätestens um 20 Uhr Schluss hatte, verbrachten Sayed und ich die Abende immer gemeinsam und er erklärte mir vieles, was ich an Verhaltensmustern nicht verstand. Alleine an die Staff Cafeteria im Sheraton konnte ich mich nicht gewöhnen. Das Frühstück bestand aus Foul, den Ausländern zuliebe wurde aber Marmelade ins Angebot aufgenommen. Nichts davon schmeckte mir wirklich. Und auch das Mittag- und Abendessen war eine Herausforderung und am Ende aß ich nur dort, wenn es auch wirklich sein musste. Bisher hatte ich ja genug Geld, um öfter mal ein Restaurant in El Gouna als Alternative zu nehmen.

Nach drei Wochen war ich richtig gut eingearbeitet und hatte fünf Tage am Stück frei, weil ich bisher auf meine freien Tage verzichtet hatte. Sayed und ich beschlossen, eine Rundreise im Süden Ägyptens zu unternehmen, wo ich noch nie gewesen war. Wir wollten Awadallah als Fahrer mitnehmen, damit Sayed und ich wirklich entspannen konnten. Doch die erste Hürde erschien, als wir ein Hotelzimmer buchen wollten. So sehr Sayed auch redete, ohne Heiratsurkunde hätte sich jedes Hotel strafbar gemacht, wenn es uns ein Doppelzimmer vermietet hätte. Am Ende schlug er vor, einen Orfi Vertrag bei einem Anwalt abzuschließen, der als Ehe anerkannt wurde. Ich musste noch nicht mal mitgehen.

Er nahm meinen Pass und kam zwei Stunden später mit zwei Papieren wieder, auf denen stand, dass wir nun verheiratet seien und er mir im Falle einer Scheidung ein ägyptisches Pfund geben müsse. Die Heirat war nirgendwo registriert und sobald wir den Vertrag vernichtet hätten, wären wir auch nicht mehr verheiratet. Ein wenig war ich enttäuscht. Trotzdem kauften wir Ringe. Wenn auch nicht richtig verheiratet, so hatten wir uns doch schon einige Male gesagt, wie sehr wir ineinander verliebt seien und unsere harmonische Beziehung deutete auf nichts anderes hin. Wieder einmal verdrängte ich seine Verlobte. Immerhin konnten wir nun aufbrechen und verbrachten einige wundervolle und romantische Tage am Nil.

Zuerst besuchten wir Luxor und nahmen uns einen Privatführer. Sayed, der Luxor an die 100 mal als Fahrer gesehen hatte, interessierte sich zwar nicht für die Tempelanlagen und das Tal der Könige, genoss dann aber die Zeit bei seinen Freunden, die wir besuchten. Danach fuhren wir weiter nach Assuan und als ich unser Hotel sah, wollte ich nie wieder hier weg. Das Old Cataract war eines der schönsten und geschichtsträchtigsten Häuser Ägyptens. Es hatte als Palast für König Farouk gedient und danach der britischen Besatzung. Hier hatte Agatha Christie „Tod auf dem Nil" geschrieben. Die Zimmer waren nach Berühmtheiten benannt, die hier schon zu Besuch gewesen waren. Direkt am Nil konnten wir von unserem Balkon aus die unglaubliche Landschaft beobachten. Luxor war schon ein krasser Unterschied zu der Wüste Hurghadas gewesen und mit den satten, grünen Feldern und Palmen ein Augenschmaus. Assuan setzte noch einen drauf. Auch war hier die Zeit noch mehr stehen geblieben als in Luxor. Zwar gab es Autos, aber die Bevölkerung machte fast alles mit dem Eselkarren und die meisten Männer trugen Galabeas und einen Turban. Ich war absolut fasziniert.

Hier besuchten wir auch einen Fahrer von El Gouna Limousine, der gerade seinen Urlaub bei seiner Familie verbrachte. Sein Haus war ganz anders als die Häuser in Luxor, ich hatte aber gesehen, dass der Aufbau hier überall gleich war. Vom Prinzip war es ein Hof, der von einer hohen Mauer mit einer Tür umgeben war. An der Seite befanden sich drei Räume, die Küche, ein Wohnzimmer und ein Schlafzimmer. Da wir sofort bei unserer Ankunft getrennt worden waren und Sayed mit den Männern im Wohnzimmer verschwunden war, war klar, dass ich mich zu den Frauen in die Küche gesellen würde. Wieder verständigte ich mich mit Händen und Füßen, aber es war trotzdem lustig und interessant zu sehen, wie der Reis in einem riesigen Aluminiumpott auf einer Art Bunsenbrenner gekocht wurde. Es roch köstlich, auch wenn ich die meisten Sachen nicht kannte, die es zu essen gab. Den Männern wurde ein Tablett mit Schalen fertig gemacht, dass mit einer Art riesigen Mexikanerhut abgedeckt wurde, um alles warm zu halten. Wir setzten uns in den Hof und aßen einfacher. Danach durfte zumindest ich zu den Männern. Im Wohnzimmer war ein Sofa an die Wand gemauert und mit Kissen bedeckt. Eine Holzvitrine, die voll mit Kristallgläsern war, passte vom Stil so gar nicht in den Raum. Trotzdem fand ich es gemütlich und wir blieben noch lange dort. Inzwischen hatte ich mich an einige Benimmregeln gewöhnt und Sayed war sehr zufrieden mit mir. Mich störte zwar, dass er in Unterhose auf unserem Balkon sitzen konnte, ich aber nur gesittet in langer Hose und T-Shirt, aber ich sagte mir immer wieder, dass ich mich eben anpassen müsse, wenn ich eine Beziehung zu einem Ägypter eingehen wollte.

Nachdem wir am nächsten Tag noch den Nasser-Staudamm und Abu Simbel besichtigt hatten, machten wir uns auf den Weg nach Hause. Auch die lange Fahrt machte mir wenig aus, da ich zu meiner Begeisterung immer wieder Kameltransporte fand, die ich bestaunen konnte. Zehn Kamele und mehr auf einem Lastwagen waren einfach ein Foto wert.

Die Reise hatte Sayed und mich noch näher gebracht, trotzdem hatten wir unsere erste ernsthafte Auseinandersetzung, als wir nach Hause kamen und ich meinen Exfreund und jetzt besten Freund in Deutschland anrief und ihm von der Reise erzählen wollte. Für mich nichts als ein Freund war Sacha für Sayed ein Dorn im Auge. Er wollte nicht begreifen, dass Männer mit Frauen einfach nur gut befreundet sein konnten, obwohl er seine Exfrau immer noch ab und zu traf und sich regelmäßig mit ihr unterhielt.

„Das ist hier anders. Du hast als Europäerin schon jede Menge Freiheiten, aber mit einem Mann endlos lange Gespräche zu führen, der auch noch dein Exfreund ist, das geht nicht."
„Aber Sayed, er ist mein bester Freund! Und ich habe wirklich nicht viele Freunde. Aber Sacha ist mir wichtig."

„Genau deshalb. Und dann verstehe ich noch nicht mal, was du ihm sagst."

„Aber ich habe doch auch keine Ahnung, was du mit deiner Verlobten besprichst!"

„Du wirst ja wohl nicht einen Mann mit einer Frau vergleichen wollen. Männer sind alle gleich und wenn sich eine Gelegenheit ergibt, wird dein Sacha das auch bestimmt ausnutzen."

„Auf 5000 km Entfernung. Jetzt übertreib mal nicht."

„So hat das keinen Sinn." Ein Wort gab das andere und ich war entschlossen, meine Position zu verteidigen. Aber als er diesen Satz sagte, wurde mir heiß. Er würde doch nicht deshalb Schluss machen wollen? Das war es nicht wert.

„Bitte Sayed, können wir uns nicht irgendwie wie Erwachsene einigen?", versuchte ich es.

„Schön, aber du wirst mit Sacha nur noch reden, wenn ich dabei bin. Und dann auf Englisch."

Ich schluckte. Wie sollte ich das Sacha erklären? Der würde mich für verrückt halten und ich wollte ihm gegenüber auch nicht so erscheinen, als ob ich mich einem Mann unterwerfen würde. Ich würde einfach mit ihm reden, wenn Sayed nicht da war. Egal.

„Gut," sagte ich, war aber sichtbar gekränkt.

Der zweite Vorfall fand nur kurze Zeit später statt, als ich knapp den Staff Bus verpasst hatte und ein Manager, der ebenfalls unser Nachbar war, anbot mich mitzunehmen. Ich verstand mich mit Eslam gut und wusste, dass Sayed ihn auch mochte. Also fuhr ich mit. Kurze Zeit später rief Sayed mich von der Arbeit aus an.

„Wie war der Tag?", fragte er. Sein Tonfall war irgendwie komisch.

„Anstrengend, aber ganz gut. Wie ist deiner?", erwiderte ich.

„Wie bist du nach Hause gekommen?", fragte er weiter, ohne auf meine Frage einzugehen. Ich ahnte schon, dass ich etwas falsch gemacht hatte.

„Eslam hat mich mitgenommen, weil ich den Bus verpasst habe", antwortete ich ehrlich.

„Wir reden später darüber", sagte er und legte auf.

Wenn ich etwas gar nicht leiden kann, sind es ungeklärte Verhältnisse. Da ich aber wusste, dass es in seinem Büro zu hektisch zum Reden sein würde und ich vor seiner Rückkehr gar nichts klären würde, war der Rest meines Tages verdorben. Ich war nervös, mein Kopf sagte mir, dass ich alles richtig gemacht hatte, aber ich fühlte mich unsicher. Als Sayed nach Hause kam, erklärte er mir, dass er schon zwei Minuten nach meinem Einsteigen in Eslams Auto davon erfahren hätte. Ich würde ihn auf diese Weise nur lächerlich vor allen anderen Männern machen, denn eine anständige Frau fährt nicht alleine mit einem Mann im Auto. Ich verstand die Welt nicht mehr.

„Aber es war doch völlig harmlos!", versuchte ich zu erklären.
„Das weißt du und das weiß ich, aber erstens ist kein Ägypter harmlos und zweitens wird das von allen anderen anders ausgelegt. Und ich will nicht, dass man über dich schlecht redet, denn das wirft auch ein schlechtes Licht auf mich oder dass man sagt, dass ich meine Frau nicht unter Kontrollen hätte." Ich schluckte meinen Ärger herunter. Zwar fand ich es peinlich, einem netten Kollegen sagen zu müssen, dass ich nicht mit ihm fahren könnte, aber Sayed machte mir klar, dass jeder Ägypter mein Verhalten verstehen und auch schätzen würde. Ich gab nach. Vielleicht hatte er Recht, vielleicht hätte ich aber auch einfach meinen europäischen Weg gehen sollen. Doch zumindest wollte ich in diesem Moment weder meinen Ruf ruinieren noch Sayed verlieren und so ging auch dieser Punkt an ihn. Am Ende der Diskussion hatte ich einen kleinen Lichtblick, als Sayed mir sagte, dass ich ihn zumindest fragen solle, bevor ich etwas in der Art selbst entscheiden würde. So hatten wir wenigstens einen, wenn auch ziemlich kleinen, Kompromiss gefunden. Zu allem Überfluss eröffnete er mir an diesem Abend auch noch, dass er nach Hause fahren müsse, weil dort einige Dinge zu klären seien. Und natür-

lich konnte ich nicht mit. Denn seine Familie ging ja davon aus, dass er seine Cousine heiraten würde. Ich war das erste Mal unglücklich mit der Situation. Aber diese eine Woche würde ich auch noch rumkriegen.

Sayed rief mich fast jeden Tag an und es schien, als seien die Streitigkeiten der letzten Tage vergessen. Ich unterhielt mich in diesen Tagen viel mit Hamdi, der der Meinung war, dass eine Beziehung zwischen einer Europäerin und einem Ägypter nie gut gehen könnte. Seiner Meinung nach würde eine europäische Frau nie ihre Freiheiten genug aufgeben und ein ägyptischer Mann nie darauf verzichten, der Boss in der Familie zu sein. Ich sah das anders, sagte ihm, dass es zwischen Sayed und mir doch auch gehen würde und mit der nötigen Kompromissbereitschaft beiderseits jedes Problem zu meistern sei. Auch Heba war der Ansicht, dass ich für Sayed nur ein netter Zeitvertreib sei, ein Mann, der es aber weder auf ein Visum noch auf europäisches Geld abgesehen habe sich nie mit einer Europäerin ernsthaft abgeben würde. Aber im Allgemeinen waren Hebas Ansichten über Männer alles andere als gut. Als geschiedene Frau mit einem Kind, das bei ihrer Mutter aufwuchs, war sie jedoch alles andere als objektiv.

Sowieso war Heba komisch. Penibelst achtete sie darauf, dass sie als die Chefin von uns galt und jeden Fehler mir in die Schuhe schieben konnte. Hatte sie etwas vergessen oder nicht ins Logbuch eingetragen, war es auf die eine oder andere Art mein Fehler. An das deutsche System gewöhnt vertraute ich auf die Fairness meiner Vorgesetzten. Ich hatte jedoch nicht kalkuliert, dass Heba etwas mit dem Front Office Manager haben könnte und der seine Geliebte natürlich keinesfalls verlieren wollte. Ebenso wenig hatte ich verstanden, was mir Jahre später eine ägyptische Kollegin erklärte: „Freunde dich mit deinem Feind so gut es geht an, lerne alle seine Stärken und Schwächen kennen, dann kannst du ihn am effektvollsten vernichten."

Heba war genau so und ich litt unter den unterschwelligen Feindseligkeiten, die oberflächlich nach Freundschaft aussahen.

Andere hingegen waren sehr nett zu mir und meinten es auch so. Der Sous Chef holte mich während meiner Spätschichten immer in die Küche, um mir das Essen der Gäste zu servieren, Hamdi warnte mich, wo er nur konnte und der Six Sigma Manager berief mich in sein Team, um das Dine Around System des Hotels zu verbessern. Meine Ideen wurden anerkannt, ich verfasste Unmengen an Arbeitsanweisungen und war beliebt. Nur der, der für mein berufliches Fortkommen im Sheraton verantwortlich war, zeigte wenig Begeisterung und suchte nach Fehlern: Der Front Office Manager Ashraf. Sicher, er wollte Heba fördern, aber da er selbst nicht zu den begabtesten Mitarbeitern gehörte, wunderte es mich, dass er in dieser Form geduldet wurde. Außerdem hatte ich ihm eine klare Abfuhr erteilt, als er versuchte, mich während Sayeds Abwesenheit zu einem privaten Treffen in seiner Wohnung zu bewegen. Das hatte sicher nicht dazu beigetragen, dass unser Verhältnis gut wurde.

Während nun Sayed in El Fayoum war, blieb ich regelmäßig länger bei der Arbeit. Da unter meiner Wohnung eine Pizzeria war, musste ich noch nicht mal weit laufen, wenn ich keine Lust zum Kochen hatte. Und ich fand endlich die Zeit, ein Buch zu lesen, Freunden in Deutschland Emails zu schreiben und mich mit dem Gedanken auseinanderzusetzen, ob es mir in Ägypten gut genug gefiel, um ganz umzuziehen. Vieles machte ich von Sayed abhängig, aber bei Weitem noch nicht alles.

Als dieser schon nach fünf Tagen anstatt sieben wieder zu Hause war, war meine Freude riesengroß. War das nicht ein klares Zeichen, dass er mich so sehr vermisst hatte, dass er seine Familie früher verlassen hatten? Sayed hatte eine ganze Wagenladung an Lebensmitteln mitgebracht. Winzige Eier, die die Hühner seiner Mutter gelegt hatten, drei Hähnchen und drei Enten, die am Tag zuvor noch im Hinterhof des elterlichen Hauses gelebt hatten und Unmengen an

Brot, Butter und Gemüse. Ich hatte einmal erwähnt, dass ich Weihnachten an Gänsebraten gewöhnt war und war über die Reaktion überrascht, dass in Ägypten keiner Gänse essen würde. Nun verstand ich auch, warum. Die Größenverhältnisse waren genau umgekehrt. Während die Ente riesig und fleischig war, sah die Gans wirklich kümmerlich aus. Trotzdem freute ich mich, dass er sich daran erinnert hatte.

„Ich habe dich vermisst", sagte er und gab mir bestimmt den hundertsten Kuss.

„Ich dich auch", strahlte ich ihn an. „Wie war es denn so?", fragte ich ihn vorsichtig. Ich wollte nicht direkt nach seiner Verlobten fragen.

„Der übliche Stress. Wenn ich in El Fayoum bin, renne ich den ganzen Tag von einem Onkel zum nächsten und das Haus ist ständig voll. Hier ist es ruhiger." Mehr sagte er nicht.

Der November verlief weitestgehend ruhig, unsere Beziehung war harmonisch und das Leben im Sheraton ging seinen Gang. Sacha hatte ich in Gegenwart von Sayed nicht wieder angerufen und auch sonst ging ich privaten Begegnungen mit Männern in Abwesenheit von Sayed aus dem Weg. Ich hatte begriffen, was ich anziehen konnte und was nicht, dass meine geliebten langen Fingernägel ihm nicht gefielen und dass er Wiederholungen von Fehlern unverzeihlich fand. Und so verwirrte mich der Gedanke an Ashraf, der nie ähnliches erwartet hatte. Sayed meinte es nur gut, wollte vermeiden, dass ich einen schlechten Ruf bekam und war zu stolz, um Gerede über sich zu dulden. Aber Ashraf hatte mich doch geliebt? Warum konnte er all diese Dinge hinnehmen?

Tagelang ließ mich der Gedanke an Ashraf nicht mehr los und mein schlechtes Gewissen brach wieder durch. Bis ich schließlich in meinen Papieren kramte und die Telefonnummer fand. Sechs Jahre war das her. Und ich war mehr als unsicher, ob sie noch gültig war und ich ihn wirklich sprechen wollte. Aber da es mich nie losgelassen hatte, wollte ich es auch zu einem Abschluss bringen. Also nahm ich beherzt mein Telefon und wählte. Insgeheim hoffte ich, dass niemand abnehmen würde oder eine alte ägyptische Oma sich meldete.

„Hallo", erklang eine durchaus männliche Stimme, die ich auch in 100 Jahren noch erkannt hätte.

„Ashraf?", fragte ich zaghaft.

„Ja, wer ist denn da?"

„Ich bin es, Petra." Stille. Ich dachte schon, er hätte vielleicht aufgelegt, als er anfing zu sprechen.

„Petra, wie geht es dir? Du bist in Ägypten, wie ich sehe." Er klang frostig, verletzt, distanziert.

Es tat mir weh, ihn so zu hören, aber ich wusste, er hatte jedes Recht der Welt, genau so zu reagieren.

„Ja, ich bin in El Gouna. Ich wollte dich einfach anrufen und dir sagen, dass ich jetzt in Ägypten bleiben will."

„Wie nett. Und was sagt der Mann, den du geheiratet hast dazu? Oder ist er mitgekommen?"

Noch immer war Ashraf sehr distanziert. Und dann diese Frage. Was sollte ich denn antworten? Dass ich ihm das nur erzählt hätte, damit er sich nie wieder bei mir meldet?

„Daraus ist dann nichts geworden. Wo bist du und was machst du?"

„Ich arbeite in Sharm als Nightmanager in einem großen Hotel."

„Wie schön, dann bist du ja richtig weitergekommen. Und bist du verheiratet?" Ich konnte mir die Frage nicht verkneifen, hätte die richtige Antwort mich doch so sehr entlastet.

„Nein, ich stehe zu meinem Wort und was ich sage, halte ich in der Regel auch." Das hatte gesessen. Ich wusste auch nicht, was ich jetzt hätte sagen können.

„Petra, was willst du?"

„Nichts, ich wollte einfach nur mal hören wie es dir geht und dir sagen, dass ich hier bin."

„Nach all der Zeit meldest du dich und erwartest nach dem, was zwischen uns war, dass du da ansetzen kannst, wo du aufgehört hast. Ich bin nicht so ein Mann. Du kannst mich nicht derart verletzen und dann je nach Laune mal wieder auspacken. Da bist du bei mir falsch." Das hatte gesessen. Er hatte ja recht, trotzdem verletzte es mich. Ich wusste auch nicht, was ich erwartet hatte. Mit Sicherheit hatte ich aber zumindest gehofft, dass wir auf einer freundschaftlichen Ebene reden könnten.

„Es tut mir leid, so war das auch nicht gemeint."

„Wie dann? Petra, das hat keinen Sinn." Tief getroffen verstand ich, dass ich etwas sehr Schönes ein für alle mal zerstört hatte.

„Ok, zumindest wünsche ich dir alles Gute. Vielleicht schreibst du mir ja mal eine Mail"

„Lebst du alleine?", wollte er wissen.

„Nein, ich bin mit einem Mann zusammen."

„Dann solltest du das nicht riskieren. Leb wohl", sagte er und legte auf. Ich war wie versteinert. Keinesfalls hatte ich auf ein Aufleben unserer Beziehung gehofft, aber vielleicht auf Vergebung? Ihn durch mein Verhalten selbst nach dieser langen Zeit endgültig auch als Freund verloren zu haben, schmerzte. Ich nahm mir vor, keinen Gedanken mehr an ihn zu verschwenden. Erst viele Jahre später sollte ich den Sinn seines Verhaltens verstehen und erkennen, was er mir in diesem Gespräch unterschwellig mitgeteilt hatte.

Der November verging und mein Leben lief angenehm. Ich war glücklich mit Sayed und solange Heba nicht da war auch glücklich mit meiner Arbeit. Anfang Dezember bekam ich vom General Manager, der Deutscher war, die ehrenvolle Aufgabe, die Sitzordnung während der Silvester Party zu organisieren. Am Anfang wunderte ich mich über den Respekt, den alle dieser für mich leicht erscheinenden Tätigkeit zollten. Im Laufe der Zeit verstand ich aber, dass bei jeder Party Unmengen an Beschwerden von Gästen wegen ihres Sitzplatzes eingegangen waren und das Hotel dieses Mal keine einzige Beschwerde haben wollte. Das Front Office wollte durch perfekte Organisation strahlen. Mr. Ashraf, der immer noch wenig arbeitende Front Office Manager, hatte mich wohl für diese Aufgabe empfohlen, um etwas in der Hinterhand zu haben, falls er sich zwischen Heba und mir entscheiden müsste. Deshalb bekam ich auch volle Unterstützung von Hamdi und Eslam, die ihm beide diesen Schachzug verderben wollten. Meine Anhängerschaft war inzwischen gewachsen und Andeutungen zufolge könnte ich sogar vielleicht nach Ablauf des halben Jahres als Manager der Gästebetreuung anfangen. Also stürzte ich mich in diese Aufgabe, nahm meinen Laptop mit zur Arbeit, entwickelte Fragebögen, programmierte mit Eslam eine Reservierungssoftware für den Computer, um einen genauen Überblick zu erhalten und richtete meinen Reservierungsschreibtisch in der Lobby ein. Ich hatte ein gutes Gefühl, als kurz vor Weihnachten die Reservierungen anfingen. Weihnachten war im Hotel Hauptreisezeit und eine private Feier fiel daher aus. Da Sayed ja sowieso Moslem war, beschlossen wir, einfach etwas nettes zu kochen und einen gemütlichen Abend zu machen. Bei Mitte 20 Grad, Palmen und Strand ist es trotz Weihnachtsbaum im Hotel schwierig, in die richtige Stimmung zu kommen. Der Abend wurde trotzdem nett und Sayed schenkte mir eine schöne Kette. Ich hatte ihm die Calvin Klein Uhr gekauft, von der er schon so lange schwärmte. An diesem Abend brachte ich das erste mal das Thema auf meine Abreise im Februar.

„Ich bin mir immer noch nicht sicher, ob ich in Ägypten bleiben soll", sagte ich, scheinbar nebenbei.
„Wieso, gefällt es dir hier nicht?" Sayed hatte nun gar nicht die erwartete oder erhoffte Reaktion.
„Naja, ich mag es schon, aber auf Dauer kann ich mir eine Wohnung in der Marina natürlich nicht leisten. Und dann muss ich mit 2500 Pfund auskommen. Im Moment brauche ich das allein für die Lebensmittel und den Strom. Und natürlich weiß ich bisher auch nicht von dir, wie du dir unsere Beziehung weiter vorstellst." Nun war es raus. Jetzt musste er ja irgendwas sagen.

„Petra, du weißt, dass ich heiraten muss. Karima ist nicht nur meine Cousine und liebt meine Eltern wie ich. Wenn ich die Verlobung lösen würde, wäre das eine Kriegserklärung in der Familie. Und nicht nur das. Als ältester Sohn bin ich verpflichtet, mich um meine Eltern zu kümmern und das kann ich nur, wenn ich eine Frau heirate, die bei meinen Eltern wohnt." Ich wurde blass. Damit hatte ich nun nicht gerechnet.

„Aber meinst du, deine Mutter will das? Dass du eine Frau heiratest, die du nicht liebst?"

„Wieso, ich werde mich doch mit ihr arrangieren."

„Ja, aber... Wenn du doch eine andere liebst?", versuchte ich es.

„Das muss sich ja auf unsere Beziehung nicht auswirken", erwiderte er.

„Nicht auswirken? Sayed, eine Beziehung haben und zusammen ein nettes halbes Jahr verbringen ist eine Sache, mit einem verheirateten Mann zusammenleben aber eine ganz andere. Und dann musst du mit ihr schlafen, ein paar Kinder in die Welt setzen und ich soll mit dem Wissen mit dir leben?"

„Es hat ja mit Gefühlen nichts zu tun, wenn ich mit ihr schlafe. Aber als meine Frau hat sie ein Recht darauf."

„Sayed, bitte, das ist nichts für mich. Ich bin mir sicher, dass wir beide glücklich werden könnten und dass die Gefühle bei uns stimmen. Wenn deine Mutter dich wirklich so liebt, wie du immer sagst, dann wird sie nicht wollen, dass du darauf verzichtest und eine Frau nur wegen ihr heiratest." Ich versuchte es ein letztes Mal. Aber ich merkte, dass Sayed auf stur stellen würde und ich ihm ein paar Tage lassen sollte, bevor ich auf eine Entscheidung drängte.

Die Silvester Party wurde ein voller Erfolg. Jeder beglückwünschte mich zu meinem Erfolg von tatsächlich null Beschwerden. Der General Manager war erstaunt, sehr zufrieden und händigte mir die in diesem Fall versprochene Champagner-Flasche aus. Alle waren sich sicher, dass ich die neue Managerin der Gästebetreuung werden würde. Nach dem ganzen Stress nahm ich mir meine freien Tage, die ich nicht genutzt hatte und beschloss, mit Sayed nach Kairo zu fahren. Am Tag vor unserer Abreise versuchte ich noch, die Druckerei zu erreichen, um Papier nachzubestellen, das wir für unseren täglichen Gästebrief brauchten. Da ich niemanden erreichte, vermerkte ich dies im Logbuch, damit Heba sich darum kümmern konnte.

Wir fuhren mit einem netten Jeep nach Kairo und die Fahrt durch die Wüste war reichlich langweilig. Anders als in der Gegend um Luxor herum wurde hier nichts grün und die Strecke zog sich. Dafür waren wir günstig im Sheraton untergekommen und konnten nun vom 15. Stock aus ganz Kairo überblicken. Ein unglaublicher Anblick. Schon als wir Kairo erreichten, wusste ich, das dies meine Stadt war. Viele Menschen verabscheuen Kairo, andere lieben es. Ich gehörte zur letzteren Gruppe.

Die Gegensätze waren enorm. Während auf der einen Straßenseite Friedhöfe von Armen bewohnt wurden, lagen auf der anderen millionenteure Wohnungen von Schauspielern. Hier war alles zu bekommen. Shoppingcenter nach europäischen Standards ebenso wie einer der ältesten Souks der Welt. Zwar gab es auch hier keine Kleidung in meiner Größe, aber dafür fand ich Unmengen an Kleinigkeiten, die ich unbedingt haben musste. Wir verbrachten eine sehr harmonische Zeit und ich war glücklich, dass Sayed ein Mann war, der Einkaufen zumindest interessant fand. Wir besichtigten das Ägyptische Museum, die Pyramiden und eine Stätte, an der alle Religionen zusammenkommen und die als Sehenswürdigkeit noch nicht wirklich bekannt war. Nach drei Tagen fuhren wir zurück. Bei Hamada Helal, der so ziemlich die einzige arabische Musik machte, die Sayed gut fand, brachte ich die Sprache erneut auf unsere Zukunft. Sayed war dieses mal zwar etwas nachgiebiger, sodass ich erkennen konnte, dass er sich Gedanken gemacht hatte, aber das Endergebnis war immer noch gleich. Ich sagte ihm klar, dass ich ohne eine Beziehung mit ihm wahrscheinlich nicht in Ägypten bleiben würde.

Als ich am nächsten Tag ins Sheraton kam, merkte ich gleich, dass die Stimmung gedrückt war und scheinbar irgendetwas in Bezug auf mich vorgefallen war. Schnell fand ich heraus, was los war.

„Petra, würdest du bitte zu mir ins Büro kommen?" Mr. Ashraf am frühen Morgen war wirklich nicht gerade meine Sache. Aber ich ging direkt hinter ihm her.

„Setz dich. Während deiner Abwesenheit musste ich feststellen, dass die Gästebriefe auf normalem Papier gedruckt werden. Scheinbar ist das andere Papier aufgebraucht." Er guckte mich streng an, was bei ihm immer irgendwie komisch aussah.

„Ja, ich habe vor meinem Urlaub ins Logbuch geschrieben, dass die Druckerei nicht geantwortet hat, damit Heba sich darum kümmern kann." Hatte Heba mal wieder etwas vergessen?

„Nun ja, das reicht aber nicht aus. Du hättest sie zumindest bei so einer wichtigen Sache am nächsten Morgen anrufen müssen, damit sichergestellt ist, dass sie die Druckerei anruft."

„Aber dafür haben wir doch das Logbuch!" sagte ich entrüstet.

„Nun, da Heba aufgrund deines Urlaubs sehr gestresst war, konnte sie das Logbuch erst später einsehen und da antwortete die Druckerei wieder nicht. Danach war Freitag und sie arbeitete nicht und nun müssen wir die Briefe auf normalem Papier drucken. Eine peinliche Sache, die der General Manager gar nicht gerne sieht."

Endlich hatte er doch noch sein Problem gefunden, dass er mir anhängen konnte. Aber ich hatte schon immer ein extremes Gefühl nach Fairness und das hier war ganz und gar nicht gerecht.

„Also, das finde ich jetzt wirklich zu viel. Heba hat angeblich keine Zeit für die wichtigste Sache bei unserer Tätigkeit und ich bin schuld daran? Wirklich nicht...", begehrte ich auf.

„Wir werden nachher ein Gespräch zusammen mit Heba führen, aber im Moment bin ich der Überzeugung, dass keine von Euch nach Ablauf des Vertrages im Sheraton bleiben wird", sagte er zufrieden. Wer sollte ihm das denn glauben. Er würde einfach einen Grund finden, warum Heba doch da bleiben sollte. Ich stand auf und ging wie betäubt zu meinem Arbeitsplatz. All die Mühen und die Arbeit für so etwas? Hamdi kam zu mir und ich erzählte ihm davon.

„Ich weiß, Petra, aber das ist Ägypten. Hier gibt es keine Gewerkschaften und keine Gerechtigkeit. Heba mag dich nicht, du bist ihr zu erfolgreich und Mr. Ashraf hat lieber weibliche Gesellschaft als eine funktionierende Gästebetreuung."

„Aber ihr könnt doch nicht alle immer alles hinnehmen."

„So ist das nun mal hier. Versuch dein Glück beim GM, den hast du ja mit der Organisation der Party schwer beeindruckt, aber ich glaube kaum... Es tut mir wirklich leid."

Ich war geknickt. Auch das Gespräch mit dem General Manager, in dem ich ihm alles von Deutscher zu Deutschem wahrheitsgemäß erzählte, verlief wenig gut.

„Ich verstehe Sie, und ich persönlich mag Ihre Arbeitsweise. Aber ich mische mich nicht in die Personalführung meiner Manager ein. Ich würde Mr. Ashrafs Kompetenz vor seiner gesamten Abteilung untergraben. Und Sie werden bestimmt sehr schnell einen weitaus besseren Job als diesen hier finden."

Das war für mich unglaublich. Ich ertrug die Show, die das Gespräch mit Heba und Mr. Ashraf war und ging sehr enttäuscht nachmittags zu Sayed ins Büro. Den erstaunte das nicht weiter. Solche Aktionen schienen in Ägypten üblich zu sein.

„Mach dir nichts draus, ich frage Linda, wenn du einen Job brauchst." Linda war seine Ex-Schwiegermutter, die aus Südafrika stammte und mit einem Deutschen verheiratet war. Sie arbeitete auf irgendeinem hochbezahlten Posten bei einer Hotelkette. So war alles offen. Nur noch wenige Wochen und ich müsste entweder zurück nach Deutschland zu meinem alten Job oder mich hier komplett neu orientieren. Und noch immer keine Entscheidung von Sayed.

Einen Tag später, nachdem ich einen sehr eisigen Tag zwischen Heba und mir hinter mich gebracht hatte, brach in meiner Wohnung die Hölle los. Obwohl Sayed immer viel telefoniert hatte, war jetzt bis spät in die Nacht kaum eine Sekunde Pause zwischen den einzelnen

Telefonaten. Ich bekam von ihm nicht mehr mit, als dass es zwischen seinen Eltern, seinen zukünftigen Schwiegereltern, seinen Brüdern und seinem Cousin hin und her ging. Fragen wollte ich ihn aber auch nicht, weil ich wusste, dass er in einer solchen Stimmung auch mit mir streiten würde. Erst spät nachts erzählte er mir, dass er die Verlobung mit Karima gelöst hätte. Mein Herz setzte einige Sekunden lang aus. Sollte ich wirklich so viel Glück haben? Aber mit der Erklärung musste ich mich noch gedulden. Die kam erst am nächsten Abend. Karima hatte zum wiederholten Male selbstständig gewagt, das Haus zu verlassen und mit ihrer Schwester in die Stadt zu gehen. Und Sayed war erbarmungslos, was Fehler anging, die sich wiederholten. Also hatte er die Verlobung gelöst. Auch erfuhr ich, dass er eigentlich schon seit seinem letzten Besuch bei seiner Familie verheiratet sein sollte. Denn als er dort ankam, „überraschte" man ihn mit der Tatsache, dass die Wohnung fertiggestellt worden sei und dass am nächsten Tag die Hochzeit anstünde. Sayed weigerte sich, man diskutierte und nach vier Tagen fuhr er wieder ab, ohne zu seiner eigenen Hochzeit erschienen zu sein.

„Das war's. Ich wollte dich nicht verletzten und so habe ich es für mich behalten. Und nun ist es endgültig vorbei." Zuerst sah er mich nur an, dann strahlte er. Und ich ebenso.

Noch einige Tage ging das Gehacke zwischen den einzelnen Parteien weiter. Sayeds Onkel fühlte sich gedemütigt, seine Tochter war nun wie eine Aussätzige und die Chancen auf eine erneute Verlobung gering. Er wollte das Gold, die Wohnungseinrichtung und zusätzlich noch Geld von Sayeds Vater für das versäumte Studium von Karima, die ja wegen Sayed nicht alleine das Haus verlassen durfte. Sayed bekam einen cholerischen Anfall nach dem nächsten und weigerte sich. Allerdings bekam Karima am Ende das Gold, was auch schon einiges Wert war. Die Wohnung blieb fertig eingerichtet einfach leer stehen. Sayed beschloss, dass er sie vielleicht irgendwann einmal für uns nutzen könnte. Mir kam sehr entgegen, dass wir, wenn wir denn dann einmal seine Familie besuchen würden, eine eigene Wohnung haben würden und ich nicht gleich meine komplette Zeit bei seiner Mutter verbringen würde. Doch noch war das alles Zukunftsmusik. Trotzdem war nun meine Entscheidung gefallen, denn Sayed liebte mich ja und ich liebte ihn.

Und so schrieb ich meine Kündigung bei der Krankenkasse, erklärte meiner enttäuschten Mutter, dass ich in Ägypten bleiben würde und diskutierte mit Sayed die Möglichkeiten aus.
„In El Gouna ist es einfach zu teuer." erklärte ich ihm. Er nickte nur.
„Hurghada kostet einen Bruchteil und man bekommt wirklich schöne Wohnungen für wenig Miete."
„Was kostet denn eigentlich so eine Wohnung, wenn man sie kauft?" Mir war da eine Idee gekommen. Ich hatte etwas mehr als 20.000 Euro in Deutschland festgelegt und vielleicht könnten die uns jetzt das Leben einfacher machen.
„Kaufen? Hmmm, für 15.000 Euro sollte man schon was Anständiges bekommen", meinte Sayed.
„Und wenn du jeden Tag nach El Gouna fahren musst, macht dir das nichts aus?", fragte ich ihn.
„Nein, ich nehme mir abends einfach ein Auto mit und damit kann ich dann morgens wieder zur Arbeit fahren. Oder ein Fahrer fährt mich, der zum Flughafen muss."
Wir waren von der Idee begeistert und ich bat Sayed, sich doch einmal umzuhören. Gleichzeitig vereinbarte ich mit dem Sheraton meinen letzten Arbeitstag für Mitte Februar und konnte mir bei Mr. Ashraf die Frage nicht verkneifen, wann Heba denn aufhören würde. Da dieser nicht zu den cleversten Zeitgenossen gehörte, fiel ihm so schnell keine passende Antwort ein und so hatte ich meine Bestätigung bekommen, dass er keinesfalls plante, Heba gehen zu lassen.

IX

Die nächste Zeit war vollgepackt mit Planungen für den Umzug von Deutschland nach Ägypten, der Wohnungssuche und Arbeit. So oft Sayed konnte, fuhr er nach Hurghada und sah sich Wohnungen an, die zum Verkauf standen und ihm von seinen Freunden wärmstens empfohlen worden waren. Nur, wenn eine Wohnung interessant war, holte er mich und ich sah sie mir an. Ich hatte mir das alles sehr viel einfacher vorgestellt. Generell war ich davon ausgegangen, dass bei den in Ägypten üblichen Großfamilien jede Wohnung über eine große Küche und ein einigermaßen großes Badezimmer verfügen müsste. Weit gefehlt, denn die meisten Küchen glichen einer winzigen Abstellkammer, in die noch nicht mal eine Kaffeemaschine und ein Toaster gepasst hätten. Die Badezimmer waren der Einstellung entsprechend: Hier ging man schnell mal aufs Klo und wusch sich. Badewannen waren äußerst selten. Da ich aber ganz klare Anforderungen hatte, die Sayed ein Glück teilte, musste ich mir nur wenige Wohnungen dieser Art ansehen. Die Wohnungen, die anders gebaut waren, hatten diese Aufteilung auch klar in der Absicht bekommen, an Ausländer mit Geld verkauft zu werden und überstiegen meist mein Budget.

Der Tag meiner Abreise nach Deutschland rückte immer näher und es war noch keine Wohnung in Sicht. Also verlängerte ich meinen Mietvertrag in El Gouna erst mal für drei Monate, damit wir nicht auf der Straße sitzen würden. Ich flog dieses Mal in der Gewissheit nach Deutschland, dass mein Leben dort vorüber war. Ich würde die Sachen in einen Container laden, die ich in Ägypten nicht bekommen konnte und einige meiner Lieblingsmöbelstücke dazu. Ansonsten würde ich alles verkaufen. Mein Auto hatte ich schon vor meinem unbezahlten Urlaub verkauft, denn der Wertverlust wäre zu groß gewesen.

Als ich am Düsseldorfer Flughafen ankam, erwartete mich meine Mutter schon. Ich hatte ihr am Telefon meine Entscheidung bereits mitgeteilt und wusste, dass sie die Chance meiner Anwesenheit in Deutschland mit Sicherheit nutzen würde, um mich von meinem Vorhaben abzubringen. Da ich aber in ihrer Eigentumswohnung wohnte, hatte sie sich schon nach einem Käufer umgesehen und auch einen Interessenten gefunden. Selbst wenn ich gewollt hätte, wäre eine Planänderung in diesem Stadium mit viel Scherereien verbunden gewesen, aber ein Glück wollte ich gar nicht. Schon als ich Deutschland sah, atmete ich innerlich auf, dass ich hier nur wenige Wochen verbringen würde. Trotzdem freute ich mich über meine Wohnung und meine Sachen. Ich sortierte und packte, was das Zeug hielt. Man weiß immer erst, was man in den Jahren so angesammelt hat, wenn man alles einpacken muss. Und ich hatte wirklich viel in den Schränken. Das Esszimmer, dessen Inhalt mit Schrank, Tisch und Stühlen nach Ägypten sollte, wurde zum Lagerraum erklärt.

Eine ehemalige Arbeitskollegin, deren Tochter gerade in ihre erste eigenen Wohnung zog, war froh über meine günstigen Preise für die Küche und das Wohnzimmer, sodass diese Räume schnell leer waren. Nur der Inhalt der Schränke machte mir zu schaffen. Wie viele Tupperschüsseln braucht ein Mensch wirklich und welche meiner annähernd 400 Bücher musste ich unbedingt behalten? Brauchte man in Ägypten eine Kochbuchsammlung? Und würde ich irgendwann meiner Bastelkiste hinterher trauern? Fragen wie diese beschäftigten mich den ganzen Tag. Und dann erst der Keller! Irgendwann hatte ich es doch einmal für wichtig erachtet, all diese Dinge aufzuheben. Sonst hätte ich sie doch in den Müll geschmissen. Was für ein Chaos. Und dieser ganze Papierkrempel. Alles musste abgemeldet und gekündigt werden. Und wer die Telekom kennt, weiß, dass das gar nicht so einfach ist. Selbst für eine gute deutsche Exbeamtin war das alles zu viel. Ich brauchte eine Auslandskrankenversicherung und meine Sparverträge mussten auf Eis gelegt werden. Meine geplanten zwei Wochen würden definitiv nicht reichen.

Mit Sayed telefonierte ich mehrmals in der Woche. Ich vermisste ihn. Ein oder zwei mal kam durch, dass er es nicht gut fand, wenn ich mit männlichen Freunden alleine in der Wohnung war oder wegging. Aber ich erzählte erst gar nicht viel darüber, denn für mich war klar, dass er einfach nicht die Situation in Deutschland einschätzen konnte. Er hatte einen Mann getroffen, der schöne Wohnungen baute, die zudem bezahlbar waren und ich hoffte, dass ich mir diese bald selbst ansehen könnte, damit wir endlich unser Leben in Hurghada beginnen konnten. Nach drei Wochen war ich endlich so weit, dass ich zurückfahren konnte. Der Container war auf dem Weg nach Ägypten, meine Wohnung leer und alle Angelegenheiten erledigt. Deutschland war mich los.

Dieses mal flog ich nach Kairo. Nachdem sich die Wogen wegen der geplatzten Heirat mit seiner Cousine geglättet hatte und Sayed seiner Familie erzählt hatte, dass er mich geheiratet hätte, sollte ich endlich El Fayoum kennenlernen. Da dies nur 45 Minuten von Kairo entfernt lag, war es sehr praktisch, dass der günstigste Flug auch dorthin gegangen war. Ich konnte gar nicht schnell genug meine Koffer durch das Gedränge schieben und zu Sayed kommen, der mich strahlend am Ausgang mit seinem Bruder Essam erwartete. Bevor ich ihm um den Hals flog, guckte ich ihn zwar erst fragend an, weil Kairo ja nicht Hurghada ist und die Gegebenheiten andere, aber er verzichtete lediglich auf den Kuss. Dann sah ich staunend Essam an. Ich hatte selten einen derart gut aussehenden Mann gesehen. Mindestens 1,85 Meter groß, schwarze, dichte Haare, ein Körper, der genau die richtige Form hatte und ein Gesicht wie von einem griechischen Gott. Keine Ahnung, wie dieser Mann mit Sayed und den wenigen männlichen Familienmitgliedern, die ich in Hurghada gesehen hatte, verwandt sein konnte. Kurz erfasste mich der Gedanke, dass ich eindeutig den falschen Mann genommen hatte. Und nett schien er auch noch zu sein. Sein freundliches Willkommen, das ich auf Arabisch schon verstand und auch erwidern konnte, ließ meine Zweifel bezüglich der mir gegenüber gehegten Gefühle in Sayeds Familie verschwinden. Ich wusste von Essam nur, dass er seine Jugendliebe nach einigen Problemen mit seinem Vater geheiratet hatte, dank Sayeds unermüdlichem Einsatz, der bis zu einer vorgetäuschten Verlobung reichte, denn Sayed als ältester Sohn sollte nach dem Willen seiner Eltern heiraten, bevor der jüngste es tat. Und so war Essams Dankbarkeit gegenüber Sayed auch grenzenlos und er hatte ihn immer unterstützt.

Wir hielten auf dem Weg nach El Fayoum noch schnell bei einem Cousin, der mich versuchte, zum Islam zu bekehren, weil er selbst von einem echten Halodri zum strenggläubigen Moslem geworden war, und fuhren dann an den Pyramiden vorbei durch die Wüste zur Oase El Fayoum. Der Weg war lustig und ich erzählte von meinen Erlebnissen in Deutschland, Sayed von seinen bei der Wohnungssuche in Hurghada und zwischendurch wurde für Essam alles übersetzt. Nach 30 Minuten Fahrt fuhren wir an einer Siedlung von mindestens 300 kleinen Häusern vorbei, die alle gleich gebaut waren. Sie sahen hübsch aus und so sagte ich: „Hey, die sehen ja nett aus. Ein bisschen abseits vielleicht und nichts Grünes dazwischen, aber hübsch." Sayed guckte mich ganz komisch an. „Was ist? Ich finde die Häuser wirklich nett, aber wohnen möchte ich hier nicht."

Sayed fing an zu lachen, nachdem er verstanden hatte, dass es mir durchaus ernst war.
„Das glaube ich gerne, denn das ist der Friedhof von Giza." Er erklärte Essam, warum er lachte. Mir war das alles ein wenig peinlich, aber aus der Entfernung sah es wirklich wie eine kleine Stadt aus.

„Ich wusste gar nicht, dass ihr hier so riesige Friedhöfe mit solchen Häusern habt. In Kairo sah das alles anders aus", verteidigte ich mich.

„Ja, Habibi, Giza ist ja auch nicht irgendeine Kairoer Gegend und der Friedhof ist recht neu."

„Hmmm, aber die Leute fahren diese ganze Strecke, um die Gräber zu besuchen? Oder besucht Ihr die Friedhöfe nicht?", wollte ich wissen.

„Doch, wir machen das auch. Allerdings nicht so regelmäßig. Bei einer Familie unserer Größe ist man sowieso fast jeden Monat auf dem Friedhof, weil jemand stirbt", erklärte er.

Kurz darauf erreichten wir auch schon El Fayoum. Unter einer Oase hatte ich mir irgendwie einen kleinen, überschaubaren Ort mit viel Grün vorgestellt und war überrascht, dass es zwar Grün wurde und die Felder sich kilometerlang erstreckten, jedoch kein Ende in Sicht war. Bis zum Haus von Sayeds Eltern waren es noch mal mindestens 30 Minuten Fahrzeit. Am Checkpoint hätten sie uns fast eine Polizeieskorte mitgeschickt, weil eine Touristin doch nicht ohne Schutz sein durfte, aber Sayed überzeugte die Männer, dass Essam als Polizist Schutz genug für mich sei.

Alles in allem war der erste Eindruck von El Fayoum gar nicht so schlecht. Ich mochte das Ländliche, die Esel und Ochsenkarren, die Felder und die einstöckigen Häuser. Je näher wir aber dem Zentrum kamen, desto weniger gefiel es mir, denn hier war viel Dreck und chaotisches Fahren. Auch die Straße, in der Sayeds Familie wohnte, war nicht viel anders. Die Häuser schienen fast alle abbruchreif zu sein, die einspurig aussehende Fahrbahn wurde zweispurig genutzt und war nebenbei noch Platz für diverse Geschäfte und Werkstätten. Kinder rannten zwischen Autos hindurch, Enten watschelten in den Hauseingängen genauso herum wie Ziegen und Katzen und Frauen und Männer saßen vor ihren Häusern und genossen die Abgase von Autos, Mikrobussen und Ochsen. Hier konnte man auf einem Kilometer Schreinereien, Autowerkstätten, Friseure, Kioske, Bäckereien, Moscheen, Apotheken und Plastikschuhläden finden. Eine kleine

Welt für sich und ich verstand, warum die Frauen nie die Gegend verließen.

Wir hielten vor einem Haus, das sich unauffällig in die Reihe der anderen gliederte. Draußen spielten drei Kinder, die sich sofort auf Sayed stürzten. Ich war ein wenig unsicher. Zwar hatte ich einiges über gutes Benehmen gefragt und auch ungefragt Vieles erfahren, aber ich wollte, dass meine erste Begegnung mit der Familie gut verliefe. Und so hielt ich mich dezent im Hintergrund. Bei einer Frau in einem arabischen Land sowieso immer die beste Lösung, wie ich fand. Ich staunte, als wir ins Haus gingen. Ein Hausflur, der vielleicht vor 20 Jahren einmal Farbe gehabt hatte. Die Treppe nach oben sah auch mehr nach abgelaufenem Beton aus. Im Erdgeschoss lagen rechts und links jeweils eine Wohnung, die Türen zu beiden standen weit offen. Wir nahmen die linke, die aus zwei Flügeltüren bestand, die schon mal bessere Zeiten gesehen hatte. Dahinter verbarg sich das Wohnzimmer. Auch hier gab es nur noch wenig Rest eines Anstrichs, an der Wand stand auf einem kleinen Tisch der obligatorische Fernseher, der meines Erachtens nach wahrscheinlich noch nicht mal Farbe zeigen konnte. Die Wand unter dem Fenster hatte einen Vorsprung, der mit Kissen bedeckt war und das Sofa darstellte. Gegenüber, neben der Tür, befand sich ein riesiger Ofen, der mit einer Gasflasche versehen war. Das Fenster war geöffnet und ließ den Blick auf die gegenüberliegende Hauswand frei, die 50 Zentimeter entfernt lag.

Wenn ich gehofft hatte, erst einmal Sayeds Eltern zu begegnen und alle anderen nach und nach kennenzulernen, hatte ich Pech. Hier waren sie alle versammelt. Auf 20 Quadratmetern quetschten sich zwölf Erwachsene und mindestens zehn Kleinkinder im Alter von zwei bis acht Jahren. Die Lautstärke war enorm. Aus der Mitte der Menschen kam eine freundlich aussehende Frau Mitte 50 auf mich zu, der eine Träne über die Wange rann. Sie umarmte mich und schoss einen Schwall arabischer Worte auf mich ab. Ich lächelte und guckte hilfesuchend zu Sayed, der ein Glück dicht bei mir blieb, um alles zu übersetzen und dieses Treffen zu einem vollen Erfolg werden zu lassen. Alle Frauen machten es der Reihe nach wie Sayeds Mutter, die die erste gewesen war. Die Männer waren etwas zurückhaltender, einige reichten mir die Hand, andere hielten höflich Abstand, wie ich meinte. Vom ersten Augenblick aber hatte ein Mann mein Herz erobert: Sayeds Vater. Der 70jährige Abdel Halim war ein alter Araber, wie man ihn auf Bildern findet. Turban auf dem Kopf, runzeliges Gesicht ohne Zähne und eine Galabea. Aber er lächelte verständnisvoll und gelassen und am liebsten wäre ich mit ihm in den nächsten Coffeeshop gegangen. Dafür wurde ich aber von Hala, Fateen, Sheima, Nadja und Sayeds Mutter Fatma zu sehr mit Beschlag belegt. Die beiden ersten waren Sayeds Schwestern, von denen Fateen ein Glück ein wenig Englisch sprach, letztere seine Schwägerinnen, an denen er selten ein gutes Haar ließ. Die Kinder versuchten auch ihr Glück, ihre wenigen englischen Wörter erfolgreich bei mir anzubringen.

Nachdem mich aber alle gesehen hatten, mindestens fünf Einladungen zum nächsten Mittagessen ausgesprochen worden waren und die Kinder ihr Interesse gestillt hatten, wurde es etwas ruhiger und der Raum leerte sich. Aus dem Fernseher ertönte der Koran und die Frauen verschwanden in die Küche, um das Essen fertigzustellen. Ich fragte dezent, ob ich vielleicht irgendwo eine Zigarette rauchen könnte und Sayed zündete mir eine an, gab sie mir und erklärte mir, dass hier jeder wisse, dass ich Europäerin sei und dass die nun mal auch rauchen, wenn sie anständig sind. Ich war sehr dankbar für diese Eröffnung, denn ich wollte die nächsten Tage nun wirklich nicht stundenlang ohne Zigarette verbringen. Ich hätte auch gerne in der Küche geholfen, aber die war, wie alle ägyptischen Küchen, genau so groß, dass die drei dort anwesenden Frauen noch so eben nebeneinander darin stehen konnten. Aber gucken durfte ich. Und es duftete köstlich. Sayeds Mutter hatte wirklich keine Berührungsängste und redete fleißig auf mich ein, ging dann aber dazu über, mir nur den Inhalt der riesigen Aluminiumtöpfe zu zeigen. Zwar fragte ich mich, welche Kompanie diese Mengen essen würde, aber der Duft war mehr als angenehm. Nur helfen konnte ich hier bestimmt nicht. Also ging ich wieder zu den Männern und setzte mich neben Sayed. Der nahm meine Hand und gab mir einen Kuss und die Blicke zeigten mir, dass das hier alles andere als üblich war. Ich begann mich zu entspannen und wohl zu fühlen. Keiner sah mich kritisch oder gar ablehnend an, alle waren freundlich und mit Hilfe von Sayed klappte die Kommunikation auch hervorragend. Am besten gefiel mir immer noch Essam, der nicht nur gut aussah, sondern mit seiner ruhigen, männlichen Art wirklich ein tolles Komplettpaket abgab. Sayeds jüngerer Bruder Yasser war mir weniger sympathisch. Irgendwie war er ein wenig schleimig und unecht und hatte auch mehr Ähnlichkeit mit Sayed. Essam schien wirklich eine Ausnahmeerscheinung zu sein. Hala und Fateen waren beide sehr nette Frauen und sehr herzlich. Sayeds zehn Jahre ältere Halbschwester, deren Mutter kurz nach ihrer Geburt gestorben war, weshalb Abdel Halim dann Sayeds Mutter geheiratet hatte, sollte ich am nächsten Tag erst kennenlernen.

Bisher hatte Sayed immer bei ihr übernachtet, wenn er in El Fayoum war, dieses mal sollte es aber anders sein, denn wir würden in der Wohnung wohnen, die eigentlich für Sayed und seine Cousine nach der Hochzeit gedacht war. Aber erst mal kam das Essen auf den Tisch. Nun ja, eher auf den Boden. Es wurde ein Tuch ausgebreitet und dann Unmengen an Schüsseln darauf gestellt. Reis, Salat, Okraschoten in Tomatensauce, Kartoffeln in Tomatensauce, Hähnchen, Suppe, Brote, eingelegte Chilischoten, Tahine und eine riesige Ente. Alle setzten sich um das Tuch auf den Boden, nahmen sich einen Löffel und Brot und fingen mit dem Essen an. Mama, denn ich nannte sie so, obwohl es mir anfangs schwerfiel, versah mich noch mit einem Handtuch und ein Kind wurde schnell zur Bude geschickt, damit ich Cola hatte, denn Sayed hatte allen erklärt, dass mein europäischer Magen das Kranwasser nicht vertragen würde.

Wie sich herausstellte, hatte meine Schwiegermutter die Ente ganz alleine für mich gemacht, weil sie von ihrem Sohn wusste, wie gerne ich diese aß. Aber selbst ich war mit einer ganzen Ente doch sehr überfordert. Zwar konnte ich auf Reis, Gemüse und Salat schon immer ganz gut verzichten, wenn es Fleisch gab, aber hierbei handelte es sich um guinnessbuchverdächtige Dimensionen. Ich aß einen Teil der Brust und kaum war das Ende erreicht, lag vor mir schon das nächste. Ich lobte alles immer wieder, probierte alles, lächelte alle an und bat Sayed irgendwann darum, seiner Mutter zu erklären, dass ich nun wirklich nichts mehr essen konnte. Sie schien enttäuscht, aber bei mir ging wirklich gar nichts mehr. Papa, wie ich Sayeds Vater inzwischen nannte, lachte nur sein sympathisches Lachen.

Ich merkte schnell, dass man nicht sitzen bleiben durfte, wenn man mit dem Essen fertig war. Denn das war ein unhöfliches Benehmen. Also ging ich hinter Essam her in die Küche, der sie sofort bei meinem Eintreten verließ. Eigentlich hatte ich mir nur die Hände waschen wollen und verstand sein Verhalten nicht. Ich fragte Sayed, der mir erklärte, dass ein Mann einer Frau nicht beim Waschen zusehen dürfe. Nun gut, ich war erleichtert, dass es nichts Schlimmeres war. Ich half abräumen oder zumindest versuchte ich es, als alle fertig waren. Sobald ich etwas in die Hand nahm, wurde es mir auch schon wieder abgenommen und ich gab es einfach auf. Immerhin hatte ich meinen guten Willen gezeigt. Nachdem wir einen Minztee getrunken hatten, zeigte Sayed mir das Haus seiner Eltern. Im Hinterhof, den man nur durch eine 50 Zentimeter hohe Luke erreichte, befand sich der Enten- und Hühnerstall, die Ziegen waren angebunden und in einer Ecke war ein weiterer Stall, in den Abends drei Kühe gebracht wurden. Alles in allem war der Hof nicht größer als 100 qm für alle Tiere. Aber ich hatte meinen Spaß mit den kleinen Zicklein, bis Sayed mir eröffnete, dass ich denen nun lieber aus dem Weg gehen sollte, weil die immer Flöhe hätten. Da er wusste, dass ich von der Reise ziemlich geschafft war, begann er die Verabschiedungszeremonie und wir fuhren in unsere Wohnung. Ich war wirklich erleichtert, denn so ein Besuch war ziemlich anstrengend.

Ich war auf die Wohnung gespannt gewesen, denn Sayed hatte mir erzählt, wie viel Wert er darauf gelegt hatte, dass alles eine tolle Qualität hatte und modern war. Entsprechend erstaunt war ich, als ich die Wohnung sah und hoffte, dass er bei unserer Wohnung meinem Geschmack etwas mehr entgegenkommen würde. Die Tür öffnete sich direkt in ein fensterloses Wohnzimmer, das einen dunklen Fernsehschrank und die in jedem ägyptischen Haushalt obligatorische Vitrine, allerdings bisher ohne Glasscheiben, enthielt. Außerdem gab es ein Sofa und zwei Sessel in einem hässlichen Grün um einen Tisch, dem ebenfalls die Glasplatte fehlte. Die Wände waren in Farben gestrichen, an die ich mich zwar langsam gewöhnte, die jedoch in Deutschland die absoluten Spitzenreiter bei den Ladenhütern geworden wären. Türkis wäre eine noch zu nette Bezeichnung. Nun ja, für Besuche ging es gerade noch. Links befand sich ein kleiner Korridor, der zum, wie auch sonst, kleinen Bad, der für ägyptische Verhältnisse recht komfortablen Küche und dem Schlafzimmer führte. In Ägypten ist dieser Korridor Pflicht, damit man einen Vorhang davor hängen kann, hinter dem sich die anständige Ehefrau frei bewegen kann, ohne den Blicken der Männer ausgesetzt zu sein.

Zwei andere, vom Wohnzimmer aus direkt erreichbare Zimmer waren nicht eingerichtet und wohl für die zukünftigen Kinder gedacht. Das Schlafzimmer fand ich allerdings gemütlich. Zwar waren Schrank und Bett in Deutschland mal zu Großmutters Zeiten modern gewesen, dafür aber sehr geräumig. Auch die Matratzen waren äußerst bequem und ich war erleichtert, dass ich nicht versuchen musste, auf einer dünnen Schaumstoffunterlage zu schlafen.

„Nett, und ich liebe dieses Bett. Ich bin wirklich total fertig", sagte ich.

„Es ist noch nicht fertig, aber wenn wir öfter kommen, können wir mit der Zeit sicher alles so machen, wie wir es wollen", meinte Sayed.

„Ist es nicht ein wenig übertrieben, nur für Besuche eine Wohnung zu mieten?", wollte ich wissen.

„Meine Mutter besteht darauf, dass ihr ältester Sohn eine Wohnung für sich und seine Frau hat. Ich habe auch schon mit ihr darüber gesprochen, aber sie will einfach ihre Meinung nicht ändern." Sayed zuckte mit den Schultern.

„Naja, für uns ist es auf jeden Fall angenehm, denke ich." Ich fand es wirklich entspannend, dass ich eine Rückzugsmöglichkeit hatte. Als Einzelkind und Frau, die jahrelang alleine gelebt hatte, war das rege Familienleben in El Fayoum für mich äußerst gewöhnungsbedürftig.

„Jetzt packe doch erst mal das Nötigste aus und dann ruhst du dich aus. Ich lasse dich schlafen und gehe vielleicht noch kurz zu Sabah rüber, um Hallo zu sagen, wenn du schläfst."

„Um diese Uhrzeit? Schlafen die nicht schon längst?" Mir war nicht so ganz wohl dabei, die erste Nacht alleine zu sein.

„Schlafen? Mohammed und Sabah schlafen nie vor drei Uhr. Aber ich bleibe erst mal bei dir."

Beruhigt und total fertig packte ich Nachthemd und Waschzeug aus, das ich oben im Koffer positioniert hatte und ging ins Bad. Immerhin waren hier eine Badewanne und eine normale Toilette. Als ich fertig war, schmiss ich mich nur noch ins Bett, kuschelte mich an Sayed und war sofort eingeschlafen. Mitten in der Nacht, oder zumindest schien es mir so, weckte mich ein lautes „Allah akbar". Der Muezzin schien es genau in mein Ohr zu schreien und ich stand senkrecht im Bett. Neben mir schlief Sayed friedlich. Der sonst vom Klingeln des Telefons wach werdende Mann zuckte bei diesem in mehr als Disco-lautstärke geschrienen Gebetsruf noch nicht mal mit den Wimpern. Ich öffnete vorsichtig die Balkontür und entdeckte am Ende des Balkons in der Ecke einen Lautsprecher, der für die umliegenden Häuser zuständig war. Davor hätte man mich aber auch warnen können.

Ich sah direkt hinaus auf Felder, unter mir hatte die Bäckerei schon angefangen, gut riechende Fladenbrote zu backen und auf der Straße gingen die ersten Männer zur Moschee. Ich beschloss, mich noch ein wenig hinzulegen und konnte wirklich noch drei weitere Stunden bis acht Uhr schlafen. Dann wurde ich allerdings vom ersten Hämmern geweckt, dass die Schreinerei unter uns auf der Straße produzierte. Sayed wurde auch langsam wach und ich beschloss, uns einen Kaffee zu machen. Mit Zigarette und Kaffee saßen wir im Bett und sprachen über den kommenden Tag.

„Ich dachte, wir frühstücken heute bei Sabah, damit sie dich auch mal kennenlernt und gehen dann Hala besuchen und danach zum Mittagessen zu meiner Mutter und abends zeige ich dir El Fayoum. Abends können wir dann in den besten Sandwichladen Ägyptens gehen."

„Macht ihr hier eigentlich auch noch was anderes außer essen?", fragte ich ihn. Er lachte.

„Lass sie, alle freuen sich, dass sie dich kennenlernen und zeigen dir dadurch, wie herzlich sie dich in der Familie willkommen heißen. Und du lernst nach und nach alle kennen."

„Irgendwas, das ich beachten sollte? War gestern ok?", fragte ich vorsichtig. Mir war es sehr wichtig, von seiner Familie akzeptiert und gemocht zu werden.

„Alle waren begeistert. Und ich bin ja bei dir. Zieh einfach etwas an, das locker sitzt und wo der Ausschnitt ein wenig höher ist, sodass man nie auch nur den Brustansatz erahnen kann. Ach so, und hebe die Arme niemals. Die Achselhöhle einer Frau darf man nie sehen. Genauso solltest du dein T-Shirt so ziehen, wenn du sitzt, dass niemand deinen Schritt sehen kann. In Hurghada ist das auch wichtig, aber hier wäre es wirklich schlechtes Benehmen."

„Ok, kein Problem. Erinnere mich einfach, wenn ich im Begriff bin, so etwas unbewusst zu tun."

„Du schaffst das schon, da mache ich mir keine Gedanken." Sayeds Vertrauen in mich ehrte ihn.

Wir duschten, zogen uns an und machten uns auf den Weg zu Sabah, die nur drei Häuser weiter wohnte. Sowieso war die Familie auf die gesamte Straße verteilt, was nicht gerade für Anonymität sorgte. Aber die wollte hier sowieso keiner. Sabah war eine freundliche Frau, die ich sofort mochte. Ich verstand, dass Sayed sie seine kleine Mama nannte.

Auch ihre Töchter Renas und Darin waren sehr nett. Mohammed, ihr Mann, war ein lustiger, strenggläubiger Mann, der mich kritisch, aber lächelnd betrachtete. Zur Familie gehörten zwei weitere, aber bereits verheiratete Töchter, Sherif, den ich bereits in Hurghada kurz kennengelernt hatte, weil er dort in einem Hotel als Kellner arbeitete und Karim, der jüngste, aber nicht anwesende Sohn. Bei unserem Eintritt hatten sich die Frauen direkt auf mich gestürzt und Renas hatte ich sofort in mein Herz geschlossen. Mitte zwanzig, sehr gut aussehend und emanzipiert wirkend konnte ich mir gut vorstellen, mich mit ihr anzufreunden. Wäre da die Sprache nicht gewesen. Aber auch sie ignorierte einfach, dass ich sie nicht verstand, und redete drauflos. Sayed übersetzte alles und ich lächelte freundlich.

Das Frühstück war dann aber wirklich nicht mein Fall. Gewöhnt an Brot mit Wurst oder Marmelade waren Pommes, Foul, Tamea und gekochte Eier nichts, was mein Magen auch nur im Entferntesten haben wollte. Foul war selbst Abends für mich ungenießbar und Pommes zum Frühstück etwas, das gar nicht ging.

Ein Glück sah Renas mein Dilemma und stand auf, um mir den weltbesten Honig zu bringen. Nun tauchte ich das selbstgebackene Brot einfach in die Schale mit Honig, aß ein gekochtes Ei und war zufrieden. Natürlich fand dies alles auf dem Fußboden statt und ich war bemüht, meine Kleidung nicht verrutschen zu lassen. Am Ende verstand ich, warum Frauen Galabeas trugen. Es war einfach enorm praktisch und man konnte sich gar nicht falsch bewegen.Ich beschloss, mir am Abend auch so etwas zu kaufen. Dann konnte ich sitzen wie ich wollte und würde auf der Straße nicht mehr ganz so auffallen, dass alle sich nach mir umdrehten. Zwar fand ich das mehr witzig als störend, aber wer ist schon gern bekannt wie ein bunter Hund?

Ich fragte Sayed, ob wir am Abend Renas mit in die Stadt nehmen könnten. Irgendwie mochte ich diese Frau. Daraufhin fing eine Diskussion zwischen Sayed und Mohammed an, bei der Renas den Kopf gesenkt hielt. Mohammed hatte seine Töchter gerne im Haus, vertraute Sayed aber genug, um ihm am Ende seine Tochter für einen Abend anzuvertrauen. Wir tranken Minztee, unterhielten uns noch eine Weile und machten uns dann auf dem Weg zu Hala. Nach wenigen Metern hielten wir und Sayed sagte mir, er wolle mich kurz seinem Onkel vorstellen. Onkel Hamdi war einer der reichsten der Familie, was nicht viel hieß. Aber er hatte ein nettes Haus und zwei nette Töchter. Seine Frau allerdings, die in der Familie auch nur wenig beliebt war, hatte es in sich. Sie sah mich, drückte mich an ihren Busen und knutschte mich auf beiden Gesichtshälften ab. Ich war nicht die dünnste, aber sie verstand es, mich überall hin zu manövrieren und zeigte mir innerhalb weniger Minuten sowohl ihren kompletten Viehbestand als ihre Vitrine. Endlich wusste ich, warum diese so wichtig war, denn sie enthielt alles, was Moslems definitiv nicht brauchen: Weingläser, Sektgläser, Besteckkoffer (das gute Solinger Besteck hatte es bis nach Ägypten geschafft) und anderes Geschirr. Alleine die Gläser hätten für halb El Fayoum ausgereicht. Aber je dicker die Vitrine, desto reicher die Braut, lernte ich. Nun ja, jedem das seine, dachte ich. Hosnia, die Frau von Onkel Hamdi, war wie ein Vulkan, der gerade ausbricht und ich fühlte mich so geschafft wie selten, als wir nach wenigen Minuten zu Hala weiterfuhren.

„Was, um Himmels willen, war das denn?", fragte ich Sayed entgeistert. Der lachte nur.

„Das war Hosnia. Alle in der Familie haben Onkel Hamdi bekniet, diese Frau nicht zu heiraten. Unterster Level, aber sie hatte ihn um den Finger gewickelt. Und nun müssen wir mit ihr leben, aber keiner mag sie wirklich."

„Ah ja, Hauptsache, du warnst mich nächstes Mal vor, wenn wir noch so jemanden besuchen sollten." Wieder lachte er.

„Keine Sorge, der Rest der Familie weiß sich ganz gut zu benehmen."

„Und was sollte ich eigentlich zu der Vitrine sagen? Ich meine, wer um alles in der Welt braucht hunderte von Gläsern? Und dann die ganzen Sektgläser, wenn doch sowieso niemand hier je auch nur eine Flasche davon besitzen wird?" Ich verstand das System noch nicht ganz.

„Zur Hochzeit muss die Braut die Küchenausstattung und den Inhalt der Vitrine kaufen. Und je mehr da drin ist, desto wertvoller war der Handel."

„Cool, der Wert einer Frau misst sich in der Menge der Gläser. Logisch." Andere Länder, andere Sitten, dachte ich. Egal, sollten sie machen. Meine Vitrine, die aus Deutschland kam, würde nur sehr wenig Inhalt haben.

Als wir bei Hala ankamen, entspannte ich sofort. Ihre Wohnung war angenehm groß, schön eingerichtet, mit weißen Wänden versehen und es war ruhig. Nach dem Überfall von Hosnia einfach himmlisch. Sie umarmte mich und führte mich zum Sofa. Sayed erklärte ihr, was mir gerade widerfahren war und sie lachte nur. Damit hätte ich das Schlimmste in der Familie ja nun hinter mir, erklärte sie. Erfreut über das Verständnis und die Offenheit, mit der man hier reden konnte, entspannte ich mich. Bis das Essen auf den Tisch kam. Unmengen türmten sich vor mir auf, aber wir aßen an einem echten Tisch und saßen auf wirklichen Stühlen. Da mein Magen nun nicht eingequetscht wurde und mein Frühstück etwas dürftig ausgefallen war, konnte ich genug essen, um Hala glücklich zu machen. Sowieso war Hala mir die liebste unter Sayeds Schwestern. Intelligent, selbstbewusst, mit zwei sehr wohlerzogenen Söhnen von fünf und acht, schien sie irgendwie aus der Familie herauszustechen. Es wurde ein schöner Nachmittag, bis wir dann aufbrachen, um kurz bei Sayeds Mutter vorbeizuschauen. Dieses Mal musste ich aber alle Leute im Haus begrüßen und wir tranken uns durch jede Etage. Überall gab es Kaffee oder Tee. Neben Mama und Papa wohnte Sayeds Onkel, darüber noch zwei Onkel und auf dem Dach noch mehr Enten und Hühner. Und endlich konnte ich auch ein wenig ruhiger mit Sayeds Eltern reden. Ich hatte das Gefühl, das sie mich wirklich mochten. Mama hoffte, wir würden ein paar Wochen in El Fayoum bleiben, aber Sayed nahm ihr sofort die Hoffnung und sagte, dass wir am nächsten Abend abfahren würden, weil wir eine Wohnung und einen Job für mich finden müssten. Dies löste lange Diskussionen und Tränen aus. Aber nachdem feststand, dass wir nicht länger bleiben würden, wurde Mama sofort hektisch, weil sie uns kofferweise Lebensmittel mitgeben wollte. Auch Erklärungen, dass es in Hurghada Supermärkte gäbe, halfen da nicht. Aber da Sayed sowieso nur Huhn von seiner Mutter aß, fand ich die Idee gut, einfach welche mitzunehmen.

Während also unser Essenspaket zusammengestellt wurde, fuhren wir zu Renas, luden sie ins Auto und fuhren in die Innenstadt. Das Gewusel war unbeschreiblich. Da die Bürgersteige in Ägypten meist eh nur Dekoration sind, mischten sich Fußgänger, Esel, Autos und einige Ziegen auf der Straße. Ein Geschäft reihte sich ans nächste und die Goldgeschäfte waren überfüllt, was mich erstaunte.

„Warum sind alle Goldgeschäfte so voll? Gibt es da was umsonst?" Ich konnte nicht verstehen, wie in einem armen Land so viele Menschen Gold kaufen wollten. Sayed sah mich an und grinste.
„Habibi, wenn eine Frau hier heiraten will und sich ihr Gold aussucht, kommt natürlich die gesamte Familie mit. Wenn du einen vollen Goldladen siehst, ist wahrscheinlich nur ein Kunde mit 20 Frauen aus der Familie drin."

„Ah ja, gut. Deshalb auch so viele Geschäfte. In Deutschland würde eins davon für die gesamte Stadt ausreichen."

Vor allem die Geschäfte mit Galabeas hatten es mir angetan. Ich fand viele Modelle wirklich schön, war aber erstaunt über die Preise, die wirklich hoch waren. Endlich hatte ich eine Erklärung dafür, warum die Frauen ständig in derselben Galabea herumliefen. Es gab eine für den Alltag und eine für besondere Anlässe. Zu Hause wurde eine Hausgalabea getragen. Wer etwas mehr Geld hatte, konnte sich auch mehr leisten. Aber bei einem Preis pro Galabea, der mindestens einer Monatsmiete entsprach, war bei vielen eben nicht mehr drin. Am Ende suchte ich mir unter Beratung von Renas und Sayed eine schöne aus, die ich überall tragen konnte. Sie war sehr bequem und ich beschloss, mir gleich noch eine fürs Haus zuzulegen. Denn die waren einfach noch praktischer. Renas kaufte ich auch eine und sie konnte ihr Glück gar nicht fassen. Danach liefen wir durch die Stadt, kauften Obst bei einem der vielen Händler, die mit einem Karren durch die Gegend liefen und setzten uns dann an eines der berühmten Wasserräder und tranken frisch gepressten Zuckerrohrsaft, der mir richtig gut schmeckte. Alles in allem verbrachten wir einen schönen Abend und fielen kaputt ins Bett. Selbst der Muezzin bewirkte um 4.30 Uhr nicht mehr als ein kurzes Öffnen meiner Augenlider, bevor ich weiterschlief.

Am nächsten Morgen warf ich mich nach dem Duschen in meine neue Galabea und fühlte mich pudelwohl. Zwar hätte ich lieber kurze Ärmel gehabt, aber noch waren die Temperaturen unter 30 Grad. Alle bestaunten mich und meine Schwiegermutter war höchst zufrieden. Allerdings wurde nun diskutiert, ob ich nicht das Kopftuch dazu tragen sollte. Natürlich aus rein modischen Gesichtspunkten heraus. Soweit ging meine Anpassungsfähigkeit aber nun doch nicht und ich verschenkte das Teil, das bei jeder Galabea dabei ist, an Mama. Nachdem wir kurz Essam, Yasser und ein paar von Sayeds Tanten besucht hatten, packten wir unsere Sachen ins Auto, um nach

Hurghada zu fahren. Als wir uns von Mama und Papa verabschieden wollten, schleppte meine Schwiegermutter eine volle Tüte nach der anderen aus ihrem Lagerraum, dem ehemaligen Kinderzimmer. 40 Hühnereier, fünf Hähnchen, drei Enten, diverse Gläser mit eingelegten Chilis und Käse, Okraschoten, eine riesige Tüte mit getrockneten Broten, Schafsfett und Honig. Ich überlegte kurz, ob das Auto den Ballast noch aufnehmen konnte und wo wir in Hurghada all das Federvieh verstauen würden. Danach wurden viele Tränen vergossen bis wir losfahren konnten.

„Puh, das war ja mal was", sagte ich zu Sayed, als wir El Fayoum verließen.

„Meine Mutter ist immer so. Am liebsten wäre ihr, ich würde ganz da bleiben." Ich war mir sicher, dass vieles bei Sayeds Mutter auch Taktik war, die ägyptische Frauen ja eh gut beherrschten. Aber das konnte ich ihm kaum sagen, denn auf seine Mutter ließ er nichts kommen. Er sagte immer, zuerst käme Gott und dann seine Mutter. Vor allen anderen auf der Welt.

„Naja, als Mutter will man das wahrscheinlich immer", erwiderte ich diplomatisch.

„Ich bin etwas ganz besonderes für sie. Aber sie mag dich und du hattest recht damit, dass sie mich in erster Linie glücklich sehen will."

Das erleichterte mich sehr, denn ich hatte immer das Gefühl gehabt, dass Sayed die Meinung seiner Mutter wichtiger war als unsere Beziehung. Hätte sie mich nicht gemocht, wäre es vermutlich schwer geworden. So hatte aber alles blendend funktioniert und bis auf die Wohnung waren alle Hindernisse für eine glückliche Zukunft aus dem Weg geräumt. Über einen neuen Job machte ich mir keine Gedanken.

X

Wir fuhren die Nacht durch, hörten Hamada Helal, den einzigen ägyptischen Sänger, der Gnade bei Sayed fand, und ich verschlief das Meiste des Wegs. Ich wachte 20 Kilometer vor El Gouna auf und bekam noch gerade den Sonnenaufgang mit. Sayeds Kontakte bei den Checkpoints hatten ihn über den Standort der Radarfallen informiert und so hatten wir die 600 Kilometer Strecke in fünf Stunden hinter uns gebracht. Ich war froh, das zivilisierte und sehr europäische El Gouna wiederzusehen. Einen größeren Unterschied zu El Fayoum konnte es kaum geben. Aber der Luxus meiner Wohnung ließ mich erleichtert aufatmen.

Den nächsten Tag wollten wir einfach nur im Bett verbringen und uns maximal bis zur Terrasse bewegen. Nachdem wir alles verstaut hatten und auch das letzte Huhn einen Platz im Gefrierschrank gefunden hatte, schliefen wir bis zum Nachmittag, aßen eine Pizza von der eine Etage tiefer gelegenen Pizzeria, sahen etwas fern und schliefen wieder. Als wir aufwachten, und dieses mal hatte mich nur die Sonne und kein Muezzin und keine Schreinerei geweckt, frühstückten wir und machten uns dann auf den Weg nach Hurghada. Sayed hatte Gamal erreicht, den Eigentümer der Wohnungen, die Sayed so schön fand. Wir hatten uns mit ihm verabredet und ich war schon sehr gespannt, wie alles aussehen würde.

Am Rand von Hurghada, nur wenige Meter vom Meer entfernt, lag die erste Wohnung. Die Lage war ein Traum, die Gegend sehr schön und die Schotterstraßen würden bestimmt irgendwann einmal geteert werden. Das Haus hatte vorne einen kleinen Swimmingpool und die Wohnungen waren gut aufgeteilt. Die Wände hatte Gamal schön gestaltet. Hier eine Säule, da ein Rundbogen, der als Regal genutzt werden konnte und dort eine Ablagefläche, die einen Tisch überflüssig machte. Ich war begeistert von dem Pool, doch Sayed erklärte mir sofort, dass ich den sowieso nicht nutzen könnte.

„Warum? Am Strand sehen mich doch auch alle im Badeanzug." Ich verstand das System nicht.

„Am Strand ist das ja auch was anderes. Hier stehen die Männer hinter den Fenstern und beobachten dich. Das geht gar nicht. Dann bist du sofort verschrien und mein Ruf ist auch hin."

„Aber..." Ich wollte das ausdiskutieren.

„Nein, ich würde es meiner Frau nie erlauben, außerhalb des Strandes ihren Körper so zur Schau zu stellen, dass jeder denkt, sie wäre leicht zu haben."

Ich schluckte meinen Ärger hinunter. Wenn Sayed so war, halfen nur vorsichtige Gespräche mit guten Argumenten, die mir im Moment fehlten. Außerdem lag die Wohnung sowieso über meinem Budget und so vergaß ich den Pool. Ein leiser Zweifel blieb jedoch, ob ich mich wirklich Sayeds strengen Regeln auf Dauer stellen könnte und dabei glücklich wäre.

Gamal hatte noch andere Wohnungen. Er zeigte uns erst einmal seine, weil die schon fertig war und die anderen sich noch im Rohbau befanden. Ich war hellauf begeistert. 160 qm Wohnfläche mit zwei Balkonen, von denen man das Meer sehen konnte. Das Wohnzimmer hatte eine komplette Fensterfront bis fast zum Boden. Nur die amerikanische Küche mit schöner Bar, Wohn- und Essbereich hatten eine Fläche von 70 qm. Ein Traum. Und das Badezimmer war selbst für deutsche Verhältnisse groß und besaß eine Eckbadewanne. Die wollte ich schon immer haben. Zwar wusste ich nicht recht, was ich mit drei Schlafzimmern anfangen sollte, aber irgendwas würde mir dafür schon einfallen. Problem an der Sache war, dass Gamal diese Wohnung eigentlich selbst behalten wollte und die im Bau befindlichen nicht rechtzeitig fertig sein würden. Ich war ein wenig enttäuscht, hoffte aber noch darauf, dass sich ein echter Ägypter kein Geschäft entgehen lässt. Also fuhren wir erst einmal in unsere Wohnung nach El Gouna zurück.

„Meinst du, Gamal überlegt es sich anders?", fragte ich Sayed.

„Keine Ahnung, da seine deutsche Freundin die Wohnung auch mag, kann es sein, dass er da drin wohnen bleibt. Auf der anderen Seite ist er aus Kena und kennt nur Geld. Ich schätze, wir werden von ihm hören." Sayed machte mir Hoffnung.

Und tatsächlich klingelte am nächsten Tag sein Handy und Gamal teilte ihm mit, dass er sich dazu durchgerungen hätte, uns einen Gefallen zu tun. Er würde uns die Wohnung verkaufen. Der Preis würde allerdings alle meine Reserven aufbrauchen und wir müssten die Wohnung ja auch noch einrichten. Gamal ließ aber nicht mit sich handeln, erklärte sich aber bereit, zehn Prozent des Preises erst nach einem halben Jahr zu erhalten. Das sollte reichen, um mit einem einigermaßen guten Job alles zu bezahlen.

Am Abend gingen wir feiern. Wir waren in bester Stimmung und malten uns unser Leben in diesem Traum von Wohnung aus. Endlich war diese Hürde auch genommen. Nur bedeutete dies, dass wir wieder nach Kairo mussten, denn in Hurghada konnte man nur sehr wenige Möbel kaufen, die zudem noch völlig überteuert waren. Ein befreundeter Schreiner von Sayed konnte zwar einige Stücke anfertigen, Elektrogeräte und Sofa müssten aber in jedem Fall in Kairo eingekauft werden. Also stellte ich mich auf eine erneute Reise ein, sobald der Kaufvertrag unterschrieben war. Ich setzte mich mit meiner Bank in Deutschland in Verbindung und transferierte mein gesamtes kleines Vermögen nach El Gouna.

Die Wohnung war gefunden, meine Möbel aus Deutschland auf dem Weg und die Beziehung zu Sayed geklärt. Nun hieß es, außer Warten, einen Job zu finden. Sayed rief Linda, seine nette Ex-Schwiegermutter, an. Ich hatte sie zwar nur kurz kennengelernt, aber wir waren uns sympathisch gewesen und so versprach sie, sich umzuhören. Da sie bei einer großen Hotelkette unter Beteiligung von Thomas Cook als Quality and Environment Manager arbeitete, waren wir voll Hoffnung, denn Kontakte hatte diese Frau jede Menge. Und wirklich, nach wenigen Tagen rief sie mich an und fragte mich, ob ich mir vorstellen könne, als Sekretärin für den Geschäftsführer zu arbeiten. Konnte ich zwar nicht, weil ich keinerlei Erfahrungen darin hatte und meine Tippfähigkeiten zu wünschen übrig ließen, aber ich sagte voller Überzeugung zu. Wie ich gelernt hatte, waren Sekretärinnen von Chefs wirklich wichtig in Ägypten und ihre Bezahlung auch nicht von schlechten Eltern.

Ich traf mich mit Linda und dem General Manager des Hotels Garden Beach, in dem die Hauptverwaltung untergebracht war, in der Lobby. Frank, der deutsche Hotelmanager, war sehr nett und ich war traurig, dass ich nicht für ihn arbeiten sollte. Beide erzählten mir, dass es sehr schwierig sei, für Mr. Michael, dem deutschen Geschäftsführer, eine Sekretärin zu finden und er inzwischen innerhalb von wenigen Monaten vier davon verschlissen hätte. Keine habe seinen Ansprüchen auch nur annähernd genügt. Ich musste schwer schlucken. Und hier kam ich mit meiner Krankenkassenerfahrung und einem halben Jahr als Gästebetreuerin in Sheraton in El Gouna. Nun ja. Beide stimmten überein, dass mein Englisch exzellent sei und ich auch vom Auftreten her perfekt auf die Position passen würde.

Als ein grauhaariger, fülliger Mittvierziger an unseren Tisch trat, war ich schon etwas entspannter und buchte das ganze unter dem Thema „Erfahrungen, die man einmal gemacht haben muss" ab. Linda und Frank ließen uns alleine und Mr. Michael, sichtlich im Stress und wenig optimistisch, setzte sich zu mir.
„So, ich habe gehört, Sie suchen einen Job und würden gerne als meine Sekretärin anfangen."
„Ja, ich ziehe in einem Monat nach Hurghada und habe gerade meine Stelle im Sheraton in El Gouna beendet."
„Und da haben Sie als was gearbeitet?", fragte er.
„Als Gästebetreuerin", erwiderte ich vorsichtig. Sicherheitshalber setzte ich hinterher:

„Dort wollte man für ein halbes Jahr jemanden, der die Verfahrensabläufe optimiert, Arbeitsanweisungen schreibt und die Arbeit der Gästebetreuer an den 5-Sterne-Standard anpasst." Das klang wirklich gut und war ja nun auch nicht gelogen.

„Linda sagte, Ihr Englisch sei fast wie das einer Muttersprachlerin. In der Hinsicht vertraue ich ihr da völlig. Schreiben Sie, wie Sie sprechen?"

„Ja, ich habe mit Schreiben kein Problem." Ich war erleichtert, dass das Thema Gästebetreuung schnell vorbei gegangen war. Keinesfalls wollte ich ihm über die Umstände meiner Kündigung berichten.

„Und Sie tippen vom Diktiergerät?", fragte er eher gelangweilt.

„Ähm, keine Ahnung, das habe ich noch nie ausprobiert." Ich hatte keine Ahnung, wie das funktionierte, aber so schwer konnte das doch auch nicht wirklich sein, oder?

„Nun gut, aber Sie können tippen?"

„Natürlich", sagte ich voller Überzeugung. Er hatte ja nicht gefragt, wie schnell.

„Gut, wie ich gehört habe, waren Sie Geschäftsstellenleiterin bei einer Krankenkasse. Da dürften Sie von Büroarbeit Ahnung haben. Ich brauche jemanden, der das Regional Office und das Lager unter Kontrolle hat. Diese Ägypter verbrauchen sonst Unmengen an Papier und anderen Sachen. Hier muss mal alles in eine Hand. Sie müssen Protokolle anfertigen von den wöchentlichen Besprechungen und den Managern der Hotels mal auf die Finger klopfen, aber damit sollten Sie kein Problem haben. Sie bekommen 4000 LE, alle Mahlzeiten in der Manager Cafeteria, Transfer mit dem Hotelbus der Angestellten. Wann können Sie anfangen?"

4000 LE? Das war das Doppelte von dem, was ich in El Gouna verdient hatte. Und ich bräuchte kein Essen zu bezahlen. Ein Traum.

„Wann immer Sie wollen", erwiderte ich glücklich.

„Kommen Sie zum nächsten Ersten. Den Rest können Sie mit Linda besprechen. Wir sehen uns." Und weg war er.

Ich konnte mein Glück gar nicht fassen und war wild entschlossen, die beste Chefsekretärin zu werden, die Sunrise Hotels & Resorts je gesehen hatte. Linda dämpfte meine Freude etwas.

„Michael ist ein netter Kerl und hat wirklich jede Menge Wissen, aber mit Ägypten kommt er nicht so gut klar. Und was er von einer Sekretärin erwartet, ist einfach nicht hier zu finden. Im Moment hat er eine Osteuropäerin, die eigentlich gut ist, aber irgendetwas passt ihm nicht an ihr. Vielleicht nicht energisch genug, vielleicht passt ihm die Nase nicht. Aber wir brauchen wirklich mal Ordnung in diesem Büro. Das ist keine Hauptverwaltung, sondern das perfekte Chaos."

„Ich hoffe, ich kann dich immer ansprechen, wenn was ist", sicherte ich mir meine erste Verbündete.

„Sicher, Frank kannst du auch immer fragen. Wir alle hoffen, dass mit der richtigen Sekretärin endlich alles ruhiger und einfacher wird."

Beruhigend, das klang alles wirklich schwierig in diesem Büro. Aber das änderte nichts an meiner Freude über den gut bezahlten Job, den ich ohne große Schwierigkeiten an Land gezogen hatte. In zwei Wochen würde ich anfangen und das Kind schon schaukeln.

Sayed wartete draußen in einem Coffeeshop und ich rannte fast zu ihm. Obwohl man das ja eigentlich nicht machte, fiel ich ihm um den Hals und gab ihm einen riesigen Kuss.

„Du hast den Job?", grinste er.

„Und was für einen. 4000 LE, Essen, Transport und keine Schichtarbeit mehr. Jeden Tag um 17 Uhr ist Schluss."

„Mabruk", was so viel hieß wie Glückwunsch auf Arabisch.

„Wir können die Wohnung abzahlen und haben mehr als genug zum Leben. Wenn du jetzt auch noch arbeitest, können wir uns nächstes Jahr die nächste Wohnung kaufen", grinste ich ihn an. Sayed lachte.

„Warten wir es ab. Ich freue mich für dich. Wie ist denn dieser Michael so?", wollte er wissen.

„Typisch Deutsch, eher die ruhige Sorte und ganz und gar nicht mein Typ", beruhigte ich ihn.

„Pass auf, was du so im Büro machst. Du weißt, hier kommst du schnell in Verruf. Und ägyptische Männer sind hinterlistig."

„Jajaja, ich weiß. Trau mir mal was zu." Ich wollte mir meine gute Laune nicht mit einem Vortrag verderben lassen.

„Lass uns lieber irgendwo was Nettes essen gehen, wo wir doch jetzt nicht mehr sparen müssen."

Und das machten wir dann auch.

XI

Im Gegensatz zu unserer ersten Fahrt nach Kairo, während der ich den touristischen Teil der Stadt kennengelernt hatte, entdeckte ich bei dieser nun das wirkliche Leben in der Stadt. Wenn ich mir vorgestellt hatte, einfach in ein Möbelhaus zu spazieren und mir all das auszusuchen, was ich gerne in meiner Wohnung hätte, wurde ich schnell auf den Boden der Tatsachen gebracht.

„Nach was möchtest du zuerst gucken?", fragte Sayed mich.

„Wie? Können wir nicht einfach irgendwo nach allem gleichzeitig gucken?"

„Ich kenne nur ein Geschäft, das alles hat und das ist wirklich teuer."

Teuer hin, teuer her. Ich wollte eine schöne Wohnung.

„Lass uns das doch mal versuchen."

Sayed sah mich zwar mit diesem Blick an, der ausdrückte, dass eine Europäerin eben eine ägyptische Erfahrung machen müsste, aber ich ließ mich dadurch nicht beirren. Ich war entschlossen, in diesem Möbelhaus mindestens die Hälfte der notwendigen Gegenstände zu finden.

Als wir dann aber nach einer Fahrt quer durch Kairo endlich im Carrefour ankamen und ich das „Möbelhaus" sah, sank mein Enthusiasmus drastisch. Mit deutschen, riesigen Möbelhäusern groß geworden, war dies für mich eher ein winziger Laden. Auch waren die angebotenen Möbel bestimmt teuer und exklusiv, jedoch eher etwas für Menschen, die hauptsächlich wert darauf legen, dass etwas teuer aussieht. Wir brauchten knapp zwei Minuten, um den Laden wieder zu verlassen.

„Ich gebe es ja ungern zu, aber du hattest recht."

Sayed grinste nur. „Macht ja nichts. Jetzt weißt du es und wir können in die wirklich guten Geschäfte fahren."

„Können wir vielleicht mit dem Wohnzimmer anfangen", fragte ich vorsichtig.

„Sicher, dann fahren wir mal zu dem Laden, der Sofas verkauft."

„Hat der nur Sofas?" In meiner Vorstellung musste es sich um einen riesigen Laden mit einer noch riesigeren Auswahl an Sofas handeln. Warum sonst sollte dort nichts anderes verkauft werden!

„Couchtische finden wir da vielleicht auch noch." Sayed fädelte sich im Abstand von wenigen Zentimetern auf der Überholspur ein.

„Super. Dann wären wir mit dem Wohnzimmer ja auch schon fast durch", erwiderte ich, nachdem mein Fuß beinahe das Bodenblech des Wagens durchgedrückt hatte in dem Versuch, anstelle von Sayed zu bremsen.

Trotz meiner bisherigen Erfahrungen im Straßenverkehr von Ägypten war die Stadtautobahn von Kairo eine ganz eigene Angelegenheit. Wer rücksichtsvoll und wenig risikofreudig fuhr, konnte auch gleich den Rückwärtsgang einlegen und brauchte für fünf Kilometer mehrere Stunden. Dementsprechend galt die Devise: Wer ein Auto ohne Macken fährt, hat es entweder gerade gekauft oder kann nicht fahren. Das Hupkonzert war unbeschreiblich und Michael Schumacher wäre vor Neid ob der mit 90 km/h gefahrenen Ausweichmanöver erblasst. Dementsprechend verspannt waren meine Muskeln, als wir nach einer halben Stunde endlich anhielten.

Erwartungsvoll sah ich mich um, entdeckte aber nichts von den in meinem Vorstellungsvermögen existierenden Geschäft. Lediglich ein circa sechs Meter breites Schaufenster mit einer Eingangstür daneben stellte Sofas aus. Vorsichtig sah ich zu Sayed, der voller Elan ausstieg und mich in das Geschäft führte.

„Hier haben wir doch wirklich viel Auswahl."

„Ja", sagte ich gedehnt. „Hier gibt es Sofas."

Um mich herum standen Sofas in verschiedensten Ausführungen. Alle im typisch ägyptischen Stil. Einige hatten mehr Kissen als andere, waren breiter oder aus einem anderen Material gefertigt, dennoch waren sie alle typisch ägyptisch. Ikea im Stil der 60er Jahre.

„Nimm es mir nicht übel, aber das ist so gar nicht meins", sagte ich vorsichtig zu Sayed. Ich hatte ja so gar keine Erfahrungen mit seinem Geschmack. Um so erfreuter war ich, als ich feststellen durfte, dass auch er sich etwas anderes vorgestellt hatte. In einem freundlichen Redeschwall bedankte sich Sayed bei dem herbeigeeilten Besitzer des Ladens und wir gingen ein Stück weiter die Straße hinunter.

„In diesem Viertel gibt es nur solche Geschäfte. Wir sehen uns mal die anderen an", sagte er voller Optimismus. Und tatsächlich stand in einem Schaufenster ein paar Geschäfte weiter ein Sofa, das ich wirklich witzig fand. Vielleicht mit dem Kuhmuster etwas übertrieben, aber es hätte so auch in einem deutschen Geschäft stehen können. Was mich zu der Annahmen verleitete, dass es hier bestimmt auch etwas Passendes für mich geben würde. Wir gingen hinein und wurden sofort von dem Inhaber strahlend begrüßt. Mit Sicherheit hatte er nicht so häufig eine Ausländerin in seinem Geschäft, die ja bekanntermaßen reich und anspruchsvoll sind. Während Sayed sich mit ihm unterhielt und zur Sicherheit gleich Freundschaft schloss, schaute ich mich dezent im Laden um, wohl darauf bedacht, keinerlei Beifallsbekundungen jeglicher Art von mir zu geben, um Sayeds Verhandlungsbasis nicht zu schwächen. Vor allen Dingen ein weinrotes Sofa mit buntem Bezug an den Lehnen hatte es mir angetan und das Probesitzen bestätigte mir, dass es außerordentlich bequem war. Ich sah Sayed vorsichtig an.
„Das ist wirklich schön!", sagte er. „Gefällt es dir?"
„Ich könnte es mir in unserem Wohnzimmer gut vorstellen", sagte ich, darauf bedacht, den Verkäufer dazu zu veranlassen, es mir durch einen guten Preis noch ein wenig schmackhafter zu machen. Sayed sah mich beifällig an.
„Das andere Sofa war aber auch wirklich schön, das du mir gezeigt hast. Vielleicht sollten wir noch einmal vergleichen?"
Ich nickte langsam. „Du hast natürlich recht. Wir sollten wirklich sehen, welches bequemer ist."

Panik breitete sich in dem Gesicht des Verkäufers aus, gefolgt von einem Redeschwall.

„Er sagt, wir werden nirgendwo anders eine solche Qualität finden wie bei ihm und dass er uns auch einen wirklich guten Preis machen wird. Und es umgehend nach Hurghada liefert", erklärte Sayed mir.
„Ich weiß nicht. Was ist denn ein wirklich guter Preis bei ihm?", gab ich meinen scheinbaren Zweifeln Ausdruck. In Gedanken war ich aber schon mehr bei dem vor mir stehenden Couchtisch, der genau so war, wie ich mir ihn immer schon vorgestellt hatte. Während Sayed mit dem Verkäufer weiter diskutierte, bis diesem fast die Tränen in den Augen standen, beschäftigte ich mich mit dem Kuhsofa, das ich wirklich witzig fand. Inzwischen hatten wir Tee und Kaffee bekommen und es waren 15 Minuten Diskussion vergangen. Zahlreiche Komplimente, die ich freundlich lächelnd angenommen hatte, waren geflossen und ich fing an, mich zu langweilen, als plötzlich Sayed sagte:
„Der letzte Preis sind 3000 LE für beide Sofas. Und dann noch 500 LE für den Tisch."
Ich war mir nicht sicher, was von mir erwartet wurde, aber ich versuchte es einfach mal, guckte traurig auf das Sofa und sagte:
„Das ist wirklich viel, wenn ich an das andere Sofa denke..."
Da wurde ich schon unterbrochen und der Verkäufer erklärte Sayed, dass er noch mal 200 LE beim Tisch heruntergehen würde, mehr ginge dann aber auch nicht. Glücklich zahlten wir, hinterließen unsere Telefonnummer und Adresse in Hurghada und stiegen guten Mutes wieder in unser Auto.
„Das hat ja super geklappt. Du hast das Klasse gemacht", erklärte Sayed mir.
„Ja, danke, aber wenn wir für alles so lange brauchen, sind wir in einem Monat noch nicht in Hurghada", erwiderte ich.
„Mach dir keine Sorgen, das schaffen wir schon", beruhigte Sayed mich. Und wirklich war unsere nächste Station, ein Elektrowarengeschäft, deutlich einfacher als die erste. Btech, eine große Kette, die

fast so ist wie Mediamarkt oder Saturn, nur in Miniatur, machte mir die Wahl vor allen Dingen durch Festpreise einfacher. Staubsauger, Fernseher, SAT-Receiver, Waschmaschine, Ventilatoren, Mikrowellen und Ofen waren schnell ausgesucht, wobei ich mich vor allen Dingen in den Ofen verliebt hatte. Ein riesiges Teil mit fünf Flammen und einem schicken Design, das gleich auch 5000 LE kostete. Dafür hatte ich aber auch die Superluxusausführung, die meine Kochleidenschaft entsprechend unterstützen würde. Da es sich um einen Laden mit festen Preisen handelte, ging ich davon aus, dass wir einfach kaufen würden. Aber auch hier fing die unvermeidliche Diskussion um Preise an.

Während ich mich mit Computern und anderem Schnickschnack beschäftigte, meinen obligatorischen Tee trank und gelangweilt tat, handelte Sayed die Preise und vor allen Dingen die Transportbedingungen aus. Draußen war es inzwischen dunkel geworden, mein Magen hing in meinen Kniekehlen und ich wollte endlich in unser schickes Hotel. Wir hatten uns nämlich das Oberoi Mena House ausgesucht, das direkt an den Pyramiden lag. Zwar kostet das eindeutig mehr als andere, jedoch hatte ich mir vorgenommen, diese Fahrt zu genießen und das neue Leben richtig schön zu beginnen. Und der Ausblick vom Pool, den ich bisher nur von Bildern kannte, weil wir tagsüber in Sachen Einrichtung unterwegs waren, war wirklich einzigartig. Nach einer kleinen Ewigkeit war Sayed endlich mit seinen Verhandlungen am Ende, ich um einen Großteil meines eingeplanten Geldes ärmer und die Sachen gekauft. Trotzdem hatten wir uns im Rahmen meines Budgets bewegt, sodass wir auf dem Weg zum Hotel in einem schönen Restaurant anhielten und aßen.

Wir waren zufrieden und es war ein harmonischer Abend. Wir wollten noch den nächsten Tag in Kairo bleiben und Kleinigkeiten einkaufen, die in der Wohnung fehlten und spontan entschied ich mich dazu, jedem Kind der Familie in El Fayoum ein Geschenk zu kaufen, da wir für die bisher gekauften Sachen weniger ausgegeben hatten, als ich kalkuliert hatte. Sayed freute sich über diese Idee und wir nahmen uns vor, am nächsten Tag auch das zu erledigen und dann spontan eine Nacht zu seiner Familie nach El Fayoum zu fahren. Den nächsten Morgen begannen wir mit einem ausführlichen Frühstück am Buffet des Hotels und zwei Stunden am Pool. Wir waren glücklich und zufrieden, bis ich mich auf der Liege ausstreckte.

„Du solltest den Badeanzug ein wenig herunterziehen", sagte Sayed. „Wieso? Der sitzt doch total normal", verständnislos sah ich ihn an. „So kann man aber sehen, wo das Schamhaar anfängt und außerdem zwischen deine Beine gucken."

Ich war etwas erstaunt. Erstens sah man kein einziges Haar, denn ich wusste um die Wichtigkeit der Rasur jeglicher Körperbehaarung bei Ägyptern und zweitens hielt ich meine Beine zusammen. Wie sollte ich mich denn sonst hinlegen? Ich war nach einigen Monaten mit Sayed immer wohl darauf bedacht, mich an Beinen und unter den Armen zu rasieren und überprüfte meine Kleidung, ob man auch den Brustansatz nicht sehen konnte, aber wir waren hier ja an einem Pool und ich hatte einen Badeanzug an.

„Sayed, ich müsste schon eine Hose anziehen, wenn man weniger sehen sollte und ich bin rasiert", erwiderte ich vorsichtig. „Du weißt aber, dass es wichtig ist, dass Männer nicht unter deine Achseln und zwischen deine Beine sehen können." „Ja, ich weiß, aber wir sind hier an einem Pool und Badeanzüge haben das nun mal an sich." „Im Sitzen sieht man aber nicht so viel", gab er stur zurück. Verstimmt setzte ich mich hin und zog meinen Badeanzug zurecht. Ich merkte wieder einmal, dass er bei bestimmten Sachen einfach keinerlei Kompromiss zuließ. Natürlich konnte ich mich glücklich schätzen, dass ich im Badeanzug am Pool sitzen konnte. Es gab auch Europäerinnen, die sich verschleiern mussten oder die in Shorts und Shirt den Tag am Strand verbrachten. Aber es engte mich ein. Trotzdem tat ich, was Sayed sich wünschte. Es war ein Kompromiss, bei dem jeder geben musste.

Der weitere Tag verlief dann auch, belastet durch dieses Gespräch, nicht so unbeschwert wie es hätte sein können. Als wir aber das Spielwarengeschäft betraten, waren wir beide guter Laune im Hinblick auf die Freude, die wir den Kindern machen konnten. Insgesamt gab es 13 Kinder, die zu der engeren Familie von Sayed gehörten. Einige davon hatten es mir bei meinem Aufenthalt in El Fayoum sehr angetan, an andere konnte ich mich nicht wirklich erinnern. 2000 LE leichter, dafür aber mit einem übervollen Auto verließen wir das Geschäft gute eineinhalb Stunden später. Die Verkäuferin hatte nach uns mit Sicherheit das Geschäft für die nächsten zwei Wochen dicht gemacht und ihre Provision mit ihrer Familie gefeiert.

Als wir nach einer Stunde El Fayoum erreichten, die Polizisten wiederum beruhigt hatten, dass ich keine gesonderte Eskorte benötigen würde und im Haus von Sayeds Eltern angekommen waren, warteten schon alle auf uns und freuten sich sichtlich, mich zu sehen. Obwohl sich Sayeds Mutter sehr um mich kümmerte, war immer noch eine gewissen Distanz da, Sayeds Vater hatte ich aber, genauso wie es umgekehrt der Fall zu sein schien, in mein Herz geschlossen. Nachdem wir gegessen hatten, ich hatte wieder meine eigene Ente bekommen, die ich wieder nicht aufgegessen hatte, war die Freude noch größer, als Sayed die Spielsachen aus dem Auto holte. Die Mütter der Kinder, die alle von Sayed angerufen worden waren, doch mal schnell vorbei zu kommen, waren fast genauso freudig überrascht wie die Kinder selbst. Je mehr Geschenke verteilt wurden, desto größer wurde das Chaos. Einfachste Spielsachen waren hier etwas Unbekanntes. In Deutschland hätte jedes Kind sofort gewusst, wie vieles funktionierte, hier allerdings fing das große Erklären an. Eine Eisenbahn wurde aufgebaut, eine Puppe neu eingekleidet und die Batterien für das Sprechen eingesetzt, ein kleines Keyboard angeschlossen und ausprobiert und Babyrasseln geschüttelt. Die Lautstärke war unbeschreiblich und als wir nach zwei Stunden in unserer Wohnung ankamen, rauschten mir die Ohren. Trotzdem war der Vorfall vom Vormittag vergessen und Sayed und ich glücklich zusammen. Wir unterhielten uns noch einige Zeit über die freudigen Kindergesichter, bevor wir endlich einschliefen.

Trotz der Proteste von Sayeds Mutter verließen wir am nächsten Tag El Fayoum und machten uns auf die Heimreise nach Hurghada. Essam und seine Frau sowie Renas hatten versprochen, nach Hurghada zu kommen, sobald die gekauften Möbel ankämen um beim Einzug zu helfen. Wir unterhielten uns während der Fahrt, was noch alles zu erledigen sei und waren sehr entspannt, bis Sayed einen Satz sagte, der mich bedrückte.

„Ich bin wirklich froh, dass ich dich gefunden habe. Es ist so schön, einfach zusammenzuleben und das Leben zu genießen ohne diese ganzen Scherereien, die man mit einer Ägypterin hat."

„Meinst du, weil ich schon alles habe und nicht ständig Forderungen stelle oder wie?", fragte ich ihn.

„Das auch, aber man muss ja auch nicht diese riesigen Hochzeiten habe, die nur Geld kosten und hunderte Menschen einladen und sowas alles", erklärte er. Das machte mich traurig und er sah, dass ich nicht mehr ganz so zustimmend reagierte wie sonst.

„Warum guckst du so?"

„Sayed, ich wollte schon irgendwann einmal richtig heiraten und vielleicht Kinder haben. Ich meine, ich gehöre zu den Frauen, die ein Brautkleid schön finden und gerne auch mal Hauptperson auf einer Hochzeit wären." Ich hoffte, ihn mit diesem Eingeständnis nicht zu verschrecken. Aber ein einfaches Zusammenleben wollte ich auf Dauer nicht.

„Ich wusste ja nicht, dass dir das wichtig ist", sagte er. „Und wir sind ja auch verheiratet."

„Ja, aber nicht richtig", erklärte ich ihm. „Du bist zu einem Anwalt gegangen, ich war noch nicht mal dabei, und dann bist du mit einem

Papier wiedergekommen, dass wir beide bei Bedarf einfach zerreißen können und fertig ist die Angelegenheit."

„Aber wenn du soviel Wert darauf legst, können wir doch richtig heiraten. Das ist doch kein Problem."

„Meinst du das Ernst?", fragte ich ihn zweifelnd.

„Aber sicher. Wann immer du willst."

„Auch in Deutschland?", fragte ich ihn. „Ich würde nämlich gerne mit meiner Mutter und meinen Freunden feiern."

„Wenn du das Visum bekommst, gerne", antwortete er mir.

Ich war erleichtert und freute mich.

„Super, dann machen wir das doch. Sobald wir eingezogen sind, kümmere ich mich darum, was man alles benötigt", strahlte ich ihn an. Das waren wirklich gute Neuigkeiten für mich. Endlich hatte ich einen Mann gefunden, den ich liebte, der mich liebte und wir würden in einer tollen Wohnung zusammenleben und heiraten. Alles schien so zu laufen, wie es sein sollte. Der kleine Zweifel nach dem Vorfall am Pool in Kairo war vergessen. Er würde sich schon noch an mich gewöhnen und ich würde Kompromisse eingehen. So wie es in jeder Beziehung nun mal war.

XII

Einige Wochen später war es dann soweit. Die Sachen wurden aus Kairo geliefert, der Container mit den Überresten meiner Wohnung in Deutschland kam an und wir zogen in unsere Wohnung. Wie in Ägypten üblich, lief nichts innerhalb des Terminplans, den wir uns gesetzt hatten. Die Maler waren zu spät fertig, der Transportunternehmer musste ein wenig länger Pause machen und fand dann die Straße nicht, der Elektriker musste schnell zu seiner Familie und konnte erst Tage später und das Auspacken der deutschen Sachen erwies sich als tagelange Arbeit. Trotzdem hatten wir mit Hilfe von Essam und den beiden Frauen, die wirklich aus El Fayoum gekommen waren, alles relativ schnell im Griff.

Ich stellte fest, dass das Familiensystem in Ägypten seine Vorteile hat, denn als Frau des ältesten Sohnes blieben die ungeliebten Arbeiten wie Putzen und Spülen an den anderen beiden Frauen hängen, die mich immer wegscheuchten, wenn ich pflichtschuldig meinen Teil beitragen wollte. Meine Sachen aus Deutschland wurden bewundert und vor allen Dingen die Gläser dekorativ aufgebaut. Man wollte mir meine obligatorische Vitrine aufstellen, was ich aber dankend ablehnte. Ich zog es vor, meine Gläser hinter Schranktüren zu verstecken, damit ich sie nicht immer spülen musste und die Stellplätze mit schönem Nippes und Fotos zu dekorieren. Bei vielen meiner Wünschen erntete ich ein zwar sehr freundliches, aber dennoch mitleidiges Lächeln nach dem Motto: „Sie ist eben Europäerin, sie weiß es nicht besser." Dennoch schauten sich Renas und Sheimah einiges bei mir ab. Vor allen Dingen meine Art zu kochen beeindruckte sie. Lasagne wurde zum Lieblingsessen der Familie.

Abends, nach getaner Arbeit, zeigten wir ihnen Hurghada. Während Renas alles eher interessant fand und begeistert war, zeigte Sheimah öfter deutlich ihren Unmut über halb nackte Russinnen und das Treiben auf der Straße. Aber auch sie wollte gerne länger als geplant bleiben. Ich freute mich über das gute Verhältnis zu Sayeds Familie, war aber auch ein wenig gestresst, weil die Bestimmtheit, mit der die Frauen alles in die Hand nahmen, für mich manchmal anstrengend war und ich nicht wusste, wie ich am besten die Entscheidungen rückgängig machen konnte ohne sie zu verletzen. Sayed beruhigte mich und sagte mir, dass wir hinterher die Sachen einfach umräumen würden und schon unseren eigenen Weg fänden.

Die ausgesuchten Möbel machten sich sehr gut in unserem Wohnzimmer. Zwar fehlten noch Kleinigkeiten vom Schreiner, aber bald war unsere Wohnung ein wirkliches Schmuckstück und wir genossen nach der Arbeit den Blick von unserem Balkon auf das Meer. Sayed fuhr jeden Tag nach El Gouna, nachdem er mich zur Arbeit gebracht hatte. Hier entwickelte sich auch alles ausnehmend gut, nachdem der Anfang ein wenig schwierig gewesen war. Ich hatte das Büro der Sekretärin von Mr. Michael betreten, musste aber feststellen, dass dort jemand saß und arbeitete. Angela war eine Rumänin, die seit sechs Monaten für Mr. Michael arbeitete und der ich erklären musste, dass ich als seine Sekretärin angestellt worden war. Davon wusste sie scheinbar nichts und lief in Tränen aufgelöst hinaus während ich, nunmehr ohne Anmeldung, bei Mr. Michael klopfte und mich zum Dienst meldete. Der war auch wenig besorgt wegen seiner nun ehemaligen Sekretärin und zeigte mir mein Büro, erklärte mir, wie er sich die Zusammenarbeit vorstellte und was ich alles tun musste, um Zugang zum Computersystem und den Daten zu bekommen. Mit Angela beschäftigte er sich nicht mehr und überließ es Mr. Frank, dem zukünftigen Manager eines neuen Hotels der Kette, diese zu übernehmen und ihr alles zu erklären. Ich fand sein Verhalten wenig erbauend, sagte mir aber, dass er in seiner Position bestimmt wisse, was er zu tun habe.

Die anderen Mitarbeiter des Head Office schienen sehr nett zu sein. Es gab drei sehr unterschiedliche Ägypterinnen, die als Sekretärin für den Finanzchef, den Personalchef und Linda, die für das Quality

Management verantwortlich war, tätig waren. Nahed war eine kleine, moderne Ägypterin, die geschieden war, aber sehr kompetent und selbstbewusst wirkte, während Enas zwar auch selbstbewusst, aber absolut konservativ erschien. Sie hatte die typischen Allüren ägyptischer Frauen, war modern verschleiert und sehr bestimmend. Salma, die für Linda arbeitete, war eher von der ruhigen Sorte, aber sehr angenehm. Mir lag weder die herrische, emanzipierte, noch die berechnende Art so sehr. Deshalb hielt ich mich gerne an Salma. Das Arbeitspensum, das mit Mr. Michael besprochen war, war meines Erachtens durchaus zu bewältigen, jedoch machten mir die Rückstände einige Gedanken. Angela, mit der ich mich einige Tage später unterhalten konnte, nachdem sie sich beruhigt hatte, erklärte mir, dass sie schon die Ablage von zirka einem Jahr übernommen hatte. Dies war für mich ein wirkliches Problem, denn ich hatte keinerlei Vorstellungen davon, was bei einer solchen Arbeit ein sinnvolles Sortierungssystem sein konnte. Außerdem war schon zu Zeiten der Krankenkasse Ablage nicht wirklich eine meiner liebsten Aufgaben gewesen und ich freute mich jedes Mal über die wundervolle Einrichtung eines zentralen Dienstes, der dies erledigte. Mr. Michael war zwar bereit, mir die wichtigsten Dinge zu erklären, jedoch fand ich schnell heraus, dass er erst einmal abwarten wollte, ob ich nun nach mehreren missglückten Versuchen endlich jemand wäre, der die Arbeit nach seinen Wünschen erledigen konnte. Außerdem war er recht häufig unterwegs und ich musste meine Lösungen selbst finden, wobei Linda mir oft behilflich war.

Wenn ich erwartet hatte, dass das Essen in der Kantine der Manager besser sei, als in der Cafeteria des Sheraton, hatte ich zu viel erwartet. Meist fand ich zwar etwas, das einigermaßen genießbar war, jedoch musste ich mich der allgemeinen Meinung anschließen, dass hier durchaus Verbesserungen möglich waren. Auch die Regelung mit dem Staffbus war für mich weniger komfortabel als angenommen. Durch die massiven Rückstände im Büro und der immer weiter ausgedehnten Tätigkeitsfelder schaffte ich es selten, pünktlich das

Büro zu verlassen. Sayed konnte zwar immer irgendwie einen Fahrer zu mir schicken, aber von El Gouna bis Hurghada war es eine weite Strecke, sodass ich oft lange warten musste.

Ich lernte schnell und kniete mich in meine Arbeit und bekam dafür zwar von Managern und Mitarbeitern Anerkennung und viele Sympathiebekundungen, jedoch fand ich heraus, dass Menschen wie ich so selten sind, dass jeder sie gleich nutzt. So wurde es zu meinen Aufgaben, das Marketing für Deutschland zu machen, das Head Office zu organisieren, Events zu begleiten, die Vertretung für Sekretärinnen der Manager des Head Office und des Hotelmanagers des Garden Beach zu übernehmen und für allerlei unangenehme Aufgaben den Kopf hinzuhalten. Ich richtete das Büro neu ein, organisierte das Lager, sprach mit Mitarbeitern, traf Vorauswahlen bei Lebensläufen, beaufsichtigte die Arbeit der General Manager der Hotels und und und. Entspanntere Tage hatte ich nur, wenn Mr. Michael nicht da war.

Auch bei Sayed hatten sich Änderungen ergeben. Seine neue Chefin wollte ihn gerne außer im Büro auch gerne in ihrem Schlafzimmer und Probleme waren vorprogrammiert. Seine Ablehnung hatte das Verhältnis nicht gerade gefördert und so fing sie in guter ägyptischer Manier an, Sayed Fehler unterzuschieben, um ihn aus dem Büro zu vertreiben.

„Warum machst du das mit? Du bist Operation Manager des größten Autoverleihs in Ägypten und findest mit Sicherheit auch eine andere Stelle!", sagte ich ihm einen Abend, an dem wir uns unser Leid klagten.

„Was soll ich denn machen? Die meisten Verleihfirmen sind viel zu klein und brauchen keinen Manager wie mich. Denen reicht irgendjemand, der einen Vertrag ausfüllen kann", klagte er.

„Ja, aber jeder sagt doch, wie toll du bist und du hast so viele Kontakt. Da muss es doch was geben", erwiderte ich.

„Ich weiß es nicht, ich rede mal mit ein paar Leuten."

Doch die Situation wurde immer schlimmer, bis ich ihm einfach riet, zu kündigen.

„Wir haben die Wohnung fast bezahlt, ich verdiene genug, damit wir uns hier über Wasser halten können, bis Du was Neues gefunden hast."

„Mir liegt das nicht, zu Hause zu hocken. Ich habe immer gearbeitet. Was mache ich denn dann hier?"

„Dir was Neues suchen. Das klappt schon", versicherte ich ihm.

Als der Druck zu groß wurde, kündigte er dann auch. Seine knapp 2000 LE im Monat waren nicht wirklich das, was uns mit meinem Gehalt fehlte. Aber unsere Transportmöglichkeit fiel weg. Oft musste ich ein Taxi von der Arbeit nach Hause nehmen, weil ich zu lange gearbeitet hatte, um den Bus zu erreichen.

Neben der finanziellen Belastung war das auch noch eine zeitliche Frage und viele Abende saß ich kaputt von der Arbeit zu Hause, während Sayed den ganzen Tag gewaschen und geputzt, eingekauft und gekocht hatte und frustriert war. An einem dieser Abende erzählte ich ihm von Hanan, der Sekretärin von Hossam El Shaer, dem Eigentümer der Hotelkette.

„Sie ist Deutsche und lebt schon 20 Jahre in Ägypten. Die ist wirklich nett und ich würde mich gerne mal mit ihr verabreden und sie auf einen Kaffee treffen", erzählte ich ihm.

„Aha, und ist sie verheiratet?", fragte Sayed wenig interessiert.

„Nein, ihr Mann ist gestorben, als ihre Kinder noch ganz klein waren und sie hat sich in Kairo mit Gelegenheitsarbeiten durchgeschlagen, bis sie nach Hurghada gekommen ist. Ihre Söhne sind jetzt 16 und 19."

„Die hat doch bestimmt so einen ägyptischen Freund", erwiderte Sayed.

„Sei doch nicht immer so voreingenommen. Ich glaube, Hanan hat die Schnauze voll von Ägyptern. Sie ist Mitte 40, spricht arabisch und kennt das Land hier besser als Deutschland."

„Trotzdem. Wer weiß, was für Freunde sie hat und was sie so privat macht. Und dann fällt das auf dich zurück."

Ich brodelte. Hanan war wirklich super nett und ich hatte so gar keine Freundinnen in Ägypten. Ich wollte den Kontakt zu Hanan und wusste auch gar nicht, welche Ausrede ich schon wieder finden sollte, wenn ich mich nicht mit ihr treffen könnte.

„Ich bin hier in einem fremden Land, ich vermisse in manchen Dingen Deutschland, was nicht so schlimm ist, aber ich hätte gerne wirklich eine nette Freundin, mit der ich mich ab und an treffen kann. Nicht jeder kann perfekt sein, aber du solltest mir zumindest so weit vertrauen, dass ich mir keine drogenkonsumierenden, wild in der Gegend herumschlafenden Frauen aussuche", erwiderte ich entsprechend gereizt.

„Rede vernünftig mit mir. Immerhin bin ich noch dein Mann und ich bin sowieso mit dir schon viel offener, als ich es mit einer anderen Frau jemals gewesen wäre."

Aber ich wollte mich in diesem Punkt durchsetzen. Ich hatte viele Kleinigkeiten aufgegeben und in vielen Dingen Kompromisse geschlossen. Ich ging arbeiten, verdiente mehr Geld als die meisten Ägypterinnen es je für sich für möglich halten würden und war Sayed gegenüber eine rücksichtsvolle Partnerin. Wenn ich nicht irgendwann auch einmal meinen Willen durchsetzte, würde ich komplett fremdbestimmt sein. „Sicher bist du mein Mann und ich tue ja auch schon alles mögliche. Aber du entscheidest nicht alles."

„So, ich bin also kein Mann?", schrie er.

„Natürlich bist du ein Mann, aber das heißt doch nicht, dass ich alles tun muss, um dir zu gefallen. Wir sind doch Partner und können Kompromisse finden." Seine Wut machte mir Angst. Weniger, weil ich körperliche Angriffe fürchtete. Ich hatte Sayed nur oft genug wütend gesehen und wusste, dass er in dieser Situation in der Lage war, jede Entscheidung zu treffen, die ihm in den Kopf kam. Er war in der Lage, Dinge gegen die Wand zu schmeißen und jede Beziehung zu beenden. Und da er an seinen Entscheidungen festhielt, auch wenn er selbst sie später als falsch beurteilte, hatte ich davor Respekt. Was, wenn er mich verließ? Dann war ich alleine in Hurghada, schon wieder ohne Partner. Ich konnte das schaffen, aber ich WOLLTE nicht.

„Sayed, bitte, komm doch erst mal runter und wir reden vernünftig."
„Vernünftig!", schrie er und schmiss den Aschenbecher vom Tisch.
„Ich bin wohl kein Mann mehr. Ich bestimme, was du tust. Aber anscheinend willst du lieber einen von diesen Hurensöhnen, die alles mit sich machen lassen, damit sie an Geld und Visum von einer Europäerin kommen."
Er stand auf und ging ins Schlafzimmer. Ich ging ihm hinterher und sah, wie er eine Tasche packte.
„Was machst du da?", fragte ich ihn voller Panik. Ich hatte es zu weit getrieben. Warum konnte ich auch nicht meinen Mund halten und einfach einsehen, dass er eine andere Erziehung hatte als ich und ich ihn so nehmen musste wie er war?
Sayed lief ins Wohnzimmer und zog sich seine Schuhe an.
„Ich gehe. Du hast ja jetzt die Wohnung, alles ist soweit fertig und du hast einen gut bezahlten Job. Du brauchst mich nicht mehr. Also gehe ich. Meine Sachen hole ich irgendwann."
„Aber wir lieben uns doch. Wir sind doch so glücklich", sagte ich unter Tränen. „Bitte, lass uns noch mal in Ruhe reden. Bitte..."
„Lass es gut sein. Leb dein Leben so, wie du es meinst. Ich habe meinen Teil erledigt und verschwinde lieber."
„Nein", rief ich. Ich setzte mich auf seinen Schoß, das letzte Mittel, das mir einfiel. „Ich lasse dich so nicht gehen. Wegen so einer Geschichte." Ich weinte, flehte ihn an zu bleiben und war voller Panik. Irgendwann gab Sayed auf und blieb.

Wir redeten nie wieder darüber, dass ich Hanan alleine treffen würde.

XIII

Das Leben und Arbeiten ging weiter wie gewohnt. Inzwischen hatte ich mich bei Sunrise etabliert, mein Chef vertraute mir alle möglichen Aufgaben an, Manager kamen zu mir, wenn sie Hilfe brauchten, Sayeds Bruder Yasser hatte ich einen Job besorgt und ich hätte eigentlich zufrieden sein können, wenn sich nicht mein Gefühl für Fairness immer wieder zu Wort gemeldet hätte. Ich machte viele unbezahlte Überstunden und musste als Dank dafür ein Taxi nach Hause bezahlen, während die anderen sich pünktlich verabschiedeten und mit dem Staffbus fuhren. Selbst Sekretärinnen des Hotelmanagers aßen in anderen Hotels mit den Hotelgästen im Restaurant, ich musste das nicht sehr schmackhafte Essen der Managerkantine zu mir nehmen.

Sekretärinnen in Hotels lackierten sich die Fingernägel und hatten zehn Ordner zu verwalten, während ich für mehrere Hotels, Nilkreuzfahrtschiffe und ein Restaurant dachte, schrieb, prüfte, abheftete und organisierte sowie das Head Office managte und zahlreiche Vertretungen durchführte. Und das zu einem nur unwesentlich höheren Gehalt.

Mr. Michael versprach mir Gespräche mit Hossam El Shaer, aber da Hanan mir, natürlich nur am Telefon, sagte, dass sie noch weniger verdiente, machte ich mir kaum Hoffnung. Denn inzwischen sah ich, wie viele andere, Mr. Michael zwar als sehr fähig im Fachlichen, jedoch weniger durchsetzungsstark an. Manager des Head Office kamen und gingen, wann sie wollten, die Sekretärinnen passten sich dem an, Drohungen blieben ohne personelle Konsequenzen und selbst Mr. Michael bekam kleine und größere Motivationsprobleme bei sich selbst, die ich ausbügeln musste.

Während all dem plante ich unsere Hochzeit in Deutschland. Das Standesamt brauchte Unmengen an Papieren von Sayed, die wir nach und nach besorgten. Damit musste persönlich ein Termin zur Eheschließung in Deutschland vereinbart werden, der aber nur nach Zustimmung vom Oberlandesgericht zur Heirat vergeben wurde. Der wiederum war erforderlich, um das Visum für Sayed zu beantragen, was eine Fahrt zur Botschaft nach Kairo erforderlich machte.

Unsere Hochzeit in Ägypten hingegen war sehr einfach und unromantisch. Wir nahmen unseren Orfi-Vertrag, gingen mit Mr. Nasser, einem Freund von Sayed, der Richter war, zum Gericht, verteilten großzügig 50 LE Scheine, damit wir nicht warten mussten, und holten uns mindestens zehn Stempel aus zehn verschiedenen Büros und unterschrieben dann. Beim nächsten Termin landeten wir in einer endlos scheinenden Schlange, schmierten den Listenführer, um anstelle von fünf Stunden nur zwei warten zu müssen, und erklärten dem Richter, dass wir heiraten wollten. Nach unserer Unterschrift warteten wir eine vorher nicht festgelegte Zeit zwischen zwei und zehn Wochen auf die Heiratsurkunde, der wir dann entnehmen konnten, wann der Richter unterschrieben hatte und wann somit offiziell unser Hochzeitstag in Ägypten war.

Wir hätten uns all dies sparen können, jedoch war es für meine Arbeitsgenehmigung der einfachere Weg. In meinem Urlaub flog ich mit allen Papieren nach Deutschland, regelte den Papierkram und legte voll Optimismus den Termin im Standesamt auf den 26. Dezember, wobei es schon Mitte September war. Meine Mutter und ich suchten ein Hochzeitskleid aus, das bis dahin auch in meiner Größe da sein sollte, diskutierten über die Feier und die Einladungen und den gesamten Ablauf. Natürlich stimmten wir nicht in der Kleiderfrage überein. Außerdem zog ich ein nettes Abendessen in einem schönen Restaurant vor, während meine Mutter lieber auch eine Feier mit Tanz gehabt hätte, was ich aber ablehnte, weil ich dann in die dumme Situation gekommen wäre, als Braut nur mit dem Bräutigam tanzen zu können, denn für Sayed war es unvorstellbar, dass jemand seine Frau im Arm hielt. Die Zweifel meiner Mutter an Sayeds Person wies ich rigoros zurück. Sie hatte ihn nur einmal bisher gesehen und unsere Geschmäcker waren ja schon immer bekanntlich sehr verschieden gewesen. Ich genoss es, mal wieder Schweinefleisch zu essen, shoppen zu gehen und meine Freunde zu sehen, die übrig geblieben waren, denn in meiner Zeit in Ägypten hatte sich die Anzahl doch sehr relativiert. Nur die wenigsten hatten Interesse, sich per Mail mit mir zu unterhalten. Einige wenige wie Sacha, mein Exfreund, oder Bettina, eine ehemalige Kollegin, mit der ich Trainings gegeben hatte, waren geblieben.

Ich flog mit einem übervollen Koffer zurück und Sayed und ich verbrachten nach der, wenn auch kurzen Trennung, eine sehr glückliche Zeit. Auch wenn sie getrübt war durch seine Arbeitslosigkeit und meine Unzufriedenheit am Arbeitsplatz. Inzwischen hatten wir ein nettes deutsch-ägyptisches Ehepaar kennengelernt, das mit zehn Hunden in einer Villa in unserer Nähe lebte. Da wir uns täglich um die Straßenhunde vor unserem Haus kümmerten, kamen wir schnell ins Gespräch. Sayed, obwohl Moslem und Ägypter, hatte in seiner Kindheit einen Hund gehabt und ihn abgöttisch geliebt. Wir waren uns einig, dass wir irgendwann einen Hund haben wollten. Osama und seine Frau hatten also leichtes Spiel, als sie eines Tages vor unserer Wohnungstür standen und für einen maximal sechs Wochen alten Welpen ein neues Zuhause suchten. Kinder hatten ihm einen Draht um den Hals gebunden und mit ihm Windmühle gespielt, eine Seite der Schnauze zeigte einen blutenden Riss und er sah unglaublich verängstigt drein. Cremefarben, an manchen Stellen fast weiß, wuschelig und unglaublich süß verliebten wir uns sofort in ihn. Osama meinte, er würde einem Golden Retriever oder Labrador ähnlich werden und wir entschlossen uns, ihn bei uns aufzunehmen.

Ginny, wie wir ihn nannten, war unser Baby. Wir spielten mit ihm, fuhren zum Strand und tollte im Wasser mit ihm herum und nahmen ihn aus lauter Mitleid über seine schwierige Kindheit mit ins Bett. Seine Ernährung erwies sich allerdings als schwierig, denn in

Ägypten gab es kein Hundefutter zu kaufen. Wir zogen ihn mit in Milch aufgeweichten Butterkeksen groß und er gedieh prächtig. Sayed war den ganzen Tag zu Hause, sodass Ginny nur selten alleine bleiben musste. Doch eines Tages, als Sayed einen seiner wenigen Aufträge bekommen hatte, ein Ehepaar nach Luxor zu fahren, musste Ginny alleine bleiben. Mein Schock, als ich die Wohnungstür öffnete, war enorm. Mindestens drei Kartons mit Taschentüchern waren auf 70 Quadratmetern Wohnzimmer und Küche verteilt, Sayeds Lieblingsschuhe hatten diverse Löcher, Kissen waren zerpflückt und unsere Pflanzen nicht mehr zu retten. Ich versuchte, zu retten was zu retten war. Aber die Schuhe lösten trotzdem einen Wutanfall ohne Gleichen bei Sayed aus, der später nach Hause kam. Mit seinen FlipFlops schlug er Ginny auf das Hinterteil bis ich mich schützend vor den Hund warf und weinte.

„Wenn Du mir nicht aus dem Weg gehst, schmeiße ich den Hund raus", schrie er los.
„Er ist doch noch ein Baby und war den ganzen Tag allein", rief ich unter Tränen zurück.
„Deshalb muss man ihn ja erziehen und jetzt geh mir aus dem Weg."

Ginny zitterte am ganzen Körper, es tat mir fast körperlich weh ihn so zu sehen. Aber was sollte ich tun? Den Hund beschützen und zusehen, wie Sayed ihn dann aus der Wohnung warf? Oder uns sogar selbst verließ? Ich hatte keine Wahl. Später, wenn er sich beruhigt hatte, würde ich mit ihm reden und ihn in die richtige Richtung bringen. Als Sayed die Wohnung verlassen hatte, um sich draußen zu beruhigen, rief ich Linda an. Zwischen uns hatte sich eine Freundschaft entwickelt und sie hatte immer noch einen gewissen Einfluss auf Sayed. Sie war geschockt, versprach aber, mit ihm zu reden. Ich blieb in der Wohnung, nahm meinen kleinen Hund in den Arm und weinte. Wie so oft beruhigte Sayed sich relativ schnell. Ginny blieb von da ab im Badezimmer, wenn wir ihn alleine ließen, wo er nichts anstellen konnte und wir nahmen die zerkratzte Tür in Kauf.

Bald war unser Termin in der Deutschen Botschaft in Kairo für das Visum gekommen und da ich nicht erneut Urlaub nehmen konnte, fuhren wir Nachts und kamen am Morgen gerädert zu unserem Termin. Wenn wir allerdings gedacht hatten, dass dies ein Termin im wörtlichen Sinne war, hatten wir uns geirrt. Mindestens hundert Menschen standen schon wartend vor der Tür und bevölkerten die Straße. Ich als Deutsche hätte zwar hineingehen können und in einem klimatisierten Raum auf einem Stuhl die Zeit totschlagen können, wollte aber bei Sayed bleiben. Wir warteten und warteten und fanden heraus, dass wir noch Glück gehabt hatten, einen so frühen Termin zu bekommen, denn viele mit einem Termin nach elf Uhr vormittags warteten vergeblich bis 16 Uhr, wo sie dann weggeschickt wurden.

So standen wir lediglich drei Stunden, bis wir zu einem Schalter außerhalb des Gebäudes gerufen wurden, an dem zuerst die Papiere geprüft wurden, bevor man einen Mitarbeiter innerhalb der Botschaft damit belästigte. Nach insgesamt sechs Stunden Botschaft hatten wir zwar das Visum noch nicht, jedoch zumindest einen Antrag gestellt. Zwischenzeitlich hatte man uns zu einer Agentur für Auslandskrankenversicherungen geschickt, weil diese noch fehlte und zu einem Fotostudio, weil die Passbilder nicht ausreichten. Wir waren fix und fertig vom Stehen und Warten, mussten aber noch zurück nach Hurghada. Ich bewunderte Sayeds Durchhaltevermögen, nach diesem Akt noch 500 Kilometer fahren zu können. Aber wir kamen gut zu Hause an. Unser Security hatte die Nacht bei Ginny verbracht und sich um ihn gekümmert und ich war glücklich und zuversichtlich. Nach einigem Hin und Her mit der Botschaft, die zu wenig Sicherheiten für Sayeds Rückkehr nach Ägypten sah und vielen Faxen mit meinem Arbeitsvertrag in Ägypten sowie dem Nachweis, dass ich Eigentümerin einer Wohnung war, erhielten wir jedoch den Pass mit einem Visum zurück. Wir organisierten noch Geschenke für unsere Hochzeitsgäste, Fotorahmen für meine Mutter und enge Freunde und einige Mitbringsel zu Weihnachten, um unsere Vorbereitungen abzuschließen. Inzwischen hatte mein ständiges Drängen bei Mr. Michael auch Früchte getragen und ich bekam ab Dezember ganze 1000 LE mehr an Gehalt. Alles schien sich gut zu entwickeln und wir brachen, nachdem wir Ginny bei Linda untergebracht hatten, nach Deutschland auf. Wir landeten spät abends bei Schnee und Eis in Frankfurt und Sacha holte uns ab. Unterwegs mussten wir anhalten, um Sayed einmal Schnee anfassen zu lassen. Meine Mutter hatte alles wirklich perfekt organisiert und bis auf die Schwierigkeiten mit dem Schweinefleisch, das Sayed mied wie die Pest, war alles einfach und schön. Auch die Hochzeit selbst wurde zu einem wundervollen Erlebnis mit netten Gästen, bewegenden Reden und vielen schönen Erinnerungen. Für Sayed war Deutschland ungewohnt, aber er war fasziniert von den Geschäften, dem Straßenverkehr und der Sauberkeit.

Unsere Rückkehr fiel allerdings weniger glücklich aus, denn ich musste feststellen, dass mein, wohlgemerkt altes, Gehalt gekürzt worden war. Um genau 1000 LE. Hossam El Shaer hatte meiner Gehaltserhöhung nicht zugestimmt und dementsprechend hatte ich für Dezember 1000 LE zu viel bekommen. Ich war wütend und enttäuscht und schwor Stein und Bein, in diesem Laden nicht weiter zu arbeiten. Mr. Michael hielt mich hin und wollte alles klären und man einigte sich im Februar, mein Gehalt um 500 LE anzuheben. Sayed riet mir, zu kündigen, weil ich mich eh nur aufregen würde und für drei arbeitete. Nach einigem Hin und Her kündigte ich im Mai. Bis dahin hatte ich gehofft, dass mein Chef sich noch seiner Position und Stärke besinnen würde. Dieser jedoch hatte auch nur noch wenig gebraucht und war inzwischen auch mit seiner Kündigung befasst, nachdem er vorher einfach verschwunden und ich in Erklärungsnot alleine im Büro geblieben war. Ich hatte die Nase gestrichen voll von Sunrise. Außerdem war ich mir sicher, dass man in Hurghada mit meiner Erfahrung und meinem Hintergrund schnell eine neue Stelle finden konnte. Doch trotz vieler Kontakte und Versuche fand sich nichts. Unsere Situation war finanziell etwas angespannt, die Wohnung inzwischen ein Glück aber bezahlt, sodass wir nur noch unser Essen finanzieren mussten. Sayed organisierte für Ausländer inzwischen ab und zu alles, was sie zum Leben brauchten und bekam Provisionen dafür. Manchmal machte er auch Fahrten nach Luxor oder Kairo mit Touristen, die ihre Ausflüge lieber selbst planen wollten. Das brachte uns zwar nicht viel Geld ein, reichte aber.

Trotz unserer Schwierigkeiten waren wir glücklich zusammen. Ab und an gab es Streitereien, bei denen auch schon mal ein Aschenbecher oder eine Tasse dran glauben musste, im Großen und Ganzen waren wir für unsere Umgebung aber das Traumpaar. Wir machten alles zusammen ohne uns auf die Nerven zu gehen, wir teilten uns die Hausarbeit und liebten uns offensichtlich für alles. Jeder bewunderte den Ehemann Sayed, der sich so von den anderen Machos unterschied, alle bewunderten mich, die ich mich so gut angepasst hatte. Das perfekte Paar. Selbst unser Hund hatte sich zu einem wunderschönen Tier entwickelt und glich wirklich einem Labrador. Bei einem Besuch in El Fayoum standen wir dann allerdings vor einem Problem, denn die beiden kleinen Neffen von Sayed, die uns im Sommer zuvor besucht hatten, hatten einige Wochen zuvor fünf Hundewelpen gefunden, deren Mutter von einem Auto getötet worden war. Sayeds Schwester stand plötzlich vor einer langen Supermarktrechnung voller Milch und Butterkekse und wusste nicht, warum ihre Söhne plötzlich literweise Milch tranken bis diese ihr eröffneten, dass sie das so bei uns gelernt hätten und die Welpen ja alle für ihren Onkel Sayed seien, der sie mit nach Hurghada nehmen würde. Nur Sayeds Name bewirkte, dass Hala ihre Söhne nicht mit Strafen bis zum Sankt-Nimmerleinstag belegte. Wir standen also in der Pflicht, mindestens einen Hund zu nehmen. Die Kleinen waren zwar sehr niedlich, aber eigentlich wollten wir keinen zweiten Hund. Wir überzeugten uns jedoch selber, indem wir uns sagten, dass Ginny bestimmt einen Freund gebrauchen könnte. Dieser durfte, da wir ihn einfach mit nach El Fayoum genommen hatten, sich seinen neuen Partner auch aussuchen. Und schon war Whisky in unserem Haus. Er passte in eine Literkanne, verkroch sich unter Stühlen, Sofas und Schränken und war nicht mehr als eine Handvoll Hund. Ginny kümmerte sich wie eine Mutter um ihn und wir waren von der Erziehung befreit.

Bei dieser Gelegenheit erlebte ich auch mein erstes Schlachtfest. Alle waren voller Vorfreude während ich nicht einschätzen konnte, wie ich reagieren würde. Das Schlachten von Tieren empfand ich nicht als Freude. Vielleicht fehlte mir auch nur der religiöse Hintergrund, aber ich bekam mein Stück Fleisch lieber schon portionsweise in den Kühlschrank. Früh am Morgen standen wir auf. Die gesamte Familie hatte sich im Hinterhof des Hauses versammelt und wartete aufgeregt auf den Beginn. Die Schafe und Ziegen, die merkten, dass etwas anders war als sonst, verkrochen sich aufgeregt in den Ecken. Sie taten mir schon im Voraus leid. Sayed hatte mir zwar gesagt, dass ich tun könnte, was ich wollte und mir auch keiner böse wäre, wenn ich nicht zugucken würde, aber ich wollte gerne die perfekte Ehefrau sein. Außerdem sagte ich mir, dass man auch schlachten können muss, wenn man Fleisch essen will. Trotzdem kostete mich die Prozedur einige Überwindung. Als das erste Schaf auf die Seite gelegt wurde, der Vater von Sayed das Messer in die Hand nahm und seine Söhne die Beine festhielten, war ich ein Nervenbündel. Das Messer wurde an den Hals gesetzt und die Kehle mit einem Schnitt durchgeschnitten. Da das Herz noch pulsierte, spritzte das Blut heraus, in das die Kinder sofort ihre Hände tauchten, um diese an der Wand zu verewigen und jedem einen Klecks auf die Stirn zu machen. Ich stand nur da, versuchte dem aus dem Weg zu gehen und weinte innerlich mit dem Schaf, dessen Beine noch länger zuckten. Jede Erklärung, dass durch den scharfen Schnitt der Tod sofort eingetreten sei und das Schaf keinerlei Schmerzen gehabt hätte, halfen mir nicht. Aber ich lächelte für Sayed, der stolz auf mich war. Nun wurde ein kleines Loch in die

Haut des Schafs am Fuß gemacht und Luft hinein gepustet, bis der Körper wie ein Ballon wirkte. Danach schlugen alle mit Stöcken auf den Körper, um die Haut zu lösen. Der Kopf des Schafs wurde einer Truppe Frauen übergeben, die ihn über dem Feuer und mit Messern von Haaren befreiten. Anschließend wurde er gekocht. Die Männer hängten das Tier an Fleischerhaken auf und machten sich an die kräftezehrende Aufgabe, das Fell mit Fäusten und Messern vom Körper zu lösen. Die Felle wurden hinterher einer Moschee gespendet. Danach ging es an die Innereien. Die Galle wurde ausführlich begutachtet, Innereien zum Kochen an die Frauen gegeben und der Darm einer speziellen Frauengruppe zum Säubern gebracht, damit daraus hinterher Hüllen für eine Reisfüllung gemacht werden konnten. Alles wurde genutzt, nichts weggeschmissen. Diese Prozedur wiederholte sich für jede Wohnung im Haus mindestens einmal. Ich war mit Blut befleckt, stand nur herum und fühlte mich nach dem vierten Schaf einfach nur leer. Da wir auch noch bei Fateen, Sayeds jüngerer Schwester, beim Schlachten helfen mussten, kamen wir erst nachmittags in unserer Wohnung an, um unsere Kleidung zu wechseln und uns zu duschen. Zwar hatte mir jeder auf die Schulter geklopft und Sayed sich gefreut, dass ich so gut mitgemacht hatte, dieser Erfolg war jedoch sehr bitter und ich brauchte einige Stunden, um Essen überhaupt wieder in Betracht ziehen zu können.

XIV

Im neuen Jahr, mit meinem 36. Geburtstag vor Augen, kam mir immer wieder in den Sinn, dass ich vielleicht doch gerne ein Kind hätte. Ich überlegte hin und her, war mir aber darüber im Klaren, dass eine Entscheidung wenn, dann schnell fallen sollte, denn ich wollte nicht gerne mit 40 Mutter werden. So kam es, dass Sayed und ich bei einem gemütlichen Essen, ausnahmsweise ohne Besuch, der bei uns ständig in Form von Freunden, Nachbarn oder Touristen auftauchte, über das Thema Kind redeten. Auch er wollte gerne ein Kind, war sich aber darüber im Klaren, dass es viel ändern würde.

„Ich mache mir keine Gedanken um das Geld. Wir sagen in Ägypten immer, dass Gott die Kinder ernährt", erklärte er.

„Vielleicht bin ich da etwas realistischer. Ein Kind braucht Pampers, Nahrung, ein Bett, Anziehsachen und manchmal einen Arzt. Das kostet Geld, das wir gerade nicht so im Überfluss haben", erwiderte ich.

„Ach, das kommt schon alles. Ich mache mir mehr Gedanken um dich und die schlaflosen Nächte. Arbeiten wirst du dann erst mal auch nicht, was mir nichts ausmacht. Aber du hast da immer so viel Wert drauf gelegt."

„Naja", sagte ich. „Ich hätte dann ja eine andere Aufgabe. Allerdings sollten wir vorher überlegen, wie wir das mit der Erziehung machen. Ich will wirklich nicht, dass wir ständig anderer Meinung sind und wir hinterher deshalb auseinandergehen."

„Natürlich wird das Kind Moslem." Ich nickte ergeben zu diesem Satz. Dieser Teil war mir vorher schon klar gewesen.

„Und wenn es ein Mädchen wird?", fragte ich.

„Dann muss es natürlich anständig leben. Ich will eine Tochter, auf die ich stolz sein kann. Keine Freunde wie du das gehabt hast. Und sie muss sich anständig kleiden", erklärte er.

„Was meinst du mir anständig?", fragte ich ihn.

„Naja, sie kann von mir aus Hosen anziehen und Röcke, aber man darf die Schultern und Knie nicht sehen. Ob sie sich verschleiert oder nicht, bleibt ihr überlassen, aber ich will, dass sie gläubig ist und regelmäßig betet. Denn das ist meine Pflicht als Vater. Sie wird einen anständigen Mann heiraten und sie kann sich nicht alleine mit Männern treffen." Ich schluckte. Wollte ich das wirklich? Aber vielleicht würden wir ja auch einen Sohn haben. Und Sayed konnte man langsam bearbeiten. Ich würde ihn schon in die richtige Richtung lenken können. Bisher hatten wir immer einen Kompromiss gefunden.

„Und sie kann auf die Deutsche Schule hier zusammen mit Jungen gehen und auch in Deutschland studieren, wenn sie das später will?" „Natürlich, das ist doch gut und sie wird bis dahin auch wissen, was sie darf und was nicht."

Ich war erleichtert. Wenn wir denn eine Tochter haben würden, würde sie bei einem Studium in Deutschland genug Freiheiten haben. Die Entscheidung war also gefallen. Wir rechneten sowieso damit, dass ich nach mehr als 15 Jahren mit der Pille einige Monate brauchen würde, um schwanger zu werden. Doch sobald ich die Pille abgesetzt hatte, war ich schon schwanger. Ende Januar endete meine Tablettenpackung, Anfang Februar wusste ich, dass ich schwanger war, was auch kurz darauf ein Test bestätigte. Sayed war ganz aus dem Häuschen, seine Mutter überglücklich und meine Mutter eher skeptisch.

Wir warteten die ersten drei Monate ab, bevor wir es an die große Glocke hängten, dann jedoch stand unser Telefon nicht mehr still. Fast alle hatten die Hoffnung aufgegeben, dass Sayed jemals Vater oder ich Mutter werden würde und die Überraschung war für alle groß. Ich war glücklich und freute mich auf das Kind. Nachts betete ich zum lieben Gott, dass es bitte ein Junge sein möge, um mein Leben einfacher zu machen und konnte den fünften Monat kaum erwarten, in dem das Geschlecht des Kindes angeblich zu erkennen sei.

In dieser Zeit lernten wir Marietta kennen. Die Schweizerin, die mit Mitte 50 ihren ersten Urlaub in Ägypten verbracht hatte, war von dem Elend in einigen Vierteln Hurghadas geschockt und hatte sich vorgenommen, ihr Geld und ihre Kontakte in der Schweiz zu nutzen, um den Kindern zu helfen. Doch sie kam nicht wirklich weiter und so fand sich eins zum anderen und wir halfen ihr bei ihrem Projekt. Im Gegenzug half sie uns viel durch Geschenke und Aufträge, die Sayed für sie erledigte. Sie hatte einen ägyptischen Freund, der im Hotel in der Animation arbeitete, 20 Jahre jünger war als sie und sie nach Sayeds Ansicht nach Strich und Faden betrog. Wie so viele europäische Frauen war aber auch Marietta nicht für vernünftige Gründe zugänglich und so ließen wir sie, bis sie sich von ihm trennte. Sie hatte viele tausend Euro investiert, die ihr Freund nicht wie geplant für das Kinderhilfswerk eingesetzt hatte, sondern in seine eigene Tasche. Wir begannen neu, machten viele frustrierende Erfahrungen mit den ägyptischen Behörden und fanden hinterher vier Familien mit alleinerziehenden Frauen, die dringend Hilfe benötigten und die von Mariettas Organisation unterstützt werden sollten. Da Marietta in der Schweiz lebte und sich so nicht wöchentlich um die Familien kümmern konnte, bekam Sayed den Job als Manager und war fortan dafür zuständig, die Familien mit Essenspaketen, Miete und Kleidung zu versorgen. Sein Gehalt hierfür gab uns genug Freiraum, um zu leben.

Inzwischen hatte sich herausgestellt, dass das Kind in meinem Bauch nicht gewillt war, uns sein Geschlecht mitzuteilen. Der Entbindungstermin war für den achten Dezember vorgesehen und auch Ende Oktober waren sich die Ärzte nicht einig, ob es ein Mädchen oder ein Junge würde. Meine Schwangerschaft war, bis auf das ständige Fußballspiel in meinem Bauch, einfach gewesen. Keine Übelkeit, keine Fressattacken. Anstatt zuzunehmen, nahm ich ständig ab und ich war schlank wie nie zuvor. Ich aß genug, ich trank genug und was immer ich wollte wurde von Sayed organisiert, aber mein Körper fand die Hormonumstellen scheinbar so gut, dass er beschloss, sich des Übergewichts zu entledigen. Nur Muttergefühle wollten in mir nicht aufkommen. Ich war glücklich und zufrieden, aber eine Verbindung zu dem Kind hatte ich nicht wirklich aufgebaut.

Sayed tat sein Bestes, um mir die Zeit so angenehm wie möglich zu machen. Täglich cremte er meinen Bauch ein, machte die gesamte Hausarbeit und brachte mir ständig Dinge, die ich gerne aß. Kurz vor Ende der Schwangerschaft trübte nur ein Streit diese Zeit, bei dem Sayed schon im Bus nach El Fayoum saß, als Linda ihn nach einem Gespräch mit mir anrief und ihn zur Vernunft brachte. Er kehrte erst am nächsten Morgen zurück, nachdem er die Nacht auf der Treppe vor unserem Haus verbracht hatte. Ich hatte mich inzwischen an seine cholerischen Anfälle gewöhnt, trotzdem waren sie für mich immer noch schlimm. In mir gab es zu diesem Zeitpunkt eine kleine Stimme, die mir sagte, dass es vielleicht besser so sei, wenn er ginge. Aber ich überhörte sie. Denn so heftig und plötzlich seine Ausbrüche auch waren, so glücklich waren wir doch zu 90 Prozent unserer übrigen gemeinsamen Zeit.

Anfang November hatte ich genug von der Schwangerschaft. Der letzte Monat war beschwerlich und der Bauch wurde so dick, dass ich mir nicht mehr alleine die Schuhe anziehen konnte. Mein behandelnder Gynäkologe riet außerdem von einer normalen Geburt ab. In meinem Alter handelte es sich um eine Risikoschwangerschaft und Wehenschreiber waren in den Krankenhäusern der Umgebung nicht vorhanden, sodass er empfahl, das Kind per Kaiserschnitt zu holen. Ich bat ihn, eine natürliche Geburt zu versuchen und wir einigten uns darauf, dass ich ab dem zehnten November viel laufen solle und wir dann am 15. November im Krankenhaus in El Gouna sehen würden, ob mit wehenfördernden Mitteln eine normale Geburt eingeleitet werden könnte. Ich lief also mit den Hunden um das Haus, was das Zeug hielt und packte voller Hoffnung meine Tasche mit meinen Sachen für das Krankenhaus. Ich hatte von Marietta Pampers bekommen und ein Set für Neugeborene, das ich einpackte. Sayed wich nicht von meiner Seite. Auch während der Geburt, falls es dann eine natürliche geben sollte, wollte er dabei sein, was für Ägypter sehr unüblich war. Doch leider halfen auch die wehenfördernden Mittel nicht, sodass man mich um 13 Uhr in den Kreißsaal schob, um einen Kaiserschnitt zu machen. Ich hatte keine Angst vor Operationen und wusste, dass nach einer halben Stunde das Kind auf der Welt sein würde. Was es dann auch war.

Ich durfte kurz einen Blick auf ein süßes Mädchen werfen, bevor die mir endlos erscheinende Operation weiter ging. Es war für mich furchtbar unangenehm, das Ziehen und Schneiden und Nähen unter örtlicher Betäubung zu spüren und dabei bewegungsunfähig zu sein, sodass ich es nach einer Stunde einfach nicht mehr aushielt und um eine Vollnarkose bat. Als ich erwachte, strahlte mich Sayed an, der Tränen in den Augen hatte vor Glück. Er hatte mit seinem Handy zig Fotos von unserer Tochter, die wir Mariam nennen wollten, geschossen und zeigte sie mir alle. Da Mariam nur 2600 Gramm wog, wollte man sie die nächsten Stunden im Brutkasten beobachten, bevor man sie mir brachte. Ich war ungeduldig, doch als sie dann endlich kam, überfiel mich auch hier nicht diese unglaubliche Liebe, von der alle sprachen. Natürlich, sie war meine Tochter und ich hatte sie lieb und ich würde sie nicht hergeben, aber mir fehlte irgendwie der Bezug, eine Verbindung. Und sie schrie, weil sie Hunger hatte. Alle Schwestern gingen davon aus, dass eine Frau einfach wüsste, was zu tun sei, aber ich hatte keine Ahnung. Das Stillen funktionierte nicht so einfach und wie wir feststellten, saugte Mariam zwar kräftig, hatte aber noch immer Hunger.

Sayed übernachtete im Bett neben mir und half mir, Mariam immer wieder an die Brust zu legen. Die Schwestern wurden ungeduldig mit mir und fanden meine Tochter so süß, dass sie sie mit zu sich nahmen, sie wickelten und sie durch die Gegend trugen. Um mich kümmerte sich aber nur mein Mann. Mein Gynäkologe, der nach mir sah, war sich dieser Probleme bewusst und sagte nur, dass trotz aller Beschwerden das Krankenhaus nichts ändern würde. Der Kinderarzt empfahl, Mariam die Flasche zu geben, als ihr Gewicht zu stark abnahm. Meine inzwischen eingetroffene Schwiegermutter und Renas sahen die Flasche mit Besorgnis an. Aber auch sie sagten mir nicht, dass nach einem Kaiserschnitt die Milch erst frühestens am dritten Tag einschießt. Inzwischen waren meine Brustwarzen blutig und mir die Lust am Stillen vergangen. Bei meiner Rückkehr in ein Haus, in dem eine Deutsche und eine Belgierin wohnten, die beide Kinder hatten, erhielt ich dann jedoch endlich die richtigen Informationen und eine Milchpumpe, mit der sich das Problem löste. Wie üblich bekam Mariam von den Ägyptern ihrer Familie kleine Goldohrringe, Anhänger und Geld geschenkt, das akribisch von Sayed aufgeführt wurde, weil entsprechend die Geschenke für die Geber in einem ähnlichen Fall ausfallen müssten.

Ich war froh über die Hilfe im Haus, weniger aber über die ständige Anwesenheit seiner Mutter, die einfach mal für ein paar Stunden mit meinem Kind im Gästezimmer verschwand ohne mich zu fragen, was Sayed wohl als Hilfe ansah, ich jedoch weniger. Im Allgemeinen war meine Schwiegermutter wenig erfreut über meine Art der Babypflege. Bei 22 Grad im Haus sollte das Kind wie im tiefsten Winter in Deutschland angezogen werden, meine Lagerung war falsch und nahm ich den Rat nicht an, machte sie es hinter meinem Rücken einfach so wie sie wollte. Sayed versuchte zu vermitteln, ich wusste jedoch, dass gegen eine ägyptische Mutter eine Ehefrau keine echte Chance hat. Und so war ich froh, als sie sich endlich verabschiedete und ich endlich mit Sayed und meinem Baby alleine war.

Kurz darauf kam meine Mutter, die das Baby toll fand, viele schöne Sachen für sie mitbrachte und auch half, sich jedoch mit Sayed nicht wirklich gut verstand. Ich konnte es kaum abwarten, endlich Ruhe im Haus zu haben und ein System mit meiner Tochter und meinem Mann alleine zu finden. Im neuen Jahr kamen dann Bettina und ihre Töchter mit einer Freundin und ich war sehr dankbar für ihre Geschenke, denn sie hatten mir für eBay 100 Euro geschenkt und die gekauften Sachen mitgebracht. All das neben einigen Teilen, die sie selbst noch gekauft hatten und den Geschenken einer Freundin von mir aus Deutschland. Mein Kind war mit Sachen bis zum ersten Lebensjahr versorgt.

Sayed, der immer darauf bestanden hatte, nie einen Kinderwagen zu schieben oder Windeln zu wechseln, war plötzlich derjenige, der genau dies tat und seine Finger nicht von dem Kind lassen konnte. Selbst Nachts stand er oft auf, um mir zu helfen und die Flasche fertig zu machen, denn inzwischen reichte meine Milch nicht mehr aus und ich fütterte hinzu. Ich war ein wenig gestresst, genoss aber unser Familienleben. Der Besuch aus Deutschland von meiner Freundin tat mir außerdem gut. Wir unterhielten uns viel und erinnerten uns an alte Zeiten. Ihre Töchter hatte ich bisher noch nicht kennengelernt, beide fanden Ägypten aber toll. Besonders Ulrike wollte unbedingt für einen längeren Aufenthalt wiederkommen. Mich beunruhigte sie ein wenig, weil sie für Ägypten mehr als ungewöhnlich war. Mit einer lilafarbenen Strähne im dunkelbraunen Haar, Kleidergröße 52 bei ungefähr 1,75 m und Körbchengröße D bis DD wäre sie auch ohne enge Kleidung in Ägypten aufgefallen. Noch komischer für Sayed machte sie aber die Tatsache, dass sie in einer lesbischen Beziehung lebte und nicht an Gott glaubte. Ich konnte mir kaum vorstellen, dass mein konservativer Mann mit ihr viel anfangen, geschweige denn sie mögen könnte. Doch ich willigte gerne ein, dass sie uns besuchen könnte, da Sayed nichts dagegen zu haben schien. Dieser hatte mit Mariettas Hilfe inzwischen eine Housekeeping-Firma aufgemacht, die mehr schlecht als recht lief, aber bei den laufenden Pampers- und Milchpulverkosten war uns jede Einnahme willkommen.

XV

Mitte 2008 kam dann Karim zu uns. Ein Jahr vorher war schon geplant gewesen, dass Sayeds Neffe und Bruder von Renas nach Hurghada kommen sollte, um dort in einem Hotel zu arbeiten, doch kurz vor seiner Ankunft passierte ein Motorradunfall, in dessen Folge sein großer Zeh amputiert werden musste. Ich hatte Karim kurz darauf in El Fayoum gesehen. Ein gut aussehender junger Mann, der sich im Selbstmitleid suhlte, kein Englisch sprach und auch sonst wenig zu motivieren war.

Nachdem die Amputation verheilt war, sollte er nun zu uns kommen und einen Job suchen. Ich war wenig begeistert, hatte doch ägyptischer, männlicher Besuch immer zur Folge, dass ich mich im Haus ordentlich anziehen musste und zudem ein perfektes Benehmen an den Tag zu legen versuchte. Karim hingegen war begeistert. Zwar reichte mein Arabisch und sein Englisch kaum aus, um miteinander ein Gespräch zu führen, jedoch waren wir uns sofort sympathisch. Hochgewachsen, schlank, mit einem tollen Körper und einem unwiderstehlichen Lächeln ausgestattet, war ich mir seiner steilen Karriere bei den Touristinnen sicher. Seinen Onkel Sayed hatte er immer schon als großes Vorbild angesehen und so nahm er jeden seiner Ratschläge an. Er half im Haus, wo er konnte und war glücklich, wenn er ruhig vor dem Fernseher sitzen durfte. Ich schloss ihn sofort in mein Herz. Bald ging er in ein Sunrise Hotel, wo ich noch gute Kontakte hatte, und verdiente an den Trinkgeldern gut. Wie von mir prognostiziert, war sein Effekt auf Touristinnen einschlagend und oft kam er mit Zehn- oder Zwanzig-Dollar-Noten zu uns und bat mich, diese für ihn zu sammeln.

Langsam wurden mein Arabisch und sein Englisch besser und wir konnten uns in grundlegenden Dingen auch ohne Sayed verständigen. Ich merkte sehr früh, dass ich für ihn mehr war als die Frau seines Onkels. Wenn er meinte, niemand würde ihn beobachten, sah er mich mit einem Blick an, der mich wünschen ließ, noch mal 20 zu sein. Ich wünschte ihm, dass alles gut laufen würde, doch immer stärkere Probleme mit seinem Fuß machten uns Sorgen. Sayed und ich suchten Ärzte für ihn, die herausfanden, dass bei der Amputation ein winziges Stück Knochen übrig geblieben war, das nun bei jeder Bewegung des Fußes scheuerte und eine Entzündung verursachte. Eine erneute Operation wurde erforderlich, doch die Kosten wollte keiner tragen. Das Hotel sorgte nur für eine Grundversorgung, die dies nicht einschloss, sein Vater hatte kein Geld und sein Bruder ebenfalls nicht. Mit einer groß angelegten Sammelaktion schafften wir es am Ende, das Geld zusammenzubekommen. Unser zusätzliches Problem war, das Ulrike uns besuchen wollte, eine gleichzeitige Unterbringung von Karim und Ulrike in unserer Wohnung aber ausgeschlossen war. Ich hätte vielleicht noch eine Lösung gefunden, aber Sayed wollte in keinem Fall seinen in Bezug auf Frauen noch etwas unerfahrenen Neffen und eine alleinstehende Europäerin in seinem Haus zusammen wissen. Wir suchten Ulrike also eine Wohnung, die sie mietete.

Die Operation von Karim verlief gut. Er hatte zwar Schmerzen und der Fuß sah wirklich nicht sehr gut aus, aber wir hatten die Hoffnung, dass er nach wenigen Wochen wieder arbeiten gehen konnte. Ich freute mich, dass Karim wieder bei uns wohnte, denn er war ein sehr angenehmer Mitbewohner und wir konnten inzwischen gut miteinander reden. Er vertraute mir und ich hatte das Gefühl, dass da auch noch mehr war, war mir aber darüber im Klaren, dass er sich irgendwann in eine nette Frau seines Alters verlieben würde und mich höchstens als seine erste Verliebtheit in Erinnerung behalten würde. Immerhin war ich 15 Jahre älter und die erste Europäerin, die er in seinem Leben gesehen hatte. Wenn Sayed aber bei den Familien war, einen Job ergattert hatte oder aus einem anderen Grund nicht da war, hatte ich Unterhaltung und auch Hilfe bei Mariam, wenn diese aus der Deutschen Schule kam, denn inzwischen war sie mit ihren zwei Jahren im Kindergarten und genoss jede Minute dort.

Karim hatte eine ganz enorme Wirkung auf Babys und Kleinkinder. Vielleicht lag es aber auch daran, dass Mariam ein weibliches Wesen war, dass seinem Charme erlag. Erstaunlich war, dass Karim selbst keinerlei Ahnung von seinem Aussehen und seiner Wirkung zu haben schien. Er war, im Gegenteil, eher unsicher und traute sich wenig zu. Mit einem Vater wie Mohammed war dies auch wenig erstaunlich, denn dieser war neben seiner Religiosität bekannt für seine aufbrausende, extrem strenge Art und sobald sich jemand auf Karim konzentrierte, konnte ich sehen, wie er sich in ein Schneckenhaus verzog und darauf wartete, dass dieser Zustand vorbei ging. Am liebsten beobachtete er und sammelte Informationen, hielt sich aber mit eigenen Reaktionen zurück. Ich war mir sicher, dass er in wenigen Jahren ein sehr attraktiver Mann sein würde, sah in ihm aber mehr den Jungen, der noch in ihm steckte.

Zwar telefonierte er nachts mit einer, manchmal auch zwei, Ägypterinnen und dies hörte sich wenig nach einem Jungen an, aber ich fand auch in einem Gespräch heraus, dass es sich dabei um die typischen Gespräche handelte, die ein Junge und ein Mädchen aufgrund der Unmöglichkeit, sich zu treffen, führten. Karim erzählte mir auch in dieser Zeit, dass er viel Unsinn gemacht hätte, darunter auch ein Verhältnis mit einer verheirateten Frau. Aber im Großen und Ganzen war es für ihn noch ein Weg bis zum Mann. Ulrike war nur ein halbes Jahr älter als Karim und ich war auf der einen Seite gespannt, was kommen würde, auf der anderen Seite auch besorgt, weil ich wusste, dass Karim Frauen in der Öffentlichkeit oder selbst zu Hause nie auch nur annähernd so offenherzig gekleidet gesehen hatte. Mein Stil war für ihn schon während seiner Kindheit unvorstellbar gewesen, Ulrike setzte dem noch etwas drauf. Zwar hatte das Hotel ihn vorbereitet, aber in längerem Kontakt war er mit Touristinnen nie gewesen. Außerdem beanspruchte etwas in mir Karim für mich. Ich liebte Sayed, wir waren glücklich und das Leben als Familie mit unserer inzwischen sprechenden und wackelig laufenden Tochter war wundervoll. Durch Karims Anwesenheit hatten wir auch in schwierigen Situationen einen Puffer, bei dem Sayed sich beherrschte und er explodierte nur noch sehr selten bis gar nicht. Die Arbeit für Marietta hatte ihn etwas sorgenfreier gemacht, außerdem hatten wir zu den Familien einen sehr guten Kontakt und besuchten diese auch privat. Vor allen Dingen eine Familie war uns ans Herz gewachsen: Azza war eine Frau in meinem Alter, die zwei kleine Söhne und zwei Töchter hatte. Eine dritte Tochter, Marwa, war bei ihrem Vater in Kairo gewesen, vor Kurzem aber nach Hurghada zu ihrer Mutter gekommen, da sie mit 16 Jahren entscheiden konnte, bei wem sie leben wollte. Wir besuchten uns oft gegenseitig und ich hatte Marwa unter meine Fittiche genommen, weil sie sich mit ihrer Art, die in ihrer ungeliebten Vergangenheit begründet lag, oft selbst im Weg stand. Obwohl Mutter und Tochter dahin gefiebert hatten, endlich zusammen zu wohnen, kamen sie nun kaum miteinander klar und ergingen sich tagein, tagaus in Anschuldigungen und Geschrei. Wir versuchten zu helfen, wo es ging, manchmal schlief Marwa bei uns und passte im Gegenzug für Essen und Unterkunft als Babysitter auf Mariam auf. Auch sie hatte ein Auge auf Karim geworfen, der allerdings keinerlei Reaktion zeigte.

XVI

Ulrike kam also nach Hurghada und wir bereiteten ihre Wohnung für sie vor. Ich hatte ihr gesagt, dass sie gerne am Tag zu uns kommen könnte, weil sie offensichtlich nicht gerne alleine war und nie alleine gelebt hatte. Zudem ging es ihr nicht gut, weil die Beziehung zu ihrer Freundin nach ihrem letzten Aufenthalt zerbrochen war. Sie war unsicher, wie sie es in einem fremden Land und einer fremden Wohnung alleine aushalten würde, aber Sayed und ich sicherten ihr zu, dass wir sie unterstützen würden. Sie brachte mir eine Nähmaschine mit, die ihre Mutter für mich organisiert hatte und ich freute mich, dass ich endlich Mariam selbst Kleidung nähen konnte. Die Auswahl in Hurghada war wirklich wenig erfreulich und wenn, dann sehr kostspielig. Als sie das erste Mal Karim gegenüberstand, wusste ich sofort, dass wir die nächsten vier Wochen einiges zu bewältigen haben würden. Zwar sagte ich mir, dass sie generell lesbisch war, wusste aber auch, dass sie auch Männern gegenüber nicht abgeneigt war. Sie selbst sagte eher, dass sie sich in Menschen verliebte, nicht in Frau oder Mann. Ich konnte also nichts ausschließen.

„Meinst du, Karim ist Ulrike gewachsen?", fragte ich Sayed eines Abends vor dem Schlafen.

„Wieso? Warum sollte er nicht? Und mag sie nicht nur Frauen?", erwiderte er.

„Ja, bisher, aber sie selbst sagt ja, dass es nicht wichtig ist, ob Mann oder Frau."

„Wie, nicht wichtig?" Sayed war offensichtlich verwirrt. „Kann man auch beides? Ich verstehe das alles nicht. Aber ist doch auch egal, solange es nicht in unserer Wohnung passiert und wir davon nichts wissen..."

„Das ist ja auch eine Einstellung", brauste ich auf. „Scheinheilig ohne Ende. Du lehnst es ab und dann sagst du, wenn es nicht mit uns in Verbindung gebracht werden kann, juckt es dich auch nicht. Typisch Ägypter."

„Habibi, reg dich doch nicht so auf. Ich habe in Karims Alter auch mit jeder Frau geschlafen, die mir über den Weg lief. Lass ihn seine Erfahrung sammeln. Aber nicht hier, das bringt uns nur in Verruf."

„Klasse, aber du denkst auch daran, dass wir Bettina versprochen haben, auf ihre Tochter aufzupassen?"

„Sicher, das tun wir ja auch. Aber sie ist erwachsen und wenn sie es darauf anlegt und uns nicht um Rat fragt, werden wir das eh nicht verhindern."

Ich war mir nicht sicher, wie ich das finden sollte. Ich wollte Karim nicht, auf der anderen Seite wollte ich seine Aufmerksamkeit auch nicht teilen. Und ich verstand diese doppelte Moral nicht. Sie war nicht meine. Aber ich schwor mir zu tun, was notwendig war, damit der Besuch von Ulrike bei Sayed keine unangenehmen Erinnerungen hervorrufen würde. Es war ein Weg, ihn offener zu machen.

Als wir aber am nächsten Abend zu viert Karten spielten und Ulrikes Doppel-D-Brüste kaum unter ihrem Spaghettiträger-Top verborgen waren und sie sich auch noch neben Karim so benahm, dass ihr Interesse offensichtlich war, wurde ich innerlich leicht sauer. Denn ich hatte ihr erklärt, dass für einen ägyptischen Mann Berührungen einer Frau tabu sind und dieser spezielle Mann mit einem europäischen Verhalten überfordert sein könnte. Zwar konnte man die zufälligen Berührungen auch auf ihren Körperumfang zurückführen, ihre Anhänglichkeit ihm gegenüber aber kaum. Nachdem Sayed sie in ihre Wohnung zurückgefahren hatte und ich bei Karim vorsichtig angetestet hatte, wie er das ganze fand, redete ich mit Sayed. Denn Karim erschien mir mehr als verunsichert, was er mit der Situation anfangen sollte. Weniger, weil er nicht mit einer Frau umzugehen wusste als mit der Tatsache, dass das Ganze in Haus seines Onkels passierte.

„Meinst du nicht, wir sollten mal mit Ulrike reden? Ich meine, Karim scheint nicht wirklich zu wissen, was er tun soll."

„Im Moment kann er noch nicht mal richtig laufen, also haben wir noch etwas Zeit, bis wir uns Gedanken machen müssen", sagte Sayed.

„Schon, aber genau das macht mir auch Sorgen. Er kann sich eigentlich nicht richtig bewegen und dem Ganzen aus dem Weg gehen", gab ich zu bedenken.

„Das schafft er schon." Und damit war das Thema für Sayed erledigt. Ich war verwirrt. Auf der einen Seite hatte er seine hohen Moralvorstellungen, auf der anderen schien in dies alles nicht zu stören. Das passte nicht. Aber er verstand sich gut mit Ulrike und ich wollte das nicht gefährden. Allerdings nahm ich mir vor, mit Ulrike beizeiten doch einmal zu reden.

Die nächsten Tage regten mich immer mehr auf. Ulrike war inzwischen fast gar nicht mehr in ihrer Wohnung und hatte sich so auf Karim eingeschossen, dass sie nachts, wenn wir schon schliefen, neben ihm auf dem Sofa saß und Fernsehen guckte. Das Problem daran war, dass Karim seinen Fuß hoch lagern musste und Ulrike sich, anstelle auf das zweite Sofa auszuweichen, an ihn quetschte und er nicht wusste, ob es nun besser war, unhöflich zu sein, weil er das Sofa nicht wechselte oder weil er sitzen blieb und sie unabsichtlich berührte.

„Karim, kommst du mit der Situation klar?", fragte ich ihn eines Tages, als wir ausnahmsweise einmal alleine waren.

„Hmmm, alles ok", kam seine ausweichende Antwort.

„Ich meine, willst du was von Ulrike oder versuchst du, höflich zu sein oder geht dir das auf die Nerven", versuchte ich, eine klarere Antwort zu finden.

„Es ist ok. Sie ist nett, aber manchmal weiß ich nicht, was Sayed zu allem sagt."

„Darum brauchst du dir keine Gedanken zu machen. Der scheint das bisher alles ok zu finden", beruhigte ich ihn.

„Also brauchst du Hilfe?"

Er lächelte mich mit diesem Lächeln, das mein Herz aufgehen ließ, an.

„Es geht schon, wir können ja eh kaum reden und es stört mich nicht, wenn sie nachts mit mir fernsieht."

Damit war dieses Thema erledigt. Allerdings wurde Ulrike immer offensiver, bis ich einfach nicht anders konnte, als mit ihr zu reden.

„Ulrike, ich weiß, dass Karim ein gut aussehender Mann ist und auch sehr nett. Aber er ist Ägypter und ich bin mir sicher, dass dein Verhalten nicht wirklich angebracht ist", sagte ich vorsichtig.

„Was meinst du damit?", fragte sie, als ob das alles normal wäre.

„Ich meine, dass selbst in Deutschland eine Frau etwas subtiler vorgeht als du. Du sitzt da in deinen hautengen Sachen und Tops, die kaum etwas verbergen, setzt dich zu ihm aufs Sofa und gibst dir Mühe, ihn möglichst viel zu berühren. Sayed und ich haben dich gebeten, nichts in dieser Wohnung zu machen..."

„Aber es passiert doch nichts!", unterbrach sie mich.

„...aber du legst es für jeden offensichtlich darauf an. Hab doch mal ein wenig mehr Selbstachtung und lass den armen Mann auch mal reagieren. Wenn er etwas von dir will, wird er schon eine Möglichkeit finden."

„Ich gebe mir doch Mühe. Ich werde auch versuchen, mich zu ändern." Jetzt weinte sie. Das tat mir auch leid, aber ich verstand sie nur zu gut. Auch ich hatte eine Zeit gehabt, in der ich alles getan hätte, einen tollen Mann als Freund zu bekommen. Meine Figur hatte auch mein Selbstbewusstsein schrumpfen lassen.

„Ulrike, ich will dir doch nichts, aber wir sind hier in Ägypten und du bist die Tochter meiner Freundin und ich will, dass das alles für uns alle gut endet und nicht im Streit. Sayed wird nicht akzeptieren, dass etwas zwischen euch in der Wohnung läuft und Karim verlässt die Wohnung nicht wegen seinem Fuß. Wenn das was geben soll, wird Karim schon einen Weg finden, aber respektiere dich selbst genug, um ihn auch einmal auf dich zukommen zu lassen."

Ulrike war geknickt, als wir zurück nach Hause gingen.

Später sah ich sie mit Sayed reden. Es wunderte mich, dass sie sich Sayed scheinbar anvertraute, weil sie vor diesem anfangs viel Respekt gehabt hatte, aber ich war andererseits froh, dass er ihr selbst erklären konnte, was richtig und falsch war.

„Hat Ulrike dir von unserem Gespräch erzählt?", fragte ich ihn im Bett.

„Sie hat es erwähnt und sich entschuldigt und ich habe ihr noch mal erklärt, was geht und was nicht", antwortete er.

„Ich hoffe, du hast ihr das auch wirklich deutlich gemacht. Denn selbst als Deutsche finde ich ihr Benehmen nicht ok."

„Warum, sind nicht alle deutschen Frauen so?", grinste er mich herausfordernd an.

„Sayed, das ist nicht lustig. Das ist eine Schande für alle Frauen, wenn man sich so einem Mann an den Hals schmeißt. Und sie können noch nicht mal miteinander REDEN!", merkte ich an. „Wie kann man sich so in einen Mann innerhalb von Minuten nur aufgrund seines Aussehens verlieben, dass man seine Selbstachtung und alle Anstandsregeln vergisst? Weil es ja offensichtlich mehr nicht sein kann. Karims Englisch beschränkt sich auf „danke", „bitte", „wie geht es dir" und „was willst du trinken". Ich bitte dich...", ereiferte ich mich.

„Sie macht es Karim zumindest fast unmöglich, nicht mit ihr ins Bett zu gehen. Ob er sie danach aber genug respektieren wird, um sie zu heiraten, wage ich zu bezweifeln", sagte Sayed. Heiraten? Karim sollte Ulrike heiraten? Niemals. Oder vielleicht doch? Immerhin würde er dann mit Sicherheit in Hurghada bleiben und wir hätten weiterhin Kontakt. Er hätte unter Garantie ein angenehmes Leben und keine Ägypterin aus seiner Familie, die ein Kind nach dem anderen in die Welt setzen würde und nur Ansprüche stellte. Und irgendwann würde er sowieso heiraten. Dann doch besser eine Europäerin. Mein Verstand befahl dem kleinen Stich in meiner Bauchgegend, sich zu beruhigen. Ich liebte Sayed, genoss die Aufmerksamkeit von Karim und wollte diese gerne behalten, aber ich konnte ihn ja nicht ewig in diesem Zustand halten. Aber Ulrike? Naja, zumindest würde sie ihm jeden Wunsch von den Augen ablesen und wäre bestimmt bereit, sich so zu ändern wie er es wollte.

„Warum machst du dir so viel Gedanken? Karim passt schon auf sich auf und ich rede auch noch mal mit ihm", schloss Sayed das Thema für diesen Tag ab.

Das Gespräch mit Ulrike hatte nicht wirklich etwas gebracht. Sie machte weiter wie bisher, steigerte sich sogar noch in einigen Bereichen. Mich machte das immer missmutiger. Vor allen Dingen, als eines Abends Sayed zu mir sagte, dass Ulrike ihn angesprochen hätte, ob sie mit Karim zu sich gehen könnte. Ich schnappte mir Karim bei der nächstbesten Gelegenheit und fragte ihn. Er sagte, Ulrike hätte ihn gefragt und er hätte erwidert, dass er das Sayed und mir nicht antun könnte. Sie aber hätte darauf bestanden, mit Sayed zu reden. Ich fragte ihn, was er wollte, aber er konnte sich nicht entscheiden, welche der beiden Seiten er verärgern sollte. Er hatte kein Geld, um mit Ulrike in einen Coffeeshop zu gehen, noch nicht einmal für das Taxi. Aber in ihre Wohnung wollte er auch nicht, weil er wusste, was dort passieren sollte. Ganz absagen wäre unfreundlich gewesen, aber Sayeds Moralvorstellungen standen der anderen Lösung im Weg. Er wartete also ab, wie Ulrike die Sache mit Sayed ausdiskutieren würde. Als Ulrike dann, komischerweise das erste mal während ihres Aufenthalts, bereits um 22 Uhr müde war, fuhr Sayed sie zu ihrer Wohnung. Karim begleitete sie, nachdem Ulrike ihn mehrfach gedrängt hatte. Sayed kehrte alleine zurück. Ich war leicht alarmiert.

„Wo ist denn Karim?", fragte ich ihn.

„Der ist noch bei Ulrike. Als wir ankamen, sagte sie ihm, dass sie einige Filme, von denen sie ihm erzählt hat, auf ihrem Computer hat und ob er die sich ansehen will. Die beiden sind erwachsen, es ist nicht unsere Wohnung und sie können machen, was sie wollen. Er kommt dann später."

„Ohne Geld? Und hast du nicht gesagt, dass auch alles, was sie in ihrer Wohnung tut, auf dich zurückfällt, weil der Vermieter dich kennt?", fragte ich ärgerlich.

„Es ist ja schon spät und er wird schon noch kommen. Er weiß, was er tun kann und was nicht." Damit war das Thema erledigt.

Aber ich war sauer. Die ganzen Gespräche mit Ulrike für nichts. Sie ignorierte es einfach und machte weiter. Und für wie bescheuert hielt sie uns eigentlich? Sie hatte lediglich die Briefmarkensammlung gegen die Filmesammlung ausgetauscht. Wie billig. Und Karim hatte nicht gewollt und sie hatte mal wieder gedrängt. Außerdem war mir Sayed unverständlich. Zuerst einen auf erzkonservativ machen und jetzt auch noch helfen! Ich war wirklich stinkig. Und hoffte bis drei Uhr nachts, dass ich die Tür hören würde. Aber nichts geschah. Als ich am nächsten Morgen aufstand und Karim immer noch nicht da war, platzte ich fast. Wenigstens den Anstand hätte sie haben können, ihn zu Hause schlafen zu lassen. Also rief ich sie an.

„Guten Morgen", klang es vorsichtig aus dem Telefon.

„Guten Morgen", sagte ich. „Wie geht es dir?"

„Gut, danke." Sie wollte also nichts sagen.

„Super Ulrike, und wo ist Karim?"

„Der ist auf dem Weg zu Euch."

„Ach wirklich? Wie früh." Und dann konnte ich mich nicht mehr beherrschen.

„Weißt du eigentlich, was du da tust? Nicht nur, dass das ein relativ unerfahrener Mann ist, der von Europäerinnen keine Ahnung hat, nein, auch, dass du den Mann bedrängst, dass du auch gleich auf die Knie fallen und betteln könntest, ist für alle Frauen nicht gerade ein Aushängeschild. Aber dann nehmen wir dich hier auf, bitten dich nur um ein wenig Anstand und du ignorierst alles, was wir dir sagen und schläfst mit Karim in deiner Wohnung, obwohl wir dir gesagt haben, dass durch das Getratsche der Nachbarn alles auf Sayed zurückfallen wird. Ich finde dein Verhalten wirklich das Hinterletzte."

„Ich habe doch gar nicht mit Karim geschlafen, wir haben nur einen Film geguckt und dabei ist er auf dem Sofa eingeschlafen", verteidigte sich Ulrike.

„Und du glaubst mit Sicherheit auch noch an den Weihnachtsmann", gab ich zurück. „Für wie blöd hältst du mich eigentlich, mir so eine Geschichte zu erzählen, nachdem du dich derartig an ihn ran geschmissen hast und er keine ruhige Minute hatte?"

„So war es doch gar nicht. Ich schwöre dir, dass zwischen uns nichts gewesen ist", versuchte es Ulrike erneut.

„Klar, Ulrike, ich bin eine erwachsene Frau, ich kenne Männer und ich kenne Frauen mit deinem Verhalten und weiß, was in der Regel abläuft, also versuch mir nicht einen vom Pferd zu erzählen. Ich bin echt sauer. Bis dann."

Ich legte auf. Mir auch noch solche Lügen zu erzählen, setzte dem Ganzen die Krone auf. Natürlich war ich auch eifersüchtig, wusste der Geier, warum. Aber ich fand es hauptsächlich so unverschämt, dass jemand, den ich bei mir aufgenommen hatte, sich weigerte, jegliche Bitten und Regeln zu beachten und mich dann auch noch anlog. Als Karim zur Tür hereinkam und mich sehr vorsichtig ansah, konnte ich nicht mehr als einen entrüsteten Blick auf ihn werfen.

„Sayed, ob du es glaubst oder nicht, Ulrike wagt es wirklich, mir zu sagen, dass sie und Karim nur einen Film angesehen haben. Das ist echt eine Beleidigung an meine Intelligenz", beschwerte ich mich bei meinem Mann, von dem ich annahm, dass er außer sich sein würde. Der schien allerdings einigermaßen entspannt zu sein.

„Ok, toll ist das zwar nicht gerade, aber was hast du erwartet?"

„Dass Ulrike sich an unsere Bitten hält? Dass Karim zumindest den Anstand besitzt, vor dem Morgengrauen nach Hause zu kommen, um wenigstens den Anschein zu wahren?"

„Vergiss es, ich werde mit beiden reden. Ich finde das auch nicht gut, aber bei ihrem Verhalten kann man Karim keinen Vorwurf machen. Ich kümmere mich darum." Und damit war das Thema für ihn abgeschlossen.

Ulrike kam später an diesem Tag und in unserer Wohnung achteten beide nach dem Donnerwetter darauf, keinen Fehler zu machen, aber sobald Karim auf den Balkon rauchen ging, folgte ihm Ulrike. Ich ertappte mich dabei, wie ich Anstandsdame spielte und ein ums andere mal in eine fast verfängliche Situation platzte. Von einem dieser Balkonaufenthalte kamen beide wieder und Karim trug Ulrikes Ring. Das fand ich noch irritierender als die gemeinsame Nacht. Ein Mann und eine Frau, die sich ein paar Tage kennen, deren Unterhaltung sich auf wenige Wörter beschränkt und die aus komplett unterschiedlichen Kulturen kommen, schlafen miteinander und einen Tag später trägt er ihren Ring? Ich hatte diese Situation wirklich satt. Vor allen Dingen Ulrikes strikte Weigerung, sich anzupassen, weil sie für Karim Alles getan hätte, machte mich wütend. Denn ich erkannte, dass dieser Wunsch nach einer Beziehung zu Karim keine Liebe war, sondern das Bedürfnis, mit einem gut aussehenden Mann das fehlende Selbstbewusstsein auszugleichen. Ein Mensch, der sich so wenig respektierte, konnte einen anderen gar nicht lieben. Und so war ich froh, als ihr Aufenthalt bei uns endlich vorbei war. Ich rief noch am Flughafen Bettina an, um ihr mitzuteilen, dass ich in keinem Fall einen weiteren Aufenthalt ihrer Tochter bei uns durchhalten würde. Was auch immer sich weiter zwischen Karim und Ulrike tun würde. Bettina glaubte mir zwar das meiste von dem nicht, was ich ihr über Ulrike erzählte, aber vor allen Dingen bestand sie auch später noch darauf, dass Ulrike auch nicht mit Karim geschlafen hatte, wenn sie es ihr versicherte, da ihre Tochter ehrlich wäre. Ich konnte nur über so viel mütterliche Liebe den Kopf schütteln, denn ich war mir sicher, dass es anders gewesen war.

XVII

Karim telefonierte ständig mit Ulrike. Ich musste vor mir selbst zugeben, dass ich eifersüchtig war. Zwar redete er mit mir über alles und ich hatte auch nicht das Gefühl, dass es zwischen uns eine Veränderung zum Schlechten gegeben hatte. Eher das Gegenteil. Aber ich hatte eben die Anerkennung als Frau verloren. Ich war jetzt einfach nur Tante. Auch wenn seine mir geltenden Blicke trotz Ulrike andere als verwandtschaftliche Gefühle verrieten. Wahrscheinlich empfand ich diese Veränderung aber auch um so deutlicher, weil Sayed und ich nicht mehr ständig zusammen waren und unsere Beziehung seit Mariams Geburt leicht abgekühlt war. Natürlich erlebte jedes Paar, das Eltern wurde, eine derartige Veränderung. Es gab nicht mehr die ruhige Zweisamkeit und die Aufmerksamkeit beider lag hauptsächlich auf dem Kind. Außerdem war Sayed ein hingebungsvoller Vater, der sich sehr mit seiner Tochter beschäftigte. Aber ich hatte doch gehofft, dass mit Mariams Start im Kindergarten einiges von der alten Vertrautheit zurückkehren würde. Mariam war sehr pflegeleicht, so gut wie nie krank und jeden Tag bis 16 Uhr außer Haus. Die Kindergärtnerinnen liebten sie und schwärmten genauso von ihr, wie alle anderen Freunde und Verwandten. Es gab also eigentlich keinen Grund, warum Sayed und ich, beide ohne ständige Arbeit, nicht wieder ein Paar wie früher sein konnten. Aber irgendetwas hatte sich definitiv geändert. Vielleicht waren es seine cholerischen Anfälle, vielleicht aber auch die Tatsache, dass ich innerlich nicht glaubte, noch mit ihm zusammen sein zu können, sobald Mariam das Teenageralter erreichte. Denn seine Vorstellungen schockierten mich regelmäßig.

Eines Tages, als wir Linda besuchten und Mariam eine Shorts trug, reagierte er auf Lindas Kommentar, wie süß sie darin aussähe, mit dem Satz, dass dies das letzte Jahr wäre, in dem Mariam solche Sachen anziehen würde. Auch unsere Reaktion, dass sie noch so klein wäre, änderte daran nichts. Jungen waren als Spielkameraden für ihn tabu, andere Kinder ohne meine Anwesenheit besuchen, geschweige denn später einmal bei einer Freundin übernachten, Themen, die ich erst gar nicht diskutieren brauchte. Seine Einstellung dazu gefiel mir immer weniger. Er fastete nie, ging höchstens Freitags beten, kehrte aber in diesen Belangen den strengen Moslem heraus. Ich schwankte zwischen einer Hoffnung auf Änderung und dem Gedanken, die Beziehung eher zu beenden, als meine Tochter so aufwachsen zu lassen. Geldmangel und Sayeds ständiges Kümmern um Azza und ihre Tochter, die sich immer stärker bekriegten, taten ihr übriges dazu, dass ich immer stärker werdende Zweifel hatte.Trotzdem war ich noch weit entfernt davon, mich von ihm zu trennen.

Ich liebte diesen Mann eben und würde es so lange versuchen, bis ich sicher sein konnte, dass es für meine Tochter nicht gut war. Es gab aber auch Situationen, in denen ich plötzlich den Eindruck hatte, dass Sayed eine andere Frau neben mir hatte. Kleine Anzeichen, wie eine Änderung an der Art, wie er mit mir schlief. Zwar betonte er immer wieder, dass er nie auch nur mit einer anderen Frau schlafen würde und sobald er in Versuchung geraten würde, eine Trennung von mir das einzige wäre, was für ihn in Frage käme, aber meine Unsicherheit in Bezug auf meine Figur und mich selbst ließen mich so manches Mal zweifeln.

Plötzlich kamen mir manche Verhaltensweisen komisch vor. So hatte er eine Kundin für das Housekeeping, die ihn mit der Reinigung ihrer Wohnung betraute. Wir waren froh über das Geld, das er von dieser Italienerin dafür bekam, jedoch fand ich es komisch, dass ich plötzlich nur noch Geschichten über Anna hörte. Er fuhr mehrere Tage hintereinander zu ihr, um einen Kaffee zu trinken, weil sie ihn angeblich mit mehreren potenziellen Kunden bekannt machen wollte. Ein- oder zweimal antwortete er auch nicht, als ich ihn anrief, was für ihn komisch war. Als er Anna jedoch mit zu uns brachte, damit ich sie kennenlernte, verflüchtigten sich meine Bedenken, denn Anna war über 50, mehr als dünn, faltig und sehr stark geschminkt. Außerdem hatte sie extrem lange, künstliche Fingernägel, die ihr immer und überall abfielen und Sayed hasste nichts mehr als lange Fingernägel. Anna war sehr nett und wir verstanden uns auf Anhieb. Auch wenn ich sie manchmal sehr komisch fand mit ihren riesengroßen Taschen, in denen sie wegen ihrer vielen Krankheiten eine Apotheke mit sich herumschleppte, ihrem vielen Make-Up und ihren absolut schrillen Klamotten. Karim fand Anna ebenfalls wenig normal. Für ihn waren Frauen wie sie etwas absolut Unvorstellbares. Ich war froh, eine Europäerin zu treffen, die von Sayed akzeptiert wurde und mit der ich etwas unternehmen konnte, wenn Sayed nicht da war und Karim telefonierte. Vor allen Dingen am Wochenende konnte ich mit Mariam zum Strand gehen, weil Sayed keine Probleme hatte, wenn ich mit Anna zusammen war. Anna bestätigte mich immer in meiner Beziehung zu Sayed und wiederholte immer, wie bemerkenswert Sayeds Gefühle für mich wären und wie sehr er von mir schwärmte. Das tat mir gut und ich verlor jeglichen Argwohn bezüglich anderer Frauen. Nur Azza und Marwa nervten mich, weil Sayed ständig dort war, um die beiden auseinander zu halten. Auch wenn wir da waren oder sie zu uns kamen, ging es immer wieder um die Meinungsverschiedenheiten. Azza wurde für Sayed immer mehr die Böse während er Marwa beschützte. Ich hatte so langsam die Nase voll. Zwar war es nett, wenn Marwa bei uns war und mir half, aber das war es nicht wert.

Kurz darauf kam meine Mutter zu Besuch. Ich freute mich auf der einen Seite, auf der anderen bedeutete es für mich auch immer Stress, weil ich darauf achten musste, dass Sayed und sie miteinander auskamen. Sayed fand sie toll, die ganze Familie lobte Mutti in den höchsten Tönen, trotzdem fand meine Mutter, dass ich mich mehr hätte durchsetzen sollen und dass ich Sayed gegenüber zu unterwürfig sei. Außerdem war für sie das Wichtigste, finanziell abgesichert zu sein und unser Leben entsprach dem nun überhaupt nicht. Ich war es seit meiner Kindheit ja gewohnt, ihren Erwartungen nicht zu entsprechen, aber 14 Tage lang die Übersetzerin und Vermittlerin zwischen Sayed und ihr zu sein und es dabei beiden Seiten recht zu machen, war mühselig. Im Vorfeld hatten wir uns darüber unterhalten, dass ihr festgelegtes Geld ausbezahlt werden würde und sie es in irgendeiner Form anlegen wollte.

„Warum kaufst du dir nicht einfach irgendwas Nettes?", fragte ich sie.

„Ich bin froh, endlich diese Streitereien mit der Eigentumswohnung los zu sein. Meine kleine Wohnung reicht mir vollkommen aus und ich möchte mich nicht wieder um diese Sachen kümmern müssen."

Sie hatte sowohl meine Wohnung als auch ihre kurz nach meinem endgültigen Umzug nach Ägypten verkauft.

„Es muss ja nicht so was sein. Gönn dir eine nette Reise, kauf dir was, das du schon lange haben wolltest. Das Geld auf die Bank zu legen und davon Steuern zu zahlen ist wirklich die schlechteste Wahl", erwiderte ich.

„Ja, aber ich will mich im Alter abgesichert wissen. Falls ich einmal in ein Heim muss, kann ich mir wenigstens etwas Gutes leisten."

„Mutti", sagte ich. „Bei den Preisen von Pflege- und Altenheimen reicht selbst dein Geld für maximal zwei Jahre und dann bist auch du auf Sozialhilfe angewiesen."

„Vielleicht, aber die Zeit habe ich dann."

Ich seufzte. Meine Eltern hatten sich selten etwas gegönnt, waren immer darauf bedacht, fürs Alter zu sparen und dann, als mein Vater endlich in dem Alter war, dass er Zeit gehabt hätte, sein Geld auszugeben, wurde er krank und starb. Niemand konnte sein Geld mit ins Grab nehmen.

„Kauf dir hier was, dann kannst du vielleicht, sobald du nicht mehr arbeitest, mehr Zeit hier bei deinem Enkelkind verbringen", schlug ich vor.

„Um Gottes Willen, was soll ich denn in Ägypten?" Meine Mutter fand es ausnehmend langweilig und schmutzig hier. Wäre Mariam nicht gewesen, hätte es mit ihren Besuchen bei uns bestimmt anders ausgesehen.

„Naja, die Immobilienpreise hier steigen stetig, es gibt sehr schöne Ecken und du könntest während des deutschen Winters deine Zeit in der Sonne bei uns verbringen", erklärte ich.

„Warum verkauft ihr nicht eure Wohnung und sucht euch etwas Nettes?", fragte sie.

„Wir finden nicht wirklich einen Käufer, aber wenn, würden wir gerne eine Villa in Mubarak 7 kaufen. Die haben eine Wohnfläche von 240 qm und einen Garten von 300 qm dabei. Und wenn man es noch etwas größer haben möchte, kann man das Dachgeschoss auch noch ausbauen."

„Und wie viel kostet so was?", fragte sie.

„Kommt darauf an. Aber wenn man ein gutes Angebot findet, kann man den Rohbau für 40.000 Euro bekommen und dann für 20.000 ausbauen."

„Und dann hat das auch Hand und Fuß", fragte sie.

„Dann hat man etwas richtig Tolles. Und unsere Wohnung würde ja fast dafür reichen...", träumte ich weiter. Wir redeten noch ein wenig über die verschiedenen Möglichkeiten, aber eine Entscheidung traf meine Mutter nicht. Innerlich hoffte ich, dass sie sich zu so etwas entschließen würde und wir dann endlich in ein Haus mit Garten ziehen könnten, in dem Mariam und die Hunde spielen würden. Aber meine Wohnung war bisher zwar für viele interessant, leider aber auch zu teuer gewesen. Die meisten suchten etwas Kleineres oder günstigeres für ihre Ferien.

Umso erstaunter war ich, als meine Mutter während ihres Aufenthalts wirklich fast ihr komplettes Erspartes mitbrachte, damit wir nach einer Villa suchen konnten. Sayed machte sich sofort an die Arbeit und fand nach wenigen Tagen ein gutes Angebot in Mubarak 7. Viel Fragerei hatte ergeben, dass es durchaus machbar war, mit 60.000 Euro Villa und Grundstück zu kaufen und fertigzustellen. Wenn meine Mutter also den Rohbau kaufte und wir die Wohnung verkaufen konnten, reichte es allemal, um eine wundervolle Villa auszubauen. Wir waren begeistert und vereinbarten, dass Sayed die Villa auf seinen Namen kaufen, die Anträge für Elektrizität und Wasser stellen und dann meiner Mutter die Villa überschreiben würde. So ließ sich Geld sparen, denn Touristen mussten in fast allen Bereichen mehr zahlen als Ägypter.

Fortan war Sayed noch mehr beschäftigt. Villa, Familien für das Kinderhilfswerk, Housekeeping und Mariam. Die Situation wurde nicht besser. Obwohl uns der Ausblick auf die Villa einen neuen Schub gegeben hatte und wir oberflächlich gesehen glücklich waren, hatte ich doch immer mehr Zweifel, ob Sayed der Mann bis zum Lebensende, geschweige denn über das Teenageralter meiner Tochter hinaus sein würde. Aber wann immer meine Gedanken in Richtung Trennung gingen, dachte ich an Mariam. Und selbst wenn ich zu dem Ergebnis kam, dass es Mariam in Deutschland besser gehen würden, konnte ich es den Hunden nicht antun. Wer sollte sie nehmen? Aber diese Gedanken kamen nur sehr selten und sobald wir einmal wieder einen netten Abend miteinander verbracht hatten, waren sie vergessen.

Im Allgemeinen wollte ich eigentlich mit Sayed zusammen bleiben, denn es war nie meine Art gewesen, eine Beziehung zu beenden. Man stand eben auch schlechte Zeiten durch. Und wenn er sich nur ein wenig in seiner Einstellung Mariam gegenüber geändert hätte, wären meine Gedanken auch nie in diese Richtung gegangen. Aber insgeheim gab ich meiner Mutter recht, dass ich zu viel einstecken musste, was die Erziehung meiner Tochter anging. Und bestimmt nicht nur da. Außerdem hatte ich, nachdem ich die letzten Monate immer Karim um mich herum gehabt hatte, mich ständig mit jemandem austauschen konnte und noch dazu die Bewunderung genossen hatte, nun ein großes Loch und war alleine, denn Karim hatte seine Arbeit wieder aufgenommen und kam höchstens noch mal am Abend vorbei. Er telefonierte immer noch ständig mit Ulrike und ich wunderte mich, wie sie miteinander reden konnten. In Hurghada hatten sie ja noch Hände und Füße gehabt, aber am Telefon? Wie auch immer, ich fühlte mich weniger gut. Eines Abends sprach ich mit Bettina über Skype.

„Ulrike ist wirklich sehr verliebt und ich freue mich für sie", sagte sie.

„Ja, Karim ist auch wirklich ein sehr netter Mann und wir können uns sicher sein, dass er nicht nur wegen Geld oder Visum eine Europäerin sucht", stimmte ich ihr zu.

„Ich mache mir ein wenig Gedanken, weil Ulrike sich so verändert und er so viel verlangt."

„Naja, Ulrike entspricht nun aber wirklich auch gar nicht den Regeln, die Ägypter so aufstellen. Ich meine, sie zeigt ihre Schultern, ihre Brüste, trägt hautenge Kleidung und hat Piercings. Wenn Karim sie so seiner Familie vorstellen würde, bekäme sein Vater gleich einen Herzanfall. Und ganz davon ab, er will ja nicht, dass sie sich verschleiert. Aber zumindest die für ihn wichtigsten Stellen mit etwas lockererer Kleidung verdeckt", erklärte ich ihr.

„Noch nehme ich das nicht so ernst. Erst mal muss sie sowieso ihr Studium beenden und hat ja auch kein Geld, um ständig zu Euch runter zu fliegen. Sie will aber Ende des Jahres wieder kommen und Karim besuchen."

Ein klitzekleiner Stich durchfuhr mich bei diesem Gedanken.

„Schön, aber wie gesagt, wir können die beiden bei uns nicht wohnen lassen. Tut mir leid, aber das letzte Mal hat uns wirklich gereicht."

„Ja, ich verstehe das. Es ist ja sowieso auch für die beiden besser, wenn sie irgendwo alleine wohnen", sagte Bettina. Alleine? Uff.

„Karim kann sich dann ja um eine Wohnung kümmern."

„Genau, ich habe übrigens von meiner Tante ein wenig Geld geerbt und werde Ulrike dann auch etwas davon geben, damit die beiden eine schöne Zeit haben. Sie verdient ja auch nicht so viel mit ihrem Aushilfsjob. Was macht eigentlich Sayeds Arbeit?", fragte sie.

„Es geht. Mal hier was, mal da was. Ich arbeite im Internet und schreibe Texte und irgendwie schaffen wir es damit", erklärte ich ihr. „Kann er sich nicht irgendwie selbstständig machen? Und Karim dann gleich mit beschäftigen? Dem scheint es im Hotel ja auch nicht so gut zu gefallen." Karim hatte wirklich keine große Lust mehr auf das Hotel. Er verstand sich zwar mit seinem Vorgesetzten ganz gut, aber das System, die Touristinnen, die ihn ständig anbaggerten und die schlechte Bezahlung, wenn man nicht in den Zimmern eingesetzt wurde und Trinkgelder bekam, gefielen ihm gar nicht.

„Sayed hat da so eine Idee, mit dem Bruder von Azza eine Werkstatt aufzumachen und eigentlich kostet das auch gar nicht viel, aber wir haben unsere Wohnung noch nicht verkaufen können und somit kein Geld."
„Wie viel Geld braucht er denn dafür?"
„So ungefähr 1500 Euro. Damit hätten sie die Grundausstattung."
„Und was wäre, wenn ich euch das leihen würde?" Das war ein Hammer. Und vielleicht die Lösung unserer Geldprobleme.
„Das wäre natürlich toll, aber ich kann dir nicht versprechen, wann du es zurückbekommen würdest und ich weiß auch nicht, wie Sayed darüber denkt", antwortete ich hoffnungsvoll.
„Das hat ja alles Zeit mit dem Zurückzahlen. Sprich mal mit ihm."

Ich versprach es ihr und dankte ihr überschwänglich. Gleich darauf erzählte ich Sayed davon, der begeistert war. Ihm wurde die lange Zeit des Nichtstuns auch zu viel. Die gelegentlichen Jobs im Housekeeping waren nicht gerade einträglich, Marietta hatte schon angekündigt, dass sie auf Dauer einen Manager nicht finanzieren könnte und die Aussichten waren wenig rosig. Mit meinen Internet-Jobs verdiente ich vielleicht 150, manchmal auch 250 Euro im Monat. Aber das war in Hurghada, vor allen Dingen in den Sommermonaten, wo wir schon alleine 100 Euro Stromkosten zu bezahlen hatten, nicht gerade viel. Wir nahmen Bettinas Angebot also sehr gerne an und Sayed machte sich sofort an die Arbeit. Planungen, Besichtigungen von Räumen, Termine beim Anwalt und Treffen mit Adel, dem Bruder von Azza. Wenn er zu Hause war, schellte ständig das Telefon, weil Azza oder Marwa wieder etwas geklärt haben mussten, Marwa schrieb Sayed SMS, in denen sie ihm ihr Leid klagte oder Mariam brauchte ihren Papa. Für Sayed und mich blieb kaum noch Zeit übrig.

Ich verbrachte viele Stunden mit Anna, die jeden Tag am Strand war und freute mich darüber, wenn Karim abends vorbei kam. Ich beschwerte mich jeden Tag bei Karim, der auch nur mit dem Kopf schüttelte und mir oft 100 LE gab, damit ich Mariam etwas kaufen konnte, was sie brauchte. Auch er war ratlos, wie jemand seine Frau bis nachts alleine lassen konnte. Vor allen Dingen, nachdem er Sayed und mich als unzertrennlich kennengelernt hatte.

Ich beschloss, meine Mutter in Deutschland zu besuchen, denn die Situation war für mich alles andere als angenehm. Sayed hatte nichts dagegen. Ich versuchte, vor meinem Abflug noch mit ihm zu reden, ihm klarzumachen, dass wir gar keine Beziehung mehr führen würden, aber er schob alles nur auf den Stress mit der Werkstatt, die während meiner Abwesenheit eröffnet werden sollte. Außerdem teilte ich ihm mit, dass ich keine Lust mehr darauf hätte, dass er mehr mit Azza und Marwa als mit Mariam und mir beschäftigt sei. Ich hatte die beiden sehr gemocht, aber inzwischen war mir der Level zu weit abgesunken, sodass ich meine Tochter auch nicht mehr in ihrer Mitte lassen wollte. Ich machte ihm deutlich, dass ich dieses Spiel nicht mehr mitmachen würde. Es war das erste Mal, dass Sayed mir in einer solchen Diskussion recht gab und versprach, sich zu ändern. Trotzdem kamen mir Gedanken, einfach in Deutschland zu bleiben und nicht mehr zurückzukommen. Ich war mir fast klar darüber, dass ich mit Sayeds Art von Mariams Erziehung nicht klarkommen würde. Und solange unsere Beziehung eine solche gewesen war und wir unsere Zeit miteinander verbracht hatten, war ich meistens zufrieden gewesen, aber jetzt war ich nur noch unglücklich.

Aber da waren die Hunde. Am Ende brachte ich es nicht über mich, sie auszusetzen und ich wusste, dass Sayed sie nie und nimmer behalten würde. Und dann die Wohnung und das ganze Geld und die Villa, die noch nicht überschrieben war... Nein, ich würde es weiter versuchen.

Mit Anna sprach ich über meine Zweifel und den Verdacht, dass eine andere Frau im Spiel sei. Sie hatte mir gesagt, dass sie seit ihrer Kindheit Karten legen würde und ich war gespannt, was die dazu zu sagen hätten. Aber Anna beruhigte mich.

„Sayed spricht immer nur in den höchsten Tönen von dir, er schwärmt allen vor, was für eine tolle Frau und Tochter er hat. Ich kann mir einfach nicht vorstellen, dass er eine andere Frau auch nur anguckt", sagte sie.

„Aber er ist so komisch, nie da und ständig gereizt. Er beschäftigt sich mit Azza und Marwa, aber nicht mit uns. Ich könnte auch alleine wohnen", erwiderte ich.

„Aber die Karten sagen es auch ganz deutlich. Es gibt keine andere Frau. Es gibt eine, die ihn will, aber er liebt nur dich. Mach dir keine Gedanken. Ich kann sehen, dass alles wieder gut wird."

Mit diesem Gedanken flog ich mit meiner Tochter nach Deutschland. Wir verbrachten eine schöne Zeit und komischerweise half dies auch Sayed und mir, denn wir telefonierten jeden Tag und redeten seit langer Zeit auf diese Weise miteinander. Ein Geldgeschenk meiner Mutter ermöglichte es mir, endlich einmal wieder shoppen zu gehen und ein paar nette Sachen für Mariam zu kaufen. Mit 40 kg Gepäck flog ich nach Hurghada zurück und dem festen Vorsatz, meiner Ehe neuen Schwung zu geben.

XVIII

Auch Sayed schien während der ersten Tage diesen Vorsatz gefasst zu haben. Er war zu Hause, verbrachte Zeit mit uns und besprach mit mir sein Geschäft. Wir machten die Buchhaltung zusammen, gingen mit Mariam an den Strand oder saßen einfach nur zusammen vor dem Fernseher. Bis eines Abends der Anruf von Marwa kam, dass sie von zu Hause abgehauen sei. Das Spiel fing von vorne an.

Wir brachten Marwa zwar für kurze Zeit in Mariettas Wohnung unter, aber da war sie allein, was ihr weniger gefiel. Sie wollte weder zu ihrer Mutter noch den Mann heiraten, den ihre Mutter ausgesucht hatte, obwohl Sayed mit ihm gesprochen und ihn für gut befunden hatte. Also nahm sie eine Schachtel von Mariettas Tabletten und schluckte sie. Da es sich um Antibiotika gehandelt hatte, wurde ihr jedoch nur schlecht und sie rief Sayed an, ihr zu helfen. Wir verbrachten den Abend damit, mit verschiedenen Ärzten zu telefonieren. Danach war alles beim Alten. Sayed war nie zu Hause, ständig mit Azza und Marwa beschäftigt. Wir hatten nur wenig Geld und oftmals reichte es nicht für das, was wir brauchten. Ich war froh, dass Mariam im Kindergarten ihre Mahlzeiten einnahm. Noch froher war ich allerdings, als Karim uns eröffnete, dass bei Sunrise Einsparungen gemacht werden sollten und er als einer der letzten, die gekommen waren, der erste war, der gekündigt werden sollte. Sayed, der mit der Werkstatt etwas Geld einnahm, versprach ihm, ihn beim Housekeeping so lange einzusetzen, bis er etwas Neues gefunden hätte. Außerdem sollte Ulrike ja auch bald kommen. Danach würde sich schon ein neuer Job finden.

Karim und ich lebten mit Mariam fast alleine in der Wohnung. Sayed war ständig unterwegs und wenn er da war äußerst gereizt. Karim beruhigte mich immer wieder, dass es schon besser werden würde, aber ich hatte kaum noch Hoffnung. Dennoch, ich genoss die Zeit mit Karim. Wir alberten herum, gingen zusammen einkaufen, verbrachten Tage mit Mariam am Strand und unterhielten uns viel. Er mochte Ulrike sehr, konnte sich aber noch nicht wirklich vorstellen, mit einer Frau wie sie verheiratet zu sein.

„Ich weiß, ich sollte alleine schon wegen meines Vaters heiraten", sagte er.

„Du solltest wegen nichts und niemandem heiraten. Nur, wenn du wirklich verliebt bist", sagte ich. Er sah mich komisch an.

„Ulrike ist schon nett."

„Nett ist nicht verliebt, Karim", sagte ich. „Du musst mit der Frau immerhin zusammen leben. Da reicht nett nicht. Wie du an Sayed und mir siehst, reicht selbst Liebe manchmal nicht." Bedrückt sah ich zu Boden.

„Es wird schon wieder."

„Wann? Ich hoffe nur, dass sich alles ändert, wenn Marwa geheiratet hat. Wenn dann nicht noch ein Stresspunkt hinzukommt, weil sie den Mann eigentlich gar nicht will." Sayed und Azza hatten sich durchgesetzt und Marwa davon überzeugt, endlich den Mann zu heiraten, der Azza schon die ganze Zeit vorschwebte.

„Ich glaube, dass Sayed wirklich dumm ist, dich und Mariam hier alleine sitzen zu lassen", baute er mich auf.

Ich sah ihn dankbar an. Auf Karim konnte ich mich wirklich immer verlassen.

Als Ulrike kam, hatte unsere traute Dreisamkeit allerdings wieder ein Ende, denn Karim zog in Annas Eigentumswohnung, die sie nicht mehr bewohnte, weil dort eingebrochen worden war. Anna war vermehrt bei uns und wir verbrachten immer mehr Zeit zusammen, seit Karim wieder im Hotel angefangen hatte. Sie war nett und verstand mich. Außerdem liebte sie Mariam und Mariam sie. Sie legte öfter die Karten und ich war ihr dankbar für die positiven Nachrichten, die sie darin sah. Viel wichtiger jedoch war, dass Sayed auf sie zu hören schien. Wenn alles zu viel wurde, beruhigte sie mich und redete mit ihm. Netterweise hatte sie als Vermieterin darauf verzichtet, eine Heiratsurkunde von Karim und Ulrike zu sehen und so zog Karim am Tag von Ulrikes Ankunft wenige Meter von uns entfernt in Annas Wohnung. Nachdem er Ulrike vom Flughafen abgeholt hatte und die erste Nacht vorbei war, kamen beide mich besuchen. Nun brauchten sie ihre Beziehung nicht verbergen und Ulrike nutzte dies. Es fiel mit schwer, beide so zusammen zu sehen, vor allen Dingen, weil ich genau diese Vertrautheiten von Sayed vermisste. Aber ich versuchte, mich für Karim zu freuen.

Weniger freute ich mich allerdings über Ulrikes Beschreibungen von Karim. Ulrike, die auf meine vertraute Art mit Karim eifersüchtig war, ließ keine Gelegenheit aus, mir zu zeigen, dass sie diejenige war, die mit ihm das Bett teilte. Sie erzählte mir Dinge, die ich besser nicht hätte wissen wollen und die mich Karim weniger als Neffen denn als Mann sehen ließen. Was wiederum weniger gut für meinen Seelenfrieden war. Karim verhielt sich mir gegenüber jedoch wie immer und so fand ich mich schnell in der Position des Beraters beider Seiten wieder. Denn immer noch waren richtige Gespräch zwischen beiden kaum möglich und Karim hatte eine Vielzahl an Dingen, die ihm missfielen. Ich hörte also beiden Seiten zu, versuchte, Ulrike die ägyptische Mentalität zu vermitteln und Karim die deutsche.

Am Ende ihres Aufenthalts war Ulrike glücklicher denn je und Karim entschlossen, einen Job zu finden. Er verbrachte nur wenige Tage in unserer Wohnung, während derer ich ihm von meinem Entschluss erzählte, Sayed zu einer Änderung in seinem Verhalten zu bewegen. Im Gegenzug eröffnete er mir, dass Ulrike von Heirat gesprochen habe und er sich dem nicht wirklich entziehen könnte.
„Warum willst du sie heiraten?", fragte ich ihn.
„Sie ist nett und wenn sie sich ein wenig ändert, kann es eine gute Ehe werden", antwortete er mir.
„Karim, das ist doch kein Autokauf. Man heiratet doch nicht mal eben, weil es klappen könnte und der andere sich vielleicht so ändert, dass er der Traumpartner wird."

„Ich mag sie sehr. Alles andere findet sich."

„Das ist ägyptisch. Ich denke auch, dass Ulrike sich anpassen kann, aber es sollte nicht Voraussetzung sein", ermahnte ich ihn.

„Würdest du mir abraten? Soll ich sie heiraten oder lieber nicht?"

„Was soll ich dir jetzt sagen?" Ich wusste nicht, wie ich ihm antworten sollte. Einerseits dachte ich, dass er mit Ulrike gut beraten wäre. Sie konnte sich ändern und anpassen, das war richtig. Außerdem würde sie mit ihm in Hurghada leben und das wäre in unserer Nähe. Ich konnte eingreifen, wenn etwas schief ging. Aber ich war immer noch eifersüchtig, vor allen Dingen, nachdem ich die beiden zusammen gesehen hatte. Karim war auch in einer Beziehung zu einer Frau toll. Auch wenn ich keine Beziehung zu ihm wollte, hatte ich ihn doch lieb und wollte seine Aufmerksamkeit nicht teilen. Aber bevor er eine Ägypterin und vielleicht dann noch eine aus der Familie heiratete, war Ulrike für ihn wahrscheinlich die bessere Wahl. Auch wenn seine fehlenden Gefühle mir Sorgen bereiteten.

Hätte er sie einmal so angesehen wie mich, wären meine Zweifel geringer gewesen. Ich dachte auch daran, dass sie vorher mit einer Frau zusammen gewesen war. Dass sie nicht an Gott glaubte und dass Karim, wenn er dies wüsste, eine Heirat nie in Betracht ziehen würde. Entweder ich sagte ihm die Wahrheit oder Sayed und ich mussten schweigen und hoffen, dass es gut gehen würde. Ich entschied mich für letztes.

„Heirate sie, Karim. Ihr werdet zusammen etwas auf die Beine stellen können und du magst sie sehr. Das ist ein Anfang. Sie ist in dich verliebt und bereit, nach Ägypten zu ziehen. Also versuch es."

„Gibt es einen Grund, warum ich sie nicht heiraten sollte?"

Was meinte er damit? Mich? Oder ahnte er etwas von Ulrikes Geheimnissen?

„Nein, nicht dass ich wüsste."

Ich unterhielt mich auch lange mit Ulrike. Da die beiden sich nicht wirklich gut verständigen konnten, erklärte ich ihr eh viel über seine Familie, die Hintergründe und sein Leben. Nun musste ich zusätzlich noch diplomatisch sein und sowohl für sie als auch für ihn das Beste daraus machen. Ich erklärte ihr, was eine Heirat mit einem Mann dieser Familie bedeutete, erklärte ihr, was passieren konnte, wenn sie sich trennen würden, wenn sie Kinder hätten und gemeinsames Eigentum und Ulrike fasste den Entschluss, einen Vertrag aufzusetzen. Sie wollte darauf bestehen, dass die gemeinsamen Kinder ein Ausreiserecht behielten und Karim Besuche in Deutschland nicht verweigern würde, dass sie arbeiten dürfte und einige Sachen mehr.

Karim war über diese Forderungen wenig begeistert. Sayed hatte es sich jedoch anscheinend zum Ziel gesetzt, die beiden zusammen zu bringen, was mich etwas erstaunte. Er war nur zu gern bereit, Ulrikes Vorgeschichte zu verschweigen und bestimmte, dass ich auch nichts sagen würde. Und so kam es, dass Sayed Karim den Rat gab, auf einige Sachen einzugehen. Ich war diejenige, die Ulrike erklärte, dass auch ein Vertrag nichts an der rechtlichen Situation in Ägypten ändern würde, nach der dem Vater das Aufenthaltsbestimmungsrecht über die Kinder zufiel, egal was vertraglich bestimmt war. Karim entschied, dass er keinerlei vertraglicher Verpflichtungen einzugehen gedenke. Seine Frau könnte natürlich arbeiten und was die Kinder anging, müsste sie ihm vertrauen so wie er ihr vertrauen würde. Mir war vorher klar, dass Ulrike nachgeben würde so verzweifelt wie sie Karim wollte. Und da die Hochzeit lediglich in einer Moschee stattfinden würde aufgrund fehlender Papiere, die erst bei ihrem nächsten Aufenthalt organisiert werden konnten, konnte man sich mit dem Vertrag noch Zeit lassen. Ich erklärte mich bereit, alles zu regeln, was vorher zu regeln war.

Zu allem Überfluss kündigten sich auch noch meine Schwiegermutter und mein Schwiegervater an. Mein Schwiegervater war noch nie in Hurghada gewesen und ich war gespannt, was er sagen würde. Allerdings sah ich den Besuch als eher schwierig an, wenn Sayed weiter keine Zeit hatte. Ich stellte ihm mein erstes Ultimatum in unserer Beziehung in der Hoffnung, dass er sich ändern würde. Aber auch in vollem Bewusstsein, dass alles damit zu Ende sein könnte.

„Sayed, das geht mit uns nicht mehr so weiter. Deine Tochter sieht dich nur noch alle paar Tage, ich sehe dich nur noch nachts und wenn du dann hier bist, bist du mit Azza und Marwa beschäftigt. Du schreist nur noch herum, benutzt in Gegenwart deiner Tochter am Telefon Wörter, bei denen andere schamviolett werden und redest auch nur noch über die neuesten Ereignisse bei diesen Frauen. Entweder du beendest den Kontakt zu beiden oder ich gehe. So kann ich nicht mehr weiter", sagte ich ihm mit zum Zerreißen gespannten Nerven.

„Was soll ich denn tun? Die kommen alleine nicht klar und bringen sich gegenseitig um."

„Du hast selbst eine Familie und bist nicht das Familienoberhaupt der beiden. Was meinst du eigentlich, was du da bewirkst? Wenn es bisher nicht geholfen hat, dann wird es auch jetzt nicht besser. Außerdem haben wir das Geld für deine ganzen Telefongespräche mit denen nicht. Und dann ständig diese SMS. Marwa schreibt, du rufst an. Selbst mitten in der Nacht. Ich habe dir schon vor einiger Zeit gesagt, dass es mir reicht. Aber jetzt geht es mir zu weit. Du weißt, ich will helfen, aber das ist Selbstaufgabe."

Sayed merkte, dass es mir ernst war.

„Gut, lass mich das noch zu Ende bringen. Spätestens in drei Tagen ist es dann vorbei", sagte er leicht sauer.

„Drei Tage, Sayed, nicht mehr. Ich will so nicht mehr und unsere Tochter hat etwas besseres verdient."

Ich wartete, dass die drei Tage vorübergehen würden, sagte mir, dass ich das auch noch schaffen würde. Karim saß mit mir zusammen an den Abenden und tröstete mich. Nach wenigen Tagen, das Ultimatum war abgelaufen, erinnerte ich Sayed an sein Versprechen.

„Was soll ich denn tun? Lass mich doch wenigstens noch diese Sache zu Ende bringen", brauste er auf.

„Nein, Sayed, es reicht. So hört es nie auf. Jetzt oder ich gehe."

Er versprach, dass ab dem nächsten Tag alles vorbei sei. Doch ich vertraute ihm nicht mehr. Zwar hatten die Telefongespräche aufgehört, aber es kamen SMS und obwohl er mir sagte, dass mit Azza und Marwa alles abgeschlossen sei, glaubte ich ihm nicht. Karim und ich nahmen eines Abends, als Sayed früh zu Bett gegangen war, die Gelegenheit wahr und überprüften sein Telefon. Karim fand mehr als 200 SMS von Marwa, mindestens zehn am Tag. Mir wurde heiß vor Wut. Doch in dem Moment kam Sayed aus dem Schlafzimmer und sah noch, wie wir das Telefon weglegten. Er schrie herum, was uns einfallen würde und ich antwortete, er hätte sein Versprechen gebrochen. Das Telefon wurde gegen die Wand geschleudert und ich brach ob seines ungerechten Wutanfalls in Tränen aus. Wie immer überließ er es mir, die zerbrochenen Gegenstände wegzuräumen, während er sich anzog und die Wohnung verließ. Auch Karim konnte nichts Aufbauendes mehr sagen, denn wir waren uns darüber im Klaren, dass Sayed immer genau das tun würde, was er tun wollte. Und dazu gehörte es scheinbar nicht, Azza und Marwa sich selbst zu überlassen.

Meine Schwiegereltern nahmen von den Verstimmungen nichts wahr. Sie bekamen allerdings einige Gespräche von Sayed mit Marwa mit und waren von der Heftigkeit und der Wortwahl ihres Sohnes geschockt. Meine Schwiegermutter sprach mich eines Tages darauf an.

„Was sind das für Gespräche?"

„Azza und Marwa, Mama", antwortete ich kurz.

„Aber das ist ja ganz unmöglich. So redet man doch nicht."

„Mama, ich habe mit Sayed geredet. Er ist nur noch da und nur noch mit den beiden beschäftigt. Ich weiß auch nicht weiter", sagte ich vorsichtig.

„Aber das ist doch nicht recht. Ich mag Marwa sowieso nicht. Sie ist nicht nett." Die Familie hatte Marwa kennengelernt, als wir sie mit zum Schlachtfest nach El Fayoum genommen hatten und ihr unfreundliches Verhalten hatte selbst die gutmütigsten Frauen der Familie verschreckt.

„Sie schreibt ihm ständig SMS. In seinem Telefon sind mehr als 200 SMS nur von Marwa." Mama war geschockt, als sie das hörte.

„Was will der Junge denn mit diesem Mädchen? Nein, wieso denn nur? Er hat doch eine so wundervolle Frau und Tochter." Meine Schwiegermutter war den Tränen nahe.

Aber auch ihre Besorgnis und ihre Reden mit Sayed änderten nichts. Auch Anna, der ich mein Leid geklagt hatte, konnte nichts erreichen. Marwas Verlobungsfeier setzte dem Ganzen dann noch die Krönung auf. Bis zur Unkenntlichkeit mit Make-Up verunstaltet, in einem für Ägypterinnen sehr offenherzigen Kleid zeigte sie ihrem Verlobten gegenüber ihre schlimmste und unfreundlichste Seite. Sayed filmte und fotografierte und wo immer sie ihn sah, fing sie an, einen Bauchtanz zur Musik auf die Bühne zu legen. Ihre Vorstellung war mehr als peinlich. Meine konservative Schwiegermutter war geschockt und ich verstand die Welt nicht mehr. Warum fühlte Sayed sich verpflichtet, die ganze Zeit in Marwas Nähe zu sein und sie ignorierte ihren Verlobten und hatte nur Augen für Sayed? Ich beschloss, Nägel mit Köpfen zu machen und sprach sofort am nächsten Tag mit Anna.

„Das geht so nicht mehr weiter. Ich habe endgültig genug von diesem Theater. Soll er doch machen, was er will", sagte ich ihr.

„Sei geduldig, alles wird gut, er liebt dich doch", beschwor Anna mich.

„Was auch immer es ist, mir ist es egal. Er liebt mich, er liebt mich nicht. Völlig egal. Ich will wissen, was los ist und will, dass es vorbei geht oder ich beende es." Damit war mein letztes Wort in dieser Angelegenheit gesprochen, denn ich war wirklich am Ende.

Als ich am nächsten Tag mit Mariam in der Musikschule war, rief Anna mich an.

„Sayed hat mir erzählt, was los ist und ich weiß jetzt alles."

„Wie schön", sagte ich. „Dann ist ja wenigstens Eine informiert. Und was ist es?"

„Sayed besteht darauf, es dir selbst zu sagen, sobald seine Eltern abgereist sind", sagte Anna.

„Wie schön für ihn. Mir ist es egal, wer bei uns ist, ich will es sofort wissen und warte bestimmt keinen Tag mehr. Ist es eine andere Frau?", fragte ich sie.

„Petra, er will es dir selbst sagen. Es ist alles nicht so einfach. Gib ihm die Chance", bat sie mich.

„Wenn ich zu Hause bin, kann er reden. Keinen Tag warte ich länger, es ist genug." Und das war mein letztes Wort.

XIX

Ich war am Ende und zitterte vor Nervosität. Am liebsten hätte ich Mariam aus dem Musikunterricht geholt und wäre sofort nach Hause gefahren. Es war eine andere Frau. Wenn es nicht so gewesen wäre, hätte Anna es am Telefon verneint. Doch ihre Reaktion zeigte klar und deutlich, dass ich recht hatte. War er mit einer anderen Frau im Bett gewesen? Hatten sie eine Affäre gehabt oder hatten sie sie vielleicht noch? Wollte er sich scheiden lassen? Aber nein, dann hätte er das schon lange getan. Und was hatte das mit Azza und Marwa zu tun. Die beiden konnten es nicht sein. Erstens waren es zwei und dann hätte er nur ein Problem mit einer gehabt und zweitens lehnte Sayed Azza ab, mochte sie noch nicht einmal und Marwa war noch fast ein Kind. Sie war 18 und somit 22 Jahre jünger als Sayed. Wer war es also?

In meinem Kopf durchdachte ich alle Möglichkeiten, war so verletzt, dass ich schon gar nichts mehr fühlte und hatte doch die Hoffnung, dass ich mich irrte. Als Mariam endlich fertig war, versuchte ich, mich ihr gegenüber völlig normal zu verhalten und nicht zu schnell zu fahren. Meine Schwiegereltern begrüßte ich völlig normal und unterhielt mich mit ihnen, während ich darauf wartete, dass Sayed nach Hause kam und meine Übelkeit endlich verschwand. Als er dann endlich kam und mich sehr zurückhaltend ansah, nahm ich ihn sofort auf den Balkon, um endlich dem Spiel ein Ende zu bereiten. Ich konnte keine Minute länger warten, endlich die Wahrheit zu erfahren.

„Also, was willst du mir selbst sagen?", fragte ich ihn äußerlich kalt und beherrscht.
„Es tut mir so leid, ich liebe dich so sehr und Mariam auch und ich bin so glücklich mit euch hier", sagte er leise.
„Und? Warum erklärst du mir das jetzt?"

„Weil ich einen schrecklichen Fehler gemacht habe und da nicht mehr raus komme." Mein Herz bekam einen Stich und mein Zittern wurde stärker. Ich hatte Angst vor dem, was jetzt kommen würde, aber ich musste es wissen. Doch am liebsten wäre ich weggerannt.

„Ich habe mit einer anderen Frau geschlafen." Nun war es raus und ich spürte Schmerz, stärker als ich für möglich gehalten hatte, nachdem meine Gedanken schon so lange mit dieser Möglichkeit gespielt hatten.

„Ich wollte es nicht, es ist einfach passiert." Jetzt weinte Sayed. Er, der immer gesagt hatte, dass er nur beim Tod seines Großvaters geweint hätte und das niemals wieder tun würde, stand neben mir und weinte.

„Wer ist es?", wollte ich wissen, ebenfalls den Tränen nahe.

„Marwa." Ich sah ihn geschockt an. Das Mädchen, dem ich das Gästezimmer zur Verfügung gestellt hatte, der ich geholfen hatte, wo ich nur konnte, der ich meine Tochter anvertraut hatte und die ich so lange Zeit in allem unterstützt hatte, hatte immer noch nicht genug gehabt und sich auch meinen Mann genommen? Was wollte sie denn noch? Mein Leben? Ich war geschockt über diese Undankbarkeit, diese Gewissenlosigkeit und Kälte, vor allen Dingen, weil sie in Kauf nahm, dass Mariam, die sie doch angeblich immer geliebt hatte, ihren Vater verlor.

„Marwa?", stieß ich hervor. „Was hast du dir denn dabei gedacht? Sie ist doch noch ein Kind. Wie konntest du nur?", fuhr ich ihn an. „Du wusstest immer, dass ich niemals akzeptieren würde, dass du fremdgehst. Aber musste es dann ein kleines, unreifes und verzogenes Mädchen sein? Eine andere Frau könnte ich vielleicht noch nachvollziehen, aber das?" Ich wurde immer wütender, während Sayed immer verzweifelter weinte. Das war nicht gespielt. Aus ihm kamen alle Gefühle der letzten Monate, all der Druck auf einmal heraus.

„Ich weiß, dass ich dich verloren habe. Ich liebe Marwa nicht. Es war nur, dass ich nach der ganzen Arbeit mit der Familie, den vielen Gesprächen und den Problemen mit ihr das Gefühl hatte, sie besitzen zu müssen, sie nicht an einen anderen Mann geben zu können. Aber Liebe war es nie. Ich liebe wirklich nur dich", schluchzte er.

„Wann?", fragte ich ihn.

„Vor fast einem Jahr."

„Vor einem Jahr?" Ich dachte nicht, dass mich etwas noch weiter schocken könnte, aber das war die Höhe. Seitdem war Marwa in unserer Wohnung gewesen, hatte sogar hier übernachtet. Mir vielen Vertraulichkeiten, Änderungen in ihrem Verhalten Sayed gegenüber ein, die für sich gesehen nicht weiter beunruhigend gewesen waren, in diesem Zusammenhang nun aber einen Sinn ergaben.

„Ich weiß nicht, was ich dir sagen soll, Sayed. Ich dachte, wir wären glücklich, du hättest nur ein wenig Stress. Wir haben vielleicht nicht viel Geld, aber eine wundervolle Familie. Wenn du schon nicht an mich gedacht hast, dann wenigstens an unsere Tochter. Und du wusstest immer, dass ich so etwas nie mitmachen würde."

Nun brach er völlig zusammen und saß schluchzend auf dem Boden. „Es tut mir so leid. Ich wollte das nicht und ich weiß, es ist vorbei. Ich will dich nicht verlieren, aber ich konnte nicht früher mit dir reden, weil ich weiß, dass du gehen wirst." In mir kämpfte der Wunsch, bei ihm zu bleiben und für Mariam weiter eine Familie zu haben mit der vor Jahren getroffenen Entscheidung, mich nie wieder betrügen zu lassen.

„Ich will für Mariam eine Familie, Sayed. Ich will nicht, dass sie unter deiner Untreue zu leiden hat. Ich will nie wieder auch nur das Gefühl bekommen, dass du mir fremdgehst. Verstehst du?"

„Aber ich schaffe das nicht. Ich finde keinen Ausweg mit Marwa", sagte er.

„Warum? Sie wird heiraten und damit ist die Sache erledigt. Wir brauchen weder sie noch Azza jemals wiedersehen."

„Das ist nicht so einfach. Ich gehe seit Wochen jede Möglichkeit durch", sagte er leise. „Marwa will diesen Mann nicht heiraten. Sie hat die Verlobung gelöst. Und Azza weiß, dass ich mit ihr geschlafen habe. Marwa will nur mich heiraten." Ich lachte auf.
„Das hat sie sich ja schön überlegt. Meint sie, wir lassen uns deswegen scheiden? Dränge sie, diesen Mann zu heiraten und mach ihr klar, dass wir zusammenbleiben."

„Wenn Azza oder Marwa es der Familie erzählen und sie Anzeige erstatten, kann ich dafür ins Gefängnis wandern. Und sie will gar nicht, dass wir uns scheiden lassen. Sie respektiert dich. Sie würde meine zweite Frau werden. Wenn ich sie zwinge, einen anderen zu heiraten, wäre sie für diesen Mann nach der Hochzeitsnacht immer eine Hure, weil sie nicht als Jungfrau in die Ehe gegangen ist." Jetzt wurde ich wütend. Zweitfrau? Das konnte nur ein schlechter Scherz sein. Ich war ja bereit, das Fremdgehen zu vergeben um Mariams Willen, aber eine Zweitfrau?

„Es muss doch noch eine andere Lösung geben." Nun weinte Sayed wieder heftig.
„Nein, ich denke seit Wochen darüber nach, aber ich finde keinen Ausweg." Er stand auf und wollte gehen.
„Ich weiß, dass ich dich verloren habe. Es tut mir so leid. Ich fahre jetzt zu Anna." Ich konnte ihn keinesfalls so fahren lassen. Er würde sich umbringen.
„Ich komme mit dir."
„Nein, lass nur, es geht schon."
„Wir werden sehen, ob wir eine Lösung finden und solange komme ich mit dir zu Anna." In dieser Wohnung konnte auch ich nicht bleiben. Ich hatte zu viele Fragen, die ich beantwortet haben musste und eine wichtige Entscheidung zu treffen.
Wir sagten Sayeds Eltern, dass wir zum Arzt fahren würden, was eine plausible Erklärung für eine stundenlange Abwesenheit wäre, weil ich seit Wochen starke Schmerzen im Rücken hatte. So würden

sie sich nicht sorgen und wir konnten so lange wegbleiben, wie wir wollten.

Als wir bei Anna ankamen, nahm sie mich in den Arm und sagte mir, wie leid ihr dies alles tue. Auch Sayed nahm sie in den Arm und sagte ihm, dass alles in Ordnung kommen würde. Welch ein Optimismus in einer derartigen Situation!

Wir setzten uns in ihr kleines, aber gemütliches Wohnzimmer, das mit allerlei Schnickschnack und Andenken vollgepackt war. Ich setzte mich bewusst nicht neben Sayed. Sollte er schmoren und sich überlegen, wie er aus der ganzen Sache herauskommen würde. Aber er tat mir auch leid, denn Marwa war bestimmt nicht seine Traumfrau und ein dummer Fehler hatte ihn in diese Situation gebracht. UNS in diese Situation gebracht. Ich war hin- und hergerissen zwischen Bleiben und Gehen. Mein Herz sagte mir, dass ich das nicht durchstehen könnte, mein Verstand, dass es genauso schlimm sei, Sayed zu verlieren wie dies mit ihm durchzustehen und dann wieder glücklich sein zu können. Und Mariam. Für sie war alles besser als eine Scheidung. Sie liebte ihren Vater und ihr Leben. Und wir hatten so viele Pläne. Ich würde nach Deutschland gehen müssen, denn für getrennte Wege hatten wir kein Geld. Mariam müsste ihre Freunde, ihre Familie, ihren Kindergarten und alles verlassen. Das war nicht fair. Und leiden würde ich sowieso.

„Petra, Sayed liebt dich. Er hat die letzten Tage hier gesessen und wir haben viel geredet. Marwa war ein Fehler", beschwor Anna mich.

„Hah, ein Fehler", lachte ich bitter auf. „Und was für einer. Mit seinem Fremdgehen könnte ich ja noch umgehen, aber er will sie heiraten."

„Aber er will doch gar nicht, er MUSS", sagte Anna.

„Ich habe dir gesagt, dass ich ihr das nicht zumuten kann. Lass es gut sein, Anna. Sie hat jedes Recht, sauer zu sein", warf Sayed ein.

„Und wie. Wie stellst du dir das eigentlich vor? Du heiratest sie und dann?" Vielleicht würde er mir sagen, dass er sie heiraten würde und sich dann nach einer Woche wieder von ihr scheiden lassen könnte, ohne dass es je unser Leben berührte.

„Ich würde weiter in unserer Wohnung wohnen. Marwa müsste irgendwo alleine leben."

„Und jeder wüsste, dass du ihr Ehemann bist? Und wovon bezahlst du das? Wir haben so schon kein Geld", fragte ich ihn.

„Sie könnte erst mal in meiner anderen Wohnung wohnen, so könnte ich euch helfen", warf Anna ein.

„Na, das habt ihr euch also auch schon überlegt?", fragte ich wütend. „Und was erzählst du deinen Eltern? Und unseren Freunden?"

„Es muss ja keiner wissen", sagte Sayed.

Für mich hörte sich das so an, als ob er sie heiraten, in einer leer stehenden Wohnung platzieren und dann schnellstmöglich verstoßen wollte.

„Unmöglich. Ich kann das nicht", sprach ich aus, was mein Kopf mir schon die ganze Zeit sagte.

„Ich wusste es, Anna, und ich kann es ihr noch nicht einmal übel nehmen." sagte Sayed unter Tränen zu unserer Freundin. Er ging aus dem Zimmer.

„Anna, stell dir das vor. Diese kleine Göre nimmt unsere Hilfe in Anspruch, lebt für Wochen in unserer Wohnung, isst unser Essen, spielt mit unserer Tochter und ist fast Teil der Familie und dann wagt sie es, mit meinem Mann zu schlafen und will jetzt auch noch seine Frau werden? Wenn sie Mariam so sehr liebt und mich, wie sie behauptet, wüsste sie, dass sie eine Familie zerstört. Sie würde niemals riskieren, dass Mariam der Vater genommen wird. Ich habe noch nie in meinem Leben ein solch verlogenes Miststück kennengelernt."

„Ich weiß, Petra, ich weiß. Aber sie ist noch ein Kind und Sayed hat einen Fehler gemacht. Er hat ihr das Druckmittel geliefert", sagte Anna.

„Genau, und jetzt sollen Mariam und ich darunter leiden. Niemals."
Aber innerlich wusste ich, dass ich es nicht übers Herz bringen wür-
de, die unausweichliche Konsequenz zu ziehen.
„Ich will, dass sie sich bei mir entschuldigt. Und ich will, dass sie
Benehmen lernt."
„Natürlich, Petra, natürlich. Sie wird das tun und sie sagt ja auch,
dass es ihr sehr leid tut."
„Hah, wenn es ihr leid täte, würde sie nicht darauf bestehen, dass
Sayed sie heiratet", erwiderte ich.
„Sie denkt, dass es ihr Recht ist und sie sieht bei dieser Mutter kei-
nen anderen Weg."
„Soll sie doch tun, was sie will und uns in Ruhe lassen."
„Petra, wenn du Sayed das gibst und ihr das durchsteht, kannst du
dir den Rest deines Lebens sicher sein, dass er dir dankbar ist und
mit Sicherheit nie wieder auch nur eine andere Frau ansieht." Sie
hatte Recht. Würde ich diese Situation überstehen, käme es einem
Garantieschein gleich. Sayed liebte mich, ich liebte ihn und Marwa
wäre bald Vergangenheit.

Nachdem wir noch viel gesprochen hatten, ging es Sayed und mir so
weit gut, dass wir uns wieder zu seinen Eltern begeben konnten. Ich
hatte die Bedingung gestellt, dass Hany, Sayeds engster Freund,
Cousin und gläubiger Moslem, von der Vereinbarung erfuhr und
mit uns ein Gespräch führen würde über den genauen Ablauf. Ohne
genaues Wissen, was auf mich zukam, wollte ich noch nicht meine
abschließende Antwort geben. Sayed hatte widerstrebend zugestimmt, weil dies auch bedeutete, dass er vor einem Familienmit-
glied zugeben musste, dass er mit einer Minderjährigen geschlafen
hatte und seine zukünftige Zweitfrau sozusagen eine Hure war.
Aber das war mir egal. Es war an mir, Forderungen zu stellen und
mit Hany konnte ich sicher sein, dass er den Koran als Grundlage
nehmen würde. Da Sayed immer wieder betonte, dass der Koran
ganz klare Regelungen für unseren Fall hätte, fand ich Hany als Lö-

sung gut. Doch das Gespräch lief nicht so, wie ich es mir gewünscht hätte.

„Ist es nicht so, dass der Koran vorschreibt, dass die erste Ehefrau einer weiteren Heirat zustimmen muss", wollte ich wissen, nachdem Sayed Hany die Lage geschildert hatte.

„Ja, das stimmt. Aber wenn du in diesem Fall dagegen bist, erlaubt dir der Koran, dich von Sayed umgehend und ohne seine Erlaubnis auf Widerspruch scheiden zu lassen", erklärte Hany. Das war ein Schlag. Ich hatte gedacht, dass ich eine Lösung gefunden hätte.

„Und was ist mit der Gesetzesänderung, die besagt, dass jemand, der mit einer Ausländerin verheiratet ist, nur einmal heiraten darf?" Ich hatte davon gehört, war mir aber nicht sicher, ob dies auch wirklich zutraf.

„So eine Regelung gibt es nicht. Ich habe extra den Anwalt gefragt", sagte Sayed. Alle Möglichkeiten, die Heirat zwischen Marwa und ihm zu verhindern, waren nun aufgebraucht. Ich ergab mich in mein Schicksal.

„Ok, ich mache dies aber nur unter gewissen Voraussetzungen. Ich will, dass wir getrennte Wohnungen haben."

„Das versteht sich ja von selbst", sagte Sayed genervt. Er schien sich mittlerweile in sein Schicksal gefügt zu haben und seine Beichte bei mir hatte seine alte Sturheit wieder geweckt.

„Alles ist getrennt. Und wenn wir doch einmal zu dritt irgendwo auftauchen sollten, will ich, dass Marwa sich benimmt. Ich will niemals etwas wie eine Umarmung oder einen Kuss sehen. Und Mariam schon gar nicht."

„Das sollte auch kein Problem sein", sagte Sayed.

„Und ich will nicht, dass du mit ihr schläfst." Stille.

„Petra, der Koran gibt Marwa ein Recht, mit mir zu schlafen als meine Ehefrau. Wenn ich ihr das verweigere, kann sie sich nach einigen Malen einen anderen Mann suchen."

„Aber du wirst dich doch eh bald von ihr scheiden lassen."

„Wer sagt das? Wenn ich schon mit diesem Gedanken die Ehe schließe, brauche ich es erst gar nicht zu tun. Und du weißt, dass wir glauben, dass das, was wir anderen Frauen antun, unseren Töchtern passieren wird." Das war ein Hammer, den ich erst einmal verdauen musste.

„Ich kann dir versichern, dass ich nicht mit ihr schlafen will. Ich will sie ja noch nicht mal heiraten. Aber ich kann ihr das nicht verweigern, wenn sie darauf besteht." Hany nickte nur zu dem Gesagten.

„Und das wird sie, weil sie dich ja will." Konnte ich das? Wissen, dass er mit ihr schlafen würde und mit ihm leben?

„Ich will wissen, wenn du mit ihr geschlafen hast", sagte ich spontan. Hany und Sayed sahen sich nur erstaunt an.

„Normal wäre, wenn du es nicht wissen wolltest", sagte Sayed und Hany nickte.

„Nein, ich will nicht ständig daran denken müssen, ob du es nun getan hast oder nicht. Wenn ich mich darauf verlassen kann, dass du es mir sagst, erspart mir das viele schlaflose Nächte", erklärte ich Sayed.

„Also, ich finde das nicht richtig", sagte Sayed, aber weder er noch Hany konnten mir Gründe dagegen sagen.

„Außerdem will ich, dass sie die Pille nimmt."

„Das geht wirklich zu weit", brauste Sayed auf. Hany, der sah, dass Sayed dabei war, ärgerlich zu werden, erklärte:

„Petra, eine Ehefrau hat das Recht auf Kinder. Das kann man ihr nicht einfach befehlen."

„So", erwiderte ich. „Und warum beschließt dann deine Frau mit dir zusammen, ob ihr genug Geld habt für ein weiteres Baby?" Nehad, Hanys Frau, hatte zwar nur ein Kind, wollte gerade aber wieder schwanger werden. Vorher hatte selbst diese strenggläubige Frau die Pille genommen.

„Wir haben kein Geld für ein weiteres Baby und wie Sayed weiß, versuche ich schon einige Zeit schwanger zu werden. Wenn Marwa dann zufällig auch noch schwanger werden sollte, sind zwei Geburten, zwei mal Pampers und vielleicht auch zwei mal Milch zu bezahlen. Und ich werde einen Teufel tun und wegen dieser Frau auch noch auf mein Baby verzichten" sagte ich wütend.

„Der Koran schreibt mir vor, jede Frau genau gleich zu behandeln", sagte Sayed.

„Ach, aber das machst du doch sowieso nicht, wenn du nur hier deine Nächte verbringst und deine Sachen hier bleiben und ich mein verdientes Geld für unseren Lebensunterhalt verwende", sagte ich bissig.

Nun war ich einen Schritt zu weit gegangen.

„Ich habe dir gleich gesagt, es hat keinen Sinn, Hany. Sie will einfach nicht und mit diesen unmöglichen Forderungen kann ich auch gleich in die Hölle gehen", Sayed sprang auf und rannte ins Schlafzimmer. Hany und ich gingen hinterher.

„Sayed, so ist es doch gar nicht. Ich bin hier nur die einzige, die keinen Fehler gemacht hat und darunter leiden muss. Also muss ich doch auch sagen, was ich mitmache und was nicht", Hany versuchte, mich zurückzuhalten, aber ich wollte Sayed jetzt nicht gehen lassen. Aber dieses mal war es dann doch wohl zu viel für Sayed. Er raste in die Küche, öffnete die Schublade mit dem Besteck und griff sich unser Fleischmesser. Er fuchtelte damit vor meiner Nase herum und schrie:

„Du hast nie genug. Was willst du noch alles? Ich habe noch nie vor jemandem geweint, aber vor dir. Ich habe mich entschuldigt, dich um Verzeihung angefleht und nun muss ich diese Hure heiraten. Soll ich mich umbringen? Dann bin ich wenigstens gleich in der Hölle und muss nicht in einer auf Erden leben." Ich bekam es mit der Angst zu tun und wich vor ihm zurück. In diesem Zustand war er wenig zurechnungsfähig. Hany versuchte, ihn zu beruhigen:

„Bitte Sayed, es ist für alle schwer. Sie hat ja gar nicht gesagt, dass sie es nicht versuchen will."

„Du siehst doch, sie findet immer mehr Gründe, warum es nicht geht, so kann ich das nicht."

Am Ende konnten wir Sayed einigermaßen beruhigen. Er versprach, mit Marwa zum Arzt zu gehen und die Pille zu kaufen. Ab diesem Zeitpunkt war es zwischen Sayed und mir einigermaßen harmonisch. Soweit die Situation es eben zuließ. Abends im Bett, wenn wir alleine waren und Mariam schlief, weinte Sayed oft, sprach davon, wie sehr er mich liebte und wie unwahrscheinlich großmütig ich wäre und wie sehr er das alles bedauerte. Mir tat das gut, war ich in diesem Spiel doch diejenige, die mehr geben konnte als jede andere Frau, die er kannte. Und ich dachte viel an Annas Worte, dass Sayed sich bald von Marwa scheiden lassen würde und ich dann den treuesten Ehemann der Welt hätte. Auch Hany war der Überzeugung, dass es maximal zwei Monate dauern würde, bis Marwa Sayed zur Weißglut gebracht hätte. Karim sah das ähnlich. Der war mehr als geschockt, als er von diesem Fehler seines Idols und Onkels hörte. Er bedauerte mich und das erste mal gab er mir deutlicher zu verstehen, dass er mehr in mir sah als seine Tante. Er sagte mir, dass er niemals auch nur eine andere Frau ansehen würde, wenn er mit jemandem wie mir verheiratet wäre.

All dieser Zuspruch tat mir gut, aber diese zusätzliche Belastung machte mein Rücken nicht mehr mit. Ich konnte mich kaum noch bewegen und auch Spritzen beim Orthopäden halfen nicht im Geringsten. Wenige Tage nach dem Gespräch mit Hany rief Sayed mich an und sagte mir, ich solle ihn in einer halben Stunde anrufen und sagen, ob Marwa dagewesen sei und was sie gemacht hätte. Er würde erwarten, dass sie mir die Hände, Füße und die Stirn küssen würde. Täte sie dies nicht, sollte ich ihn sofort informieren. Hoffnung keimte in mir auf. War das eine Chance, dass es vorbei war? Schließlich musste Sayed schon sehr sauer sein, wenn er von Marwa eine derartige Erniedrigung erwartete. Und mein Glück wurde größer, als 30 Minuten vergangen waren und Marwa nicht gekommen war. Ich rief Sayed an, aber scheinbar hatte Marwa nur auf ein Taxi warten müssen, denn zehn Minuten später war sie da. Sie küsste mir zwar nur die Hände und die Stirn, aber das schien Sayed zu reichen. Ich war enttäuscht. Auch unsere Demonstration von Zusammengehörigkeit und meine Warnungen, dass Sayed und ich uns liebten und nichts zwischen uns käme, fielen bei ihr nicht auf fruchtbaren Boden. Marwa war stur, Widder durch und durch wie Sayed und ich und sie hatte sich die Ehe mit Sayed in den Kopf gesetzt. Ich wusste, dass sie mehr das Leben liebte, dass Sayed und ich gemeinsam hatten, und weniger den Mann. Aber was nützte es?

Die nächste Hoffnung kam, als Sayed erklärte, dass er nach Qena fahren würde, um mit Marwas Großvater zu reden und ihn um die Erlaubnis zu bitten, Marwa zu heiraten. Da wir kein Geld hatten, konnte Sayed auch keine Brautgabe anbieten und so stand fest, dass Marwa ihn ohne jegliches Gold heiraten müsste. Dem konnte eine Familie nicht zustimmen ohne zuzugeben, dass das Mädchen eine Hure war. Würde der Großvater ablehnen, was anzunehmen war, stand es Marwa frei, mit Sayed zu gehen und somit mit ihrer gesamten Familie zu brechen. Dieser Schritt konnte für sie bei Sayeds aufbrausendem Temperament fatal sein, denn sollte es zur Scheidung kommen, hätte sie weder Gold noch Familie und keine Aussicht auf ein gutes Leben. Ich hoffte und betete. Sowieso schloss ich mit Gott in dieser Zeit ständig Verträge. Vielleicht war das, was ich ihm anbot nicht genug, aber nichts von meinen Wünschen trat ein. Da ich im Notfall eingreifen oder die Dinge zu meinen Gunsten beeinflussen wollte, musste ich mit nach Qena. Ich wollte allen demonstrieren, dass Sayed und ich untrennbar wären. Mein Rücken machte mir nur Sorgen, denn die Schmerzen waren im Sitzen kaum zu ertragen und ich verbrachte viel Zeit in der einzig angenehmen Position zwischen Sitzen und Liegen auf der Couch. Karim kam jeden Abend, um nach mir zu sehen und mir zu helfen, wenn es erforderlich war, denn Sayed war viel unterwegs, um alles zu regeln und sich nebenbei um die Werkstatt zu kümmern. Ich wusste, dass er viel bei Azza und Marwa war und über Marwas Unterbringung und seine Forderungen diskutierte. Karim half mir vom Sofa auf, ging neben mir durch die Wohnung, brachte mir Tee und Kaffee und unterhielt mich. Ich hatte mich mit der Situation abgefunden, wusste nur nicht, wie ich nach Qena kommen konnte, ohne vor Schmerzen zu schreien, bis Anna mir anbot, ein Morphium-Pflaster für den Weg von ihr zu nehmen. Was ich dankbar annahm. Sowieso war Anna in dieser Zeit ständig bei mir, um mich aufzubauen. Anna und Karim kümmerten sich um mich und meine psychische Stabilität, während Sayed versuchte, seinen Fehler auszubügeln.

Am Tag der Fahrt nach Qena ging es mir sehr schlecht. Ich konnte kaum stehen oder laufen. Das Morphium-Pflaster, das ja bekannterweise gegen die schlimmsten Schmerzen eingesetzt wird, hatte bei mir kaum eine Wirkung. Und so saß ich neben Sayed im Auto und hoffte auf ein schnelles Erreichen des Ziels.

Es war Anfang Dezember 2010 und die Hitze ein Glück erträglich, sodass wir keine Klimaanlage im Auto brauchten. Wir waren beide nervös und ich war mir bewusst, dass mein Ehemann heute Abend schon mit einer weiteren Frau verheiratet sein könnte, denn falls der Großvater Marwas ablehnte, was als sicher erschien, und Marwa sich gegen ihre Familie wandte, was weniger sicher war, mussten Sayed und sie sofort heiraten. Annas Zweitwohnung war für diesen Fall schon vorbereitet. Zwischen Sayed und mir war es allerdings wie in den Flitterwochen. Nachdem alle Diskussionen vorbei und alle Vereinbarungen getroffen waren, unterstützte ich ihn. Weniger ihm zuliebe als um meiner selbst. Denn ich wollte keinesfalls, dass jemand dachte, ich wäre die abgeschobene, alte Ehefrau, die sich irgendwie rettet. Ich wollte allen meine Stärke zeigen und deutlich machen, dass ich in Wahrheit die einzige Frau war, die Sayed liebte. Und so erreichten wir die Familie von Marwa, wo Azza auch schon mit ihrer Stiefmutter saß, bezeichnenderweise auch eine zweite Ehefrau, wobei die erste sich allerdings frühzeitig aus dem Staub gemacht hatte. Obwohl ich El Fayoum gewöhnt war, hatte dieses Dorf doch eine andere Qualität. Wir hätten uns auch im tiefsten Mittelalter befinden können, es hätte wahrscheinlich kaum anders ausgesehen. Auf Straßen hatte man weitestgehend verzichtet, weil hier sowieso jeder nur Esel ritt. Ich mochte die Stiefmutter von Azza, wusste aber nicht genau, auf welcher Seite Azza stand. Marwas Großvater war ein sehr netter Mann. Ich hoffte auf die Unterstützung dieser beiden vernünftig aussehenden Menschen. Azzas richtige Mutter hatte ich nur einmal gesehen, als sie Azza besuchte und fand sie weniger nett. Sie erschien mir scheinheilig und innerlich hart. Diese Frau hier bedauerte mich, verurteilte Marwa und ihr Verhalten und verehrte mich wie einen Engel, weil ich die Kraft gehabt hatte, mit meinem Mann zu kommen. Sie schimpfte über Marwa, erklärte mir lang und breit, wie viele Gespräche sie mit Marwa geführt hatte über ihre Selbstsucht und die Tatsache, dass sie sich in eine glückliche Familie einmischte, über ihre Undankbarkeit und so weiter. Azza stimmte ihr zu, aber ich war mir nicht wirklich sicher, also versuchte ich nur im Ansatz, noch mehr Hilfe von den beiden zu bekommen. Marwa war zwar da, bisher aber nicht in Erscheinung getreten. Während dieses Gesprächs ließ ich auch durchblicken, dass ich eventuell schwanger sein könnte. Das war zwar nur ein winziger Hoffnungsschimmer in mir selbst, weil ich meine Periode nicht bekommen hatte, aber vielleicht würde es ja helfen, wenn ich etwas sicherer hierin erschien. Die beiden Frauen freuten sich sehr für mich und hackten weiter auf Marwa herum.

Sayed war in dieser Zeit auf einem Spaziergang mit dem Großvater von Marwa. Auch als sie zurückkamen, konnte ich an ihren Mienen nicht erkennen, wie das Gespräch ausgegangen war, entnahm aber den Worten, dass mindestens 1000 LE als Brautgabe gereicht hätten, um die Zustimmung des alten Mannes zu erreichen. Doch Sayed bestand darauf, dass ich, diese wunderbare Frau, ihn ohne einen Piaster geheiratet hätte und er in keinem Fall seine zweite Frau mit mehr heiraten würde. Zwei Stunden dauerten die Gespräche und als sie endlich zu Ende waren, wurde Marwa gerufen, die mit fertig gepackter Tasche erschien. Mein Herz setzte einen Moment aus, weil ich hoffte, dass sie sich nicht gegen ihre Familie stellen würde. Die Entscheidung ihres Großvaters war durch sie in jedem Fall zu akzeptieren, anderenfalls würde sie aus der Familie ausgeschlossen werden. Ging sie mit, gab es für sie keinen Weg zurück. Die Tasche sagte jedoch etwas anderes. Die Ablehnung des Großvaters war das, worauf Sayed und ich gewartet hatten. Sayed würde seine Meinung nicht ändern und auch ohne Marwa gehen. Und so verließen wir ohne Marwa das Haus, setzten uns in das Auto und Sayed fuhr schnell an, denn es hatte den Anschein, dass Marwa nicht den Mut finden würde, sich gegen ihre Familie zu stellen. Konnte es sein, dass Marwa wirklich blieb? Ich betete und hoffte und forderte Sayed innerlich auf, schneller zu fahren. Aber all das half nichts, denn Marwa kam hinter uns her. Und als sie sich auf den Rücksitz geworfen hatte, sahen wir auch Azza kommen. Auch sie wollte mitkommen. In letzter Sekunde hatten beide unser Auto erreicht. Nur eine Sekunde später und wir wären weg gewesen. Ich war verzweifelt. Jetzt musste Sayed heiraten. Doch mir sollte noch ein kleiner Aufschub gewährt werden, denn der erste Sheikh weigerte sich, die beiden zu trauen ohne Anwesenheit des Vaters. Der war jedoch in Kairo und wollte seine Tochter auch nicht sehen oder hören. Der zweite Sheikh wies darauf hin, dass Marwa unter 21 sei und die Mutter zur Zustimmung nicht berechtigt, der dritte sagte, er würde die beiden ja verheiraten, jedoch sei dies gegen das Gesetz, da Marwas Personalausweis in Kairo ausgestellt sei und sie dementsprechend auch dort heiraten müsse. Inzwischen war Azza mitgeteilt worden, dass der männliche Teil der Familie sie und Marwa in Qena suchten und nicht sehr freundlich Sayed gegenüber gestimmt seien. Wir beschlossen also, aufgrund der vielen Widrigkeiten Qena unverrichteter Dinge zu verlassen.

Als wir zu Hause ankamen, konnte ich nicht mehr laufen, so schlimm waren meine Rückenschmerzen geworden. Sayed rief Karim an, der vorbeikam, um bei mir zu bleiben, während mein Mann Azza und Marwa nach Hause fuhr. Ich berichtete Karim und war froh, jemanden bei mir zu haben, der ganz und gar auf meiner Seite war. Hier brauchte ich keine freundliche Miene zum bösen Spiel machen, keine Rücksicht nehmen und konnte einfach alles herauslassen. Karims Verachtung für Marwa und ihr Verhalten tat mir gut und ich fühlte mich augenblicklich besser, musste ihn aber trotzdem bitten, mich bei jedem Gang zu stützen. Das Morphium-Pflaster, das seine Wirkung bei mir total verfehlt hatte, schmiss ich in den Müll. Entweder waren Annas Schmerzen reine Einbildung oder ich Morphium resistent.

XX

Die nächsten Tage waren voll mit Telefongesprächen und Organisation von Sayed für die Fahrt mit Marwa nach Kairo. Azza sollte nun mitkommen und ihr Einverständnis zur Heirat abgeben. Sayed passte das überhaupt nicht, denn er hatte bereits beschlossen, dass Marwa nach der Heirat keinerlei Kontakt mehr zu ihrer Familie haben würde. Lediglich eine Schwester, die Sayed mochte, durfte mit seiner Zustimmung zu Besuch kommen. Nachdem Azza anscheinend versucht hatte, dem ehemaligen Verlobten von Marwa gegen ihren Willen zu helfen, indem sie ihn in der Nacht zur schlafenden Marwa ins Zimmer ließ, damit er mit ihr schlafen konnte und hinterher in Sayeds Situation gewesen wäre, bezeichnete mein Mann sie nur noch als Zuhälterin. Kein schlechtes Wort war ihm genug, um über sie herzuziehen. So würde er allerdings noch ein paar Tage mit ihr verbringen müssen, denn er war auf ihre Hilfe angewiesen.

Eigentlich hätte Azza einfach nur ihre Zustimmung verweigern müssen, damit die Hochzeit doch noch platzte, aber sie schien mehr darauf erpicht zu sein, Marwa loszuwerden, als mir helfen zu wollen. Wie auch immer, die Hochzeit war unvermeidbar. Nach meinem vorbildlichen Verhalten und wohl um Sayeds Schuldgefühle wissend, nutzte ich die gute Gelegenheit, um die Villa in Sicherheit zu bringen. Die Wohnung gehörte unabänderlich mir, aber die Villa war noch nicht auf meine Mutter umgeschrieben. Ich war mir sicher, dass diese beiden Dinge Sayed sehr viel attraktiver für Marwa machten und wollte sichergehen, dass sie davon nie etwas sehen würde. So eröffnete ich Sayed eines Abends, dass meine Mutter für ihre Steuern einen Kaufvertrag bräuchte. Sayed, der mir schlecht etwas ablehnen konnte nach seinem Verhalten und der ja sowieso immer erklärt hatte, dass er nie etwas von einem anderen nehmen würde, was nicht ihm gehörte, übersetzte für mich einen Standard-Kaufvertrag, dem ich alle Details zufügte und ihn dann in arabisch und deutsch unterschreiben ließ. Ich hatte mich zumindest in diesem

Bereich abgesichert und gedachte auch, dies Marwa irgendwie unter die Nase zu reiben.

Es wurde vereinbart, dass Karim in der Zeit von Sayeds Abwesenheit neben seiner Arbeit auf mich aufpassen würde, weil mein Rücken mir schwer zu schaffen machte. Ich freute mich auf die Abende mit Karim, der mich ablenken würde. Tagsüber würde Anna bei mir bleiben und vielleicht auch noch bei uns übernachten. Es war also rundherum für mich gesorgt. Sayed hatte jedoch durch die ganze Fahrerei und die Telefongespräche keinerlei Geld. Ich war versucht, ihn auch in dieser Lage zu lassen, wusste aber, dass auch das auf Dauer nichts geändert hätte. So gab ich ihm meinen Bulgari-Goldring, der zwar lediglich eine Kopie, trotzdem aber mein ganzer Stolz war. Sollte er ihn verkaufen und diese Sache endlich zu einem Abschluss bringen, denn inzwischen machte mich die Warterei nervöser als alles andere. Es war wie ein Sprung vom Zehn-Meter-Brett: Stand man oben, war der Gedanke schrecklich, in die Tiefe zu springen. War es aber einmal getan, empfand man es als gar nicht mehr so schlimm. Er rief mich jede Stunde an, um zu fragen, ob auch alles in Ordnung sei, wir redeten ein wenig und er war netter und fürsorglicher denn je zu mir.

„Wenn Marwa nicht wäre, könnte ich glatt komplett glücklich sein", versuchte ich Anna gegenüber einen Scherz zu machen.
„Das wirst du, ganz bestimmt. Marwa ist eine Frage der Zeit. Sayed wird ihrer schnell überdrüssig sein. Sie wird ihn mit ihrem kindlichen Gehabe und ihren ägyptischen Marotten so schnell wütend machen, dass er sich innerhalb kürzester Zeit von ihr scheiden lässt", versichert mir Anna.
„Hast du das in den Karten gesehen?", fragte ich sie.
„Wir legen sie noch einmal", versprach sie.
Sie sah Probleme bei der Heirat, aber auch, dass sie heiraten würden.
„Irgendwas läuft da nicht gut, aber er wird verheiratet wiederkommen."

„Und wie lange dauert es, bis wir endlich mit unserem Leben weitermachen können?" Ich hoffte auf eine sehr nette Antwort in den Karten.

„Wenn ich das richtig sehe, wird es nicht länger als sechs oder acht Wochen dauern", sagte sie nachdenklich. „Aber es wird keine sehr angenehme Zeit."

Angenehm war das alles sowieso schon lange nicht mehr. Aber zwei Monate? Ich hatte gehofft, es würde früher etwas werden.

Wir vertrieben uns die Zeit, bis Karim kam, mit Kartenlegen und Fernsehen. Bei jedem Anruf von Sayed zitterte ich, aber es schien, dass vor dem nächsten Tag nichts Neues passieren würde. In der Zwischenzeit konnte ich mich mit Karim um die in zwei Monaten anstehende Hochzeit mit Ulrike kümmern. Denn war es anfangs nur geplant, dass Ulrike ihre Eltern informierte und die Hochzeit dann nur eine reine Formsache sein sollte, um keine Schwierigkeiten bei einer Wohnungssuche oder mit Karims Vater zu bekommen, so wurde jetzt daraus ein Megaereignis. Zuerst wollte Ulrike, dass ihre Mutter und ihre Schwester dabei sein sollten. Im Anschluss sollten wir irgendwo essen gehen. Dann plötzlich wollte sie ein weißes Kleid und für Karim einen Anzug, dann seine Familie und dann noch eine Party. Nachdem Bettina den beiden dann als Geschenk Flitterwochen schenken wollte, immer mehr Leute eingeladen werden sollte und der gewünschte Fotograf einen schönen Hintergrund brauchte, plante ich eine Feier riesigen Ausmaßes. Ich hatte meine Beziehungen zum Sheraton spielen lassen, um die Luxussuite, den Palace, für die Feier zu mieten, organisierte das Essen dort, die Unterhaltung, die Unterbringung der Gäste, die Kleidung von Bräutigam, das Make-Up, die Frisur und die Blumen der Braut, den Fotografen und den Zeitplan. Am heutigen Abend wollte ich mich um die Maße von Karim für den Anzug und dessen Auswahl über eBay kümmern. Die Zeit verging so wie im Flug, Anna war schon zu Bett gegangen, Karim und ich saßen vor dem Fernseher und unterhielten uns, ich in der Gewissheit, dass Sayed heute noch nicht heiraten würde.

„Willst du mir nicht sagen, was das für eine Feier wird?", fragte Karim.

„Ich habe versprochen, dass es eine Überraschung sowohl für Ulrike als auch für dich wird."

„Ich verstehe das. Aber gerade für mich wäre es wirklich wichtig, es zu wissen. Ich muss meine Familie vorbereiten und ich verspreche dir auch, nichts zu verraten."

Ich verstand ihn, denn so normal ein Hotel für Europäer sein mochte, so außergewöhnlich war es für Karims Familie.

„Es wird eine Feier im Sheraton. Mehr sage ich dir aber nicht. Nur, damit du deinen Schwestern und deiner Mutter sagen kannst, was sie zum Anziehen brauchen."

Karim schien nicht weiter beeindruckt zu sein. Eher unangenehm berührt.

„Du bist nicht besonders glücklich, oder? Dein Vater?", fragte ich.

„Mohammed ist wirklich nicht besonders glücklich darüber, dass ich eine Christin und dann noch Deutsche heiratet. Versteh das nicht falsch, er mag dich sehr, aber er denkt, du bist eine Ausnahme. Was du ja auch bist", grinste er.

Da war sie wieder, diese Anspielung.

„Karim, ich bin vollkommen normal. Vielleicht habe ich mich gut angepasst, vielleicht ist meine Mentalität der ägyptischen sehr ähnlich, aber das wird Ulrike auch können."

„Ja, wir werden sehen", sagte er einfach.

„Willst du das alles wirklich?", versuchte ich es noch einmal.

„Ja, natürlich. Alles ist ok. Wirklich. Ulrike ist sehr nett, unsere Beziehung ist schön, alles ist in Ordnung."

Trotz seiner Versicherung hatte ich den Eindruck, dass ihm das alles irgendwie unangenehm war. Ulrike hatte ihn mit der großen Hochzeit sehr überrollt. Er hatte sich eher gedacht, dass er heiraten würde, um mit ihr leben zu können. Außerdem stand er nicht gerne im Mittelpunkt und diese Hochzeit lenkte die Aufmerksamkeit der gesamten Familie auf ihn. Ich hätte etwas gesagt, wenn ich geglaubt hätte, dass die Heirat nicht richtig wäre. Aber ich war der Überzeugung, dass beide nach einer Eingewöhnungsphase gut miteinander auskommen würden. Sie war mehr als verliebt in ihn und ich hatte den Eindruck, dass Karim zwar nicht schwer verliebt, aber dennoch ausreichend verliebt war. Seine Schwärmerei für mich würde vergehen.

Der nächste Tag war genauso schwer für mich wie der vorherige. Jede Stunde wartete ich auf die Nachricht, dass Sayed Marwa geheiratet hatte. Sie fuhren durch Kairo und versuchten, einen Sheikh zu finden, der sie trotz fehlender Einverständniserklärung des Vaters verheiraten würde. Azza reichte allen bisherigen nicht aus. Und dann musste Sayed auch noch seinen Bruder Essam bestellen, damit er als Zeuge unterschreiben konnte. Dieser wusste noch nichts von seinem „Glück" und würde unter Garantie auch nicht begeistert sein. Es wurde ein langer Tag, an dem ich mich mit Annas optimistischen Karten beschäftigte, mit Mariam spielte und Abends mit Karim fernsah. Der entscheidende Anruf kam spät. Als ich auflegte, konnte Karim an meinem Gesicht sehen, dass Sayed es geschafft hatte und Marwa nun seine Frau war. Bis zum Ende hatte ich auf ein Wunder gehofft, jetzt war es vorbei.
„Wie geht es dir?", fragte Karim.
„Gut, ich meine, besser als mit der Ungewissheit, ob Gott mit mir vielleicht doch noch ein Einsehen hat", sagte ich.
„Keine Ägypterin hätte mitgemacht, was du getan hast. Bald ist es vorbei und dann könnt ihr wieder glücklich sein."
Ich lachte.
„Ja, nachdem Marwa uns finanziell ruiniert hat, mir meinen Mann und Mariam den Vater teilweise weggenommen hat und wir durch eine extrem schwierige Zeit gegangen sind", erwiderte ich freudlos.
„Du schaffst das. Du bist eine starke Frau und Marwa ist nur ein Kind. Sayed ist nie lange bei einer Frau geblieben, außer bei dir. Mit Marwa wird es nicht anders sein. Vor allen Dingen, da er sie noch

nicht einmal will. Wie er so dumm sein konnte..." Karim war, was Sayed betraf, desillusioniert. Sein Idol war nicht fehlerfrei. Im Gegenteil: Karim war sich sicher, dass ihm so etwas niemals passieren könnte.

So warteten wir auf die Ankunft von Sayed am nächsten Morgen. Ich war nervös, mein Rücken ließ es nur noch zu, mich in einer bestimmten Position schmerzfrei zu befinden und mir war konstant schlecht. Ich hatte meine Periode immer noch nicht bekommen, wollte aber auch keinen Test machen, um nicht enttäuscht zu werden. Sayed kam alleine, umarmte und küsste mich und war sichtlich erschöpft.

„Wie war es?", fragte ich ihn.
„Frag nicht. Nachdem wir stundenlang einen Sheikh gesucht haben, der bereit ist, ohne Marwas Vater den Vertrag zu unterschreiben, sind wir 30 Kilometer außerhalb von Kairo fündig geworden. Essam konnte nicht sofort kommen und dann mussten wir wieder warten, aber jetzt ist es endlich geschafft!"
„Wo ist Marwa?", wollte ich wissen.
„In Annas Wohnung. Ich habe sie abgesetzt und ihre Sachen reingebracht und sie dann sofort alleine gelassen."
„Ok", sagte ich nur. Ich wusste nicht, ob es besser war, ihn weiter zu fragen oder es einfach auf sich beruhen zu lassen.
Sayed wollte erst einmal schlafen, was ich nach der nächtlichen Fahrt auch verstehen konnte. Ich hätte ihm gerne etwas gekocht, aber ich konnte mich gar nicht bewegen.
„Wie geht es deinem Rücken? Sollen wir zu einem Arzt fahren?", fragte er mich.
„Nein, es geht schon. Solange Karim mir helfen kann, falls ich ins Bad muss, wird es schon gehen. Und Anna will auch nachher zurückkommen", erklärte ich ihm.
„Gut, dann gehe ich jetzt ins Bett bis Mariam vom Kindergarten kommt." Sagte es und verschwand.

Endlich hatten die Ungewissheit und das Warten ein Ende. Wir hatten eine Situation, an die es sich zu gewöhnen galt und obwohl meine Gebete nicht erhört worden waren, war dies immer noch besser als eine ungeklärte Lage. Karim und ich setzten uns gemütlich bei einer Tasse Kaffee zusammen und redeten über die Hochzeit, seinen Job und Ulrike, als wir es aus dem Schlafzimmer plötzlich schreien hörten. Ich verstand nur Worte wie „Tochter einer Hündin" und „dumme Kuh" und mit unserer Erfahrung bezüglich Sayeds Tobsuchtsanfällen war uns schnell klar, dass hier gerade jemand mit seiner Gesundheit spielte. Zwar hatte Sayed mich noch nie angerührt, aber ich hatte ja auch nie bestimmte Grenzen überschritten und war Europäerin. Aber nach zwei Minuten hörte das Schreien wieder auf und es wurde ruhig.

„Ups, das klingt nicht nach Flitterwochen für Marwa", sagte ich. Karim grinste.

„Sie sollte sich in Acht nehmen. Sayed ist im Moment sowieso gereizt, da wäre es besser, wenn sie sich mit Forderungen zurückhält."

„Ich habe bei Marwa noch nie erlebt, dass sie sich darum schert, ob ihre Art gefragt ist oder nicht. Sie ist da ziemlich egoistisch. Außerdem glaube ich nicht, dass ihr ihre Position schmeckt. Selbst eine Gleichberechtigung unter den Ehefrauen wäre nicht genug für sie, aber Sayed hat ihr klar gemacht, dass sie nicht gut genug ist, um selbst meine Schuhe zu küssen. Das kann ihr nicht passen."

„Bestimmt nicht", antwortete Karim. „Sie wird versuchen, so schnell wie möglich schwanger zu werden und ihre Position zu sichern. Das machen sie alle."

„Aber Marwa wollte nie Kinder. Sie hat das immer abgelehnt und gesagt, vielleicht mal wenn sie Mitte 20 ist."

„Was sie sagt und was sie jetzt tun wird, sind zwei verschiedene Paar Schuhe", meinte Karim. „Ihre Mutter wird sie schon gut genug geimpft haben. Außerdem nehmen ägyptische Frauen solche Weisheiten schon mit der Muttermilch auf."

Ich lachte nur, auch wenn mich dieses Wissen verunsicherte.

Wir wurden durch ein erneutes Schreien von Sayed bei unserer Unterhaltung unterbrochen. Wir verdrehten nur die Augen und sahen uns wissend an. Lange konnte es nicht mehr dauern, denn Sayed war, besonders wenn er müde war und schlafen wollte, sehr ungeduldig. Und wirklich raste er zwei Minuten später angezogen und mit wutverzerrtem Gesicht aus dem Schlafzimmer. Auf dem Weg aus der Wohnungstür hinaus rief er uns nur kurz ein „Bin gleich wieder da" zu. Wenige Minuten später kam Anna an und wir berichteten ihr brühwarm von dem ersten Streit.

„Wie die Karten schon sagen, spätestens Ende Januar ist es vorbei. Das macht Sayed nicht lange mit", meinte sie. Ihr Wort in Gottes Ohr, dachte ich nur.

Doch die nächsten Tage wurden nicht anders. Jede halbe Stunde rief Marwa an. Bis spät in die Nacht nervte sie uns mit dem Klingeln des Telefons wegen Lappalien. Sie versuchte, Sayed in Situationen zu bringen, in denen er in meiner Gegenwart nett zu ihr sein musste, versuchte ein „Ich liebe dich" aus ihm herauszubekommen, rief an, weil sie Brot brauchte oder einfach nur, weil ihr langweilig war. Wir hatten keine Stunde, in der wir uns nicht ihrer Existenz bewusst waren.

„Sayed, das geht so nicht. Auf diese Weise bist du 24 Stunden am Tag mit Marwa beschäftigt", beschwerte ich mich.

„Sie ist meine Frau. Sie hat das Recht, mich anzurufen."

„Das mag ja sein, aber ich bin auch deine Frau und mir reicht deine nur körperliche Anwesenheit nicht aus. Ganz zu schweigen von der Tatsache, dass sie mich ständig aufweckt, wenn sie nachts um zwei Uhr noch dringend mit dir reden will."

„Was soll ich denn tun?", sagte er ärgerlich. „Du kannst dich nicht bewegen, ich bin fast nur hier und sie ist alleine nur mit dem Fernseher."

„Das ist ja wohl nicht meine Schuld", erwiderte ich. „Ich habe mir das mit meinem Rücken nicht ausgesucht. Und es war deine Entscheidung, dass sie keinen Kontakt zu Freunden oder Familie haben darf. Hättest du ihr irgend jemanden gelassen, mit dem sie telefonieren kann oder der sie besuchen würde, wäre das anders."

„Ich will aber nicht, dass meine Frau sich mit Abschaum wie Azza abgibt. Und dabei bleibt es."

Einige Tage vor Weihnachten fragte er mich dann, ob er Marwa mit zu uns bringen könnte. Ich musste einsehen, dass er sie nicht einfach in der Wohnung eingesperrt lassen konnte ohne sie zu besuchen oder ihr Essen zu bringen. Und für einige Stunden zu uns zu kommen, wäre die beste Lösung. Also stimmte ich zu, nicht ohne ihn daran zu erinnern, dass wir vereinbart hatten, dass sie vermied, sich wie seine einzige Frau aufzuführen und auf meine Gefühle Rücksicht nahm. Er versprach es mir. Anna, die da war, zweifelte an der Ausführung dieses Versprechens.

„Das wird sie sich nicht nehmen lassen", sagte sie.

„Das denke ich auch. Aber sie gibt sich besser Mühe, sonst war sie das letzte Mal hier. Immerhin ist dies meine Wohnung", stellte ich fest.

„Ja, mach ihr klar, dass sie diejenige ist, die in der Rangfolge weit unter dir steht und dass du hier den Ton angibst."

„Das habe ich vor", grinste ich.

Aber am Ende des Tages waren wir trotzdem alle genervt. Marwa hatte es nicht für nötig gehalten, mich zu begrüßen. Und was sie sonst mit dem Telefon veranstaltete, setzte sie nun live und in Farbe in meiner Wohnung fort. Ständig rief sie Sayed für nichts und wieder nichts. Man hätte meinen können, sie sei noch nie in meiner Wohnung gewesen. Plötzlich war ihr entfallen, wo die Gläser standen. Sie wusste nicht mehr, wo die Töpfe waren und dass sie sich noch daran erinnern konnte, wie man selbstständig auf Toilette geht, glich einem Wunder. Da ich im Bett lag und auf eine Besserung meiner Rückenschmerzen hoffte, lief Sayed ständig hin und her und war am Ende des Tages genauso genervt wie ich.

„Ich will mich ja nicht beschweren", sagte ich zu ihm, „aber so kann es nicht funktionieren. Ich kann ja noch nicht mal einen Satz zu Ende reden ohne dass sie dazwischen funkt." Sayeds Gesicht wurde ernst. „Sie meint das bestimmt nicht so", stellte er fest.

„So? Auch nicht, dass sie mich noch nicht mal begrüßt hat?", fragte ich provokativ.

„Aber das hat sie doch."

„Wo denn? Vielleicht in ihren Gedanken? Frag Anna, sie hat mich noch nicht mal angesehen. Ein wenig Höflichkeit kann ich wohl von ihr erwarten."

„Ich rede mit ihr", versprach Sayed mir.

Mit diesem Verhalten hatte ich wenig Lust, sie Weihnachten zu uns einzuladen. Trotzdem gewann mein Gewissen, das mir sagte, dass ich gerade an Weihnachten freundlich sein sollte. An unserem Hochzeitstag, an dem Marwa von Sayed verpflichtet wurde, auf Mariam aufzupassen, gingen wir nach einer mehr als ausreichenden Dosis Schmerzmittel für mich schön essen und genossen die Ruhe zu zweit, die Sayed durch die wildesten Drohungen Marwa gegenüber erreicht hatte. Diesen Luxus genießend entschied ich mich für meine Freundlichkeit und sagte Sayed, dass Marwa kommen könnte. Er freute sich sichtlich über mein Einsehen. Allerdings machte ich ihm noch einmal deutlich, dass ich von Marwa absolute Distanz zu ihm erwartete, nicht nur wegen der Anwesenheit unserer Tochter, die mit einem solchen Verhalten noch nichts anfangen konnte und zu klein für Erklärungen war, sondern auch für mich selbst, die ich Weihnachten genießen wollte. Er versprach es mir auf den Koran. Doch als wir nach Hause kamen und ich Marwas verschlossenes Gesicht sah, in dem die Wut über meinen gemütlichen Abend mit Sayed geschrieben stand, zweifelte ich an der Durchführbarkeit.

Doch am nächsten Tag war alles beim Alten. Karim und Anna waren gekommen und Sayed hatte Marwa abgeholt. Schon bei ihrem Eintreten wurde mir klar, dass dies schwierig werden würde. Sie hatte ihre arrogante Miene aufgesetzt und begrüßte jeden, nur nicht mich. Am liebsten hätte ich sie sofort wieder ausgeladen. Als es dann an die Geschenke ging und wir in gemütlicher Runde zusammen saßen, setzte sie sich zu Sayeds Füßen und legte ihren Arm auf seine Beine. Es versetzte mir einen Stich und auch wegen Mariam wurde ich immer wütender. Das Highlight war ein Geschenk von Sayed an Marwa. Sie bekam einen Ehering. Das brachte das Fass zum Überlaufen und ich ging ins Schlafzimmer. Sayed kam hinter mir her.

„Was ist los?"

„Was los ist? Es reicht nicht, dass sie diese Wohnung betritt ohne mich auch nur eines Blickes zu würdigen, geschweige denn mich zu grüßen. Nein, sie bekommt auch noch einen Goldring. Und ich habe ausdrücklich darauf bestanden, dass sie ihre Beziehung zu dir in Mariams und meiner Gegenwart nicht zu Schau stellt. Du hast es versprochen", weinte ich.

„Sie hat dasselbe Recht wie du und braucht einen Ehering."

„Ja, aber wir haben kein Geld. Wenn ich mich recht erinnere, habe ich unsere Ringe bezahlt", erwiderte ich. „Und es geht auch hauptsächlich um ihr Verhalten."

Sayed warf mir nur einen wütenden Blick zu und raste hinaus. Minuten später hörte ich die Wohnungstür ins Schloss fallen. Nur für Mariam raffte ich mich wieder auf und ging ins Wohnzimmer.

„Was ist passiert?", fragte Karim. Ich erklärte es ihm.

„Richtig so", sagte Anna. Und Karim nickte.

„Er hat sie ziemlich wütend nach draußen gezerrt und ich denke nicht, dass sie noch einen angenehmen Abend haben wird", sagte er.

„Ich hoffe. In jedem Fall will ich sie hier nicht mehr sehen. Das ist meine Wohnung, ich habe es versucht, aber sie will anscheinend nicht. Soll sie in ihrer Wohnung alleine vergammeln." Mir war im Moment nicht nach Freundlichkeit zu Mute. Und für mich hatte sich das Thema Marwa erledigt. Hoffentlich war bald Ende Januar und Sayed geschieden.

XXI

Doch die Tage zogen sich und nichts tat sich. Immer wieder raste Sayed wütend zu Marwa und hatte inzwischen kaum noch Zeit, sich um die Werkstatt zu kümmern. Dafür beratschlagte er sich immer öfter mit Karima, seiner Exverlobten. Viele Male sprach er lang und breit mit ihr über die Probleme mit Marwa. Ich fühlte mich ausgeschlossen und verstand nicht, warum er das nicht auch mit mir tun konnte. Anna wurde auch immer unruhiger wegen ihrer Wohnung, die sie gerne gegen Geld vermietet hätte und so begann Sayed eine Wohnung für Marwa zur Miete zu suchen. Ich hatte zwar keine Ahnung, wie er das bezahlen wollte, hielt mich aber an Karims Ratschlag, ihm kein Geld mehr zu geben. Ich hatte auch wirklich keine Lust mehr, seine Zweitfrau zu finanzieren und nutzte meinen Verdienst mit Internet-Jobs lieber für Mariam und mich. Der zusätzliche Druck machte Sayed ungenießbar und meine Hoffnung auf eine schnelle Scheidung wurde immer größer. Ich war nur noch vorsichtig, dass ich Sayed keinen Anlass zu einem cholerischen Anfall gab. Das kleinste Bisschen reichte für ihn, um zu explodieren.

Schlussendlich fand Sayed eine Wohnung in unserem Häuserblock, die es ihm ermöglichen würde, schnell zwischen Marwa und mir hin und her zu wechseln. Die Kosten führten dazu, dass wir noch weniger hatten und ich mir anfing Sorgen wegen Strom und Essen zu machen. Ich suchte nach Lösungen für unser Problem bei Sheikhs. Gab es nicht eine Möglichkeit, dass Sayed sich von Marwa scheiden ließ? Musste er wirklich auf einen Fehler von ihr warten, wie er immer behauptete? Und welche Art von Fehler musst das sein? Am Ende fand ich heraus, dass er Marwa drei mal warnen musste, sie dann verlassen durfte und die Scheidung dreimal aussprechen musste, damit sie endgültig geschieden waren ohne die Möglichkeit zu haben, sie zurückzunehmen. Aber bisher waren alle Fehler ihrerseits wohl nicht ausreichend gewesen.

Ich war froh, dass Bettina bald kommen würde und ich die Hochzeit von Karim und Ulrike organisieren konnte. Das lenkte mich ab. Zwangsläufig hatte Sayed seiner Familie von der Heirat mit Marwa erzählt, konnte aber den wirklichen Grund nicht nennen, weil es Marwa als Hure hätte dastehen lassen. Und so schlug er seinen Vorteil aus der verzwickten Lage und sagte allen, er hätte sie vor ihrer Mutter retten müssen. Auch Marietta erzählten wir diese Version, denn Sayed konnte sich nicht leisten, ihre Unterstützung zu verlieren und ich konnte die Wahrheit nicht sagen, weil das Sayed gegen mich aufgebracht hätte. Seine Mutter allerdings weinte nach der Eröffnung tagelang. Alle riefen mich an um mir zu sagen, was für eine wundervolle Ehefrau ich sei und wie unglaublich großzügig ich wäre. Keiner mochte Marwa oder konnte verstehen, was Sayed da getan hatte.

Da ich mir darüber im Klaren war, dass Karim Ulrike Dinge erklären musste und sowohl sie als auch Bettina von Marwas Existenz erfahren würden, wenn sie zur Hochzeit kämen, versuchte ich es mit einer glaubwürdigen Geschichte. Ich wollte vor anderen nicht meine Lage zugeben. Also milderte ich alles ab, nahm Sayed in Schutz, schob Marwa die Schuld zu und versicherte, dass alles bestens in unserer Beziehung wäre und sich das Problem bald von selbst lösen würde. Alle waren geschockt. Viel mehr irritierte mich allerdings, als ich mitbekam, wie brutal mein Ehemann sein konnte. Denn eines Abends, ich wollte Mariam gerade ins Bett bringen, hörten wir die Schreie einer Frau auf der Straße. Ich sah aus dem Fenster und sah Sayed, der Marwa an den Haaren und in einem Hauskleid in unsere Richtung schleppte, während sie schrie. Er zerrte sie die Treppe hoch und in unser Gästezimmer und schloss die Tür hinter sich. Ich konnte hören, wie er Marwa schlug und ihre Schreie um Hilfe. Ich wusste nicht, was ich zuerst tun sollte. Ich war geschockt. Kurzentschlossen schnappte ich mir meine Tochter, die mich verstört ansah. Ich nahm sie auf den Arm und ging mit ihr auf den Balkon in der Hoffnung, dass sie nichts mitbekommen würde. Aber das Schlagen und Schreien war so laut, dass sie es trotzdem mitbekam.

„Mama, was macht Papa da mit Marwa?", fragte sie mich.

„Marwa hat etwas sehr böses getan und Papa bestraft sie dafür." Was sollte ich ihr sagen? Das Offensichtliche verleugnen erschien mir wenig sinnvoll.

„Aber er tut ihr weh."

„Ja, Süße, ich weiß. Und das ist auch nicht gut. Sie muss Papa schon sehr wütend gemacht habe. Aber ich werde mit ihm reden." versprach ich ihr. Die nächste halbe Stunde ließ ich sie mit Karim telefoniere und spielte mit ihr Spiele, bis ich hörte, wie es ruhiger wurde. Dann brachte ich sie ins Bett und ging zu Sayed.

„Sayed, das ist nicht gut für Mariam. Sie kann damit nicht umgehen. Warum hast du Marwa hierher gebracht."

„Weil ich wollte, dass Mariam mich noch sieht bevor sie schläft und Marwa verrückt gespielt hat. Da dachte ich, es sei besser, sie hierher zu bringen und ihr hier deutlich zu machen, was sie erwartet, wenn sie nicht hört."

„Aber Sayed, das ist brutal. Ich meine, es ist doch nicht richtig, eine Frau so zu schlagen." versuchte ich es erneut.

„Sie ist das gewöhnt und eine andere Sprache versteht sie nicht." Mir wurde kalt bei seinen Worten.

„Meinst du nicht, es ist besser, sich einfach von ihr scheiden zu lassen?"

„Aha, daher weht der Wind. Nein, ist es nicht. Sie braucht nur Erziehung, aber sie ist mir weder fremdgegangen noch ist sie ohne meine Erlaubnis abgehauen oder hat mit einem anderen Mann gesprochen."

„Das sind also deine Kriterien für eine Scheidung? Das ist mir neu. Mich hättest du auch wegen anderer Sachen oft beinahe verlassen." sagte ich. Als ich aber seine versteinerte Miene sah, schwieg ich besser. Ich zog es vor, die beiden das untereinander ausmachen zu lassen, um nicht Gefahr zu laufen, selbst ins Kreuzfeuer zu geraten.

Karim hatte mir zwar angeboten, vorbeizukommen, aber auch den wollte ich in dieser Situation lieber weit weg wissen.

Leider war Marwa wirklich dumm und arrogant. Denn jede halbe Stunde rief sie aus dem Gästezimmer im Befehlston nach Sayed und verlangte, nach Hause gebracht zu werden. Jedes Mal folgte eine Orgie von Schlägen, nichts war sicher. Ein Holzbrett, Mariams Bobbycar, alles was greifbar war, musste als Hilfsmittel für Sayeds Schläge herhalten. Ich konnte und wollte mich nicht einmischen. Ich versuchte Sayed zu zeigen, dass ich sein Verhalten nicht gut fand, versuchte ihn mit Reden dazu zu bewegen, dass er Marwa in ihre Wohnung brachte, aber es war vergeblich. Auch meine Freundlichkeit ihm gegenüber bewirkte nur, dass er mich nett behandelte, hatte aber keine Auswirkungen auf sein Verhalten Marwa gegenüber. Auf dem Weg zur Küche konnte ich sehen, dass sie inzwischen einige blaue Flecken und blutig Schrammen hatte. Ich fühlte mich schlecht, weil ich ihr gegenüber so wenig Mitgefühl aufbringen konnte, hörte den kleinen Teufel in mir aber immer wieder sagen: „Siehst du, das hast du jetzt davon, dass du ihn mir wegnehmen wolltest."

Um sechs Uhr morgens war es dann endlich vorbei. Sayed brachte Marwa in ihre Wohnung, fuhr Mariam in den Kindergarten und ging dann ins Bett. Ich telefonierte lange mit Anna und erzählte ihr alles. Sie versprach, vorbeizukommen. Ich hatte inzwischen mit einer Behandlung bei unserem Tierarzt angefangen, der mit Magnetfeldtherapie kranke Tiere behandelte und gute Erfolge hatte. Da nichts anderes half und ich mir dachte, dass Mensch und Tier ja nicht so unterschiedlich seien, hatte ich ebenfalls damit begonnen und merkte einige Verbesserungen. Mein verdientes Geld gab ich somit für den Arzt aus und war wieder darauf angewiesen, dass Karim mir ab und zu seine Trinkgelder gab. Außerdem hatte ich festgestellt, dass Marwa keinesfalls sparsam zu leben gedachte und ständig irgendetwas eingekauft haben musste. Darüber ärgerte ich mich sehr, weil ich versuchte, Sayed zu unterstützen, indem ich lediglich das Notwendigste aufschrieb während sie aus dem Vollen schöpfte. An diesem Tag goss Anna noch Öl ins Feuer, indem sie mir von dem letzten Einkauf erzählte.

„Da hat sie doch tatsächlich fünf große Einkaufstüten bestellt? Ich habe sie vor ein paar Tagen gesehen und sie wird auch immer breiter. Vielleicht sollte Sayed sie lieber auf Diät setzen", meinte sie höhnisch.
„Keine Bewegung, gutes Essen und viel Fernsehen sind eben Gift für die Figur", lachte ich.
„Ja, mit Sicherheit. Während du allerdings immer dünner wirst", bemerkte sie besorgt.
„Naja, was soll ich machen? Mariam braucht einiges und wir haben kein Geld."
„Na und? Meinst du, Marwa macht sich Gedanken darum, wo das Geld herkommt? Setz Sayed unter Druck, er sagt doch immer, was die eine bekommt, muss die andere auch haben."
„Richtig, aber ich kann das so schlecht", Anna seufzte nur.
Doch ein paar Tage später platzte mir dann doch der Kragen. Ich war ja an viel gewöhnt, aber als ich Marwas Wäsche sah und Sayed, der sie in die Waschmaschine tat und aufhängt, war mein Frust zu groß.
„Ich denke, das geht wirklich zu weit. Meinst du nicht, dass Marwa ihre Wäsche selbst waschen kann?"
„Sie hat aber keine Waschmaschine", antwortete Sayed bissig.
„Richtig, weil sie kein Geld hat, sich eine zu kaufen. Ich musste für meine auch lange arbeiten. Also muss sie, wie die meisten Ägypterinnen, die ich kenne, ihre Wäsche eben mit der Hand waschen." verlangte ich.
„Was schadet es dir, wenn ich ihre Wäsche hier wasche? Meinst du nicht, sie leidet genug und hat sich das alles auch etwas anders vorgestellt?", schrie er mich an.

„Sicher hat sie das, aber sie wusste vorher, was auf sie zukommt. Nur hatte sie damit gerechnet, dass ich abhaue und bestimmt nicht damit, dass ich das durchstehe."

„Meine ja nicht, dass ich mich von ihr scheiden lasse. Ich bin so weit gegangen und ich werde unter Garantie nichts tun, was dem Koran widerspricht. Dann hätte ich das alles erst gar nicht machen brauchen." Er schmiss die Sachen in die Ecke, knallte den Aschenbecher so auf den Tisch, dass das Glas zerbrach und raste hinaus. Sollte er doch zu Marwa gehen. Ich rief Karim an.

„Was ist passiert?", fragte er besorgt, als er mich weinen hörte.

„Ich kann das alles nicht. Ständig ist er bei ihr und wenn er nicht bei ihr ist, ruft sie an. Sie kauft ein wie eine Wilde und wird dicker und dicker, während ich abnehme und nichts zu essen habe. Er geht nachts zu ihr, wenn ich schlafe, weil er nicht will, dass ich es mitbekomme und ich glaube nicht, dass sie die Pille nimmt. Jede Vereinbarung, die wir je getroffen haben, nützt gar nichts", heulte ich.

„Beruhige dich erst mal. Alles wird gut. Ich komme nach der Arbeit. Wenn Sayed nicht da ist, reden wir. Wenn er da ist, rede ich mal mit ihm."

Was hätte ich nur ohne Karim gemacht. Anna, die ich danach anrief, riet mit zur Ruhe. Immerhin war ihrer Meinung nach der größte Teil des Weges geschafft und Scheidung müsste jeden Tag kommen. Aber mit jedem Tag fiel mir das Warten schwerer. Das hielt doch niemand aus.

Den Abend verbrachte Sayed bei Marwa, die zusätzlich noch sauer war, dass sie nicht zu Karims Hochzeit eingeladen war. Denn sowohl Bettina als auch Ulrike und Karim hatten das ausgeschlossen. Auch die Familie von Karim weigerte sich, Marwa einfach so freudestrahlend aufzunehmen. Nur Karima, die eine immer bessere Freundin von Sayed wurde und mindestens dreimal täglich zu Problemen von ihm befragt wurde, hatte erklärt, während der Hochzeit bei

Marwa zu bleiben. Sicher, die sah ihre Chance gekommen, doch noch ihre Jugendliebe zu ergattern.

„Diese blöde Kuh. Sie redet Sayed ein, wie schrecklich ich mich benehme und beruhigt ihn wegen Marwa. Nebenbei telefoniert sie mit Marwa und sagt ihr, was sie zu tun hat. So schaltet sie alle aus und bleibt am Ende als einzige übrig", fauchte ich wütend als Karim am Abend bei mir saß.

„Sicher, die war schon immer so. Falsche Schlange. Wenn sie eine Chance sieht, jetzt wo sie selbst geschieden ist, wird sie sich Sayed greifen", stimmt mir Karim zu.

„Was soll ich nur machen? Kannst du mal mit Hany reden, dass es so nicht weitergeht? Mariam ist auch schon total durcheinander."

Mariam war in den letzten Tagen sehr ruhig geworden. Sie war einige Male mit Sayed nach dem Kindergarten bei Marwa gewesen und wir vermuteten, dass sie entweder beide zusammen oder den schlagenden Sayed gesehen hatte. Ich konnte Sayed aber auch nicht verbieten, sie mitzunehmen, denn dann wäre er wieder ausgerastet und im Moment war er wenig zurechnungsfähig. Ich musste aufpassen, was ich tat.

„Ich rede mit ihm. Aber du weißt ja, wie wenig sich Sayed reinreden lässt."

„Ich weiß, aber einen Versuch ist es wert."

Zur selben Zeit begannen die Unruhen in Kairo. Der arabische Frühling hatte auch vor Ägypten nicht Halt gemacht und das Land war in Aufruhr. Während Sayed seinen eigenen Kampf ausfocht, standen Zehntausende auf der Straße und demonstrierten gegen Mubarak. Die deutsche Botschaft warnte alle Ausländer zwar, trotzdem wurde keine offizielle Reisewarnung ausgesprochen. Während einige Länder ihre Bürger aus Ägypten zur Sicherheit fliegen ließen, blieb Deutschland eines der wenigen, die es nicht taten. Aber wir bemerkten in Hurghada auch nur wenig von den Auswirkungen der Demonstrationen. Zwar war die Polizei nicht mehr in der Lage, viel zu unternehmen, aber die verschwindend geringen Übergriffe erforderten dies auch nicht. Bald sahen wir aber an jeder Ecke Militär und Panzer zur Sicherheit. Ich nutzte diese einmalige Gelegenheit, um Vorbereitungen für meine mögliche Ausreise zu treffen. Ich erzählte, dass Staatsbürger europäischer Länder ausgeflogen werden würden und mir das vielleicht auch passieren könnte. Sayed fand dies alles überzogen, überließ es am Ende aber mir, ob ich mit Mariam nach Deutschland fliegen würde, um ruhigere Zeiten abzuwarten. Denn der Kindergarten war aus Sicherheitsgründen geschlossen. Als sich Ende Januar aber alles beruhigte, war die Gelegenheit vertan. Das einzig erfreuliche war, dass die Hochzeit von Karim und Ulrike stattfinden konnte.

XXII

Sayed war dazu übergegangen, jeden Abend zu Marwa zu verschwinden. Den Tag verbrachte er mit mir bis Mariam im Bett war. Eigentlich hätte mich das froh stimmen müssen, weil ich ihn den größten Teil der Zeit für mich hatte, aber dem war nicht so. Immerhin schlief er jede Nacht bei ihr und ich wollte nicht, dass er auch mit ihr schlief. Aber für Mariam war es das Beste, auch wenn sie angefangen hatte, nachts aufzuwachen und ihren Vater zu suchen. Aber immerhin hatte sie ihn am Tage. Diese Regelung war nur möglich geworden, weil Karim Urlaub für seine Hochzeit hatte und wieder bei uns eingezogen war. Außerdem hatte man ihm schon mitgeteilt, dass aufgrund der fehlenden Touristen eine Weiterbeschäftigung unwahrscheinlich sei. Somit hatte er in seinem Kopf schon seine alte Stellung bei Sayed bezogen, auch wenn dessen Housekeeping Aufträge immer geringer wurden, weil er keine Zeit hatte, sich auch noch darum zu kümmern.

Karim und ich gingen zu unserem alten gemeinsamen Leben über, das wir ein Jahr zuvor schon geführt hatten. Es war sehr harmonisch, ich lebte wieder etwas auf und war nicht mehr ganz so einsam und traurig. Jede winzige Regung von Marwa, jedes Verhalten von Sayed konnte ich sofort mit ihm durchdiskutieren und ich fühlte mich auch sicherer, weil jemand im Haus war, der eingreifen konnte. Außerdem war es für Hany und Essam, Sayeds Bruder, glaubhafter, wenn Karim ihnen berichtete als eine eifersüchtige Erstfrau.

Jeden Tag wartete ich auf die Scheidung von Marwa, jeden Tag wurde ich enttäuscht. Aber es musste auch ein Wunder geschehen, wenn Marwa trotz ihrer abgeschlossenen Wohnungstür einen anderen Mann hatte und trotz neuer SIM-Karte mit Guthaben für lediglich eine Minute Gespräch in der Lage wäre, telefonisch mit anderen Männern in Kontakt zu treten. Ich folgte Karims Rat und gab mir Mühe, entspannt zu sein und anstatt Streitgespräche mit Sayed zu führen, ihm ein Zuhause zu geben, in dem er sich wohl fühlte. Die Logik bestand darin, der Teil zu sein, den er nicht verlassen wollte während Marwa den Gegenpart spielte. Mit Karim an meiner Seite gelang mit das ausnehmend gut, auch wenn ich regelmäßig explodierte, sobald er die Wohnung verlassen hatte. Wir machten gemütliche Fernsehabende, bestellten uns heimlich Pizza, von der Sayed nichts mitbekommen durfte, weil er dann ja Marwa auch sofort eine Pizza kaufen musste und stöberten in diversen Online-Shops. Wenn er mit Ulrike über Skype sprach, half ich ihm beim Verständnis und bei seinem Englisch und manchmal nutzten wir die Zeit, um Hany oder Essam über die neuesten Entwicklungen zu unterrichten, wenn es allzu schlimm wurde.

Nur an einem Abend brach für mich eine Welt zusammen, als sich plötzlich mein Körper vor Schmerzen krümmte und sich ein Schwall Blut auf meine Beine ergoss. Ich hatte zwar keinen Schwangerschaftstest gemacht, war mir aber recht sicher, schwanger zu sein. Ich wollte noch bis Ende Januar warten und in den nächsten Tagen wäre ich bestimmt zum Arzt gegangen, doch nun hatte sich das erübrigt. Ich blutete und blutete und Karim brachte mich ins Badezimmer. Er wollte Sayed anrufen, doch ich lehnte ab. Auch einen Arzt wollte ich nicht. Wenn ich wirklich schwanger gewesen war, dann war es jetzt sowieso zu spät. Und den Ärzten hier traute ich sowieso nicht. Karim brachte Handtücher, wechselte sie, wusch sie, tröstet mich, machte Tee, hielt meine Hand und war dabei ruhig. Er war einfach da und nachdem die Blutung vorbei war, wir geredet hatten und ich ausreichend Tränen vergossen hatte, überzeugte er mich davon, dass es so wahrscheinlich auch am besten sei. Denn ein Baby in dieser Situation hätte alles nur noch verschlimmert.

Auch Anna erzählte ich nichts, denn trotz ihrer Loyalität zu mir sprach sie auch mit Sayed oft genug und verplapperte sich. Und dieses Erlebnis wollte ich für mich behalten.

Eine Woche später traf Bettina ein. Sie kam früher als Ulrike, die noch nicht aus der Uni wegkonnte. Tagsüber entspannte sie am Meer, abends trafen wir uns, gingen die Hochzeit durch, redeten über Sayed und Karim. Ihre Meinung war, dass ich mich hätte scheiden lassen sollen und ich versuchte, Sayed in einem besseren Licht dastehen zu lassen, als er es verdient hatte. Karim behandelte sie so wie er es als guter Schwiegersohn verdient hatte und er war in manchen Situationen sehr zurückhaltend, fast scheu. Aber sie mochten sich und ich freute mich, dass er es so gut getroffen hatte.

Die erste Woche von Ulrikes Aufenthalt bewohnten Karim und sie eine Wohnung, sodass ich bis zur Hochzeit wieder alleine war. Dank Bettina war ich aber gut beschäftigt und hatte keine Zeit, mich über die Ungerechtigkeiten dieser Welt mir gegenüber auszulassen. Als dann zwei Tage vor der Hochzeit 15 Leute aus El Fayoum eintrafen, war es mit der Langeweile vorbei. Alle unsere Zimmer waren zum Bersten gefüllt, ägyptische Frauen bevölkerten meine Küche, kochten, redeten laut durcheinander und stellten alles auf den Kopf. Auch Karima war dabei und ihre gespielte Freundlichkeit mir gegenüber brachte mich zur Weißglut. Sie log, dass sich die Balken bogen, stand bei allem hinter Sayed, spielte die Aufopferungsvolle, weil sie bei Marwa schlief und konnte mich nicht mit Sayed alleine sehen. Sayed, total geblendet von ihrer angeblich selbstlosen Unterstützung, sah dies alles nicht. Was auch immer ich ihm sagte, ich kannte Karima nicht, hatte mit meinem mittelmäßigen Arabisch etwas falsch verstanden oder war eifersüchtig. Ich gab es auf, bis wir eines Abends zusammen im Auto saßen und Sayed uns zwei Minuten alleine ließ, um Zigaretten kaufen zu gehen.

„Petra, alles wird gut. Marwa ist gar nicht so und sie meint es auch nicht so, wie du es auffasst. Bestimmt wird alles..." doch da unterbrach ich sie.

„Du hältst dich besser geschlossen", fuhr ich sie an. „Du mit deiner scheinheiligen Art. Hältst Sayed das Händchen, dann wieder Marwa das Händchen und stehst immer hinter dem, der es gerade braucht. Aber am Ende kann bei dir Sayed ja sowieso tun, was er will. Er wird immer der Superman bleiben. Aber wenn du jetzt mir auch noch was erzählen willst, bist du falsch gewickelt. Ohne dich wäre Sayed schon lange von Marwa geschieden, aber das willst du ja auch gar nicht, oder?" Sie starrte mich mit offenem Mund an. Die liebe, nette Petra, die vielleicht manchmal etwas aufbrausend war, war ausgerastet. So viel Offenheit, Ehrlichkeit und Unfreundlichkeit hatte sie nicht erwartet. Als Sayed wiederkam, fand er uns in feindlichem Schweigen im Auto. Aber ich wollte mit ihm nicht darüber reden, denn er würde mir wahrscheinlich nur wieder sagen, dass ich etwas falsch verstanden hätte. Zuspruch fand ich bei Karims Mutter und seinen Schwestern, aber auch bei Essam, der Karima absolut nicht leiden konnte. Alle klopften mir auf die Schulter, weil endlich mal jemand dieser Frau die Meinung gesagt hatte. Ein Glück verschwand sie sofort zu Marwa, um die Nacht da zu verbringen. Während Sayed sie dorthin brachte, konnte ich ein langes Gespräch mit Essam führen und ihm alle Vorfälle ausführlich darstellen. Es brauchte nicht viel Überzeugungsarbeit ihn dazu zu bringen, dass er mit Sayed reden würde um etwas zu ändern.

„Petra, du bist für mich wie eine meine Schwestern, wie Sheima. Ich würde keine von ihnen in einer solchen Situation lassen. Warte, bis es sich ergibt und dann rede ich mit Sayed. Bevor ich abfahre, ist das geregelt."

„Ich danke dir, Essam", sagte ich und meinte es wirklich so. Wenn Essam mit Sayed reden würde, war die Aussicht auf Erfolg groß.

„Weißt du, Sayed sieht das alles gar nicht. Für ihn muss er nur alles korrekt nach dem Koran machen, übersieht dabei aber, dass er das gar nicht kann, weil Marwa und ich nicht vergleichbar sind. Mariam wacht nachts auf und will ihren Vater. Sie fühlt, dass etwas nicht ok ist und sieht diese ganze Gewalt. Sie weiß nicht, dass Papa auch eine andere Frau haben kann. Für sie sind ihre Eltern zusammen und damit gut. Es würde ihre Welt erschüttern und wäre nicht gut für sie. Sayed sagt, die vergisst das alles, aber das ist nicht so. Deine Kindheit prägt dich und was deine Eltern tun, hältst du für die Weisheit aller Dinge. Und Marwa nimmt immer noch nicht die Pille. Gott kann doch nicht wollen, dass wir alle verhungern nur damit diese Zicke zu ihrem Recht kommt", beschwerte ich mich weiter.

„Nein, das kann es auch nicht sein. Da gebe ich dir recht. Und das Schlagen muss ein Ende haben. Wenn er sich nicht beherrschen kann, muss er sich eben scheiden lassen."

„So sehe ich das auch. Vor ein paar Tagen hatte Marwa genug und hat ihn nicht mehr in die Wohnung gelassen. Daraufhin kam er mit Schnittwunden nach Hause, weil er durch die Balkontür gebrochen ist und sich dabei am Glas geschnitten hat. Seine Handgelenke sind entweder vom Schlagen kaputt und bandagiert oder wegen der Schnittwunden. Das kann es doch nicht sein. Eines Tages bringen die beiden sich noch um."

„Er hat die Balkontür eingeschlagen?", fragte Essam nach.

„Frag Karim, und dann will er noch nicht mal Hilfe und kommt nach Hause und ist total gereizt und kaputt. Ich kann weder Mariam noch mir das länger antun."

„Ich rede mit ihm. Wir schaffen das schon", versicherte er mir.

Etwas beruhigt kümmerte ich mich wieder um unsere Gäste. Doch am nächsten Abend fing eine Diskussion um Marwa an, an deren Ende Sayed sein Handy durch die Gegend schmiss, alle anschrie und auf den Balkon verschwand. Essam konnte nun selbst sehen, wohin sein Bruder sich entwickelte. Als Karima aufstand und ihm hinterher gehen wollte, sah ich sie nur warnend an. Ich war seine Ehefrau und würde bestimmt nicht zulassen, dass sie sich in meinem Haus auch noch einmischte. Das Telefon konnte ich nicht verhindern, aber hier würde ich sie nicht so weitermachen lassen. Auch Essam sagte ihr, sie solle sitzen bleiben und nahm sie gleich zur Seite, um mit ihr ernsthaft über ihr Benehmen zu reden. Dasselbe tat er später mit

Sayed, doch der blieb stur. Lediglich die Telefongespräche mit Karima war er bereit einzuschränken. Innerlich wusste ich, dass er sie von nun an einfach für mich unsichtbar halten würde.

Trotz allem Drumherum war die Hochzeit schön. Fast alles klappte in meinem erstellten Zeitplan, nur ich war ein wenig heiser und mein Gesang von „I will always love you" fiel ein wenig rauer aus als gewünscht. Trotzdem fanden es alle toll und lobten mich noch Tage und Wochen später dafür. Für Sayed und mich war es ein schöner Abend, obwohl Karima ihm hinterher tigerte und an ihm zu kleben schien. Da die anderen sie nicht sonderlich mochten, gab es für sie doppelten Grund hierfür. Trotzdem hatten Sayed und ich romantische Momente, wir tanzten das erste Mal in unserer Beziehung zusammen und hatten auch mit Mariam viel Spaß. Keine Marwa, keine Telefongespräche, keine Probleme. Wenigstens für einen Abend. Auch wenn mich Yasser, Sayeds anderer Bruder, auf die Lage ansprach und sich schnell eine größere, über Sayeds Verhalten kopfschüttelnde Gruppe bildete, aus der ich mich lieber ausklinkte. Ich wollte den Frieden mit meiner Beteiligung nicht stören, der an diesem Abend zwischen Sayed und mir herrschte. Ulrike hatte ein langes, weißes Brautkleid an, Karim trug einen schwarzen Anzug, aber irgendwie schien ihm die Begeisterung zu fehlen. Ich konnte nicht genau definieren, warum das so war. Eigentlich stimmte alles, aber es schien einfach nicht seine Welt zu sein und ich wusste, dass er die Aufmerksamkeit anderer Menschen mied. Ich hoffte für ihn, dass die nächste Woche schön für ihn werden würde, auch wenn ich Ulrike um diesen Mann beneidete. Er würde ein wundervoller Ehemann und Vater sein.

Anna war der Paradiesvogel der Veranstaltung in ihren bunten Kleidern und mit ihrem Hut. Karim und Ulrike wollten sie beide gerne dabei haben und wenn die El Fayoum Leute mich schon in manchen Sachen merkwürdig gefunden hatten, hielten sie jetzt alle Europäer für verrückt. Ein Glück konnten wir es auf Italien schieben.

Da Anna aber nett war, näherten sich beide Seiten im Laufe des Abends aneinander an. Die Musik wechselte von Rihanna zu Hamada Helal, von Techno zu Bauchtanz. Die Mischung war wirklich gelungen und jeder versuchte, in irgendeiner Form mitzumachen. Wir ließen schwimmende Lichter in den privaten Pool, der zum Palace gehörte, aßen auf der Terrasse und machten Fotos von alles und jedem. Renas, Karims Schwester, war glücklich, wieder in Hurghada zu sein und ich hätte sie am liebsten bei mir behalten. Am Ende des Abends waren alle zufrieden und fielen ins Bett. Nur Sayed fuhr zu Marwa, um ihr ihren Teil zukommen zu lassen. Immerhin hatte sie bei Foul gesessen während wir uns ein Fünf-Gänge-Menü im Sheraton servieren ließen.

Doch irgendetwas schien passiert zu sein, denn Karima rief Essam und dieser rannte sofort los. Marwas Ärger war wahrscheinlich durch einen Burger von McDonalds nicht besänftigt worden. Karima, die mit Sicherheit geglaubt hatte, Marwa würde mit ihren Klagen über Sayeds Schlagen übertreiben, war so geschockt, dass sie Essam zu Hilfe rief. Nach einer Weile hatte er wohl Sayed von Marwa getrennt und kam wieder. Immer noch keine Scheidung.

Am nächsten Tag, während Karim und Ulrike mit Bettina ihre Flitterwochen im Sheraton verbrachten, ging das Gerede in meiner Wohnung weiter. Der Vorfall vom gestrigen Abend musste ausdiskutiert, Essen gekocht, in El Fayoum verbliebene Verwandte informiert und Hurghada erkundet werden. Mein Rücken, soweit eigentlich nach der Therapie in Ordnung, fing wieder an, mir Probleme zu machen. Die letzten Tage waren anstrengend gewesen. Essam redete mit Sayed, Sayed mit Karima, Karima mit ihrer Schwester am Telefon, die wiederum mit einer Freundin, die eine Bekannte von Renas war, die dann Renas anrief. So gelangten Karim und ich umgehend an Neuigkeiten. Ich hätte den kurzen Weg zwischen mir und Sayed bevorzugt, aber auch gelernt, dass Marwa ein Tabuthema zwischen Sayed und mir war. Da die Post auch so funktionierte, machte es mir wenig aus. So brauchte ich mich wenigstens nicht verstellen und konnte meine wahren Gefühle ausdrücken.

Am Abend ging Sayed wieder zu Marwa und wieder kam es scheinbar zu heftigen Streitereien. Essam rannte wiederum los, nicht ohne mir ein aufmunterndes Lächeln zuzuwerfen und zu sagen, dass es bestimmt bald vorbei sei. Ich wartete, diskutierte mit Karim, der mit Ulrike und Bettina vorbeigekommen war, weil immerhin seine Familie zu Besuch war, lief nervös in der Wohnung herum und starrte auf die Uhr, die mir sagte, dass nach zwei Stunden immer noch keine neuen Informationen vorhanden waren. So ging es noch eine Stunde weiter, bis mein Handy schellte und Essam mir sehr leise mitteilte, dass Sayed Marwa zu ihrer Mutter geschickt habe und die Scheidung endlich vollzogen sei. Sayed würde nun kommen und ich möge ihn bitte vollkommen normal behandeln und so tun, als wisse ich von nichts. Er müsse mir das schon selbst sagen. Ich platzte vor Nervosität, Vorfreude und Aufregung. Karim informierte ich sofort und der rief Essam an und durfte helfen kommen. Anna konnte ich ebenfalls vertrauen und tauschte mich umgehend mit ihr aus.
„Siehst du, jetzt ist es vorbei. Alles ist jetzt gut", sagte sie mir.
„Ich bin so aufgeregt. Ich hatte schon gar nicht mehr daran geglaubt, dass es irgendwann passieren könnte."
„Doch, das war mir immer klar. Das konnte nicht gut gehen. Auch ohne Karten hätte ich das gesagt. Jetzt warte aber, bis er von selbst auf dich zukommt. Das muss er erst mal verarbeiten."
„Ich hoffe ja, dass er das schnell tut. Die letzten Monate waren anstrengend genug", sagte ich.
„Geduld. Lass ihm die Zeit, das schaffst du jetzt auch noch. Und morgen komme ich vorbei, vielleicht redet er ja mit mir über alles." versprach sie.

Wenig später kam Sayed, mit verschlossener Miene und kaum ansprechbar. Er verschwand sofort auf unserem Balkon im Schlafzimmer und begann, wilde Telefongespräche zu führen. Ich verstand nicht viel, Karim, der auf den Balkon im Wohnzimmer gegangen war, konnte auch nicht alles hören. Er bekam nur mit, dass Sayed mit einem Sheikh sprach, Azza anschrie und sich weigerte, mit Marwa zu reden. Das beruhigte mich zumindest etwas. Essam erzählte, dass er auch nicht genau wüsste, was der Auslöser gewesen war. Er war angekommen, als Sayed Marwa bereits zugeschrien hatte, dass sie geschieden sei und Azza bestellt hatte, um Marwa abzuholen. Karim erklärte mir später, dass Essam und er hätten schwören müssen, niemandem zu verraten, dass Sayed in einem Loch im Bettpfosten eine weitere SIM-Karte gefunden hatte, mit der Marwa anscheinend mit ihrer Mutter und mit anderen Personen telefoniert hatte. Das erklärte natürlich vieles. Nachdem alle zu Bett gegangen waren, redete Sayed noch mit Karima und Essam und ich fragte vorsichtig, ob ich mich dazusetzen dürfte. Sayed war inzwischen ruhiger und bat mich zu sich. Die Diskussion drehte sich um die Gültigkeit der Scheidung.

„Also, der Sheikh, den ich angerufen habe, sagt, dass es sich nur um eine endgültige Scheidung handelt, wenn du Marwa in drei verschiedenen Situationen jedes Mal gesagt hast, dass sie geschieden ist", erklärte sie Sayed.
„Nein," sagte Essam. „Der Sheikh, den ich gefragt habe, sagt, dass auch dreimal in einer Situation gehen. Es muss nur in Ruhe geschehen sein und nicht in der Hitze eines Streits."
Was ging hier vor? War Sayed nun geschieden oder nicht? Und was für Auswirkungen hatte es, wenn es nur als einmal galt? Aber ich traute nicht, mich einzumischen.
„Also, Sheikh Mohamed sagt, dass es nur einmal ist. Aber sie kann bei ihrer Mutter bleiben. Ich muss die Scheidung nur wiederholen", sagte Sayed.

So ging die Diskussion eine halbe Stunde weiter. Jeder hatte eine andere Meinung, jeder gab seinen Senf dazu und entschieden war rein gar nicht. Ich sackte wieder in mein Loch. Aber es gab Hoffnung. Sayed musste das nur durchziehen. Und Essam war da zuversichtlich. Als sie am nächsten Tag die Wohnung von Marwa leer räumten und eine Kiste nach der anderen in unser Gästezimmer stellten, das inzwischen wieder leer war, weil am Morgen Karims Familie abgereist war, wurde ich wieder von Optimismus erfüllt. Marwa hatte keine Wohnung mehr. Außer dem, was sie in die Ehe mitgebracht hatte, war alles bei mir und Sayed hatte immer betont, dass er nie eine Frau zurücknehmen würde, schon gar nicht, wenn sie einige Nächte getrennt von ihm gelebt hätte. Auch Essam war dieser Meinung und Karim, den ich am Telefon informiert hatte, stimmte ebenfalls zu.

„Überleg dir mal, was das für Sayed heißt. Sie hat ihn vor allen anderen zum Narren gemacht. Eine Telefonkarte versteckt. Das kann er nicht durchgehen lassen."
„Ich hoffe, du hast recht. Noch mal fange ich nicht von vorne an." erklärte ich ihm.
„Das musst du bestimmt auch nicht. Jetzt wird alles besser", versprach er mir.
„Wie sind deine Flitterwochen?", wollte ich wissen.
„Ja, alles ok." Das hörte sich ja nicht gerade begeistert an. „Wir waren mit Bettina am Pool und am Strand und heute Abend essen wir mal hier."
„Schade, dann sehen wir uns ja gar nicht." Ups, das war mir so heraus gerutscht. Aber ich vermisste Karim wirklich, wenn er nicht in der Wohnung war. Er war immer der Fels in der Brandung in den letzten Wochen gewesen und es hatte mir sehr geholfen, ihn bei mir zu wissen. Nach einer kurzen Pause sagte er:
„Morgen komme ich am Abend und dann fliegt Ulrike ja auch schon ab. Und dann bin ich wieder ständig in der Wohnung."
Das freute mich, aber nach dem vorherigen Satz wollte ich dies nicht noch als Krönung oben aufsetzen.
„Gut, dann sehen wir uns morgen", verabschiedete ich mich von ihm.

Sayed war in diesen Tagen wenig ansprechbar. Marwa drohte durch Azza, sich umzubringen, rief alle fünf Minuten an und wenn das Telefon nicht wegen ihr klingelte, war es Karima, die Sayed ihre neuesten Erkenntnisse im islamischen Scheidungsrecht mitteilen musste oder ein weiterer Sheikh, den Sayed konsultiert hatte. Sicher war, dass er wegen der Scheidung nach Kairo fahren musste. Dass er dies plante, ließ mich aufatmen.

Nachdem für Essam alles zur vollsten Zufriedenheit geklärt schien, fuhr auch er ab und berichtete in El Fayoum allen von Sayeds Scheidung. Meine Schwiegermutter war so begeistert, dass sie mich sofort anrief und beglückwünschte. Sayeds Schwestern, Hala und Fateen, riefen ebenfalls an und waren glücklich. Nur Sayed schien sich nicht wirklich zu freuen. Marwas Telefonterror ging nun schon mehrere Tage und nahm kein Ende. Aber Sayed weigerte sich, mit ihr zu reden. Trotzdem verbesserte sich unsere Beziehung zueinander nicht. Ich hatte ihn in Ruhe gelassen, war verständnisvoll, versuchte es mit einem Gespräch, blieb ruhig und ließ keine Möglichkeit aus, etwas zum Positiven zu ändern, aber es schien, dass nichts half. Das machte mich langsam ärgerlich. Nun war Marwa weg und wir konnten in der Theorie an alte Zeiten anknüpfen und ich musste feststellen, dass der Ehemann, den ich mal gehabt hatte, einfach verschwunden war. Die Krönung kam, als eines Tages Marwa an die Tür polterte. Sie kannte genau die Uhrzeit, zu der Mariam ins Bett ging. Sayed schlief schon und Mariam war gerade dabei einzuschlafen, als das Gebollere an unserer Wohnungstür anfing. Nach einigen Malen fing sie zusätzlich an, Sayeds Namen zu schreien. Ich weckte also Sayed, der mir sagte, ich solle ihr wiederum sagen, dass Sayed für sie nicht und nie wieder zu sprechen sei. Das tat mir zwar gut, andererseits hatte ich wirklich keine Lust, mich einzumischen und einer wildgewordenen Marwa gegenüberzutreten. Da ich aber Mariam im Bett haben wollte, ging ich an die Tür, legte sicherheitshalber die Kette vor und öffnete einen Spalt. Sofort versuchte Marwa, sich durch die Tür zu pressen.

„Sayed will mit dir nicht reden und du sollst nicht wiederkommen."
Ich hätte genauso gut mit der Tür reden können, denn Marwa schrie nur weiter nach Sayed.

Ich schloss die Tür, sie polterte weiter dagegen, ich sagte ihr alles erneut, sie schlug weiter. Nun gut, ich ignorierte einfach alles. Und kurze Zeit später wurde es auch wirklich ruhig. Bis es plötzlich zaghaft an unserer Tür klopfte. Ich sag durch den Spion und entdeckte Heike, eine Nachbarin von uns.

„Tut mir leid, aber da unten sitzt Marwa und heult sich die Augen aus dem Kopf und droht damit, sich umzubringen und das finde ich auf unserer Treppe nicht wirklich appetitlich", versuchte sie es mit einem Scherz.
„Ich habe ihr schon gesagt, dass Sayed sie nicht sprechen will und er ist da stur. Er hat sich vor ein paar Tagen von ihr scheiden lassen und er will sie nie wieder sehen." Ich sagte dies nicht ohne Stolz.
„Gut, ich sage es ihr noch mal."

Aber bevor Heike gehen und ich die Tür schließen konnte, raste Marwa von unten herauf und schmiss sich gegen die Tür. In einem Reflex schlug ich diese zu, doch ihr Arm war dazwischen. Jetzt platzte mir der Kragen. Wie konnte sie es wagen, einfach in unsere Wohnung einzudringen? Nicht nur, dass ich sie seit Wochen nicht mehr hier haben wollte. Sie war auch nicht mehr Sayeds Frau. Als sie dann noch nach mir schlug und die Tür schmerzhaft gegen mein Bein knallte, schlug ich auf ihren Arm, bis sie ihn zurückzog und ich die Tür schließen konnte. Der Lärm hatte allerdings Sayed ins Wohnzimmer gerufen.

„Was ist hier los?", fragte er mich. Ich erzählte ihm, was passiert war und zeigte ihm meinen blau werdenden Oberschenkel. Doch anstatt eines Wutanfalls wurde mein Mann das erste Mal, seit ich ihn kannte, ruhig und öffnete die Tür. Alles in mir schrie, bloß zu verhindern, dass die beiden miteinander sprachen, dass sie in meine Wohnung kam. Aber ich konnte nichts tun. Marwa jammerte und weinte, dass ich ihr den Arm gebrochen hätte, wobei ihr Arm verglichen mit meinem Oberschenkel wirklich gesund aussah. Doch Sayed ging nicht darauf ein und erklärte ihr nur, dass er keinen Ton von ihr hören wollte. Er rief Azza an, schrie sie durchs Telefon an, wie sie Marwa alleine herkommen lassen konnte, schrie, dass sie ihm Marwa vom Leib halten sollte und befahl ihr, Marwa zu holen. Zehn Minuten später war alles vorbei. Aber der Vorfall hatte mir deutlich gemacht, dass Marwa noch lange nicht Vergangenheit war. Und meine Beziehung immer noch nicht sicher.

Karim, der an diesem Abend ausgegangen war, schüttelte nur den Kopf, als ich ihm alles erzählte.

„Was denkt sie sich nur dabei? Und warum bringt er nicht endlich die Scheidungsurkunde? Dann weiß auch Marwa, dass alles Jammern nichts mehr nutzt."

„Ich weiß es auch nicht, aber ich kann auch nicht mehr. Mit oder ohne Marwa, Sayed ist immer noch 24 Stunden mit ihr beschäftigt und unsere Beziehung wird nicht besser."

„Und was willst du tun?", fragte Karim.

„Ich überlege, ob ich nicht nach El Fayoum fahre. Mariam würde endlich einmal Harmonie erleben und nicht nur Geschrei und einen gereizten Vater und ich könnte vielleicht entspannen", schlug ich vor.

„Gute Idee. Ich könnte mit dir kommen. Ich habe eh nichts zu tun und Sayeds Housekeeping funktioniert auch nicht. Annas Wohnung kann er auch alleine machen."

Das freute mich. Ich würde in El Fayoum mit Karim Spaß haben können und vielleicht mal zur Ruhe kommen. Außerdem machte Mariam inzwischen wieder in die Hose und brauchte Pampers. Ich hoffte, dass eine andere Umgebung sie wieder glücklicher machen würde. Nur Sayed musste ich verkaufen, dass das eine gute Idee war. Ich versuchte also, ihn selbst diese Idee haben zu lassen. So, wie ich es bei den Ägypterinnen gesehen hatte.

„Ich glaube, Mariam würde sich freuen, mal wieder wegzufahren", sagte ich.

„Also ich kann im Moment wirklich nicht hier weg. Alles geht drunter und drüber", sagte Sayed ungehalten.

„Ja, ich habe ja auch nur gedacht. Wenn wir das Geld hätten, könnte ich nach Deutschland fliegen, aber eigentlich will ich auch gar nicht so weit weg", setzte ich nach.

„Und Anna ist im Moment auch nicht da", fügte Sayed hinzu.

„Ich würde gerne mal wieder nach El Fayoum. Deine Mutter sagte auch, sie vermisst Mariam", sagte ich.

„Aber alleine willst du doch bestimmt nicht nach El Fayoum, oder?", fragte er mich.

„Ach, naja, warum eigentlich nicht? Ich kann mich einigermaßen verständigen, Mariam spricht sowieso arabisch und es wäre für sie bestimmt toll mit den vielen Kindern."

„Aber wie kommst du da hin? Ich lasse euch nicht mit dem Bus fahren." Bis dahin hatte ich ihn also schon bekommen. Jetzt musste er nur noch einsehen, dass es besser war, wenn er mit dem Taxi und ich mit dem Auto fahren würde.

„Das ist natürlich blöd. Und wenn du uns hin- und wieder zurückfährst, ist das auch so teuer."

„Warum nimmst du nicht einfach Karim mit und fährst selbst?"

„Und du bleibst die ganze Zeit ohne Auto?", fragte ich ihn entrüstet, innerlich aber frohlockend.

„Das ist ja kein Problem. Ich muss sowieso nirgendwo hin und wenn, kann ich schnell ein Taxi nehmen. Und Karim passt auf, der hat sowieso nichts zu tun." Ich jubilierte leise vor mich hin. Geschafft. Sogar mit Karim, ohne dass es Sayeds Argwohn erregt hätte.

XXIII

Nur wenige Tage später fuhren wir ab. Wir waren in bester Laune, Mariam freute sich auf ihre Cousins und Cousinen und Karim und ich waren der erdrückenden Stimmung entkommen. Wir machten eine Party mit lauter Musik und viel Gelächter im Auto, waren gelöst und befreit. Ich dachte bei mir, dass so eine Familie sein sollte. Voll Freude, Harmonie und mit viel Kinderlachen. Als wir in El Fayoum ankamen, erwarteten uns schon alle. Sayed hatte mindestens 20 mal angerufen, sich versichern lassen, dass alles ok war und war überaus freundlich geworden, was mich aber auch nicht mehr beeindruckt hatte. Meine Schwiegermutter setzte uns sofort an den Tisch und gab uns zu essen, umarmte mich, sagte immer wieder, was für eine tolle Frau ich sei und wie schön es wäre, dass „diese unangenehme Frau" endlich aus unserem Leben verschwunden sei. Essam kam, um uns mit in unsere alte Wohnung zu nehmen, denn inzwischen waren Sheima und er mit den Kindern dort eingezogen mangels Alternativen, als ihre Wohnung ihnen gekündigt worden war. Unser Schlafzimmer war allerdings unberührt. Alle Sachen von Sayed und mir waren da untergebracht und keiner hatte es in unserer Abwesenheit betreten dürfen. Ich fühlte mich ein wenig schuldig, dass ich ihnen jetzt auf die Nerven fallen würde, andererseits hätte ich bei meinen Schwiegereltern nicht entspannt wohnen können. Auch hier war die Freude groß und Essam, der zu einem guten Freund geworden war, weil ich ihn immer auf dem Laufenden hielt, was in Hurghada passierte, freute sich sichtlich, mich unter besseren Umständen als den letzten zu sehen.

„Warum ist Sayed nicht mitgekommen?", fragte er.
„Sayed!" sagte ich und erntete erstaunte Blicke. „Der ist damit beschäftigt, Marwa abzuwehren, alles mit Karima auszudiskutieren und Azza anzuschreien. Mariam und ich existieren gar nicht für ihn. Und wenn, dann schreit er nur rum. Ich hatte wirklich sie Schnauze voll." Erstaunen machte sich breit.

„Aber ich dachte, mit Marwa wäre es endgültig vorbei", erwiderte Essam.

„Ja, das dachte ich auch. Aber manchmal denke ich, dass Sayed gar keinen mehr will. Und Mariam hat vor lauter schlechten Gefühlen, die bei uns herrschen, wieder angefangen, in die Hose zu machen. Ich tue ihr nachts wieder Pampers um. So sehr ich mich auch bemühe, alles für sie normal erscheinen zu lassen, merkt sie es doch."

„Meinst du wirklich, dass das mit Sayed zu tun hat?"

„Was denn sonst?", fragte ich aufgeregt. „Alles war ok, bis er dieses Weibsbild heiratete und sie ständig verprügelte. Für eine Dreijährige ist es eben schwer zu verstehen, dass ihr Vater plötzlich zwischen der Mutter und dem ehemaligen Babysitter hin- und herpendelt und eine Frau, die sie sehr gemocht hat ständig verprügelt wird. Ihr Vater bereitet einer anderen Frau Schmerzen und der Mutter Sorgen."

Sheima sah mich wütend an.

„Weiß der Geier, was er sich dabei gedacht hat, diese Frau zu heiraten. Ich war so bestürzt, als ich das gehört habe. Essam, du musst mit ihm reden. Das geht einfach nicht so weiter."

„Warten wir ab, was er macht, wenn er ohne Petra und Mariam leben muss", beruhigte Essam die Gemüter.

Für diesen Abend war es genug gewesen und ich informierte Sayed kurz, dass ich schlafen gehen würde. Danach schliefen Mariam und ich das erste Mal seit langer Zeit eine Nacht durch und wachten voller Tatendrang auf. Karim hatte darauf bestanden, dass ich ihn aufwecken sollte, sobald ich wach war, aber ich kannte seine Leidenschaft für Ausschlafen und sah wenig Sinn darin, also frühstückten wir mit Sheima und den Kindern. Essam war schon gegen fünf Uhr nach Kairo aufgebrochen, wo er 24 Stunden durcharbeiten würde, um dann zwei Tage zu Hause zu sein. So ging es seit Jahren bei ihm. Von seinen 750 LE Gehalt als Polizist gingen schon allein 200 für den Bus zur Arbeit verloren und die Wohnung kostete auch 300 LE. Und als ich das Frühstück sah, war mir klar, dass für Mariam und mich eine Extrawurst gebraten wurde. In dem Fall war es teurer Honig und Wurst, auf die Rana und Mezam sich stürzten und von ihrer Mutter sofort zurückgepfiffen wurden. Ich nahm mir vor, unauffällig einkaufen zu gehen, denn auch mein morgendlicher Kaffee war hier ein Luxus. Allerdings konnte ich mich an Foul immer noch nicht gewöhnen und begnügte mich mit Brot, Eiern und Pommes. Mariam aß und war glücklich über die Ruhe und Gesellschaft. Dann weckte ich Karim auf, der eine halbe Stunde später in der Wohnung stand und bereit war, uns zu meiner Schwägerin Hala zu begleiten. Ich musste dringend alle Besuche hinter mich bringen und das auch noch in der richtigen Reihenfolge, damit ich endlich tun und lassen konnte, was ich wollte.

Aber sobald ich bei Hala angekommen war, erkannte ich, dass ich besser einen Terminkalender kaufen sollte, denn jeder wollte uns zum Essen bei sich haben. Für die nächsten Tage plante ich schon nach wenigen Stunden Mittag- und Abendessen auswärts. Ich hatte mittlerweile mindestens 10 Kilogramm abgenommen und war mir sicher, bei dieser Verpflegung alles innerhalb einer Woche wieder zuzunehmen. Da ich aber den Gewichtsverlust weder gewollt noch geplant hatte und er mir durch die finanzielle Situation eher in den Schoß gefallen war, wollte ich jetzt auch nicht damit anfangen, auf mein Gewicht zu achten. Karim ließ mich immer wieder alleine bei meinen Besuchen, kam aber auch pünktlich wieder, um mich abzuholen. Bei seiner Familie hielt ich mich am liebsten auf. Renas als meine Lieblingsverwandte war da und alle kannten von Karim jede Kleinigkeit meines vergangenen Lebens als Erstfrau von Sayed, sodass ich hier frei sprechen konnte.

Nach einigen Tagen fing ich an, wieder zu arbeiten. Ich hatte meinen Computer mitgebracht und fand einige nette Jobs als Texterin. So würde ich mein Internet und die Einkäufe finanzieren können, von denen ich noch nicht wusste, wie ich sie unauffällig machen sollte. Eines Nachmittags, nachdem Karim und ich am Abend vorher spazieren gegangen waren, sehr offen geredet hatten und viel Spaß gehabt hatten, kam er vorbei, als ich alleine in der Wohnung war. Er saß auf dem Sofa neben mir und plötzlich wusste ich, dass er versuchte den Mut aufzubringen, sich mir zu nähern. Unsere Beine berührten sich und sein Blick sprach Bände. Ich wusste, es bräuchte nur ein Wort von mir und unser Verhältnis würde sich ändern. Und obwohl ich oft darüber nachgedacht hatte, sträubte sich fast alles in mir, diesen Schritt zu gehen. Da Karim nie sehr direkt gewesen war, konnte ich seinen Versuch also ignorieren, ohne ihn zu verletzen. Und so waren wir minutenlang etwas befangen, hinterher aber wieder die besten Freunde und alles war beim Alten. Die Linie war nun für beide Seiten klar.

Während meiner Arbeit im Internet suchte ich in Facebook zur Entspannung nach alten Freunden. Und mit einem Mal erinnerte ich mich an Ashraf und fragte mich, was wohl aus ihm geworden war. Ich hatte schon einige Male in den letzten Jahren seinen Namen eingegeben, aber nichts gefunden. Aber jetzt war er plötzlich da. Vor mir, wie ich ihn kannte, auf einem Foto seiner Seite in Facebook. Minutenlang starrte ich dieses Foto an. Er hatte sich kaum verändert. Sein Gesicht war wie früher mit ein paar Falten um die Augen und vielleicht etwas voller. Ich hatte dieses Gesicht wirklich vermisst. Ich fragte mich, was gewesen wäre, wenn ich ihn geheiratet hätte, ob er sein Versprechen, mich immer zu lieben, immer noch hielt und was er beruflich machte. Schreiben wollte ich ihm nicht, seine Telefonnummer hatte ich nicht mehr. Aber ich fand eine Antwort von ihm auf eine Stellenanzeige, in der er seine Telefonnummer angegeben hatte. Nun saß ich vor dieser Telefonnummer und fragte mich, ob ich das wirklich wollte. Karim zu widerstehen war eine Sache, Ashraf würde wundervolle, alte Gefühle hervorrufen, die ich im Moment mehr als brauchte. Die Gefahr war sehr groß. Ich wog die Vor- und die Nachteile ab, legte das Telefon weg, arbeitete, holte die Telefonnummer wieder hervor und rief schließlich an.
„Hallo?" Er hörte sich genauso an wie vor Jahren. Mein Herz schlug mir bis zum Hals.

„Ashraf?", fragte ich. Stille.

„Ja?", kam die Antwort.

„Ich bin es, Petra. Erinnerst du dich?" Ich war nervös. Würde er mir wieder die alte Geschichte vorwerfen und auflegen?

„Petra? Wirklich? Mein Gott, was eine Freude. Wo bist du?" Erleichtert atmete ich auf.

„Ich bin im Moment in El Fayoum und wo bist du?"

„In Kairo, auf dem Weg nach Sharm."

„Arbeitest du immer noch da?"

„Ja, ich bin Front Office Manager."

„Was machst du sonst und wie geht es dir?", fragte ich ihn.

„Mir geht es wieder gut. Vor einem Jahr ist mein Vater gestorben und hat mich auf dem Sterbebett auf den Koran schwören lassen, dass ich heiraten würde. Bis dahin hatte ich mich an mein Versprechen gehalten, du weißt schon."

Er hatte es nicht vergessen. Ich hätte in El Gouna noch zu ihm zurückkehren können. Vielleicht ein Fehler.

„Es freut mich, dass du nicht mehr alleine bist. Wie ist denn deine Frau?"

„Nun ja, sie ist eine Ägypterin, sehr eifersüchtig und wir kommen klar. Meine Zwillinge sind dafür mein ein und alles." Er hatte Kinder!

„Ich habe auch eine Tochter. Mariam. Sie ist jetzt drei Jahre und auch mein Ein und Alles", sagte ich ihm.

„Und was machst du in El Fayoum?"

„Das ist eine lange Geschichte. Aber ich bin ohne Sayed hier bei seiner Familie."

Wir redeten noch eine Weile und brachten uns auf den neuesten Stand unserer wichtigsten Daten. Er versprach, mich am späten Abend anzurufen, sobald er in seinem Zimmer im Hotel angekommen wäre.

Karim, der während der letzten fünf Minuten das Telefongespräch mitbekommen hatte, runzelte die Stirn. Ich versuchte ihm zu erklären, wer Ashraf sei und tat bewusst so, als ob das total unwichtig gewesen wäre, aber er glaubte mir nicht. Andererseits hätte er auch nie etwas gegen eine Entscheidung von mir gesagt. Teils deshalb, weil ich, wie Ulrike es ausdrückte, die perfekte Petra war, teils aber auch, weil er mir nach Sayeds Verhalten einige Rechte zugestand. Doch es war mir auch egal. Mit Ashraf zu sprechen war für mich eine Erholung. Es tat mir gut, wir verstanden uns wie früher und ich brauchte einfach dieses Gefühl, von ihm immer noch geliebt zu werden. Ich wollte das tun, was für mich gut war. Und so telefonierte ich mit Ashraf von Mitternacht bis zum Gebet am Morgen um 4.30 Uhr. Wir redeten über die letzten Jahre, über unser Leben, über unsere Partner und über Sayed. Ashraf war entsetzt, was mir in den letzten Monaten widerfahren war. Für ihn war Sayed Abschaum. In der nächsten Nacht redeten wir über meinen Anruf aus El Gouna bei ihm und wir fanden heraus, dass wir uns wieder einmal missverstanden hatten. Er wäre nur zu bereit gewesen, wieder eine Beziehung mit mir zu beginnen, weil er, wie er sagte, bis zu diesem Tag keine andere Frau geliebt hätte. Ich hingegen hatte Selbstschutz mit Ablehnung verwechselt. Vielleicht wäre sonst alles anders gekommen. Und so führten wir viele Nächte unsere Gespräche weiter. Natürlich musste ich irgendwann Essam und Sheima etwas erklären, damit sie nichts falsches dachten, denn in dieser Wohnung hatten sie mit Sicherheit mitbekommen, dass ich telefonierte, während alle schliefen. Aber meine Erklärung wurde einfach hingenommen und gegen meinen Bonus für das untadelige Verhalten Sayed gegenüber aufgerechnet.

Ashraf und ich bauten binnen weniger Tage eine Beziehung zueinander auf, die tiefer ging als alles, was ich mit Sayed in sieben Jahren je gehabt hatte. Wir sprachen offen über jedes Detail unsere Lebens, selbst über unsere Gefühle. Aber wie es immer in unserem Leben gewesen war, gab es auch hier Hindernisse, die es uns nie erlauben würden, eine Beziehung zu leben. Und so träumten wir zwar manches Mal davon, wie wir leben würden und was hätte sein können, aber machten uns in dieser Hinsicht auch nichts vor. Es war eben so, dass wir uns aus irgendeinem Grund immer wieder verpassten. Und dieses Mal standen uns ein Ehemann, eine Ehefrau und drei Kinder im Weg. Nicht, dass ich Mariam gegen irgendeinen Mann auf dieser Welt eingetauscht hätte. Aber im Falle einer Scheidung von Sayed hätte ich in Ägypten nur so lange das Sorgerecht behalten, wie ich unverheiratet blieb. Da Ashraf kein Visum für ein anderes Land bekommen würde und es auch wegen seiner Kinder nicht verlassen wollte, erübrigte sich jeder weitere Gedanke. Außerdem hatte sich an seinem Glauben nichts geändert, der es ihm verbot, mit einer anderen Frau zu schlafen oder sich von seiner Frau ohne Grund scheiden zu lassen. Deshalb genossen wir unsere Gespräche und ich lernte viel über den Islam und vor allen Dingen die wirklichen Regeln bezüglich einer zweiten Ehefrau, Scheidungsgründen und Verhaltensweisen eines Ehemannes kennen, die mir bisher unbekannt gewesen waren. Fest stand für Ashraf und mich, dass Sayed sich viel früher hätte scheiden lassen können und dass er entweder falsche Berater hatte oder log. All dies erschien mir aber gar nicht mehr so wichtig. Sayed war weit, weit entfernt, er hatte bisher keine Veranlassung gesehen, zu mir zu kommen, ich fühlte mich in El Fayoum wohl und ich hatte Karim und Ashraf. Beide verheiratet, beide sehr gute Freunde, beide immer für mich da und beide mit tieferen Gefühlen für mich. Und beide konnte mir nicht gefährlich werden. Eine angenehme Situation.

Doch eines Tages kündigte sich Sayed an. Ich wusste nicht, was ich davon halten sollte. Kam er, weil er endlich zur Vernunft gekommen war? Oder vielleicht nur, weil es seine Pflicht war? Erstaunlicherweise war Sayed wirklich guter Laune und gelöst, als er ankam. Er kam nur für drei Tage und hatte gehofft, dass Mariam und ich mit zurückkommen würden, aber zwischen uns stand so viel, dass es für mich wie eine meterhohe Wand aussah, die einfach nicht zu überbrücken war. Und Sayed wartete, was ich tun würde. Nichts hatte sich geändert. Und auch Mariam reagierte auf ihn nicht sehr positiv, denn sie machte sofort in ihre Hose. So hatte ich mir das nicht vorgestellt. Wir redeten um den heißen Brei herum, Sayed öffnete sich mir noch immer nicht und ich beschloss, weiterhin in El Fayoum zu bleiben. Alle waren erstaunt, aber Essam und Sheima verstanden inzwischen, warum ich dies tun musste. Ebenso hatte ich den Eindruck, dass Sayed etwas vor mir verbarg. Zumindest hatte der Telefonterror nicht aufgehört und das war ein Zeichen für mich, dass die Scheidung von Marwa immer noch nicht offiziell war. Und so fuhr Sayed ab, ohne dass sich zwischen uns etwas geändert hätte. Ich setzte meine Telefongespräche mit Ashraf fort, arbeitete, ging mit Karim weg und brachte nach und nach die gesamte Familie auf den aktuellen Stand. Zwar wusste ich, dass Sayed wütend sein würde, wenn alle über die Situation und Details Bescheid wussten, aber auch ich brauchte meine Lobby.

Doch weitere zwei Wochen später kam Sayed zurück. Und dieses Mal nahm ich mir vor, mit ihm sehr ernst zu reden, denn so konnte es nicht weiter gehen. Ich wollte ihm sagen, dass von unserer früheren glücklichen Beziehung aufgrund seines Verhaltens nichts übrig geblieben war, dass Mariam unter der Situation litt, dass er nur noch gestresst und cholerisch war und ich keinerlei Entgegenkommen seinerseits sah, geschweige denn genug Vertrauen. Und natürlich hatte ich fest auf meinem Gesprächsplan, das Thema Karima zu erwähnen. Und so nahmen wir das Auto und fuhren an den See. Wir setzten uns in ein leeres Café, wo um diese Uhrzeit noch nicht viel los war und schwiegen uns an bis es mir zu bunt wurde.

„Sayed, so kann es nicht weitergehen", fing ich an. „Du bist überhaupt nicht wiederzuerkennen. Ich habe dies alles getan, um unsere Beziehung zu retten, um eine Familie für Mariam zu haben. Aber auch jetzt, wo Marwa weg ist, änderst du dich nicht. Ich will einen Partner und keine Bedrohung."

Sayed schwieg. Er sah alles andere als glücklich aus.

„Du solltest schon mit mir reden, auch wenn du das üblicherweise nur noch mit Karima machst."

„Warum hackst du immer auf Karima rum? Sie will nur helfen und sie ist objektiv."

„Wohl kaum. Von einer Frau, die dich durch mich verloren hat, kannst du das ja wohl nicht behaupten."

„Ich weiß, du magst sie nicht, aber sie war immer auf deiner Seite", verteidigte er sie.

„Ja wirklich", erwiderte ich sarkastisch. „Das habe ich in Hurghada gesehen. Aber egal, das war nicht das Thema."

Wieder schwieg Sayed. Und sein Schweigen beunruhigte mich mehr als alles andere. Er sah nicht wütend aus, eher verunsichert und ich sollte auch gleich erfahren, warum.

„Ich bin nicht von Marwa geschieden", sagte er und guckte mich vorsichtig an.

„Du meinst, du warst noch nicht in Kairo?", versuchte ich ihn zu verstehen.

„Nein, ich meine, ich habe mit vielen Sheikhs gesprochen und alle sagten mir, was passiert ist würde nicht ausreichen."

„Aber du hast ihr drei mal gesagt, dass sie geschieden ist. Damit gibt es kein Zurück." Immer noch war mir nicht klar, worauf er hinaus wollte.

„Da es sich um einen Streit handelte und ich es dreimal hintereinander gesagt habe, gilt es nur als ein mal", erklärte er mir.

„Gut, dann musst du ihr das ja nur noch zwei mal sagen", versuchte ich krampfhaft das Offensichtliche zu ignorieren.

„Marwa war bei Sheikh Mohammed und der hat mit mir geredet. Er sagt, der Grund für den Streit würde keine Scheidung rechtfertigen."

„Ach so? Auch nicht die Schlägereien, die Messerstechereien und das ständige Geschrei? Auch nicht deine Tochter, die darunter leidet oder ich, die ich zehn Kilo abgenommen habe wegen dem Stress und weil wir nicht mehr genug Geld zum Leben haben?", fauchte ich ihn an.

„Darum geht es nicht. Ich habe Marwa zurückgenommen, weil es gegen den Koran wäre, sie deshalb zu verstoßen und du weißt, ich tue das, weil ich Mariam schützen will."

„Mariam schützen? Du zerstörst ihr so ihre Kindheit. Ich kann das nicht noch mal, Sayed. Wer denkt denn an mich? Geht es immer nur um Marwa, was sie richtig oder falsch macht? Ihr habt mich betrogen und ich bin diejenige, die leiden muss. Und ein unschuldiges Kind." Ich war fassungslos und suchte nach irgendeinem Grund, warum diese Entscheidung nicht richtig sein konnte.

„Es tut mir leid."

„Und warum redet jeder mit Sheikh Mohammed, nur mir hört keiner zu? Warum fragt mich keiner, was ich davon halte?", wollte ich wissen.

„Weil es hier um das Problem zwischen Marwa und mir geht."

„Ja wirklich? Nun gut, dann will ich jetzt mit Sheikh Mohammed reden", verlangte ich.

Sayed gab mir nach und rief den Sheikh an, der mich als Engel und Marwa als schlechte Frau bezeichnet hatte.

Ich erklärte ihm mit Sayeds Hilfe, dass ich so nicht mehr weiter leben konnte. Und wofür Sayed sich entscheiden müsste, wenn ich ihm die Wahl zwischen Marwa und mir ließe. Doch seine Antwort war niederschmetternd.

„Meine Schwester," fing er an. „Ich weiß, wie viel du gegeben hast. Aber die Ehe von Sayed und Marwa, so schlimm sie auch sein mag, darf nicht von deiner Entscheidung abhängen. Es steht dir frei, dich von ihm scheiden zu lassen, aber Marwa ist jung und macht Fehler und Sayed kann sie nur in bestimmten Situationen verstoßen. Dies war keine davon."

„Das heißt, ihr alle glaubt, dass es Gott glücklich macht, wenn ein vierjähriges Kind und eine unschuldige Frau unter der Ehe von zwei Menschen leiden, die sich täglich prügeln und mit Messern aufeinander einstechen? Das kann ich nicht glauben", begehrte ich auf.

„Ich habe mit Marwa und mit Sayed gesprochen, dass dies ein Ende haben muss und sie haben geschworen, sich zu ändern", erklärte

Sheikh Mohammed. Na wunderbar, dann würden sie jetzt ja harmonisch miteinander leben und ich wäre immer noch die Dumme. Alles in mir weigerte sich zu glauben, dass dies alles wirklich mir passieren konnte, dass wirklich diese ganze Geschichte mit der Scheidung ein schlechter Scherz gewesen war. Es kam mir vor, als ob jemand mit sagen würde „Ätschibätsch, da hast du es."

Ich sah Sayed an und konnte einfach nicht reden. Zu viel ging in meinem Kopf vor. Und ich dachte, dass wenn er mich wirklich lieben würde, er nicht in der Lage wäre, mir dies alles anzutun. Trotzdem wollte etwas in mir nicht aufgeben. Und schon gar nicht Marwa gewinnen lassen. Aber reden konnte ich nicht. Ich bat Sayed nur, mich zurückzufahren. Während er das Auto holte, rief ich Essam und Karim schnell an und sagte ihnen, dass Sayed Marwa zurückgenommen hätte und dass sie bitte ein paar Männer organisieren sollten, die mit ihm reden würden. Vielleicht würde er auf seine Familie hören. Meine Schwiegermutter würde entsetzt sein. So wie auch die meisten anderen. Es war die einzige Möglichkeit, die mir geblieben war. Doch zuerst verstand mich keiner von beiden. Sayed war maximal fünf Minuten unterwegs und ich wollte in keinem Fall, dass er etwas von meinen Anrufen mitbekam. In meiner Aufregung war mein Arabisch wie weggespült und mit Englisch hatten beide am Telefon große Probleme. Und so hoffte ich nur, dass sie etwas daraus machen würden.

Wie sich nach einer in frustriertem Schweigen zurückgelegten Fahrt herausstellte, hatten beide geglaubt, mich missverstanden zu haben. Denn selbst wenn wir in unserer Muttersprache geredet hätten, wäre jeder überzeugt gewesen, dass ich scherze. Sayed hatte immer wieder betont, dass er niemals eine Frau zurücknehmen würde, von der er sich einmal getrennt hatte. Und schon gar keine, die eine Nacht nicht unter seiner Aufsicht verbracht hatte. Er hatte die Wohnung gekündigt, ausgeräumt und Marwa wochenlang nicht gesehen. Sie war ohne seine Erlaubnis oder Begleitperson durch Hurghada gelaufen. Es gab mindestens zehn gute Gründe, warum jeder sein Hab und Gut darauf verwettet hätte, dass Marwa Vergangenheit war. Ich brachte Karim schnell bei der nächsten Gelegenheit auf den aktuellen Stand, dieser informierte Essam und man vereinbarte, abends mit den wichtigsten Männern der Familie mit Sayed zu reden. Das Problem war, dass Sayed alles bestritt. Marwa war nicht verschwenderisch, es gab eben ab und an Streitereien, aber nicht in dem Maße, wie ich es dargestellt hatte, ich müsste nicht auf Vieles verzichten, Mariam hätte keine Probleme und würde sich an alles gewöhnen und außerdem wäre sein Verhalten von einem großen Sheikh überprüft und abgesegnet und Marwa hätte versprochen, sich zu ändern. Alles Reden half nichts und machte Sayed nur wütend auf mich, weil ich andere informiert hatte. Die wussten im Übrigen eh schon Bescheid, dass alles, was wir besaßen, mir gehörte, sodass er in seinen Augen nicht mehr als Mann vor ihnen dastand. Er verließ wütend die Wohnung und ich blieb mit Karim, Essam und Sheima alleine.

Das erste Mal seit Stunden konnte ich meine Gefühle zeigen und weinte und weinte. Sheima schimpfte über Marwa, über Sayed und über einen Sheikh, der nichts zu wissen schien, Essam war fassungslos und sagte nur, er würde mit einem anderen Sheikh und mit Sayed reden und Karim schwieg. Wir beide hatten in Hurghada zu viel gesehen, zu viele Ausreden von Sayed gehört, zu viele gebrochene Versprechen erlebt und zu viele Unmöglichkeiten möglich gemacht gesehen, um jetzt noch erstaunt zu sein. Tief in mir drin wusste ich, dass ich an dieser Situation nichts würde ändern können. Die Frage war nur, was ich jetzt tun sollte. Sollte ich Stärke zeigen und Marwa demonstrieren, dass sie nicht gewonnen hatte? Sollte ich mit Sayed nach Hurghada fahren? Oder sollte ich trotzig in El Fayoum bleiben? Ich war mir einfach nicht sicher. Stundenlang gingen Sayed und ich uns aus dem Weg. Spät am Abend, ich wollte gerade zu Bett gehen, kam er ins Zimmer. Ich sah in nur traurig und enttäuscht an.

„Wir fahren dann morgen nach Hause", sagte er.

„Ich weiß nicht, ob ich nach dem, was du mir eröffnet hast, morgen schon nach Hause fahren möchte", erwiderte ich.

„Du kannst nicht ewig hier bleiben. Du bist meine Frau, wie sieht das denn aus?", fragte er mich.

„Ich glaube nicht, dass du dir noch Gedanken darüber machen solltest, wie irgendetwas aussieht, nachdem du Marwa zurückgenommen hast", sagte ich provokativ zu ihm.

„Ich habe nur das einzig Richtige getan."

„Aber sicher. Ich hoffe, deine Tochter wird dies auch eines Tages so sehen."

Und plötzlich, als ob jemand einen Wasserhahn aufgedreht hätte, brach Sayed in Tränen aus, schluchzte und stammelte, wie leid ihm alles täte. Er hätte dies auch alles nicht gewollt. Er hätte immer nur mich geliebt. Marwa wäre ein dummes, kleines Mädchen und es gäbe nicht einen Tag, an dem er nicht seine Schwäche verflucht hätte, seit er mit ihr geschlafen hätte. Und zum ersten mal seit Monaten fingen wir ein respektvolles, ehrliches Gespräch an. Er erzählte mir von seinen Problemen und Gedanken, ich ihm von meinen. Es war, als ob der alte Sayed durch eine Mauer gebrochen wäre. Wir liebten uns, wir würden es zusammen durchstehen, alles würde gut werden.

Doch die letzten Wochen hatten mich auch etwas gelehrt und so traute ich dem Frieden nicht. Da Sayed entschieden hatte, dass Marwa erst wieder als seine Frau aufgenommen werden würde, wenn er mit mir geredet hätte, würde er dies umgehend tun, wenn er in Hurghada ankäme. Aus diesem Grund bat ich ihn am nächsten Morgen, mir Zeit zu geben, mich an den Gedanken zu gewöhnen, Marwa aber nicht in unsere gemeinsame Wohnung zu bringen. Ich wollte diese Frau nie wieder in meiner Wohnung haben. Sayed diskutierte zwar mit mir, wie unpraktisch dies wegen der Hunde wäre und dass dies für ihn ein erheblicher Aufwand wäre, ich wich aber in diesem Punkt nicht von der Stelle. Und so versprach er mir, dass er Marwa nur bei ihrer Mutter sehen würde, denn eine eigene Wohnung hatte sie noch nicht wieder.

Sayed fuhr ab und Tage voller Diskussionen mit Ashraf, Karim und Essam fingen an. Sayeds Mutter bekniete mich, zu ihm zu fahren und Marwa nicht den Raum für Intrigen zu geben. Andere wiesen mich darauf hin, dass Marwa unter Garantie schon in meiner Wohnung sei, weil Frauen wie sie für Geld alles täten. Ashraf sagte mir, dass Sayed sie nicht hätte zurücknehmen müssen, dass alles nur ein Vorwand sei. Und ich entschied nach einiger Zeit, dass ich dem Unausweichlichen nicht entkommen könnte und nach Hurghada fahren musste. Allerdings wollte ich Essam mitnehmen, um mit Sayed neue Regeln für unser Zusammenleben auszuhandeln. Karim würde sowieso mitkommen. Mit Hany zusammen, der im Hotel in Hurghada arbeitete, sollte es kein allzu großes Problem sein, mehr Rechte für Mariam und mich zu fordern. Denn wie ich allen in El Fayoum erklärte, gehörten Auto, Wohnung und Villa mir beziehungsweise meiner Mutter, ich arbeitete für ein angenehmeres Leben und ich hatte alles mit in die Ehe gebracht. Ein Vergleich zwischen Marwa und mir war also absurd, jede Gleichbehandlung einfach völlig ungerechtfertigt.

Anna war inzwischen auch wieder in Hurghada und hatte schon von Sayed gehört, was passiert war. Sie war ebenso erschrocken wie ich. Auch sie versprach, auf Sayed einzuwirken, denn jeder, der das Verhältnis zwischen ihm und Marwa aus der Nähe mitbekam, war davon überzeugt, dass eine Scheidung auch in Gottes Sinn sein musste.
Der Abschied aus El Fayoum fiel tränenreich aus. Mindestens 15 Leute standen in Essams Wohnung um uns zu verabschieden, die meisten weinten und beteuerten, wie schrecklich dies alles sei. Vor allen Dingen meine Schwiegermutter konnte gar nicht mit Weinen aufhören. Mein Schwiegervater in seiner ruhigen und herzlichen Art drückte mir nur die Hand und lächelte mich aufbauend an.

XXIV

Auf der Fahrt nach Hurghada saß ich neben Essam, der das Auto fuhr, während Karim sich die Rückbank mit der schlafenden Mariam teilte. Ich wollte die Zeit nutzen, Essam klar darauf vorzubereiten, was er für mich erreichen sollte.

„Essam, so geht das nicht weiter", erklärte ich ihm. „Jetzt ist Marwa wieder da, eine neue Wohnung muss angemietet werden, sie braucht viel Geld für Lebensmittel und Sayed hat eh schon überall Schulden. Vorher hat sein Geld nicht für Mariam und mich ausgereicht, wie soll er das jetzt noch machen? Und ich werde ihm definitiv nichts geben."

„Das solltest du auch nicht, aber das wird ihn nicht davon abhalten, das zu tun, was er sich in den Kopf gesetzt hat."

„Aber wir wissen doch alle, dass er das nicht müsste und dass er nur diesen Scheidungsspruch dreimal hätte sagen müssen."

„Selbst dann. Ich habe mit Sheikh Mohammed ja auch geredet und der sagt, dass wegen einer solchen Nichtigkeit keine Scheidung möglich wäre."

„Klar, andererseits habe ich eine Mail an einen hohen Sheikh in Saudi Arabien geschickt und der sagt, dass eine Scheidung auch möglich ist, wenn der Mann die Frau einfach nicht lieben kann."

„Ja, nur vertraut Sayed Sheikh Mohammed", erwiderte Essam.

„Das mag ja sein, aber du hast selbst Mariam gesehen. Sie ist total fertig. Sayed sagt immer, sie wird sich schon dran gewöhnen, sie wird das vergessen, aber selbst der Arzt sagt, dass dem nicht so ist." Leider war der Arzt Christ und Sayed schob seine Antwort darauf, dass er eben von einer Mehrfachehe keine Ahnung hätte und Moslems eh ablehnen würde.

„Außerdem sehe ich es wirklich nicht mehr ein, dass man Marwa und mich gleich behandelt. Ich habe für meine schöne Wohnung hart gearbeitet. Alles, was sich darin befindet, ist ein Resultat meiner jahrelangen Arbeit in Deutschland. Selbst mein Schmuck ist von meinem Geld gekauft. Und nun kommt dieses verwöhnte Balg an und will alles das, was ich auch habe?" Ich steigerte mich immer mehr in meine Wut.

„Du hast Recht. Ich werde mit Sayed reden. Aber was ist jetzt eigentlich mit diesem Mann vom Telefon?", wollte er wissen.

„Nichts, er ist ein sehr alter Freund, den Sayed auch kennt." Zumindest kannte er Ashraf vom Namen her und hatte in El Gouna kein Problem damit gehabt, dass ich ihn in seiner Gegenwart anrief.

„Findest du nicht, du solltest mit Sayed darüber reden?"

„Nein, Essam, das finde ich nicht. Sayed hat sowieso keine Zeit, mir bei irgendwas zuzuhören. Aber eins sage ich dir, ändert Sayed sich nicht, lasse ich mich scheiden und dann habe ich bestimmt einen sehr netten Mann, der nur zu gerne heiraten möchte."

Karim, der sich inzwischen vorgelehnt hatte, um das Gespräch zu verfolgen, starrte mich entsetzt an.

„Du willst diesen Mann also heiraten?", fragte Karim.

„Nein, aber er ist sehr nett und wenn Sayed sich Mariam und mir gegenüber weiterhin so verhält, sind wir da besser aufgehoben." Essam brauchte nicht zu wissen, dass Ashraf für eine Heirat nicht in Frage kam. Zwar hatten wir darüber gesprochen, aber es war uns klar, dass wir dies niemals tun würden und auch in dieser Situation gar nicht konnten. Damit war für Essam klar, dass ich es sehr ernst meinte und dass er etwas unternehmen musste, wenn er die Ehe zwischen Sayed und mir retten wollte.

Trotz allem war ich froh, wieder in meiner Wohnung zu sein. Außerdem hatte ich Ginny und Whisky wieder und Mariam freute sich besonders über Snoopy, einen Kater, den wir vor einigen Wochen aufgelesen hatten als er jämmerlich nach seiner Mutter schrie, die aber nicht auftauchte, obwohl wir stundenlang gewartet hatten. Da die Suche nach ihr ebenfalls ohne Erfolg geblieben war, hatte Ginny sich als Mutter/Vater-Mischung zur Verfügung gestellt und Mariam liebte ihr Kuscheltier mit jedem Tag mehr. Inzwischen war ein beachtlicher Kater aus Snoopy geworden, der zu ihrem Leidwesen an Kuscheln nur noch wenig Interesse hatte. Er ließ sich aber zumindest herab, ihr beim Einschlafen zuzusehen, bevor er durch die Luke der Wohnungstür in der Nacht verschwand. Einmal hatte er uns seinen Dank beweisen wollen und eine noch lebende Maus vor die Füße gelegt. Während ich ihn pflichtschuldig lobte, sah Karim mich nur entgeistert an und jagte hinter der verängstigten Maus her. Von Snoppy erntete er dafür nur einen mitleidigen Blick, bevor er die Sache selbst erledigte. Unseren Zoo hatten zwei Kaninchen vervollständigen sollen, für die wir einen großen Käfig gebaut hatten. Irgendwie landeten sie dann aber doch bei uns im Kochtopf, nachdem der Dreck überhand genommen hatte und die Reinigung des Käfigs mir immer mehr Arbeit machte. Wir konnten alle nicht viel essen, als sie gekocht wurden, aber unser Security freute sich über das unerwartete Festessen um so mehr. Nun waren wir also wieder in unserer Wohnung und ich erwartete, dass schnellstmöglich eine annehmbare Lösung, am besten die Scheidung von Marwa, gefunden wurde.

Wie ich später lernte, werden Erwartungen immer enttäuscht. Denn Sayed war gestresster denn je, eine Wohnung für Marwa immer noch nicht gefunden, das Geld fehlte an allen Ecken und Enden und nun brauchten Mariam und ich auch noch Lebensmittel. Die Stromrechnung war seit Monaten nicht bezahlt, die Lizenz für das Auto musste verlängert werden und im Souk hatte Sayed die letzten Wochen nur auf Pump eingekauft. Da er sich auch nicht entsprechend um die Werkstatt kümmerte, floss aus dieser Einnahmequelle kaum Geld und Marietta hatte angekündigt, die Zahlungen einstellen zu wollen. Ich betrachtete dies alles nicht als mein Problem und freute mich eher darüber. Sollte er doch sehen, wohin Marwa ihn brachte. Im Stillen hoffte ich, dass Sayed so richtig Ärger bekommen würde, damit es nur noch eine Scheidung als Lösung gab. Denn inzwischen war für Sayed auch klar, dass von mir kein Geld kommen würde und sowohl Hany als auch Karim im Moment selbst keins hatten. Mit Anna, die sofort zu Besuch gekommen war, redete ich ausführlich über alles, was passiert war und erzählte ihr auch von Ashraf.

„Du hast jedes Recht der Welt, zumindest am Telefon einen netten Mann zu haben, der sich um dich kümmert", versicherte sie mir.

„Ich habe auch nicht wirklich ein schlechtes Gewissen. Warum auch? Sayed hat mit Marwa geschlafen und tut es scheinbar ja immer noch, auch wenn er sagt, dass es sein muss. Nur Karim gegenüber fühle ich mich irgendwie schlecht."

„Warum? Weil er selbst in dich verliebt ist?", fragte sie.

„Merkt man das so stark?", fragte ich sie.

„Nein, er gibt sich Mühe. Aber dass er dich schon immer in den Himmel gelobt hat und toll fand, bleibt wohl auch seiner Frau nicht verborgen."

„Ja, die Befürchtung habe ich auch. Aber ich habe ihn in keinster Weise ermutigt."

„Warum hat er Ulrike überhaupt geheiratet, wenn er doch eigentlich dich will?"

„Ich glaube, dass er in Ulrike wirklich verliebt ist, aber ich eben unter unerreichbar für ihn laufe. Sozusagen außer Konkurrenz. Ich hoffe es zumindest", dachte ich laut.

„Ich denke aber nicht, dass es so noch wäre, wenn du dich da anders entscheiden würdest." Ich lachte.

„Vielleicht, aber ein Glück stehen wir ja nicht vor dieser Wahl, denn ich werde bei Sayed bleiben. Und wenn es nur wegen Mariam ist." Damit sprach ich das erste mal aus, dass ich ohne Mariam schon lange weg wäre und war überrascht, dass ich es auch wirklich meinte. Es gab einen Ashraf, den ich weitaus mehr wollte als Sayed. Da der aber keine Alternative war und ich mich auch damit abgefunden hatte, blieb ich Mariam zuliebe und weil etwas in mir nicht gegen Marwa verlieren wollte. Als ich aber am Abend in die Wohnung zurück kam, nachdem ich Anna nach Hause gefahren hatte, und Essam, Karim, Hany und Sayed im Wohnzimmer sitzen sah, war mich mir nicht mehr so sicher. Denn Sayed sah unglaublich cholerisch aus während die drei anderen sich fast in ihren Sitzen duckten. Scheinbar hatte Essam, der zurück nach El Fayoum musste, keine

Zeit verloren und ein Gespräch mit Sayed angefangen. Dieser hatte inzwischen vor Wut meinen Laptop ins Gästezimmer geworfen und schrie nun mich an.

„Was fällt dir ein, solche Sachen zu erzählen? Ich gebe mein bestes, um viel Unglück von Mariam abzuwenden und alles zu tun, wie Gott es von mir verlangt und dann muss ich mir anhören, was für ein schlechter Ehemann und Vater ich bin."

„Sayed, so kann es doch nicht weitergehen. Du bist für Mariam und mich nur noch als schreiender, schlecht gelaunter Mann da. Unsere finanzielle Situation ist ein Desaster, wir gehen überhaupt nicht mehr weg, Mariam wacht jede Nacht auf, will ihren Vater und der ist nicht da und dann hat sie wegen all dieser chaotischen Zustände wieder angefangen, in die Hose zu machen."

„Sie wird das schon noch lernen, wenn sie älter wird."

„Aber bis dahin ist es vielleicht zu spät und der Schaden angerichtet."

„Du mit Mariam. Sie hat kein Problem", schrie er mich an.

„Ach nein?", erwiderte ich voller Selbstvertrauen, weil drei Männer dabei saßen, die mich im Notfall verteidigen konnten. „Das sehe ich aber etwas anders. Außerdem reitest du uns immer mehr in den Mist. Immer weniger Geld, immer mehr Ausgaben. Marwa will dieses, Marwa braucht jenes. Während ich versuche, dich zu unterstützen und spare, verlangt sie immer mehr. Und wohin kommen wir, dass die Wäsche deiner Zweitfrau in meiner Waschmaschine gewaschen wird? Und hast du dich eigentlich mal darum gekümmert, dass sie die Pille bekommt? Oder willst du vielleicht noch ein weiteres Kind, das dich 700 LE im Monat kostet, die du nicht hast?", wetterte ich.

„Das geht dich nun überhaupt nichts an", schrie er zurück.

„Marwa hat jedes Recht, Mutter zu werden, wenn sie will. Hany, was sagt der Koran?" Natürlich nickte Hany nur.

„So, dann verhalten sich alle hier also gegen den Koran? Ich glaube, Nehad hat die Pille genommen und Sheima tut das auch, oder nicht?" Alle sahen betreten zu Boden.

„Was andere machen, interessiert mich nicht. Ich tue, was Gott von mir will", schnauzte Sayed.

„Gut, aber jedes Versprechen, dass du mir gegeben hast, hast du gebrochen. Oder wie war das, Hany?" Der versuchte, mich in Schutz zu nehmen, wurde von Sayed aber nur unterbrochen.

„Du meinst also, ich soll nach deiner Pfeife tanzen? Bitte, jetzt machen wir es so, wie ich es will. Entweder so oder du kannst die Scheidung haben." Das hatte gesessen. Es traf mich bis in mein Innerstes und eine Vielzahl von Gedanken strömte auf mich ein. Marwa sollte gewinnen? Mariam ihren Vater verlieren? Was sollte ich alleine in Ägypten machen?

Aber auf der anderen Seite, so konnte es nicht mehr weitergehen. Mein Blutdruck stieg sprunghaft an, ich zitterte, ich war den Tränen nahe. Aber dann sagte ich nur:

„Gut, wenn das so ist... In keinen Fall sehe ich zu, wie du uns weiter ruinierst."

„Also willst du die Scheidung?", fragte Sayed mich böse.

„Nein, aber du lässt mir keine andere Wahl. Ich liebe dich, ich will mit Mariam und dir als Familie leben, aber wenn du keine Versprechen halten kannst und es immer weiter bergab geht, kann ich dir nur sagen, so nicht." Ich wollte ihm nicht sagen, dass ich die Scheidung wollte. Ich wusste, es war wichtig, dass er sich von mir scheiden ließ. Und ich wollte, dass er vor allen die Wahl traf.

„Gut, dann also Scheidung. Willst du sonst noch etwas?", fragte er ruhiger.

„Ich will, dass du morgen mit mir losfährst und die Villa meiner Mutter auf meinen Namen überschreibst. Der Rest gehört ja eh mir." Damit stand ich auf und ging zu meiner schlafenden Tochter ins Zimmer. Sollten die Männer doch weiter reden. Mir war alles egal. Von dort rief ich erst einmal Anna an und berichtete ihr. Sie konnte das alles gar nicht glauben, versicherte mir immer wieder, dass ihre Karten sie noch nie belogen hätten und dass sie sicher wäre, dass Sayed mich liebt. Aber all dies konnte mich nicht beruhigen. Ich hatte die Nase so voll von diesem Theater, dass es mir egal war, was werden würde.

Nachdem Sayed aus der Wohnung und wahrscheinlich zu Marwa gefahren war, kam Karim, um mich zu holen. Alle versuchten, mich zum Bleiben zu überreden, versicherten mir, dass Sayed es sich anders überlegen und sie noch einmal ein Gespräch mit ihm führen würden. Aber mir fehlten einfach die Kraft und die Überzeugung, dass ich mich noch weiter erniedrigen konnte. Ich nahm Essam das Versprechen ab, so lange zu bleiben, bis die Scheidung durch war, denn Sayed hatte lautstark verkündet, dass ich bis dahin die Wohnung nicht verlassen würde und ich war mir bei ihm einfach nicht mehr sicher, wozu er fähig war.

Am nächsten morgen fuhr ich wortlos mit Sayed zum Notariatsamt, um die Vollmacht für die Villa zu bekommen. Leider hatte man inzwischen die Behörden aufgeteilt und wir waren beim alten richtigen, nun aber falschen Amt und wir fuhren unverrichteter Dinge wieder nach Hause. Es herrschte eine Eiseskälte zwischen uns, aber ich war mir sicher, keinen Millimeter von meinem Standpunkt weichen zu wollen. Nachdem er mich zu Hause abgesetzt hatte, fuhr Sayed direkt wieder los. Ich berichtete Essam, der wiederum erzählte, dass er mit Sayed geredet habe und sich sicher wäre, dass in wenigen Tagen alles wieder gut sei.

Am nächsten Tag kam es dann auch wirklich zu einem Gespräch zwischen Sayed und mir. Da ich aber noch immer nicht von meinem Standpunkt wich, verhärteten die Fronten sich weiter. Da es Freitag war, konnten wir mit der Villa nichts unternehmen. Und Sayed hatte bisher auch noch nicht die magischen Worte ausgesprochen, dass er sich von mir scheiden ließe. Am Sonntag, nachdem Essam schon ungeduldig geworden war, weil er nach El Fayoum zurück musste, mir aber das Versprechen gegeben hatte, bis zur Scheidung zu bleiben, holte Essam Karim, der bei einem Freund wohnte. Karim zog also wieder bei uns ein, Essam packte seine Sachen und Sayed kam, um sich bei mir zu entschuldigen und mir zu versichern, dass er mich über alles liebte. Ich gab klare Vorgaben, die ich erfüllt wissen wollte. Darunter, dass er anfing, mit mir zu reden und Karima vergaß, dass Marwa die Pille bekam und sparen lernte und dass für Mariam eine Lösung in Form einer neuen Regelung über Sayeds Anwesenheit getroffen wurde. Diese sah vor, dass Sayed 24 Stunden bei Marwa und 24 Stunden bei mir war. Als Ausgleich, dass meine Zeit nicht alleine mir gehörte, sondern mit Mariam geteilt wurde, sollte Sayed den kompletten Freitag und Samstag und auch die Nacht dazwischen bei uns sein.

Für einige Tage schien es so, als sei alles gut. Ich ignorierte meinen Schmerz, wenn Sayed zu Marwa ging oder bei ihr war, versuchte, meinen Ekel zu überwinden, wenn ich mit ihm schlief oder ihn küsste, weil mir durch den Kopf ging, dass er vielleicht vor wenigen Minuten oder Stunden dasselbe mit Marwa gemacht hatte und gab mir Mühe, durch perfektes Verhalten seine Abneigung zu Gehen zu steigern. Zu allem Überfluss sollte Ulrike im nächsten Monat kommen. Zwar war geplant, dass Karim und sie, wo sie ja nun verheiratet waren, bei uns wohnen würden, zuerst würden sie aber einige Tage nach El Fayoum fahren, weil Ulrike da noch nie gewesen war. Dies bedeutete, dass ich alleine sein würde und ich mochte diesen Zustand überhaupt nicht mehr. Eines Nachts, kurz bevor Ulrike kam, war Sayed besonders nett zu mir. Wir hatten miteinander geschlafen und ich hatte seit langer Zeit das Gefühl gehabt, dass er sich meiner Person dabei alleine bewusst gewesen war und sich nur auf mich konzentriert hatte. Mein Gefühl sagte mir aber, dass irgendetwas nicht stimmte. Und so fragte ich Sayed, warum er nicht schlafen würde. Immerhin war es Mariams und meine Nacht. Doch Sayed wollte nicht und so bekam ich immer mehr das Gefühl, dass er noch zu Marwa gehen wollte.

„Du willst noch weg, richtig?", fragte ich ihn.

„Ich wollte kurz nach Marwa gucken", antwortete er.

„Warum? Guckst du nach uns, wenn du bei ihr schläfst?", fragte ich ihn sauer.

„Was stört es dich, wenn du doch eh schläfst? Es ist doch meine Sache, ob ich nicht genug schlafe. Ich schlafe eh nicht mehr. Das ist meine Hölle. Kannst du nicht einmal damit aufhören?", schrie er.

„Nein, wir haben etwas vereinbart und das war nicht, dass du, wenn du hier schläfst, zu Marwa gehst, sobald ich schlafe. Denn es ging auch darum, dass du da bist, falls Mariam aufwacht."

„Jetzt kommst du schon wieder damit", schrie er und riss den Kleiderschrank auf. „Am besten, ich gehe gleich. Ich kann Marwa nicht so viel alleine lassen. Du bist anders, warum siehst du das nicht?"

„Was machst du da?", wollte ich panisch von ihm wissen. Er riss nur seine Sachen heraus, die Kleiderstange brach heraus, seine Hemden landeten auf dem Boden und das Regalbrett folgte. Er schmiss alles hin und schrie: „Ich gehe. Ich gehe zu meiner Hölle und tue meine Pflicht. Pack alles zusammen, was meins ist."

Damit rannte er aus dem Schlafzimmer und ließ mich weinend im Bett zurück. Ich rief Anna an, weckte Karim, der Hany anrief, aber alles nützte nichts. Der nächste Tag hätte sowieso Marwa gehört und am übernächsten taten wir einfach so, als ob nichts passiert sei. Ashraf drängte mich, mich scheiden zu lassen und war sich sicher, dass Sayed insgeheim Marwa und zwei Frauen wollte, aber ich war mir immer noch zumindest ein wenig sicher, dass es nicht so war. Ich nahm ihn anderen gegenüber in Schutz, erklärte meinen Freunden, dass zwischen Sayed und mir alles ok wäre und Marwa schrecklich und machte mir Sorgen, dass diese ganze Show irgendwann auffliegen würde. Keiner würde verstehen, wie ich in so einer Situation leben konnte und es wäre mir mehr als peinlich gewesen.

Bettina gegenüber hatte ich zwar die Gründe erzählt, mich aber immer optimistischer gegeben, als ich wirklich war. Marietta dachte, Marwa wäre nur auf dem Papier Sayeds Frau und meine Mutter wusste gar nichts. Wie auch, sie hätte das niemals verstanden und ich hoffte, alles wäre Vergangenheit, wenn sie uns das nächste Mal besuchen käme. Ulrike jedoch würde alles hautnah erleben und ich war gespannt, wie Sayed sich benehmen würde, denn auch er musste wissen, dass seine cholerischen Anfälle in dieser Zeit nicht gefragt wären.

Nachdem Ulrike kurz eine Nacht bei uns verbracht hatte und dann mit Karim nach El Fayoum gefahren war, beschäftigte ich mich mit Kartenlegen, denn Ulrike hatte mir einen Satz aus Deutschland mitgebracht. Ich wollte lernen, was Anna konnte und hatte so eine nette Beschäftigung, aber leider sah ich rein gar nichts außer aneinander gereihte Karten ohne Sinn. Anna, die mich in dieser Woche oft besuchen kam, erklärte mir immer wieder, dass alles mit einem guten Ausgang in den Karten liegen würde, aber nachdem die erste Frist vor Karims Hochzeit mit Ulrike verstrichen war und sich alles nur noch schlimmer entwickelt hatte, traute ich ihr nicht. Weniger, weil ich dachte, dass die Karten falsch seien, sondern eher, weil ich glaubte, dass Anna mir nicht die Wahrheit sagte. Sie wollte mich zum Durchhalten animieren, unterstützte mich aber auch gleichzeitig bei Ashraf, denn sie fand, ich hätte ein Recht auf eine Affäre. Da Ashraf und ich aber sowieso nur am Telefon sprachen und es klar war, dass wir keine Beziehung zueinander haben würden, fühlte ich mich auch wenig schuldig. Bis mir die Idee kam, dass ich ihn unbedingt sehen müsste. Ich wollte ihn sehen, mit ihm in Erinnerungen schwelgen, ihn in den Arm nehmen und mich endlich einmal wieder wie eine begehrenswerte Frau fühlen. Und so heckte ich mit Anna einen Plan aus, wie wir am besten in das Hotel von Ashraf nach Sharm El Sheikh fahren könnten. Anna war der Meinung, dass wir auf keinen Fall alleine nach Sharm fahren könnten, ohne Sayed misstrauisch zu machen. Wir brauchten dringend einen Grund und eine Begleitung.

Und so rief ich kurz vor Ulrikes und Karims Rückkehr nach Hurghada Ulrike an und erklärte ihr, dass ich mir etwas Gutes tun wolle und Ashraf sehen müsse, weil mein Mann nun einmal eine zweite Frau habe. Außerdem würde uns ein Kurzurlaub bestimmt allen gut tun und ein paar Tage in einem guten Hotel wären ja auch nicht zu verachten. Erleichtert stellte ich fest, dass Ulrike gar keine Überzeugungsarbeit bedurfte. Sie fragte Karim, der fand das auch gut, war jedoch misstrauisch, weil er wusste, dass Ashraf in Sharm arbeitet. Also sagte ich ihm, dass ich Ashraf gerne treffen würde und auch vorhätte, mit ihm wegzugehen. Und dass ich seine Verschwiegenheit voraussetzen würde. Ulrike, die mit Karim geredet hatte, sicherte mir zu, dass er wüsste, was ich vorhätte und nichts sagen würde. Ich konnte ihr schlecht sagen, dass ich an Karims Loyalität zu mir nicht zweifeln würde, sondern eher an seiner Fähigkeit, seine Eifersucht auf Ashraf zu beherrschen.

Erfreulicherweise war der General Manager vom Hotel ein ehemaliger Mitarbeiter von Sunrise, der mich noch kannte und schätzte und so bekamen wir einen sehr guten Preis. Der Flug war auch bezahlbar und so kratzte ich mein letztes Geld zusammen, um alles bezahlen zu können. Sayed, dem wir in guter ägyptischer Frauenmanier untergejubelt hatten, dass es eine prima Idee sei, Mariam ein wenig Spaß an Pool und Strand zu gönnen, war auch schnell überzeugt und Ashraf konnte meine Verrücktheit kaum fassen.
„Du bist wahnsinnig", lachte er.
„Widder eben. Wenn ich mir was in den Kopf setze, mache ich es auch", antwortete ich.
„Und wie stellst du dir das jetzt vor?", fragte er. „Ich würde so gerne etwas mit dir machen, aber ich kann euch im Moment nichts bieten. Du weißt, wie schwierig die Lage für alle nach der Revolution ist."
„Ashraf, ich will nichts, ich will dich nur sehen. Und Karim habe ich darauf vorbereitet, dass er vielleicht Dinge zwischen dir und mir sehen wird, die er nicht mag."
„Und das hat er akzeptiert?", staunte Ashraf.

„Naja, gefallen hat es ihm nicht, aber andererseits weiß er auch, dass das Leben mit Sayed extrem schwierig ist und dass ich ohne die Gespräche mit dir wahrscheinlich schon lange aufgegeben hätte."

„Trotzdem. Sayed ist sein Onkel. Du musst aufpassen", warnte er.

„Überlass Karim mir. Es geht schon alles gut. Überleg dir schon mal, wohin wir nächsten Samstag gehen", neckte ich ihn. Überglücklich legten wir beide auf. Mariam freute sich auch riesig, denn sie würde in einem Flugzeug fliegen und in einem echten Hotel wohnen.

Die Tage bis zum Abflug zogen sich. Zwar war ich mit Karim und Ulrike gut beschäftigt und die meiste Zeit diskutierten wir Marwa, Sayed und deren unmögliches Verhalten, aber ich war viel zu aufgeregt, um mich auf irgendetwas anderes als die Reise konzentrieren zu können. Am Tag des Abflugs hatten Ashraf und ich uns richtig in unsere Wiedersehensfreude nach nunmehr 14 Jahren hinein gesteigert. Zwar hatten wir uns Fotos geschickt und Facebook hatte uns auf dem neuesten Stand bezüglich des Lebens des jeweils anderen gehalten, aber ein Wiedersehen war doch etwas ganz anderes. Wir hatten klare Regeln abgesteckt, denn Ashraf wollte keineswegs gegen seine religiösen Regeln verstoßen und ich wollte Karims Toleranz nicht überstrapazieren. Außerdem würde ich mir mit Anna und Mariam ein Zimmer teilen und Ashraf hatte weder das Geld für ein weiteres noch war es möglich, in seine Unterkunft im Hotel zu gehen. Alleine dies sollte ausreichen, uns im Bereich des Anständigen zu bewegen. Mariam freute sich auf den Flug während Karim versuchte, gelassen zu bleiben und seine Bedenken gegenüber Flugzeugen niemandem zu zeigen. Sayed, der uns zum Flughafen gebracht hatte, war schnell verabschiedet und ich war froh, ihm für die nächsten Tage entkommen zu können.

XXV

Das Längste an der Reise war wirklich die Wartezeit im Flughafen, denn so sobald wir in Hurghada gestartet waren, fing auch der Landeanflug wieder an. Erstaunlich für eine Reise, die auf dem Landweg mindestens 16 Stunden dauert. Die Fähre, die vor einem Unglück regelmäßig gefahren war, hatte ihren Betrieb noch nicht wieder aufgenommen, sodass uns nur der Luftweg geblieben war. In Sharm angekommen bestiegen wir den Hotelbus, den Ashraf uns geschickt hatte und ich konnte mich vor Nervosität kaum noch auf meinem Sitz halten.

Sharm sah viel sauberer und gepflegter aus, als es Hurghada jemals getan hatte. Hätte ich mich darauf konzentrieren können, wäre ich bestimmt begeistert gewesen, aber so überließ ich es den anderen, sich freudig überrascht zu zeigen. Das Hotel sah auf den ersten Blick auch sehr luxuriös aus und ich freute mich, dass Ashraf es in ein Fünf-Sterne-Hotel geschafft hatte. Sobald der Bus angekommen war, kam er uns auch schon entgegen und mein Herz klopfte bis zum Hals, als ich ihn sah. Er sah immer noch aus wie früher. Reifer und ruhiger, aber das stand ihm sehr gut. Er strahlte mich an, ich strahlte ihn an und er umarmte mich. Ich hielt ihn eine Minute fest und fühlte mich einfach nur gut. Karims Begrüßung von Ashraf fiel dementsprechend kühl aus. Wir setzten uns in die Lobby, um alle Formulare auszufüllen und unterhielten uns ein wenig.

Mariam war von Ashraf begeistert und ich beobachtete erstaunt, wie sie sofort auf ihm herumkletterte und mit ihm spielen wollte. Sie war Fremden gegenüber meist etwas zurückhaltend und es zeugte von großer Sympathie, dass sie ihn sofort als Spielgefährten auserkoren hatte. Was mir unverständlich blieb, war Ulrikes Reaktion, denn diese war äußerst kühl und ihr Verhalten Ashraf gegenüber grenzte schon fast an Unfreundlichkeit, insbesondere dieser uns für den nächsten Tag einen Ausflug mit dem Glasbodenboot geschenkt hatte und sie keinerlei Grund hatte, nicht zumindest höflich zu sein. Nachdem wir auf unser Zimmer gegangen waren und uns zehn Minuten später mit Ashraf in der Poolbar verabredet hatten, packten Anna und ich schnell unsere Reisetasche aus und teilten die Betten auf. Ashraf hatte Mariam ein drittes Bett ins Zimmer stellen lassen und wir hatten eine Liegelandschaft im Zimmer, die vor allen Dingen Mariam zu Begeisterungsstürmen veranlasste. Direkt neben uns hatten Karim und Ulrike ihr Zimmer und ich zweifelte etwas an dem Sinn dieser Zimmervergabe, weil Karim zwangsläufig alles mitbekommen würde, was in unserem Zimmer vor sich ging.

An der Poolbar tranken wir alle einen Saft und Ashraf veranlasste, dass wir jederzeit kostenlos Getränke holen konnten, was besonders bei Mariams Vorliebe für Mangosaft einiges an Geld sparen würde. Karim war ernst, höflich, aber sichtbar wenig begeistert von Ashraf, Ulrike immer noch unfreundlich, aber Anna sehr angetan von Ashraf, besonders als sich herausstellte, dass er italienisch sprach und ein Jahr in Italien gewesen war. Mariam wollte nur noch in den Pool und so entschieden wir, gleich mit dem Badespaß anzufangen. Alle verabschiedeten sich, um ihre Sachen zu holen, nur ich blieb noch bei Ashraf.

„Es ist so schön, dich endlich zu sehen", sagte er zärtlich. Mir lief ein warmer Schauer durch den Körper. So sollte eine Beziehung sein, nicht wie das, was ich zu Hause hatte.
„Ich konnte es auch kaum abwarten", lächelte ich zurück.
„Das ist wirklich unglaublich, dass es 14 Jahre gedauert hat, bis wir uns wiedersehen. Gehst du heute Abend mit mir weg, damit wir etwas Zeit alleine haben? Karim und Ulrike scheinen nicht gerade begeistert zu sein", stellte er fest.
„Es tut mir leid, ich weiß nicht, wieso sie so unfreundlich sind", sagte ich entschuldigend.
„Kein Problem. Karim verstehe ich vollkommen. Ich würde nicht anders reagieren. Und Ulrike ist eben seine Frau."

„Naja, Loyalität kann man auch anders zeigen, denke ich", sagte ich enttäuscht.

„Lass nur, ist schon ok."

Wir gingen zum Fahrstuhl, weil ich Anna und Mariam nicht zu lange warten lassen wollte. Als wir dort standen und darauf warteten, dass die Türen aufgingen, zog mich Ashraf plötzlich an sich und küsste mich, wie ich noch nie in meinem Leben geküsst worden war. Alles wurde unwichtig und ich nahm nichts mehr wahr als diesen Mann, den ich vor so langer Zeit aus Angst zurückgewiesen hatte und mit dem mein Leben wahrscheinlich sehr anders verlaufen wäre. Ich genoss die Zärtlichkeit, spürte die Erregung und vergaß, dass ich mit einem anderen Mann verheiratet war. Hätten wir nicht direkt vor den Aufzugtüren gestanden, wäre es uns sicher nicht aufgefallen, wenn die Welt um uns herum untergegangen wäre. So wurden wir allerdings von einem Räuspern unterbrochen, das von einem Paar kam, das aus dem Aufzug treten wollte. Während Ashraf nur entschuldigend grinste, wurde ich seit Jahren das erste mal wieder rot im Gesicht.

„Bekommst du keine Probleme?", wollte ich wissen. „So von wegen Kontakt zu Gästen?"

„Habibi, ich bin Front Office Manager, da kann man sich schon mal etwas erlauben", lächelte er mich an.

Wir hielten uns während der Fahrt an den Händen und vereinbarten, uns spätestens nach dem Abendessen an der Ausfahrt des Hotels zu treffen. Ashraf wollte mir ein Taxi schicken, das ihn nach mir abholen würde. Denn man musste das Gerede unter den Hotelangestellten nicht noch anheizen.

Wir verbrachten einen entspannten Nachmittag am Pool, Mariam planschte und spritzte uns alle regelmäßig nass. Karim und Ulrike verschwanden ab und an im Pool, hatten aber kaum Ruhe, weil Mariam immer ihren Karim haben wollte, der sie durch das Wasser ziehen musste und Anna aalte sich wie gewohnt in der Sonne. Jede Stunde kam Ashraf uns besuchen und schmiss mich in den Pool oder versorgte uns mit Getränken und Essen. Und am Abend gingen wir alle ins arabische Restaurant und genossen den Luxus, den zumindest Karim und ich schon lange nicht mehr gehabt hatten. Ich bereitete alle darauf vor, dass ich abends mit Ashraf weggehen würde und sah nur in Karims Gesicht, dass er wirkliche Probleme damit hatte. Da Anna auf Mariam aufpassen würde und Karim und Ulrike den Abend gemütlich auf ihrem Zimmer verbringen wollten, begaben wir uns alle dorthin. Als Anna, Mariam und Ulrike bereits drinnen waren, redete ich mit Karim vor der Tür.

„Ist es ok für dich?", fragte ich ihn.

„Sei vorsichtig", sagte er nur.

„Karim, ich kenne Ashraf schon 14 Jahre, wir waren mal verlobt und wir telefonieren seit Wochen wieder. Ich bin froh und dankbar, dass ich ihn habe und ich weiß nicht, ob ich ohne ihn noch bei Sayed wäre." Karim sah mich nur ärgerlich an.

„Wenn Sayed das herausfindet, haben wir alle die größten Schwierigkeiten. Und was willst du überhaupt mit ihm machen?", wollte er wissen.

„Wir wollen nur in ein Café. Mach dir also keine Gedanken, es kann nichts Schlimmes passieren."

„Petra, ich tue das alles für dich, ich hoffe, Du weißt das. Du bist mir sehr wichtig und ich weiß, was du mitmachst." Er sah mich so an, dass ich erahnen konnte, was er wirklich meinte. Aber seine Frau war genau zwei Meter von uns entfernt hinter der Tür und ich wusste wirklich nicht, was er mir in dieser Situation mitteilen wollte. Also nahm ich ihn in den Arm und gab ihm einen Kuss auf die Wange. Eine für eine verheiratete Frau, die zudem noch seine angeheiratete Tante war, undenkbare Handlung, aber sie erschien mir richtig. Karim hielt mich ein wenig zu lange fest und lächelte mich dann nur traurig an.

„Wünsch mir einfach viel Spaß und lass es mich genießen", bat ich ihn.

„Pass auf dich auf", sagte er nur und ging in sein Zimmer.

Ich fühlte mich nicht ganz wohl. Zwar traute ich Karim und wir hatten eine sehr enge Beziehung, aber genau das schien nun das Problem zu sein. Trotzdem nahm ich mir vor, mir diese Zeit mit Ashraf nicht verderben zu lassen. Ich brachte Mariam ins Bett, verabschiedete mich von Anna und ging zum Tor, wo nach einigen Minuten mein Taxi kam. Ashraf stieg an der Straße zu uns und wir fuhren zu einem unglaublichen Café. Terrassenförmig in den Fels gehauen ging es steil bergab. Auf jeder Ebene gab es kleinere und größere Sitzgelegenheiten im arabischen Stil. Wir suchten uns eine romantische, kleine Nische, die nur schwer eingesehen werden konnte und die mit Sitzkissen ausgestattet war. Den Kellner bemerkten wir kaum und redeten einige Stunden ohne Unterbrechung. Wir erzählten uns jedes wichtige Detail der letzten 14 Jahre, während ich mich an Ashraf kuschelte.

Wir küssten uns, redeten über unsere Gefühle und bedauerten, dass das Schicksal uns immer wieder einen Strich durch die Rechnung machte. Sayed ließen wir an diesem Abend aus, denn über ihn war genug geredet worden. Trotzdem warnte mich Ashraf vor Karim, denn er war sich nicht sicher, ob er aufgrund seiner erkennbaren Gefühle für mich nicht zu sehr durch mein Verhalten verletzt worden war. Liebe konnte schnell in Hass umschlagen. Aber ich vertraute auf unsere gute Beziehung und seine Abneigung Sayed gegenüber. Der Abend war viel zu schnell vorbei und wir wussten, dass wir ihn nicht wiederholen würden. Am nächsten Abend war ein gemeinsamer Ausflug aller geplant und danach würden wir abreisen. Außerdem war es uns beiden lieber so, denn uns war klar, dass eine Beziehung unmöglich war und Ashraf bei seinen Kindern und ich bei Mariam bleiben würde. Und auch wenn all dies nicht im Weg gestanden hätte, wäre ich mir nicht sicher gewesen, ob ich wirklich diesen Schritt gewagt hätte. Aber ohne den Druck, eine wirkliche

Entscheidung treffen zu müssen, hatte ich die Zeit genossen. Es war ein Urlaub von der Realität.

Anna fragte mich sofort aus, als ich das Zimmer betrat. Mariam hatte bisher ruhig geschlafen und wachte auch jetzt nicht auf. Ich schwärmte Anna also von dem Café und Ashraf vor und sie hatte Tränen in den Augen, weil sie unsere Liebesgeschichte so romantisch fand. Und auch ich musste zugeben, dass diese einen nicht zu unterschätzenden Reiz hatte. Hätte ich mein altes Leben mit Sayed zurückhaben können, wäre die Wahl ohne Zweifel gegen Ashraf ausgefallen. Dennoch genoss ich es, Anna alles zu erzählen und den Abend Revue passieren zu lassen. An Karim wollte ich lieber nicht denken. Um den würde ich mir noch früh genug Gedanken machen müssen.

Am nächsten Tag genossen wir den Pool und das Essen. Karim war nicht zum Frühstück gekommen, aber das war auch nicht erstaunlich, weil er selten vor zehn Uhr morgens überhaupt in der Lage war, ein Auge zu öffnen. Es hatte mich immer gewundert, wie er ohne zu Verschlafen im Hotel zur Arbeit gekommen war. Ulrike sah auch nicht besonders glücklich aus, in Gegenwart von Mariam und Anna wollte ich aber besser nicht fragen. Auch später am Pool, als Karim zu uns gestoßen war, hatte ich nicht den Eindruck, ein erst kurze Zeit verheiratetes Paar zu sehen, das sich nach Monaten wiedergesehen hat. Aber ich wunderte mich eh, warum Ulrike die ständige Kritik von Karim so einfach hinnahm. Hauptsächlich ging es um ihre Kleidung, aber sobald Karims Laune nicht die beste war, schienen sich die Bemerkungen zu häufen. Auch unser Bootsausflug, der für Mariam ein unglaubliches Erlebnis war, änderte daran nichts. Als ich wenig später unseren Rückflug bestätigen wollte, teilte mir EgyptAir mit, dass dieser so nicht stattfinden würde. Wir konnten nur eine Nacht verlängern. Nach kurzer Beratung rief ich Sayed an und teilte ihm dies mit. Ich war nervös, weil ich nicht dachte, dass er mir die Wahrheit abkaufen würde, aber er schien sich zu freuen, dass es uns so gut ging und stimmte zu. Ich rannte zu Ashraf, um die Zimmer eine Nacht zu verlängern und strahlte ihn glücklich an. Noch musste ich nicht zurück in die Realität.

Nach einem guten Abendessen trafen wir uns alle, um die Stadt zu erkunden. Mir fiel auf, dass Karim Ulrike, wenn überhaupt, die Hand gab, sie aber nicht umarmte, obwohl das in einem Touristenort keinerlei Aufsehen erregt hätte. Ich war aber zu beschäftigt, meine Zeit mit Ashraf zu genießen, als dass ich dem große Bedeutung beigemessen hätte. Bis wir dann vor einem Geldautomaten hielten, weil Ulrike Geld abheben wollte. Da Karim kein eigenes Geld hatte, aber wie jeder Ägypter Wert darauf legte, sich nicht von einer Frau aushalten zu lassen, gab Ulrike Karim das Geld unauffällig. Und Sekunden später begann der Streit.

Ich bekam nur mit, dass Karim plötzlich ohne Ulrike nach El Fayoum fahren wollte und Ulrike in einen Bus nach Hurghada setzen wollte. Ulrike weinte, Karims Gesicht war verschlossen und ich wusste nicht, was passiert war. Also redete ich kurz mit Anna, die Ulrike tröstete, fand heraus, dass Karim Ulrike wohl schon mehrfach gesagt hatte, dass sie ihm Geld so geben sollte, dass es keiner sieht und nun sagte, dass sie nicht lernfähig sei und er den Urlaub abbrechen wolle. Da keiner der Anwesenden auch nur den Hauch einer Chance bei Karim hatte, nahm ich ihn zur Seite und ging mit ihm spazieren. Ich fragte ihn nach dem Grund für die Aufregung und er schwieg. Ich fragte ihn erneut und er schwieg. Ich fragte ihn etwas genervter und er erzählte mir, dass Ulrike entweder dumm oder stur sei und er mit beidem nicht leben könne. Alles, was er ihr ruhig und nett erklärte, würde ignoriert werden. Sie würde sich nicht ändern, nichts begreifen und das wäre auch in El Fayoum schon so gewesen.

Da hätte sie doch auf dem Balkon gestanden und Fotos von den Menschen gemacht, sie hätte sich an einfachste Benimmregeln nicht gehalten und jetzt hätte sie ihm zum wiederholten Male das Geld offen gegeben. Ich versuchte, ihn zu beruhigen, nicht nur für Ulrike, sondern auch für mich, denn ohne Karim musste ich auch abfahren. Ich erklärte ihm, wie Deutschland sei, was für Ulrike normal wäre und dass ich mit ihr reden würde. Er solle versuchen, diese Tage zu genießen und alles würde sich zum Guten ändern, er solle Ulrike nur Zeit geben. Am Ende hatte ich ihn so weit, dass er blieb. Ich ging zu Ulrike und sagte ihr, sie solle ihn einfach eine Weile in Ruhe lassen und ihm Zeit geben. Wir setzten uns nach der Aufregung in ein Straßencafé und sahen uns eine Show an. Zwar redete Karim nicht mit Ulrike, aber dass er ruhig neben ihr saß, machte mich optimistisch. Ulrikes bittende Blicke in seine Richtung versuchte ich ihr kopfschüttelnd auszureden, aber alles schien in Ordnung zu kommen. Anna machte Fotos von allen und ich hielt sogar ein wenig Händchen mit Ashraf, wenn keiner genau hinsah. Alles in allem war der Abend dann doch sehr schön geworden und zur Sicherung des Friedens zwischen Ulrike und Karim besuchte ich die beiden nach unserer Rückkehr ins Hotel noch einmal in ihrem Zimmer. Die Stimmung war unterkühlt, aber stabil.

Am nächsten Morgen nach dem Frühstück besuchte Ashraf uns im Zimmer und ich konnte es mir nicht verkneifen, ihn kurz ins Badezimmer zu ziehen, um ihn zu küssen. Und auch die Zeit, als Anna einkaufen fuhr und Mariam ihren Mittagsschlaf machte, nutzten wir, um ein wenig zu kuscheln. Ich war froh, dass Ashrafs Regeln es verboten, mehr als das zu tun, obwohl er mir mehr leid tat als ich mir, denn als er das Zimmer verließ, litt er wirklich. Ich ging auf den Balkon und traf da Ulrike, die auf ihrem stand.

„Wie geht es mit Karim?", wollte ich wissen.

„Es geht. Ich glaube, er hat gehört, dass Ashraf bei dir war", sagte sie.

„Ach? Naja, er war ja nur ganz kurz da. Es war sehr schön, aber du weißt ja, dass er strenge Regeln hat", erklärte ich ihr.

„Karim wird schon den Mund halten, da bin ich mir sicher." beruhigte sie mich.

„Und wie läuft es zwischen euch?", fragte ich sie.

„Es geht. Er ist immer noch sauer, aber er redet wieder mit mir."

„Du musst wirklich auf solche Sachen achten, das ist Männern hier extrem wichtig."

„Ich weiß und ich habe mir ja auch alle Mühe gegeben. Ich verstehe wirklich nicht, warum er so ausrastet", beklagte sie sich.

„Du wirst dich schon dran gewöhnen. Aber besser etwas zu vorsichtig als wieder so einen Streit", ermahnte ich sie.

Am Abend folgte dann das unausweichliche Gespräch mit Karim, denn der war nun sauer auf mich, weil Ashraf in meinem Zimmer gewesen war.

„Karim, die Zimmertür war offen, es lag ein Keil dazwischen. Nichts ist passiert." Zumindest fast nichts, dachte ich bei mir.

„Ich habe euch doch gehört", empörte er sich.

„So? Und was hast du genau gehört? Karim, es war nichts. Wir haben uns geküsst und du wusstest vorher, dass wir das tun würden."

Trotzdem passte ihm diese Antwort überhaupt nicht. Der Balanceakt mit Karim war wirklich ein schweres Stück Arbeit, aber er war es wert.

XXVI

Zumindest Anna, Mariam und ich waren traurig, als wir am nächsten Tag abreisen mussten. Sayed holte uns vom Flughafen ab und als ich ihn sah, war mir klar, dass ich in der Realität zurück war. Schlechte Laune, ein leerer Kühlschrank und ständiges Telefonklingeln verursacht von Marwa. Ein Glück hatte Ulrike gesagt, dass sie kochen wollte, sodass es mir erspart blieb, aus gar nichts ein Essen zuzubereiten. Zwar versuchte ich ihr auszureden, dass Nudeln mit Tomatensauce ein Abendessen wären, doch sie bestand darauf, dass in Deutschland das auch alle mögen würden und sie es versuchen müsste. Als sie das Essen auf den Tisch stellte, guckten sie alle auch erwartungsvoll an, denn zumindest die Männer fragten sich, wo denn die Hauptspeise sei. Als jedoch nichts kam, sagte Sayed dezent, dass man in Ägypten Nudeln nur als Beilage äße. Ulrike bestand darauf, dass europaweit Nudeln mit Soße ein Hauptgericht darstellten und so aßen wir. Mariam voller Begeisterung, Ulrike und ich mit Hunger und Karim und Sayed mit dem Gedanken, wo sie später noch ohne Geld ein Abendessen bekommen könnten. Ich nahm mir vor, Ulrike einen Schnellkurs in ägyptischen Essgewohnheiten zu geben.

Einige Tage später holte Sayed Anna auf dem Weg von Marwa ab, weil wir einen netten Abend mit Grillen verbringen wollten. Ulrike hatte, nach dem Fiasko mit den Nudeln, eine Runde Fleisch spendiert und das sollte gegrillt werden. Schon als Sayed mit Anna den Raum betrat wusste ich, dass etwas ganz und gar nicht stimmte. Anna machte mir wilde Zeichen, die ich nicht verstand. Und als sie etwas sagen wollte, verbat Sayed ihr sofort das Wort. Diese Wut richtete sich im Allgemeinen nur gegen Marwa und ich bekam es mit der Angst zu tun. Als er unerwartet losschrie, packte Ulrike glücklicherweise sofort Mariam und ging mit ihr auf den Balkon, um zu spielen. Anna mit Tränen in den Augen, Karim und ich blieben mit dem wild gewordenen Sayed zurück, der mich beschimpfte, dass ich

nach Sharm geflogen wäre, um mit anderen Männern herumzuma-
chen. Mir wurde abwechselnd heiß und kalt. Woher wusste er von
Ashraf und was genau wusste er? Schnell wägte ich alle Möglichkeiten ab. Von Anna, die immer wieder versuchte, mir etwas mitzuteilen, vernahm ich nur, dass Sayed ohne ihr Wissen in ihrem Handy
nach Bildern geguckt hatte. Also konnten es nur die Bilder aus dem
Straßencafé von Ashraf und mir sein. Zum Glück blieb mir ein wenig
Zeit zum Nachdenken, denn Sayed beschimpfte Karim als Sohn
einer Hure und dass man sich auf ihn nicht verlassen könne. Ich griff
ein, als ich mit meiner Geschichte so weit war und sagte ihm, dass er
doch gewusst hätte, dass ich den Manager kenne, immerhin habe er
uns die Zimmer so günstig besorgt. Sayed wütete weiter, schmiss
einen Aschenbecher gegen die Wand und fragte Karim, wie er das
hätte zulassen können. Ich war froh, aus der Schusslinie zu sein,
andererseits tat mir Karim leid. Ich nahm Sayed zur Seite, der wütend meinen Arm wegschob.

„Sayed, wir haben in einem Straßencafé in der Öffentlichkeit gese-
sen und Mariam war zwischen mir und Ashraf. Nichts ist passiert
und es war wirklich nicht Karims Schuld."
„Wie kannst du dich ohne mich neben einen anderen Mann setzen?",
schrie er mich an. Ich war viel zu erleichtert, dass das Foto, das er
gesehen hatte, nicht mehr gezeigt hatte, denn ich wusste, dass Anna
auch andere gemacht hatte.
„Es war nur für einen kurzen Moment. Nur für das Foto. Du kennst
das doch."
„Ich dachte, du wüsstest es besser." Er donnerte seine Hand auf die
Tischplatte und das Glas brach. Es war nicht das erst mal, dass diese
Tischplatte ersetzt werden musste und es würde auch bestimmt
nicht das letzte mal sein. Ich ignorierte es.
„Es tut mir wirklich leid, aber es war nur ein Foto. Danach saßen wir
weit voneinander entfernt." Alle nickten bestätigend und langsam
beruhigte sich Sayed. Doch der Abend war gelaufen. Karim ging ins
Gästezimmer, Anna war immer noch in Tränen aufgelöst und Ulrike

beschäftigte Mariam und Karim im Wechsel. Sayed ging, um sich abzureagieren, zu Marwa.

„Er kam in meine Wohnung und das Handy lag auf dem Tisch. Ich wollte mich nur kurz fertigmachen, als er schrie, was das sei." weinte Anna.

„Beruhige dich, es ist ja nichts passiert. Ein Glück war es ein harmloses Foto."

„Ich habe alle anderen gelöscht und dachte, dass es alle gewesen wären. Irgendwie hatte ich so ein Gefühl...", erklärte sie mir.

„Und das war ja auch gut so. Ich weiß nicht, warum ihn das so aufregt. Er hatte früher nie Probleme damit, dass ich neben anderen Männern gesessen habe. Aber irgendwie scheint es so, dass sich auch die Regeln für mich denen für Marwa anpassen", beklagte ich mich. „Ich gehe lieber zu Karim. Ich glaube, den hat es sehr getroffen."

Und das tat ich dann auch. Karim war nahe dran, Sayed alles zu sagen. Dass sein Onkel ihn als Hurensohn bezeichnet hatte, war für ihn eine unglaubliche Verletzung seiner Ehre. Mir war klar, dass ich ihm viel zumutete und dass er für sein Alter viel zu viel hatte mitmachen müssen in unserer Wohnung, aber ich konnte nicht zulassen, dass er hier und jetzt einklappte. Also bekniete ich ihn mit Engelszungen und redete und redete, konnte ihn aber am Ende nur dazu bringen, sein Schweigen zu versprechen, wenn ich im Gegenzug schwor, keinerlei Kontakt mehr zu Ashraf zu haben. Ich war empört, dass Karim mich vor so eine Wahl stellte, aber mir war auch klar, dass ein Kontakt sowieso sehr riskant wäre und versprach es. Wir waren alle wieder ein eingeschworenes Team und kämpften gegen den Feind Marwa für die glückliche Familie Sayed, Mariam und Petra. Ashraf rief ich nur noch sehr selten an und erklärte ihm auch, was passiert war. Für ihn stand fest, dass Karim Sayed über unsere Beziehung informiert hatte. Karim behauptete steif und fest, dass es Anna gewesen sein müsse. Beiden traute ich es eigentlich nicht zu, während ich bei Anna so manches mal entsetzt war, welche Ausrutscher ihr passierten, wenn sie gerade im Redefluss war.

Meine Nächte mit Ashraf am Telefon waren in jedem Fall vorbei und mehr als zwischendurch ein kurzes Gespräch würde es nicht geben. Während Sayed sich in den nächsten Tagen beruhigte, gingen Karim, Ulrike und ich abends ein paar Mal weg. Wir gingen in die Marina, tranken Cocktails, aßen Burger und genossen unser Leben, sobald Sayed aus dem Haus und die Spannung mit ihm gewichen war. Eines Abends gingen wir in einen neuen Coffeeshop, in dem es hervorragende Sandwiches gab und studierten die Karte, als Karim sagte, er hätte schon lange keine Leber mehr gegessen.

„Ich habe gehört, die Leber soll hier richtig lecker sein", sagte er. Ulrike verzog angeekelt das Gesicht.

„Wenn du Leber isst, küsse ich dich bestimmt nicht mehr", sagte sie.

„Aber das ist eins meiner Lieblingsgerichte", erwiderte Karim.

„Egal, ich kann Leber nicht ausstehen und mir wird schlecht davon."

„Und wen soll ich dann küssen?", fragte Karim.

„Ist mir doch egal, mich auf jeden Fall nicht", antwortete Ulrike.

Und so bestellte Karim Leber. Ich hatte es auch nicht anders erwartete, denn er war nicht der Typ, der sich unter Druck setzten ließ und wollte mit Sicherheit klarmachen, dass er tun und lassen würde, was er wollte. Wir aßen mit Genuss, auch wenn Ulrike etwas weiter von Karim abrückte, um den Geruch der Leber nicht zu sehr in die Nase zu bekommen. Als die leeren Teller abgeräumt waren, lehnte sich Karim zurück und grinste Ulrike an.

„Und jetzt will ich einen Kuss", stellte er fest.

„Ich habe dir gleich gesagt, dass ich dich nicht küsse, wenn du Leber isst", frohlockte sie. Ich hingegen ahnte Böses, denn mir war klar, dass Karim in der Öffentlichkeit seine Frau nicht küssen würde. Er ging ja noch nicht mal Arm in Arm mit ihr.

„Und wen küsse ich jetzt?", schmollte er scheinbar.

„Ist mir doch egal. Mich jedenfalls nicht", freute sich Ulrike. Noch, denn nun kam das, was ich befürchtet hatte.

„Gut, dann muss ich eben meine Tante küssen", grinste er mich an. Dieser Kerl hatte eine unglaubliche Ausdauer und er ging die hinterhältigsten und subtilsten Wege, um an sein Ziel zu kommen. Und jetzt hatte er es erreicht.

„Mach doch", sagte Ulrike. Ich sah nur von einem zum anderen. Es hatte ja seinen Reiz, Karim zu küssen, aber andererseits waren wir hier in einem Coffeeshop und das war Karim. Mein angeheirateter Neffe. Der in meiner Wohnung wohnte. Der mich eh immer schon angehimmelt hatte. Aber was sollte es. Also stand ich auch auf und nahm den Kuss auf den Mund von Karim entgegen, der vielleicht einen Tick zu lang war, aber doch eher harmlos. Es gefiel mir, aber ich war mir bewusst, dass dies nicht das Verhalten eines ägyptischen Neffen war und dass wir immer mehr eine Grenze überschritten. Karims Lächeln bestätigte mich in meinen Gedanken. Nur Ulrike schien das alles normal zu finden.

Die Tage von Ulrikes Urlaub vergingen mit nur wenigen Vorfällen. Sie konnte es nicht lassen, mir Details von Karim zu erzählen, die ich nach dem Kuss nicht wirklich wissen wollte. So erfuhr ich, dass Karim im Bett unersättlich war, dass er auf String-Tangas stand und ein Morgen ohne Sex undenkbar war. Obwohl ich wusste, dass all dies eine Reaktion aus Eifersucht heraus war, weil Karim ihr ständig erklärte, dass sie sich ein Beispiel an mir nehmen solle, und um mir zu zeigen, wie toll ihre Beziehung zu Karim sei, regte sich in mir diese unerklärliche Eifersucht. Aber im Großen und Ganzen war es sehr harmonisch und ich würde die gute Stimmung und die Unternehmungen vermissen, wenn sie abgereist war. Karim würde bleiben, denn das Hotel hatte die touristenarme Zeit genutzt, wegen Renovierung zu schließen und Sayed war froh, sein bisschen Arbeit im Housekeeping an ihn abdrücken zu können.

Und so saßen Karim und ich einträchtig wieder alleine in der Wohnung, was Sayed jedoch immer weniger behagte. Denn unsere neue Regelung, die mich dazu verdonnerte, jede zweite Nacht ohne ihn zu bleiben, hatte zur Folge, dass ich mit einem Mann, der nicht sein

Bruder war und mit dem ich mich auch noch ausgesprochen gut verstand, alleine war. Andererseits konnte er nicht wirklich etwas dagegen tun, ohne sich ins eigene Fleisch zu schneiden. Und so blieb alles wie gehabt. Sein Verhalten wurde immer seltsamer, die Prügelattacken in Marwas Wohnung immer brutaler und oftmals fand ich Blut in seinen Unterhemden. Seine Handgelenke schmerzten nun ständig und selbst seine Beine hatten oft eine Bandage. Ich sagte dazu nichts, blieb ruhig und lebte mein Leben. Sayed wurde für mich immer mehr zu einem Besucher. Anna und ich unterhielten uns ständig über sein rätselhaftes Verhalten. Der Sayed, den wir kennengelernt hatten, wäre niemals so gewesen. Er hatte immer betont, dass er nie bei einer Frau bleiben würde, die er nicht liebte. Niemals hätte er nach einer auch nur angedeuteten Scheidung eine Frau zurückgenommen und er hätte eher Selbstmord begangen als überall in Verruf zu geraten. Doch jetzt redeten alle über ihn und seine Schlagkraft. Die neue Wohnung von Marwa war zwar weit von meiner entfernt, trotzdem sprach sich in Hurghada alles herum. Erstaunlich war auch, dass er sich immer wieder von Marwa einwickeln ließ, denn Karim berichtete, dass sie sich prügelten und dann blutend Versöhnung feierten. Anna und ich waren sprachlos. Echte Liebe konnten wir ausschließen und so rauchten unsere Köpfe beim Nachdenken, was der Grund sein könnte, dass beide immer noch verheiratet waren. Wir saßen mit Karim zusammen, der viel mehr mitbekam als wir und hörten uns weitere Schauergeschichten an.

So hatte Sayed eines Tages, als er Mariam mit zu Marwa genommen hatte, Mariam auf dem Balkon gelassen und Marwa mit einem Klebeband den Mund verschlossen, damit Mariam ihre Schreie nicht hören konnte, als er sie verprügelte. Mehrfach wurde die Wohnung verwüstet, einmal zerschlug er die Balkontür, als Marwa ihn aussperrte und ein anderes Mal ertränkte er sie fast. Mehrere Telefone waren zu Bruch gegangen und jedes Mal bekam Marwa ein schlechteres als Ersatz als zuvor. Was wiederum zu Streitereien führte, die ausarteten. Während wir uns gegenseitig die neuesten Neuigkeiten erzählten, fragten wir uns nach dem Grund für all dies. Bis Anna sagte, dass in Marwas Heimatort Qena schwarze Magie und Voodoo an der Tagesordnung wären. Zuerst dachte ich, Karim würde diesen Gedanken rundheraus ablehnen, aber er sah uns nur nachdenklich an und stimmte zu. Auch ihm war dieser Gedanke gekommen. Da uns nichts anderes einfiel und keiner die Situation als tragbar empfand, vor allen Dingen für Mariam, erklärte sich Karim bereit, einen Magier zu kontaktieren, der Antworten geben konnte. Auch Anna und ich wollten in Europa suchen.

Karim fing also an zu telefonieren, Anna legte wie wild ihre Karten und ich suchte im Internet. Je mehr wir uns informierten desto wahrscheinlicher wurde, dass irgendjemand Sayed mit schwarzer Magie beeinflusste. Eigentlich hatte ich zwar immer an die Existenz geglaubt, aber nie daran, dass es wirklich Menschen gab, die dies benutzten und damit echte Ergebnisse erzielten. Doch als ich las, dass extreme Stimmungsschwankungen, Müdigkeit und unerklärliche Verhaltensweisen zu den Charakteristika zählten, wurde ich nachdenklich. Sayed, der früher stets höflich und freundlich gewesen war, erschien jetzt selbst Bekannten von uns unberechenbar. Mal freundlich wie immer, mal aggressiv und ablehnend. Obwohl er früher schon cholerische Anfälle gehabt hatte, war unsere Ehe bis zu Marwas Erscheinen gut gewesen. Natürlich mit Hochs und Tiefs, aber doch gut. Und sein Leben vor mir und auch mit mir hatte bewiesen, dass er wiederholte Fehler bei seiner Verlobten und Ehefrau niemals hinnehmen würde. Eine Scheidung war für ihn eine unwiderrufliche Sache. Auch wenn sie nur einmal ausgesprochen worden war. Schon aus Sturheit ließ er sich nicht umstimmen. Dazu kam, dass er nicht schlafen konnte. Und als ich las, dass von der mit Magie zu belegenden Person etwas Persönliches benötigt wurde, am besten Haare oder Unterwäsche, fiel mir ein, dass Sayed sich darüber beklagt hatte, dass seine Unterhemden weniger geworden seien und dass Slips, die ich aus Deutschland mitgebracht hatte, durch ägyptische ersetzt worden waren, Sayed aber nichts davon wusste und mir einmal sogar vorgeworfen hatte, dass ich ihm Karims Unterwäsche in den Schrank legen würde. Dabei wusch ich die noch nicht einmal. Anna und Karim, die sich auf ihre Weise informiert hatten, sahen alles ähnlich wie ich.

Karim hatte einen Mann gefunden, der bekannt für die Magie war, die er sehr gelungen einsetzte. Dieser hatte ihm am Telefon gesagt, dass Sayed auf mehrere Arten „bearbeitet" wurde. Einmal durch Voodoo, praktiziert von Marwas Großmutter, dann durch einen Magier in Assuan, zu dem Azza und ihre Mutter Kontakt hatten, und dann durch Marwa, die aber nur Sayed wollte und glaubte, die Magie würde nur dazu eingesetzt, die alleinige Frau von Sayed zu werden. Ich war entsetzt, dass Azza, die ich immer als Freundin gesehen hatte, daran beteiligt sein sollte. Und ihre Mutter, die mir aus Dankbarkeit für die Hilfe die Hand geküsst hatte, war ebenfalls so gierig, dass ihr das Schicksal einer Dreijährigen ebenso wie meines egal waren. Auch die Möglichkeiten waren verschwindend gering. Anna hatte sich informiert und herausgefunden, dass ein Messer, das unter Sayeds Bett positioniert sein sollte und mit der Spitze zum Fenster zeigen musste, die Magie zurücksenden würde. Karim hatte diesen Tipp auch bekommen. Aber was nützte das, wenn Sayed jede zweite Nacht ungeschützt in Marwas Bett schlief? Karim wollte möglichst schnell zu Girgis, dem Magier fahren, um über weitere Möglichkeiten zu sprechen. Anna und ich diskutierten in dieser Zeit alles, was wir an Möglichkeiten fanden. Doch die waren verschwindend gering.

XXVII

Karim kehrte mit einer Flasche zurück, die wirklich unangenehm aussah. Sie hatte 700 Le gekostet, ein Vermögen. Darin befand sich eine Flüssigkeit, mit der wir jeden Winkel der Wohnung putzen mussten, die aber zuerst unter Sayeds Bett verteilt werden sollte. Mit dem Problem, dass kein anderer unter irgendwelchen Umständen in dieser Zeit dort schlafen durfte. Keiner durfte in direkten Kontakt damit kommen und Karim war mehrfach ermahnt worden, sich daran zu halten. Die Flasche verschwand bis zum nächsten Tag, an dem Sayed nicht da sein würde, nachts aber in meiner Wohnung bliebe. Dann machten wir uns an die Arbeit.

Die Flüssigkeit sah aus wie angedicktes Blut, stank bestialisch und ließ sich nur schwer verteilen. Als wir unter Sayeds Bett endlich ausreichend verteilt hatten, waren wir nass geschwitzt. Obwohl ich von dem Stress todmüde war, blieb ich fast die ganze Nacht wach, denn ich hatte Angst, mich auf Sayeds Bettseite zu drehen oder am Morgen Mariam in Sayeds Bett zu finden. Und Karim und ich mussten mit dem Putzen und Wischen warten, bis Sayed wieder bei Marwa war. Es wurde der größte Hausputz, den ich je gemacht hatte. Der Rest der Flasche wurde in zwei Putzeimer verteilt und mit Wasser aufgefüllt und Karim erledigte fast alles alleine, weil er nicht wollte, dass ich in irgendeiner Form mit der Flüssigkeit in Berührung kam. Bei 160 Quadratmetern voll mit Möbeln war er fast den ganzen Tag beschäftigt.

Mir war am Ende so übel, dass ich sicher war, die nächsten drei Tage nichts essen zu können. Nun warteten wir auf einen Erfolg. Und kurzzeitig schien es so, als würde Sayed normal werden. Er wurde spürbar freundlicher und achtete mehr darauf, dass ich alles hatte, was ich brauchte und stoppte Marwa bei ihren Einkaufstouren im Supermarkt. Doch nach zwei Wochen wurde es schlimmer denn je. Mit einem Mal war Sayed wieder wie ausgewechselt, schrie herum, konnte nicht schlafen und verarztete, wenn er bei mir war, seine Wunden von der letzten Prügelei mit Marwa. Karim rief Girgis an. Und der sagte, dass die andere Seite Sayed ständig überprüfen würde und bei einer Veränderung sofort tätig werden würde. Außerdem verriet er Karim, dass Marwa seit ein paar Tagen schwanger sei und es ein Junge werden würde. Meine schlimmsten Befürchtungen schienen sich zu bewahrheiten. Doch es war nur ein Magier, der das gesagt hatte und ich gab die Hoffnung nicht auf. Karim würde erneut fahren müssen und über weitere Möglichkeiten reden. Das Gespräch war ernüchternd. Bei seiner Rückkehr redete er mit Anna und mir.

„Das ist alles nicht so einfach. Da Azza und ihre Mutter Sayed ständig bearbeiten, ist alles, was wir tun, nur kurzfristig erfolgreich. Wir brauchen einen Schutz für Sayed und zudem jemanden, der die Magie bricht. Auf Dauer wird das Sayed aber umbringen, weil dieses ständige Gezerre ihn fertig macht. Lange kann jemand das nicht durchhalten. Das wirkliche Problem ist, dass wir jemanden brauchen, der dann arbeitet, wenn der Magier von Azza arbeitet. Und da der Sayed mindestens jede zweite Woche traktiert, ist das nicht billig."
„Was heißt denn nicht billig?", fragte ich.
„Wir brauchen 15.000 LE", stellte er fest.
„Wir brauchen was?", rief ich und Anna holte neben mir tief Luft.
„Das ist so teuer. Ich habe auch bei anderen gefragt, aber alle haben da einen Preis."
„Aber das haben wir nicht", stellte ich bestürzt fest. Selbst wenn ich alles verkaufen würde, was ich noch an Schmuck hatte und alle Reserven aufbrauchen würde, wäre es nicht genug.
„Ich habe versucht, mit Girgis zu reden, aber er sagt, dass das der Preis ist."
„Schlag ihm vor, es in Raten zu zahlen." kam mir die rettende Idee. Aber Karim schüttelte nur den Kopf.
„Keine Chance. Er will es bar. Raten sind für ihn keine Möglichkeit."

Frustriert saßen wir alle im Wohnzimmer und starrten die Wände an.

„Es tut mir leid, aber ich habe auch kein Geld im Moment", sagte Anna.

„Ich weiß, Anna, aber es muss einen Weg geben. Wir können doch nicht hier sitzen und zusehen, wie Schwarze Magie meinen Mann kaputt macht und Azza und Marwa sich mein Leben unter den Nagel reißen. Und woher hat eigentlich Azza so viel Geld?", wollte ich wissen.

„Ich vermute, dass Azza dem Magier schon im Voraus einen Teil der Villa überschrieben hat", sagte Karim.

„Was?", fluchte ich." Das ist ja wohl die Höhe. Das ist die Villa meiner Mutter und selbst wenn Sayed sie nicht herausgeben würde, stünde sie Mariam zu."

„Richtig, deshalb musste Marwa ja auch mit einem Jungen schwanger werden", stellte Karim frustriert fest. Nun war ich sprachlos. Es gab keinen anderen Weg, wir mussten irgendwie Geld auftreiben. Wir überschlugen den Wert meines Schmucks, kalkulierten, was ich noch verdienen konnte und erreichten knapp die Hälfte des erforderlichen Betrags. Und weil ich nicht aufgeben wollte, diskutierte Karim mit Girgis erneut. Am Ende landeten wir bei 8000 LE, sollte er Erfolg haben, würden wir den Rest später zahlen. Nun hatte ich wieder Hoffnung. Mein Schmuck wanderte in eine Tüte, die ich Karim gab, damit er ihn verkaufen konnte. Ich hoffte, Sayed würde es nicht auffallen, aber da der für solche Nebensächlichkeiten sowieso keine Zeit mehr hatte, war ich zuversichtlich. Am nächsten Vollmond sollte es losgehen und dann würde endlich wieder Ruhe einkehren. Wenn ich aber ehrlich war, war es mehr mein Bedürfnis, in Ägypten bleiben zu können und nicht gegen Azza und Marwa zu verlieren als die Liebe zu meinem Mann, die mich dazu bewegt hatte, weiterzukämpfen. Sayed kannte ich nicht mehr und liebte eher die Erinnerung. Doch alles, was passiert war, hatte den kleinen Funken Hoffnung nicht ersticken können, dass es vielleicht doch noch ein Happy End für uns gab.

XXVIII

Ich versuchte, mich immer mehr an ein Leben alleine zu gewöhnen. Mit Mariam ging ich zu einer Russin, die Gymnastik, Ballett und Turnen mit Kleinkindern machte. Wir gingen zu allen möglichen Veranstaltungen und ich beschäftigte uns, sodass wir abgelenkt waren. Die Abende verbrachte ich meist mit Karim, denn auch wenn Sayed einmal da war, war er geistig abwesend.

Bei einem meiner Ausflüge begleitete mich Samar, die mit ihrem Mann und ihrer Tochter Salma direkt im Haus neben uns wohnte. Salma war in Mariams Kindergartengruppe und beide liebten sich und spielten auch in der Freizeit viel miteinander. Aid, Samars Mann, nahm Mariam oft mit in den Kindergarten, damit Sayed sich nicht so früh aus dem Bett quälen musste. Mir war es nur recht. So kamen wir nicht in die Verlegenheit, Mariam etwas erklären zu müssen, für das sie noch zu jung war und das auch erwachsene Menschen kaum verstehen konnten. Samar und ich sprachen über vieles und nachdem sie einmal Sayed zusammen mit Marwa gesehen hatte, kurz bevor ich von seinem Fremdgehen erfuhr, und mich gewarnt hatte, traute ich ihr. Sie war eine der wenigen, die die komplette Geschichte kannten. Und auch sie war der Meinung, dass Sayed sich schon längst hätte scheiden lassen können. Während Salma und Mariam spielten, redeten wir. Mir ging es an diesem Nachmittag recht gut und ich freute mich auf einen ruhigen Abend, denn Sayed würde nicht da sein. Wir tranken Tee, erzählten uns den neuesten Klatsch, regten uns über die Erhöhung der Kindergarten-Gebühren auf und waren gut gelaunt, als mein Handy eine Nachricht anzeigte. Während ich sprach, öffnete ich sie und verstummte sofort. Sie kam von Karim und war kurz und präzise und rief die verschiedensten Gefühle in mir hervor.

„Was ist?", fragte Samar beunruhigt.

„Ähm. Eine Nachricht." Was sollte ich ihr sagen?

„Ja, das sehe ich. Was ist es? Sayed?", wollte sie wissen.

„Nein, Karim", antwortet ich.

„Ist etwas passiert? Du guckst so entsetzt."

„Nein, eigentlich nichts, dass ich nicht schon vorher gewusst hätte", erklärte ich ihr und zeigte ihr die Nachricht. Dort stand einfach nur „I love you, Petra." Mehr nicht. Doch diese vier Worte hatten alles verändert. Was sollte ich antworten? Sollte ich antworten? Oder war ignorieren einfacher? Warum schrieb er mir das jetzt? Und war es vielleicht eine Falle von Sayed? Doch diese Möglichkeit verwarf ich sofort wieder. Karim hätte ich mein Leben anvertraut. Und ich liebte ihn ja auch. Und fand ihn attraktiv. Aber liebte ich ihn so wie er es in seiner Nachricht meinte?

„Das ist doch schön, vielleicht kommt Sayed endlich zur Vernunft", hörte ich Samar wie durch eine Nebelwand.

„Nein, denn sie ist nicht von Sayed", widersprach ich ihr.

„Sie ist nicht von Sayed? Aber von wem denn dann?", wollte sie wissen. Ich sah sie nur an. Nach einer Weile sagte ich:

„Von jemandem, der mich nicht lieben sollte und der mir sehr nahe steht." Sie verstand.

Ich überlegte die nächsten Minuten hin und her, was ich antworten sollte. Denn antworten musste ich. Karim saß bestimmt jetzt in der Wohnung und war total fertig. Er hatte seinen ganzen Mut zusammen nehmen müssen, um mir das zu schreiben. Würde ich die Nachricht Sayed zeigen, wäre er ein toter Mann. Seine Familie würde ihn nie wieder aufnehmen und er hätte alles verloren, denn dies würde keiner tolerieren. Ich fragte mich, warum er nicht vor ein paar Tagen die Gelegenheit genutzt hatte, als wir zusammen saßen und ich ihm die Karten legte. Ich hatte eine ältere Frau gesehen, die er liebte und wegen der er unglücklich war und hatte ihm das auch gesagt. Wohl wissend, dass ich diese Frau war. Aber er hatte nur gelächelt und geschwiegen, als ich ihn fragte, wer das denn sei. Es wäre der ideale Moment für ihn gewesen, mir etwas zu sagen, aber er hatte sich für eine SMS an diesem Tag entschieden. Ich beschloss, mit der Wahrheit zu antworten und schrieb: „I love you too." Damit hatte ich nicht gelogen, aber auch nicht deutlich gemacht, dass ich wusste, wie er seinen Satz meinte. Wir konnten immer noch darüber hinweg gehen und es zwischen uns als Geständnis unserer Liebe von Neffe zu Tante und von Tante zu Neffe hinstellen. Auch wenn wir beide wussten, dass es nicht so war. Plötzlich schien mir der Abend ohne Sayed nicht mehr so angenehm zu werden.

Doch irgendwann musste ich nach Hause und Karim ins Gesicht sehen. Ich würde ihm weh tun und dabei diplomatisch genug sein müssen, eine wertvolle Freundschaft zu erhalten. Und was wollte er mit Ulrike tun? In meinem Kopf drehte sich alles und ich verfluchte ihn im Stillen, dass er diese Worte hatte aussprechen müssen. Vielleicht ahnte er, dass Sayed für mich zur Vergangenheit wurde, vielleicht wollte er auch sicher gehen, dass ich seine Gefühle kannte, bevor ich mich aus dem Staub machte, obwohl dies nie ein Thema gewesen war. Und so machte ich mich auf den Weg, um dem Unausweichlichen gegenüberzutreten. Ich betrat die Wohnung sehr vorsichtig, nervös und gespannt, mit welchem Ausdruck er mich ansehen würde. Mein Herz rutschte drei Etagen tiefer als ich sah, dass Karim mich zaghaft anlächelte, denn er sah nicht so aus, als ob er sich der vollen Bedeutung meiner Worte klar wäre. Wir verhielten uns vollkommen normal bis Mariam schlief. Dann setzte ich mich zu ihm und sah ihn auffordernd an, wohl wissend, dass ich diejenige sein musste, die das erste Wort sprach.

„Karim," fing ich an. „Ich bin wirklich glücklich über deine SMS." Als ich sah, dass dies eine für ihn erfreuliche Nachricht war, schwenkte ich schnell um.
„Aber es ist so, dass ich dich als Freund und als Neffen liebe und du nicht aus meinem Leben wegzudenken bist."
„Du findest mich nicht attraktiv", stellte er fest.
„Karim, du bist einer der bestaussehenden Männer, die ich kenne. Ich finde, du bist mehr als attraktiv und wenn ich 20 Jahre jünger

wäre und nicht gerade verheiratet und in einer Krise, würde ich bestimmt nicht an dir vorbeigehen."

„Petra, ich liebe dich. Ich liebe dich schon lange und ich würde alles für dich tun."

„Ich weiß das und ich habe das auch gespürt, aber du bist verheiratet und ich bin es auch und dazu noch mit deinem Onkel und deshalb denke ich lieber gar nicht weiter darüber nach, welche Art von Liebe ich für dich empfinde und ob ich mir mehr vorstellen könnte."

„Ich würde wirklich alles für dich tun. Meine Familie verlassen, mit dir überall hingehen, wohin du willst. Alles aufgeben. Egal, was es ist, ich würde es für dich tun."

Mir kamen fast die Tränen. Das waren Worte, die mir noch nie jemand gesagt hatte. Und ich wusste, er meinte sie so. Es tat mir für ihn weh, dass ich ihn verletzen musste, aber es war besser so für alle. „Karim, ich werde Sayed nicht verlassen. Nicht, weil ich ihn noch liebe, sondern wegen Mariam. Sie hat ein Recht auf eine Familie und auf ihren Vater und ich will, dass sie einen liebevollen Vater hat, der nur mit ihrer Mutter verheiratet ist. Zwischen dir und mir wird es nie mehr geben." Karim saß da und hatte Tränen in den Augen. Ich hätte mich selbst dafür ohrfeigen können, dass ich es hatte so weit kommen lassen, doch jetzt war das Kind in den Brunnen gefallen.

„Du hast Ulrike, sie wird sich an Ägypten und die Verhältnisse gewöhnen und wenn sie erst einmal hier ist, werdet ihr bestimmt glücklich werden."

„Ich glaube nicht. Ich habe es versucht, aber sie macht immer dieselben Fehler. Ich dachte, ich könnte sie mit der Zeit so lieben wie dich und würde dich vergessen, aber es geht nicht."

„Versuch es. Ich bin mir sicher, du kannst das. Lass es für heute gut sein. Ich gehe ins Bett. Es war für uns beide anstrengend und ich möchte, dass das alles unsere Freundschaft nicht belastet. „Bitte..."

Ich sah ihn flehend an. Er war neben Anna mein einziger wirklicher Freund. Mit ihm würde ich sonst den Menschen verlieren, der alles über mich wusste und auf den ich immer zählen konnte. Doch seine Reaktion ließ mich zweifeln, denn er nickte nur während er auf den Boden sah. An diesem Abend brauchte ich Stunden, bis ich eingeschlafen war und wurde schnell vom Telefon geweckt. Es war Sayed, der mich bat, ihm ein paar Sachen zusammenzupacken, weil sein Vater wahrscheinlich einen Schlaganfall gehabt hatte und er nach El Fayoum fahren musste. Während ich schnell eine Tasche aus dem Schrank holte und für eine Woche Anziehsachen für Sayed einpackte, kam mir in den Sinn, dass zwischen Karim und mir nun kein Puffer sein würde. Wir wären einige Tage vollkommen alleine in der Wohnung. Ich schloss schicksalsergeben die Augen.

Sayed kam nur für ein paar Minuten und holte seine Tasche. Im Gegensatz zu Marwa benötigte ich nichts in seiner Abwesenheit, weil Karim ja bei mir war und alles organisieren konnte und ich auch, anders als Marwa, das Haus verlassen durfte. Ich bat ihn noch schnell, mich auf dem Laufenden zu halten, denn um meinen Schwiegervater machte ich mir ernsthafte Sorgen. Mariam würde von Aid in den Kindergarten gebracht und auch wieder mit nach Hause genommen werden. Alles war in bester Ordnung. Bis auf den Mann, der noch in der Wohnung war und so aussah, als hätte er drei Tage nicht geschlafen.

Sobald Sayed gefahren war, machte ich mich daran, Sandwiches zum Frühstück zu machen. Karim kochte Kaffee und wir setzten uns schweigend an den Frühstückstisch. Das erste Mal herrschte zwischen uns ein betretenes Schweigen. Doch auch Karim war Ägypter und konnte nicht einfach ein Nein einer Frau akzeptieren und so fingen wir wieder an, über seine Gefühle zu reden. Er wiederholte, was er am Abend vorher gesagt hatte, ich wiederholte, was ich gesagt hatte. Und dann sagte ich zu ihm, dass er doch bitte so fair sein und an seine Frau denken solle. Karim sprang auf und ging ins Gästezimmer. Als er wiederkam, legte er mit verschlossenem Gesicht eine deutsche EC-Karte, seinen Ehering und Ulrikes Ring, den sie ihm bei ihrem ersten Aufenthalt gegeben hatte, neben mich auf den Tisch. Ich sah ihn nur bestürzt an. Ich wusste, dass bei Ägyptern manchmal eine Sicherung durchbrannte, aber Karim war zu beherrscht für solche Reaktionen und zu stur, sie wieder rückgängig zu machen.

„Bitte, Karim, was soll das?", fragte ich ihn verzweifelt.

„Ich gehe. Das alles hat für mich keinen Sinn mehr. Sag Ulrike, dass ich ihr das Geld zurückzahle, das sie mir gegeben hat."

„Aber Karim..." Ich wusste nicht, was ich noch sagen sollte. „Denk nach, lass dich nicht nur von deinen Gefühlen leiten. Das ist falsch. Du kannst doch nicht alles so hinschmeißen, nur weil ich verheiratet bin und es bleiben will."

„Machs gut, Petra und pass auf Mariam auf."

„Aber was sage ich Ulrike?"

„Sag ihr, dass es mir leid tut."

„Aber meinst du nicht, du solltest ihr das selbst sagen?"

„Wozu? Hat doch eh alles keinen Sinn", sagte er und drehte sich um.

Da saß ich und hatte keine Ahnung, wie es weitergehen sollte. Was sollte ich Ulrike sagen? Was Sayed? Und was passierte jetzt mit Girgis? Verzweifelt legte ich den Kopf auf den Tisch. Der Laptop vor mir fing an zu klingeln und zu allem Überfluss zeigte Skype mir, dass Ulrike anrief. Wenn ich sie ignorierte, würde sie es auf dem Handy versuchen und wenn ich das ignorierte, würde sie Sayed anrufen. Undenkbar. Ich antwortete also.

„Guten Tag", erklang es fröhlich. „Na, was macht ihr?", wollte sie wissen. Lügen oder die Wahrheit, fragte ich mich.

„Nun ja, ich arbeite ein wenig", antwortete ich ehrlich.

„Und was macht mein Mann?" Der ist nicht mehr dein Mann und ist auf immer und ewig verschwunden, dachte ich und sagte:

„Der ist nicht hier."

„Komisch, so früh? Wo ist er denn hin? An sein Handy geht er nämlich auch nicht", wollte sie wissen.

„Ähm, weißt du, er hat ein paar Probleme." Nun war sie besorgt. So konnte man sich immer mehr in den Mist reiten, dachte ich bei mir.

„Was ist denn los? Ist was passiert?"

„Also, ich weiß nicht genau, was passiert ist, aber er hat mir deine Sachen gegeben, damit ich sie an dich weiterleite und hat gesagt, dass er geht. Mir antwortet er auch nicht." So, nun war es raus und Ulrike war entsetzt.

„Mein Sachen? Was für Sachen?", fragte sie alarmiert.

„Den Ehering, den anderen Ring und deine EC-Karte. Und er hat mich gebeten, dir zu sagen, dass er dir das Geld zurückzahlt."

„Er hat dir unseren Ehering gegeben? Was heißt das? Was will er?" Ulrike wurde panisch.

„Ulrike, ich weiß es nicht. Ich habe keine Ahnung, was los ist und ich konnte ihn nicht aufhalten. Ich weiß nur, dass er in allem keinen Sinn mehr sieht und ich mir auch Sorgen um ihn mache." Und das tat ich wirklich. Nun weinte Ulrike auch noch und ich hatte keine Ahnung, was ich tun sollte.

„Warum tut er das?", schniefte sie. „Ich dachte, wir wären glücklich und jetzt gibt er dir den Ehering? Sind wir jetzt geschieden?" Karim sollte ihr das gefälligst selbst sagen. Ich war doch nicht der Bote für eine Scheidung.

„Ich weiß es nicht. Ulrike, ich werde ihn irgendwann erreichen und ich werde mit ihm reden. Vielleicht kann ich etwas tun." Hinter meinen Worten sprach mehr Hoffnung als Glaube.

„Bitte, sag mir sofort Bescheid, wenn du etwas weißt. Ich warte." Sie weinte immer noch und ich konnte nur zu gut verstehen, wie sie sich fühlte.

Nachdem wir das Gespräch beendet hatten, wählte ich Karims Nummer. Er ging nicht ans Telefon. Also beschloss ich, ihn so lange zu nerven, bis er endlich antwortete. Aber ich hatte den Ausschalter des Handys nicht in meine Überlegungen mit einbezogen und so erklang bald darauf die freundliche Stimme einer netten Ägypterin, die mir mitteilte, dass das Telefon ausgeschaltet sei. Zu allem Überfluss rief auch noch Sayed an, der vergessen hatte, Marwa Brot zu organisieren und nun Karim sprechen wollte, weil dessen Handy ausgeschaltet sei. Nun musste ich auch noch Sayed erklären, dass Karim, ohne seinen Onkel zu informieren, dessen Frau alleine gelassen hatte und abgehauen war. Und da ich mich mit Karim auch nicht wegen einer Ausrede absprechen konnte, blieb mir nur die Wahrheit, nämlich, dass Karim einfach gegangen sei und mich nicht darüber informiert hätte, wann und ob er wiederkommen würde. Ein völliges Chaos. Ulrike in Tränen aufgelöst, Sayed stinksauer, Karim am Ende und ich überfordert mit allem. Anna war zu allem Überfluss in Italien, sodass ich mit ihr auch nicht reden konnte. Also beschloss ich, mein Gehör weiterhin der netten ägyptischen Frau zu schenken, bis diese endlich schweigen würde und Karim ans Telefon ginge. Nach einer Stunde hatte ich Erfolg und war zutiefst erschrocken, als er sich wirklich meldete.

„Hallo." Das klang nach mehr als am Ende.

„Karim, wir müssen reden", sagte ich schnell, bevor er sich entschließen konnte, das Handy wieder auszuschalten.

„Es gibt nichts zu reden. Alles ist schwarz, nichts ist mehr gut."

„Karim, wir waren vorher Freunde und sind es immer noch. Bitte."

„Ich hoffe, für dich geht alles so aus, wie du es dir wünscht. Machs gut", war seine Antwort.

„Karim, warte", schrie ich ins Telefon. Irgendwie musste ich ihn doch dazu bewegen können, seine Meinung zu ändern. Immerhin hatte er immer auf mich gehört. Aber mir wollte nichts einfallen.

„Ich bin heute Abend in der Dahab Mall. Komm um sieben und lass uns reden." Das war das einzige, was mir einfiel. Bis dahin hätte ich Zeit.

„Es gibt nichts mehr zu reden. Alles ist schwarz, es gibt nichts mehr, was für mich noch gut wäre."

„Du hast gesagt, du liebst mich und du würdest alles für mich tun. Also komm um sieben ins Café in der Dahab Mall. Ich will mit dir reden."

„Worüber? Du bist mit Sayed verheiratet und willst es bleiben. Alles ist gesagt."

„Nein, das ist es nicht. Noch lange nicht. Wenn du mich liebst, kommst du. Bis später." Ich wusste, dass das eine gefährliche Methode war, ihn zum Kommen zu bewegen, aber es war die einzige, die mir eingefallen war. Wenn er auch nur ein wenig männliches, ägyptisches Blut in sich trug, würde er das nicht auf sich sitzen lassen und kommen. Allerdings konnte man sich bei Karim nie so ganz sicher sein, ob er nicht einfach depressiv und stur werden würde. Ich konnte nur hoffen.

Ich rief Ulrike an und sagte ihr, dass ich mit Karim geredet hätte und dass ich hoffte, ihn am Abend zu treffen. Ich versprach ihr, sie anzurufen, sobald ich etwas wüsste. Sie hatte sich schon nach Flügen umgesehen und wollte sofort kommen, aber ich war mir sicher, dass es zu einem riesigen Chaos führen würde, wenn sie jetzt auch noch in Hurghada auftauchte und so redete ich mit Engelszungen, dass alles gut werden würde und sie besser erst einmal abwartete. Danach redete ich mit Bettina, die sich Sorgen um ihre Tochter machte und sagte ihr die Wahrheit, nämlich dass Karim sich von Ulrike scheiden lassen wollte. Ich versuchte ihr, ohne zu sehr ins Detail zu gehen, auch die Gründe dafür zu erklären, bat sie aber, mit Ulrike nicht darüber zu reden, bevor ich nicht mit Karim einiges geklärt hätte.

Am Abend ging ich mit Mariam in die Dahab Mall und nahm sicherheitshalber Samar und Salma mit. Die Kinder spielten und liefen herum, während wir uns unterhielten. Nach und nach kamen einige Frauen dazu und ich war froh, dass ich mich um 19 Uhr unauffällig ins Café begeben konnte, ohne dass es große Aufmerksamkeit erregt hätte. Mariam und Samar wussten, wo ich zu finden war und ich hatte einen guten Blick auf die Kinder und den Eingang. Doch die Minuten vergingen, ohne dass Karim auftauchte. Ich wurde nervös, denn ich war mir sicher gewesen, dass er mir diesen Wunsch nicht abschlagen konnte. Er würde mir auch nicht immer aus dem Weg gehen können und musste sich der Situation irgendwann stellen. Um 19.39 Uhr, als ich gerade aufgeben wollte, sah ich ihn. Er kam widerwillig und mit verschlossener Miene in meine Richtung und grüßte mich auch nur sehr kurz angebunden. Es schmerzte mich, ihn so zu sehen. Er hatte sehr viel mitmachen müssen in den letzten Monaten, war immer für mich da gewesen und wurde nun so sehr verletzt. Doch er musste durchhalten. Nicht nur für mich, sondern auch für sich selbst.

„Was gibt es?", fragte er ernst.

„Karim, es geht so nicht, wie du es machst. Bitte, komm zurück." bat ich ihn.

„Nein, wozu? Ich liebe dich, aber du willst mich nicht. Ich habe dir alles anvertraut, dir in allem geglaubt, dir alles erzählt. Um mich herum ist alles nur noch dunkel und schwarz."

„Ich weiß, so ist es im ersten Moment wohl immer. Aber das vergeht", versuchte ich ihm klarzumachen. Er lachte.

„Du kennst mich nicht. Das vergeht nicht. Nichts hat mehr Sinn." Dieses extreme Denken war zwar typisch für Ägypter, aber nicht in diesem Maße.

„Karim, ich liebe dich auch. Wenn du glücklich bist, freue ich mich, wenn du traurig bist, leide ich mit dir. Aber ich bin die Frau deines Onkels. Ich will erst gar nicht darüber nachdenken, ob dies eine freundschaftliche Liebe ist oder mehr, weil es uns nicht weiterbringt. Du bist verheiratet, ich bin es. Wo ist der Sinn?"

„Aber wir könnten doch zusammen weggehen. Ich würde alles für dich aufgeben."

„Ja, und dann? Ich bin 15 Jahre älter als du. Vielleicht merkst du das jetzt noch nicht, aber wenn ich erst mal 60 bin und du 45, wird es dir nicht mehr gefallen."

„Ich werde dich immer lieben. Meinst du, meine Liebe ist so gering, dass ich dich später verlasse, nur weil du alt bist?", erwiderte er ärgerlich.

„Ach Karim, lass uns doch unsere Freundschaft. Sie war alles, was wir in den letzten Monaten hatten und sie wird immer Bestand haben, wenn du es nur zulässt. Manchmal ist das mehr als eine Liebesbeziehung." Karim schwieg.

„Ich will, dass du zurückkommst. Und es mit Ulrike weiter versuchst." Sofort spannte er sich an.

„Lass mich ausreden. Ich werde mit Ulrike reden. Ihr alles beibringen. Ich mache einen täglichen Unterricht mit ihr und bis sie das nächste mal kommt, ist sie die perfekte Ehefrau. Aber versuch es. Tu es für mich." Das war mein letztes Mittel. Mehr hatte ich nicht aufzuwarten. Warum ich mich so für Ulrike einsetzte, wusste ich auch nicht genau. Aber sie war eine sichere Barriere zwischen Karim und mir, sie war eine Möglichkeit, ihn doch noch glücklich werden zu lassen und sie könnte ihn seine Gefühle für mich vielleicht zur Freundschaft werden lassen. Außerdem würde ich es für Bettina tun. Es würde funktionieren. Doch Karim schwieg. Ich nahm seine Hand, sah in bittend an und hob fragend eine Augenbraue. Er sah mir in die Augen und ich konnte den Schmerz sehen, aber er nickte langsam. Ich atmete erleichtert auf. Und um alles sicher zu machen, griff ich in meine Tasche und gab ihm die Ringe und die EC-Karte zurück. Er nahm die Sachen, aber steckte sich den Ehering nicht an.

„Warum tust du den Ring nicht um?", fragte ich vorsichtig.

„Wenn ich sehe, dass Ulrike sich geändert hat, werde ich ihn wieder tragen. Bis dahin will ich mit ihr nicht reden."

„Aber Karim, du kannst sie doch nicht die nächsten fünf Monate ohne ein Gespräch mit ihr lassen", sagte ich entsetzt.

„Wir werden sehen. Sag ihr, dass ich mit ihr im Moment nicht reden will." Wie sollte ich ihr das nur beibringen? Aber immer noch besser als das Ende der Beziehung. Ich seufzte und ergab mich in mein Schicksal. Alles würde gut gehen, das Schlimmste hatten wir hinter uns.

Da es schon spät war, gingen wir zum Samar, deren Blick mich wissen ließ, dass sie erraten hatte, von wem die Nachricht auf meinem Handy gewesen war. Aber sie sagte nichts, als wir uns verabschiedeten. Wir holten Mariam und gingen zur Straße, um uns ein Taxi zu nehmen. Unterwegs rief Karim Sayed an, um ihm eine Geschichte zu erzählen, die alles erklärte und ihm mitzuteilen, dass er wieder in der Wohnung wäre. Trotz des Gesprächs war Karim verschlossen und sehr ruhig und ich beschloss, ihm den Abend und die Nacht zu gönnen, um wieder ins Gleichgewicht zu kommen.

Mein Gespräch mit Ulrike war allerdings schwieriger, denn sie konnte nicht verstehen, was keiner von uns erklären konnte. Für sie war am Morgen ihre Ehe noch in Ordnung gewesen und nun stand sie vor der Wahl, sich komplett ändern zu müssen oder sich scheiden zu lassen. Den wahren Grund konnte ich ihr nicht sagen und versuchte mein Möglichstes, ihr Karims Gedanken ohne das wichtige Detail seiner Gefühle für mich zu erklären. Ich sagte ihr, sie solle gut nachdenken, ob sie wirklich so viele Veränderungen an sich selbst vornehmen wollte oder es nicht besser wäre, einen klaren Schnitt zu machen. Denn sie würde nicht nur kurze Zeit anders sein müssen, sondern für immer damit glücklich sein. Am nächsten Morgen wollte ich sie über Skype anrufen, um zu reden, denn Karim würde für Sayed zu Corinna gehen und die Wohnung putzen.

Corinna war eine der wenigen Kundinnen, die ihm geblieben waren. Sie war meine Kollegin bei Sunrise gewesen und wir hatten uns angefreundet, bis sie sich irgendwann nicht mehr gemeldet hatte. Dafür war sie aber als Sayeds Kundin geblieben. Sobald Karim aus dem Haus war, wollte ich Ulrike anrufen, aber da klingelte es an der Tür und ich sah Azza durch den Spion. Ihr Kommen erstaunte mich, weil wir keinerlei Kontakt mehr zueinander gehabt hatten seit Marwa Sayed geheiratet hatte. Und ich war mich auch nicht sicher, ob ich sie wirklich in meiner Wohnung haben wollte, weil wir von Girgis wussten, dass sie die treibende Kraft hinter der Schwarzmagie war.

Aber meine Neugier siegte. Ich bat sie herein und bot ihr einen Tee an. Nach einer halben Stunde redeten wir immer noch über Nichtigkeiten und ich fragte mich, was sie wollte. Doch dann fing sie an, sich bei mir zu entschuldigen, weil ihre Tochter so stur und selbstsüchtig wäre. Ich ließ sie reden und überlegte, welche Antwort von mir sie erwartete und was sinnvoll sein könnte. Ich entschied mich, sie mit Geld zu locken, denn das schien ihre wirkliche Gier zu sein.

„Azza, ich bin auch wirklich enttäuscht von Marwa. Wir haben ihr hier alles gegeben und das ist der Dank. Mariam braucht ihren Vater und die ständigen Prügeleien machen Sayed so fertig, dass er das nicht mehr ist", sagte ich.

„Es ist so schrecklich. Ich habe schon versucht, Marwa dazu zu überreden, sich scheiden zu lassen. Aber nichts wirkt", beklagte sie sich.

„Ich kann das Mariam nicht mehr lange antun. Und wenn ich die Wohnung und die Villa verkaufe, habe ich genug Geld, um mich scheiden zu lassen und etwas Neues für uns aufzubauen." Damit hatte ich sie sicher sein lassen, dass jeder Wert mir gehörte. Sie fing an zu weinen.

„Es tut mir so leid. Ich weiß nicht, was sich das Mädchen denkt. Ich liebe Mariam und dich und will, dass ihr wieder eure Familie habt."

„Das wünsche ich mir auch, Azza", sagte ich ihr. „Ich würde Marwa ja auch helfen. Marietta würde ihr bestimmt die Wohnung finanzieren und wir könnten ihr als Freunde einen gewissen Betrag geben, sodass sie zum Beispiel ein Geschäft aufmachen könnte." So, jetzt hatte sie einen Anhaltspunkt, was ich bereit war zu zahlen.

„Wenn das doch nur alles ginge. Aber Marwa ist schwanger."

Mir wurde heiß und kalt zugleich. Girgis hatte es gesagt, aber das war nichts Handfestes, nichts, das Wirklichkeit war. Ich hatte bisher noch nicht den Beweis bekommen, dass Girgis wirklich hellsehen konnte und seine Magie wirkte. Aber nun hatten wir den gerade bekommen.

„Sie ist schwanger? Seit wann?", fragte ich entsetzt.

„Wir sind noch nicht sicher. Sayed weiß es noch nicht. Aber seit ein paar Tagen ist Marwa übel und sie hat ihre Periode nicht bekommen." Damit wäre alles vorbei. Wenn Marwa ein Kind bekommen würde, wäre es mir unmöglich, weiter bei Sayed zu bleiben. Ich wollte mein Kind nicht so aufwachsen sehen. Nicht mit einem Halbbruder, der von Marwa war. Völlig ausgeschlossen. Ich sah ein, dass Azza nicht gekommen war, um irgendein Angebot von mir zu bekommen, sondern nur, um die Zeit ohne Sayed zu nutzen, um mir einen Grund mehr und gleichzeitig einen Zeitpunkt zum Weggehen zu geben. Und ich war wirklich fast so weit. Also beendet ich das Gespräch möglichst schnell und rief Sayed an, der gerade mit seinem Vater im Krankenhaus war und in den Tagen in El Fayoum immer mehr der Alte geworden war. Er war entspannt, trotz seines Vaters, war am Telefon liebevoll und nett. Girgis hatte uns dies vorausgesagt, weil er davon ausging, dass Marwa ihm regelmäßig etwas in den Kaffee tat, um ihn unter Kontrolle zu halten. Ohne dieses Mittel kam Sayed zur Besinnung.

„Wie geht es deinem Vater?", fragte ich ihn. Ich machte mir wirklich Sorgen um meinen Schwiegervater, denn er war immer öfter krank und es war kein Geld da, ihn ausreichend zu behandeln.

„Es geht. Er hatte noch mal Glück. Aber wir machen jede Menge Tests und Essam versucht im Moment, Geld für die ganzen Medikamente aufzutreiben." Er seufzte.

„Und Mama?", wollte ich wissen.

„Alles ok. Die Frauen kümmern sich um sie."

„Das ist gut. Bestell beiden viele Grüße."

„Und wie geht es euch?"

„Ja, ganz gut."

„Hast du alles?"

„Ja, und wenn nicht, kann Karim ja los. Weißt du schon, wann du kommst?" Ich stellte diese Frage vorsichtig, denn ich wollte nicht, dass er den Eindruck bekam, ich würde ihn drängen.

„Ich bin noch nicht sicher. Nehad wollte eventuell mitkommen." Das war eine Überraschung. Zwar war ihre Tochter Hanna extrem schwierig und schrie, wenn sie nicht bekam, was sie wollte, das gesamte Haus über Stunden zusammen, aber immerhin wäre ein weiterer Puffer in meiner Wohnung.

„Oh, nett", sagte ich nur.

„Sie wird nicht lange bleiben", sagte Sayed verständnisvoll.

„Kein Problem, Mariam würde sich sicher freuen."

„Wahrscheinlich sollten wir in drei oder vier Tagen so weit sein, dass wir fahren können. Was ist passiert? Du klingst so komisch."

„Azza war hier", stellte ich nur fest.

„Azza? Was wollte die denn? Und warum hat sie mich nicht zuerst angerufen?"

„Wahrscheinlich, weil sie die günstige Gelegenheit nutzen wollte, mich alleine zu erwischen." Nun horchte Sayed auf.

„Und warum sollte sie das wollen?", fragte er vorsichtig.

„Damit sie mir unter die Nase reiben kann, dass Marwa schwanger ist", sagte ich ärgerlich.

„Marwa ist was?", fragte Sayed erschrocken. Ich war mir recht sicher, dass er von dieser Neuigkeit wirklich nichts wusste.

„Ich musste Azza erklären, wie man einen Schwangerschaftstest aus der Apotheke macht, weil Marwa ihre Periode nicht bekommen hat und ihr übel ist", sagte ich vorwurfsvoll. Ich wollte vermeiden, dass es zu einem cholerischen Anfall kam, wenn ich erwähnte, dass ich ja die ganze Zeit davon gesprochen hatte, ihr die Pille zu verpassen.

„Ich wollte mit ihr nach meiner Rückkehr sofort zum Arzt gehen, um die Pille zu holen. Letztes Mal war es zu spät, um damit zu beginnen."

„Ach? Nun ja, jetzt kannst du dir das sparen."

„Ich glaube das nicht. Wahrscheinlich hat sie nur wieder zu viel gegessen." Sayed schien wirklich normaler in El Fayoum zu werden, aber das änderte nichts an der Tatsache, dass Marwa schwanger war. Denn zusammen mit Girgis Vorhersage waren die Chancen, dass dies ein Virus war, sehr gering.

„Wie auch immer, ich hoffe du weißt, dass das so ziemlich der schlechteste Zeitpunkt ist. Aber nun gut. Ich rede da ja eh nur und es passiert nichts", konnte ich mir nicht verkneifen.

„Wir werden sehen, wenn ich wiederkomme." Sayed schien die Nachricht wirklich fertig zu machen. Es war seine eigene Schuld. Für mich war es das Tüpfelchen auf den i. Das, was mir gefehlt hatte, um diese Ehe wirklich als gescheitert anzusehen. Aber ich würde nicht kampflos aufgeben.

Nachdem ich aufgelegt hatte, informierte ich Karim. Und weinte zu meinem eigenen Erstaunen das erste Mal seit langer Zeit wieder. Ich dachte, es könnte nicht schlimmer kommen. Aber nun war doch etwas passiert. Karim war ebenfalls geschockt. So viel Dummheit hatte er seinem Onkel nicht zugetraut. Er versprach, möglichst schnell fertig zu werden und zu mir zu kommen. Danach rief ich Anna an. Auch die konnte es nicht fassen und wollte abends kommen, um diese Neuigkeit zu diskutieren. Danach fiel mir Ulrike ein.

Obwohl ich wenig bei der Sache war, brachte ich das Gespräch schnell hinter mich, denn wie ich erwartet hatte, würde Ulrike alles tun, um mit Karim zusammenzubleiben. Auch sich selbst komplett ändern. Dann saß ich einfach nur da und überlegte. Ich wollte weg von Sayed, weg von diesem Mist, aber ich konnte mich nicht dazu bringen, aufzugeben. Mein Widder-Kopf wollte gewinnen, mein weiblicher Kern wollte die Frau sein, die Sayed behielt, mein Verstand sagte mir, dass ein Vater wie Sayed besser für Mariam wäre als gar keiner, auch wenn er im Moment nicht ganz bei sich war. Und mein Stolz verbot es mir, alles aufzugeben, was ich hier aufgebaut hatte. Und Ginny und Whisky. Was sollte aus ihnen werden? Ohne mich würden sie auf der Straße landen und da konnten sie nicht überleben. Und Karim... den konnte ich nicht mitnehmen. Ich würde gewinnen müssen.

Als Karim kam, rief er Girgis an. Der arbeitete immer noch daran, Sayed von der Magie abzuschneiden und zu schützen, aber jedes Mal, wenn er etwas erreicht hatte, arbeitete die Gegenseite wieder und das Hin und Her machte Sayed nur noch wahnsinniger. Nun kam das Kind in Marwas Bauch hinzu. Und Karim stellte mir eine Frage, die ich nicht beantworten konnte. Was wollten wir? Sollte Girgis etwas gegen dieses Baby unternehmen? Ich dachte nach und war erschrocken, wie tief ich gefallen war. Was für eine Frage? Natürlich nichts. Und wenn es das Ende von allem bedeuten würde. So weit würde ich nie gehen. Karim nickte nur zu meiner Entscheidung. Girgis würde weiter versuchen, an Sayed zu arbeiten.

Als Karim und ich auf dem Balkon saßen und so wie immer redeten, war ich erleichtert. Er schien sich ein wenig gefangen zu haben. Einige Minuten alberten wir herum und vergaßen nach dem bedrückenden Gespräch mit Girgis diese immer schlimmer werdende Situation. Doch dann wurde Karim ernst und ich ahnte Schlimmes.
„Ich liebe dich", sagte er traurig.
„Ich liebe dich auch, aber ich liebe Mariam mehr. Und ich will für sie eine Familie mit ihrem Vater. Auch wenn ich Sayed nicht mehr liebe. Oder das, was aus ihm geworden ist", dachte ich laut.
„Ich würde wirklich alles für dich tun, Petra. Alles. Selbst meine Familie verlassen."
Ich wusste, dass es nichts gab, was mehr bedeutete als dies. Seine Familie ging Karim über alles. Bei Sayed hatte ich immer darauf gewartet, dass er einmal so etwas sagen würde. Und nun saß mir dieser 15 Jahre jüngere, unglaublich attraktive und nette beste Freund, den ich hatte, gegenüber und sagte mir genau dies. Es schmeichelte mir, es vermittelte mir endlich wieder das Gefühl, begehrenswert zu sein und es weckte in mir die Hoffnung, dass es wirklich so etwas wie tiefe Liebe gab, die alles andere unwichtig werden ließ. Aber wollte ich Karim? Was für ein absurder Gedanke. Ich würde mich selbst und ihn in Teufels Küche bringen. Noch nicht einmal daran denken sollte ich. Also stand ich auf und ging in die

Küche. Karim ging ins Gästezimmer und setzte sich auf das Bett. Als ich an der Tür vorbei ging, konnte ich sehen, dass er weinte. Es wäre besser gewesen, es zu ignorieren. Ich wusste es in dem Moment, als er aufblickte. Aber er war immer für mich dagewesen und ich konnte ihn so nicht sitzen lassen. Ich nahm ihn in den Arm und versuchte ihn zu trösten. Als er mich ansah, machte etwas in mir „Klick". Nur eine Minute wollte ich nicht nachdenken und das Richtige tun. Ich sah ihn an und sagte ihm genau dies. Und dann küsste ich ihn. Nicht so, wie im Coffeeshop. Es war ein zärtlicher Kuss, voller Gefühl und mit meinen ganzen Wünschen für Karim. Er erwiderte ihn auf dieselbe Art und als wir uns trennten, sagte ich ihm nur, dass ich ihn wenigstens einmal in meinem Leben geküsst haben wollte. Damit verließ ich das Zimmer und schloss die Tür hinter mir. Es war besser, wenn wir jetzt in getrennten Räumen wären.

XXIX

Ich war froh, als Anna am Abend kam, denn erstaunlicherweise schien der Kuss bei Karim bewirkt zu haben, dass er wieder normal wurde. Eigentlich hätte mich dies froh stimmen sollen, aber ich ahnte, dass ein einzelner Kuss seinen Schmerz nicht hätte nehmen können. Nur Hoffnung konnte dies und die schien erwacht zu sein. Ich wappnete mich für das, was da kommen würde und freute mich, entspannt mit Anna zusammensitzen zu können.

Karim und ich berichteten ihr von dem Gespräch mit Girgis, aber wir waren vorsichtig, denn nach dem Vorfall mit dem Foto von Ashraf und mir vertraute Karim Anna nur noch bedingt. Anna, als gläubige Katholikin, war auch der Meinung, dass das Kind durch den bisherigen Einfluss der schwarzen Magie genug geschädigt sein würde. Ein weiteres Einwirken wäre fatal. Zudem war sie der Meinung, dass Marwa und Azza nun endlich vielleicht erreicht hätten, was sie wollten und mit der Magie aufhören würden. Da ich aber noch immer mit Mariam in meiner Wohnung war und die Villa weit davon entfernt, bewohnbar zu sein, stimmten Karim und ich damit nicht überein. Auch waren wir uns darüber im Klaren, dass die Anwesenheit von Nehad Sayed zu mehr gutem Verhalten veranlassen würde, da diese nicht nur ihrem Mann, sondern auch Hosnia, ihrer Mutter, alles brühwarm erzählen würde. Somit wüsste die gesamte Familie sofort über jedes Detail Bescheid. Und die war sowieso schon gegen Marwa eingenommen und verstand Sayed nicht.

Es war ein wenig produktiver Abend, aber nach den Ereignissen der letzten Tage für mich sehr entspannend. Und so war ich gut gelaunt als Anna ging. Und unvorsichtig genug, nicht auf Karim zu achten, der hinter mir stand, als ich ins Badezimmer ging. Als ich mich umdrehte, befand ich mich bereits in seinen Armen und dieser Kuss hatte nun wirklich nichts freundschaftliches oder zurückhaltendes an sich. Er glich eher der Beschreibung eines Kitschromans, in dem die Hauptpersonen sich, verzweifelt vor Sehnsucht, endlich finden. In meinen 40 Jahren hatte ich nie so einen Kuss bekommen. Ich war so überrumpelt, dass ich Sekunden oder Minuten nicht in der Lage war, zu reagieren, geschweige denn, meinen Kopf zum Denken zu benutzen. Erst war ich überrascht, dann genoss ich und erst viel später merkte ich, dass wir dabei waren, noch einen Schritt weiter zu gehen und schob Karim von mir.

„Das geht nicht", brachte ich heraus. Karim war noch nicht wieder in der Realität.

„Karim, nicht. Es geht nicht. Selbst wenn da keine Ehen wären, kein Sayed, keine Familie, keine Ulrike..." Alles was ich sagte, hatte ich vorher schon gesagt. Ich sah ihn traurig an. Doch im Gegensatz zu mir war Karim nicht nur traurig, sondern sauer. Ich drehte mich um, ging ins Schlafzimmer und schloss die Tür. Ich war noch ganz aufgewühlt von dem Kuss und konnte keinen wirklich klaren Gedanken fassen. Also legte ich mich auf mein Bett und versuchte, mich zu beruhigen. Es war wirklich keine gute Idee gewesen, Karim zu küssen. Er hatte nun Hoffnung und würde mit Hartnäckigkeit versuchen, mich davon zu überzeugen, dass eine Beziehung zu ihm gut und sinnvoll war. Ich war aber noch nie jemand gewesen, der einfach fremdgehen konnte. Ich war immer treu gewesen und kam mir schäbig und mies vor.

Ashraf war eine von mir deklarierte Auszeit und ein Urlaub gewesen. Und ich wusste immer, dass wir niemals eine Beziehung haben würden. Karim war anders. Ich wusste, dass, wenn ich einmal etwas mit ihm anfing, ich auch eine Beziehung haben wollen würde. Besonders, weil ich für Sayed nicht mehr als Ablehnung und Enttäuschung empfand. Mein Dickkopf wollte ihn, mein Gefühl aber nicht. Aber für Mariam wäre es besser und für sie könnte ich alles wieder ins Lot bringen, wenn Marwa nur nicht wäre. Karim war gefährlich für mich. Es gab hunderte von Gründen, warum das, was zwischen uns anscheinend entstand, falsch war. Und ich war fest entschlossen, es zu unterbinden. Sofort. Und dafür würde ich das Schlafzimmer bis zum nächsten Morgen erst mal nicht verlassen. Trotzdem lag ich auf meinem Bett und dachte darüber nach, wie schön der Kuss gewesen war. Ich gestand mir ein, dass auch ich gerne weiter gegangen wäre. Und ich schlief erst Stunden später.

Die Tage bis zu Sayeds Rückkehr verliefen ähnlich. Sobald Karim und ich alleine waren, war die Spannung zu spüren. Er versuchte, mich zu einer Beziehung zu überreden, ich widerstand. War Anna da oder waren wir draußen, war ich seine Tante. Ich wusste, dass mit Nehads Anwesenheit alles einfacher werden würde und setzte darauf, dass Karim vergessen würde und wir die letzten Tage als Erfahrung abhaken könnten. Außerdem sprach ich mindestens einmal am Tag mit Ulrike, um ihr in einer Art Lehrgang zu vermitteln, welches Verhalten Karim erwartete. Ich hatte aber nicht das Gefühl, sie dabei anzulügen oder zu betrügen, denn Karim hatte mich schon vor der Ehe mit ihr geliebt und würde hoffentlich trotzdem eine gute Ehe mit Ulrike führen. In guter ägyptischer Manier würde die Liebe der Eheschließung einfach folgen und ich wusste, dass Karim an einer guten und liebevollen Beziehung mit ihr arbeiten würde, sobald ihre Verhaltensweise ihn nicht mehr aufregte und ihm klar geworden war, dass an meiner Ehe zu Sayed nicht zu rütteln war. Es war zwar ein komisches Gefühl, sie für Karim perfekt zu machen, aber was war in meinem Leben schon noch normal?

Sayed kehrte ein paar Tage später mit Nehad und Hanna wieder. Mit der Ruhe war es in meiner Wohnung eindeutig vorbei. Hanna war etwas jünger als Mariam, hatte aber im Gegensatz zu ihr von klein auf gelernt, dass man mit Schreien alles erreicht. Und Schreien war in ihrem Fall nicht das normale Schreien eines Kindes. Wenn sie etwas wollte und nicht bekommen konnte, war sie sogar in der Lage, vor Wut den Kopf auf den Boden zu schlagen und zwar so, dass jedem Angst und Bange wurde. Ich mochte Nehad sehr, denn sie war, im Gegensatz zu den meisten anderen Frauen der Familie, sehr gebildet und eigenständig und ähnelte in ihrer Einstellung mehr europäischen Frauen, auch wenn sie sich mit einer Burka verschleierte. Ich fand den Unterschied immer erstaunlich, wenn ich sie in Gegenwart von Männern oder alleine mit mir in einem Spaghettiträger-Top und unverschleiert sah. Doch bei ihrer Tochter hatte jede Erziehung versagt. Was aber auch zum Teil an Hany, ihrem Mann und Sayeds Cousin, lag.

Sobald Hanna schrie, versuchte es Hany mit Zurückschreien und danach damit, dass er auf- und ihr nachgab. Zeitweise war dies einfach unerträglich, vor allen Dingen da ich Mariam klarmachen musste, dass sie sich richtig verhielt und Hanna nicht. Wenn beide Mädchen an derselben Puppe zerrten, die Mariam gehörte, war es schwer ihr verständlich zu machen, dass sie sie besser Hanna gab, wenn wir mit heilen Ohren aus der Sache herauskommen wollten. Manchmal geschah es aber auch, dass Hanna einfach alle Puppen haben wollte und Nehad und ich sie dann mit Engelszungen beknieten, Mariam eine zu geben. Denn ägyptische Mütter mögen es überhaupt nicht, wenn andere sich in ihre Erziehung einmischen.

Nur Karim war mit seiner ruhigen Art in der Lage, Hanna das tun zu lassen, was wir wollten. Keiner von uns wusste, woran es lag, denn er sprach einfach ruhig mit ihr und sie tat, was er sagte. Sein Geheimnis, das er selbst nicht kannte, hätte uns bestimmt reich machen können.

Wir verbrachten eine ansonsten nette Woche mit Tagen am Strand, Abenden im Coffeeshop und Einkaufstouren, weil Nehad aus Hurghada Anziehsachen und einige Lebensmittel mitnehmen wollte. Sayed hatte mich zwar erstaunlich liebevoll begrüßt und war entspannt wie seit einem Jahr nicht mehr, als er aus El Fayoum kam, doch das hatte sich geändert, sobald er das Ergebnis vom Arzt über Marwas Schwangerschaft hatte. Es hatte nur zwei Tage gedauert, um ihn wieder in die gewohnte Stimmung zu versetzen und Karim und ich waren wenig erstaunt. Girgis hatte uns dies schon mitgeteilt und auch, dass es kaum eine Möglichkeit gab, Sayed zu schützen, wenn er nicht auf Dauer von Marwa wegbliebe.

Da biss sich die Katze in den Schwanz, denn dies würde nur geschehen, wenn er sich scheiden ließe und so lange er zu Marwa ging, würde die Magie schon dafür sorgen, dass er dies nicht tat. Nehad war entsetzt und Hany ebenso. Karim und ich unterhielten uns fast jeden Abend mit beiden über die Situation und brachten sie auf den neuesten Stand. Hany, der geglaubt hatte, ich würde übertreiben, sah nun mit eigenen Augen, wie schlimm die Lage war. Doch sein Reden mit Sayed änderte nichts. Nehad versprach jedoch, bei nächster Gelegenheit mit Essam zu reden. Im Gegensatz zu mir hatte Nehad Angst vor Sayeds cholerischen Anfällen und war entsetzt, wie wenig Essen bei uns im Haus war. Außerdem versprach sie, vor Ramadan im August wiederzukommen. Diesmal für längere Zeit. Da Sayed Karim gegenüber immer unfreundlicher wurde, war mir jeder Besuch recht, denn ich hatte das Gefühl, dass Sayed Karim nicht mehr lange in unserer Wohnung dulden würde. Zu oft bemerkte er mir gegenüber, dass dieses oder jenes an Karim nicht gut sei. Ich kannte ihn genug, um Karim nicht in Schutz zu nehmen.

Außerdem hatten wir das Gefühl, dass Sayed uns, sobald er offiziell zu Marwa aufgebrochen war, beobachtete. Meine Wohnung hatte Fenster, die in der Höhe vom Boden bis fast unter die Decke gingen und dem Wohnzimmer gegenüber befand sich nur ein Haus im Bau. Eines Abends saß ich mit Karim zusammen, er im Sessel, ich auf dem Sofa und wir unterhielten uns. Sayed, obwohl er schon eine Stunde bei Marwa sein sollte, kam unter dem Vorwand in die Wohnung, etwas vergessen zu haben, unterhielt sich kurz mit uns und ging wieder. Eine halbe Stunde später war er wieder da und sagte, er hätte noch keine Lust gehabt, zu Marwa zu gehen und sich entschlossen, nach dem Supermarkteinkauf einen Kaffee mit uns zu trinken. Danach kam er ein letztes Mal eine Stunde später, um noch etwas zu holen. Es war inzwischen 1 Uhr nachts und ich war gerade auf dem Weg ins Bett. Er hielt mir einen Vortrag im Schlafzimmer, dass ich nicht bis spät in der Nacht bei Karim sitzen könnte. Ich sah ihn nur erstaunt an und sagte, dass ich das doch immer getan hätte. Er erzählte mir nur etwas von gutem Benehmen und Karim sei jetzt ein Ehemann, der seine Ehefrau im Bett vermissen würde und ähnliche Dinge. Wahrscheinlich glaubte er, dass er mir weismachen konnte, Karim hätte in seinem Leben vor Ulrike nie mit einer Frau geschlafen. Obwohl ich das besser wusste, sagte ich nichts dazu. In dieser Laune war Sayed unberechenbar in seinen Entscheidungen. Doch Karim und ich entdeckten einige Tage später im Handschuhfach des Autos ein Fernglas und uns war beiden klar, dass Sayed uns hierdurch von der gegenüberliegenden Baustelle beobachtet hatte. Ab diesem Zeitpunkt waren wir doppelt vorsichtig.

Nachdem Nehad wieder abgefahren war, setzten wir unser Leben in gewohnter Weise fort. Anna war wieder aus Italien zurück und kam regelmäßig vorbei. Sie merkte zwar, dass zwischen Karim und mir etwas anders war, sagte aber nichts. Ich telefonierte mit ihr über jede kleine Veränderung bei Sayed, musste aber feststellen, dass auch Anna nicht nur auf meiner Seite war. Denn einige Male besuchte Sayed mit Marwa Anna in ihrer Wohnung. Ich nahm es ihr übel, dass sie nett zu Marwa war. Meines Erachtens konnte man in diesem Film nur auf meiner oder Marwas Seite stehen. Doch eines Abends rief sie mich an und sagte mir, dass sie zu Marwa gehen würde, weil es der nicht so gut ginge. Ich hatte die leise Hoffung, dass sich das Problem mit ihrer Schwangerschaft von alleine erledigen würde, da Sayed zu seiner alten Form zurückgekehrt war und sie wieder fast täglich schlug. Schwangerschaft hin oder her: die Brutalität nahm nicht ab. Im Gegenteil, nun hatte Sayed ein bevorzugtes Ziel, nämlich Marwas Bauch. Und aus diesem Grund musste Anna auch nun zu Marwa, denn nach einem Besuch beim Frauenarzt hatte dieser ihr tägliche Injektionen verordnet, die Anna als gelernte Krankenschwester ihr geben sollte. Als sie zurückkam, rief sie mich sofort an.

„Wie kann Sayed so was tun?", fragte sie rhetorisch.

„Was hat er denn getan?", fragte ich zurück.

„Sie ist überall blau, vom Kopf bis zu den Füßen. Aber der Bauch...", sie hörte auf zu reden. „Der Arzt hat geschrieben, dass sie das Kind definitiv verlieren wird."

Ich hatte ein freudiges Gefühl in meinem Bauch, das aber sofort von meinem schlechten Gewissen beseitigt wurde. Wie konnte ich mich über die Fehlgeburt einer anderen Frau nur freuen? War ich so tief gesunken?

„Wie kann Sayed nur sein eigenes Kind in Gefahr bringen?", fragte ich Anna.

„Ich habe ihm auch eine Standpauke gehalten. Das Kind ist schon gestraft genug durch die ganze schwarze Magie und die ständigen Schmerzen der Mutter, das muss nun nicht auch noch sein", empörte sich Anna.

„Ja, einfacher wäre es gewesen, wenn er ihr die Pille gegeben hätte, dann müsste er ihr nicht in den Bauch treten", sagte ich sarkastisch. Ich fing an, mich vor meinem eigenen Mann zu ekeln.

„Ich verstehe ihn auch nicht. Sie schlagen sich, sie verstehen sich, sie lieben sich... Wie kann man nur so leben. Was sagt Girgis?"

„Der sagt, er kann nichts machen. Die Alternative ist, einen zweiten Magier dazuzunehmen, der Sayed geschützt hält während Girgis arbeitet", erklärte ich ihr.

„Woran arbeitet?", wollte Anna wissen.

„Daran, die Magie zu den Sendern zurückzuschicken. Aber er sagt, sobald er Sayed frei hat und anfängt zu arbeiten, kommt der andere und macht alles rückgängig. Und all das kostet Geld." Ich war wirklich verzweifelt, weil meine Ehe an Geld scheitern sollte.

„Vielleicht wird es ja noch", tröstete mich Anna.

Aber ich glaubte nicht wirklich daran. Ich wollte versuchen, jemanden zu finden, der günstiger war als Girgis oder Ratenzahlung akzeptierte und hatte schon in Deutschland einige Angebote gefunden. Jetzt wartete ich auf die Antworten.

Nachdem ich aufgelegt hatte, informierte ich Karim sofort über die Neuigkeiten. Der war nicht erstaunt, sodass ich gleich davon ausging, dass er schon etwas gewusst hatte.

„Du weißt es schon", stellte ich fest.

„Wissen wäre zu viel", antwortete er mir.

„Warum sagst du mir denn nichts?", ich war enttäuscht.

„Weil ich nicht will, dass du mit Girgis in Kontakt kommst. Wenn etwas für dich wichtig wird, sage ich es schon."

„Ich dachte, wir sind da zusammen drin. Und dann hätte ich auch gerne die Informationen."

„Petra, überlass Girgis mir. Ich will, dass du sicher bist und so weit raus bist wie möglich. Ich liebe dich."

Ich seufzte. Die letzten Tage hatte ich mich gut zusammen gerissen und war Karim in Bezug auf Beziehung aus dem Weg gegangen. Aber ich war mir darüber im Klaren, dass es eine Frage der Zeit war. Ich war zu tief verletzt von Sayed, zu sehr in meinem Selbstbewusstsein getroffen und zu fertig, um ihm lange widerstehen zu können. Die Versuchung war einfach zu groß. Deshalb küsste ich ihn einfach. Was sollte es schon? Ich konnte nicht in jeder Hinsicht das richtige tun. Das hier war nur für mich. Nicht für Mariam, nicht für Sayed und nicht für eine Ehe, die ich nur wegen Mariam wollte. Karim sprach noch nicht einmal mit Ulrike, er weigerte sich, bis sie sich geändert hatte. Wen betrogen wir also? Doch irgendwann würden Küsse nicht mehr reichen. Dafür lebten wir zu eng zusammen und teilten zu viel. Ich musste in nächster Zeit einmal eine Entscheidung treffen.

Am nächsten Tag erzählte mir Karim, dass Sayed mit Marwa und Anna in einer Kneipe gewesen war und sie von Anna zum Essen eingeladen worden seien. Ich war sauer auf Anna, sauer auf Sayed, dass er mit Marwa so normal lebte und sie genauso behandelte wie mich. Mein verdientes Geld verbarg ich inzwischen vor ihm und bot ihm auch nichts mehr an, denn ich wollte nicht eine müde Mark für

Marwa bezahlen. Also gab ich Karim das Geld und sagte ihm, er solle für uns eine Pizza organisieren. Wir machten ein heimliches Picknick auf dem Balkon, immer auf der Hut, ob ein Auto vor dem Haus hielt und Sayed zurückkam. Denn sollte Sayed das sehen, würde Marwa auch wieder eine Pizza bekommen. Wir hatten Spaß wie kleine Kinder, die etwas verbotenes tun und genossen das selten gewordene, gute Essen.

„Das war das beste Essen, das ich seit langem hatte", grinste ich.

„Dein Essen ist besser", sagte Karim.

„Ja, wenn ich dann mal genug zum Kochen habe", sagte ich traurig.

„Es wird bestimmt bald besser", tröstete mich Karim. Aber wir beide wussten, dass aus dem geplanten zweimonatigen Problem ein in der Dauer nicht absehbares Desaster geworden war.

„Girgis kann immer noch etwas tun, damit Marwa das Kind verliert", bemerkte Karim vorsichtig.

„Ich weiß nicht, wie schlecht dieser Arzt ist, dass er von Fehlgeburt redet und dann ist alles bestens", schüttelte ich den Kopf.

„Sie hätte das Kind verloren, wenn der Kerl in Assuan es nicht geschützt hätte", antwortete Karim.

„Ja, klar, der mächtige Magier", seufzte ich.

„Wir könnten es versuchen", schlug Karim erneut vor.

„Bevor wir ein unschuldiges Baby da reinziehen, sollten wir abwarten, ob nicht jemand in Deutschland etwas tun kann." Ich schreckte davor zurück, dass dies die einzige Lösung war.

„Dieses Kind wird nie ein normales Leben führen. Unter diesem Einfluss von Magie... Außerdem wäre es ohne die schwarze Magie niemals auch nur bis zum zweiten Monat im Mutterleib geblieben."

„Trotzdem. Keiner garantiert, dass es funktioniert, wir haben das Geld auch gar nicht. Also erübrigt es sich, darüber nachzudenken." Ich konnte nicht so weit gehen. Einerseits ging es darum, Mariam ihren Vater und ihr Leben zu erhalten, andererseits war es schlichtweg Mord, wenn es funktionierte.

„Lass uns abwarten", entschied ich.

Nur kurze Zeit darauf spitzte sich die Situation mit Karim und Sayed zu. Sayed wollten offensichtlich Karim nicht in meiner Nähe und wetterte ständig gegen ihn. Außerdem bestand er darauf, dass es sich nicht gehörte, dass ein junger Mann in unserer Wohnung schlief während er selbst bei seiner zweiten Frau übernachtete. Ich kämpfte, so gut ich konnte, argumentierte, dass ich auch ein Kleinkind hier hätte, dass mein Rücken noch nicht vollständig gesund sei und dass meine Wohnung so groß sei, dass ich es alleine nicht schaffen könne. Doch Sayed, inzwischen müde der ständigen Diskussionen mit mir über Gleichbehandlung von Marwa und mir, schloss das Gespräch mit der Bemerkung, dass Marwa auch alleine und ja inzwischen schwanger wäre. Er wollte Karim noch am selben Tag sagen, dass er ausziehen müsste.

Der Schock für mich war groß. Karim und ich hatten zwar öfter über Sayeds Reaktion geredet und es in Erwägung gezogen, dass dies passieren könnte, aber gerechnet hatten wir damit nicht wirklich. Nun war es passiert. Doch noch traute sich Sayed nicht, Karim vor den Kopf zu stoßen und ihn zum Verlassen der Wohnung aufzufordern. Dafür brauchte er ihn zu sehr, um seine Aufträge auszuführen und konnte sich nicht leisten, dass Karim in ein Hotel arbeiten ging. Als Strafe für meine unfreundliche Art eröffnete er mir am Abend, dass er Mariam mit zu Marwa nehmen würde. Ich wollte dies nicht zulassen, weil die Kindergärtnerin im Kindergarten inzwischen schon Verhaltensauffälligkeiten bei Mariam bemerkt hatten. Zwar hatte ich sie beruhigen können, indem ich unsere Situation erklärte, doch wollte ich verhindern, dass Mariam noch mehr mitbekam. Sayed hatte jeglichen Einfluss seiner zweiten Ehe auf Mariam bestritten und war wütend geworden. Als ich nun sagte, dass Mariam um 20 Uhr schlafen sollte, erwiderte er nur, dass andere Kinder auch länger wach bleiben würden. Ich stritt mit ihm, versuchte Mariam in ihr Zimmer zu schicken, aber Sayed nahm sie einfach mit und ging. Karim ging mit ihm. Er hatte sich bisher so gut es ging geweigert, Marwa zu besuchen, hielt es aber für besser, bei Mariam zu sein und hatte Sayed zugesagt. Ich war verzweifelt. Alleine und ohne mein Kind kam alles in mir hoch und ich hatte das erste Mal wirkliche Angst. Ich rief Anna an, die sagte, sie würde versuchen, Sayed zum Zurückkehren zu bewegen.

Ich rief Essam an, sagte, dass ich das nicht hinnehmen würde. Mariam wäre meine Tochter, sie hätte nichts bei Marwa zu suchen. Doch auf einen Anruf von Essam bei Sayed bemerkte dieser nur, dass Mariam bald einen Bruder haben würde und beide sollte zusammen aufwachsen. Karim rief mich an und flehte mich an, ruhig zu bleiben, er würde auf Mariam achtgeben. Hysterische Anfälle würden alles bei Sayed nur schlimmer machen. Doch ich war in Panik. Ich rief Essam an und setzte ihm ein Ultimatum, danach würde ich die Polizei und das Konsulat anrufen. Doch nichts half. Karim informierte mich jede 15 Minuten darüber, wie es Mariam ging, doch auch auf ihn wollte ich nicht mehr hören. Was, wenn Sayed Mariam nicht zurückbringen würde? Anna erreichte schließlich, dass Sayed um 22.30 Uhr Mariam zurückbrachte. Ich war außer mir, völlig am Ende und froh, dass Sayed gar nicht erst zu uns hochgekommen war. Ich hätte für nichts garantieren können. Als Mariam im Bett war, schloss ich die Wohnungstür ab und ging zu Karim ins Gästezimmer. Hier waren Vorhänge, durch die niemand durchsehen konnte. Ich warf mich ihm in die Arme und weinte. Das erste Mal seit langer Zeit fielen bei mir wieder Tränen.

„Ich kann das nicht mehr, Karim", schluchzte ich.
„Pscht, alles ist gut. Mariam ist ja wieder hier", versuchte er mich zu beruhigen.
„Ja, diese Mal. Was ist mit nächstem Mal?", fragte ich pessimistisch.
„Ich passe auf sie auf. Ich verspreche es dir", sagte Karim.
„Und wenn du nicht mehr hier bist? Was machen wir dann?"
„Uns wird schon was einfallen."
Ich blieb in seinem Arm. Hier fühlte ich mich sicher. Alle anderen redeten nur, aber er war da. Der Gedanke, dass dies bald anders sein

könnte, führte zu einem verzweifelten Kuss und das erste Mal war mir egal, was zwischen uns passierte. Ich war so müde, mich in allem immer beherrschen zu müssen. Trotzdem brach ich unsere Zärtlichkeiten an einem Punkt ab. Vielleicht war es die Angst, Sayed könnte kommen, vielleicht aber auch der Respekt vor meiner Unvorsichtigkeit. Ich war mir darüber im Klaren, was ich Karim zumutete, doch glücklicherweise war der genug Ägypter, um bei einer Frau die Grenze des Miteinander-Schlafens zu respektieren. Ich wünschte ihm nur eine gute Nacht und ging ins Schlafzimmer.

XXX

Die Antworten, die ich von den unterschiedlichsten Menschen in Deutschland bezüglich der Auflösung von schwarzer Magie bei Sayed erhielt, waren allesamt wenig vertrauenerweckend. Mir erschienen die meisten verrückt, völlig überzogen oder total unrealistisch. Girgis hatte mehrfach bewiesen, dass er Recht mit seinen Prognosen hatte und so richtete ich mich in der Beurteilung der Antworten nach dem, was ich von ihm über seine Arbeit wusste. Eine Antwort von einer Weißmagierin in Deutschland schien mir allerdings vielversprechend und so machte ich einen Termin mit ihr aus, an dem wir telefonieren wollten. Vorab schickte ich ihr Fotos von Sayed und mir. Während Anna in eine neue Wohnung umzog und alle damit beschäftigt waren, ihr zu helfen, stand ich auf dem Balkon ihrer alten Wohnung und rief in Deutschland an. Marion war mir bei ihren ersten Worten schon sympathisch und schien mir komplett in der Realität zu leben.

„Ihre Situation ist schwierig. Da ist viel Magie. Und Ihr Mann ist schon lange unter diesem Einfluss", stellte sie fest.
„Ja, ich weiß. Kann man das denn aufheben?", wollte ich wissen.
„Man kann, aber das ist viel Arbeit und kann nicht von heute auf morgen erledigt werden."
„Und was würde das kosten?", wollte ich wissen.
„Wir müssen uns selbst schützen, die Magie zurücksenden, wo sie herkommt und müssen Ihren Mann effektiv vor einem neuen Angriff schützen. Dazu werde ich wahrscheinlich noch eine zweite Person hinzuziehen müssen. Sie müssen mit ungefähr 1500 Euro rechnen", erklärte sie mir. Mein Herz sackte in die Hose. Girgis hatte einen ähnlichen Betrag genannt.
„Ich kann so viel nicht auf einmal aufbringen", sagte ich ihr in der Hoffnung, sie würde im Preis heruntergehen oder mir eine Alternative anbieten.

„Ich verstehe Sie gut, aber das alles ist auch von unserer Seite mit viel Aufwand und Kosten verbunden."

„Kann ich nicht vielleicht in Raten zahlen? Jeden Monat 100 Euro?", fragte ich sie.

„Nein, das geht leider bei Magie nicht. Aber ich gebe Ihnen eine Telefonnummer. Das sind ganz tolle Menschen, die Ihnen vielleicht helfen können und auch unter Umständen eine Ratenzahlung akzeptieren", sagte sie.

Ich dankte ihr und legte auf. Immerhin hatte sie mir Hoffnung gegeben, dass es vielleicht doch eine Möglichkeit gab.

Am nächsten Tag rief ich die Nummer der Lebensberatung an und unterhielt mich mit Dieter. Er sagte mir zu, dass er mir helfen könnte und war auch einverstanden, dass ich die Kosten in monatlichen Raten an ihn zahlen würde. Zwar war dies nicht Weiße Magie, aber er versprach, etwas tun zu können. Und das reichte mir. Meine erste Aufgabe war, täglich um 22 Uhr eine halbe Stunde zu meditieren und das Mantra „Ich bin im Gleichgewicht, ich bin Licht, ich erreiche alle meine Ziele" aufzusagen. Das erschien mir komisch, weil ich ja eigentlich wollte, dass wir mit Sayed arbeiteten und nicht mit mir, aber ich musste ihm da vertrauen. Also legte ich mich jeden Abend auf mein Bett, zündete eine weiße Kerze an und sagte mein Mantra auf.

Doch schon bald kam der Tag, den Karim und ich gefürchtet hatten. Sayed musste nach El Fayoum zu seinem Vater und nahm diese Gelegenheit wahr, um Karim höflich darum zu bitten, sich eine eigene Wohnung zu suchen. Wir waren völlig fertig. Karim nicht so sehr wie ich, denn ich wusste, ich würde nun ständig alleine sein. Mein einziger Halt würde mir genommen werden und ich war verzweifelt. Karim versprach zwar, dass er in der Nähe bleiben würde und jederzeit für mich erreichbar wäre, trotzdem war es nicht das Gleiche. Zwei Tage später hatte Karim eine Wohnung, die nur über die Straße lag und zog aus. Er besuchte mich, so oft er konnte, aber ich war einsam und unsicher. Anna, die wusste, dass es mir ohne Karim nicht gut ging, kam nun öfter und schlief auch die ein oder andere Nacht im Gästezimmer, aber bei ihr fühlte ich mich nicht so sicher wie mit Karim. Als Sayed kurz vor seiner Abfahrt erwähnte, dass sein Neffe und seine Nichte gerne einmal Hurghada sehen würden, war ich sofort Feuer und Flamme, denn dies würde auch dazu führen, dass Karim wieder häufiger ohne Misstrauen zu erwecken kommen konnte. Nehad hatte versprochen, kurz darauf mit Hanna wiederzukommen. Währenddessen setzte ich meine Meditationen fort und redete einmal die Woche mit Dieter und seiner Partnerin Jutta. Wir redeten über alles, was Sayed tat und was vorgefallen war und ich bekam jede Woche ein neues Ziel, was ich bei mir verändern sollte. Ich sah immer noch nicht, was das mit Sayed zu tun haben sollte und fragte so manches mal irritiert nach. Doch die Antwort war meistens, dass es hier um mich gehe und der Rest sich schon ergeben würde. Eines Abends sagte Jutta mir, dass ich vergeben müsste.

„Du solltest Marwa und Sayed vergeben. Deine Gefühle sind so negativ, dass daraus nichts Gutes entstehen kann. Geh in die Vergebung und du machst Veränderung möglich."

„Wie soll ich dieser Frau vergeben? Sie hat unsere Familie kaputt gemacht", erwiderte ich empört.

„Nein, dazu gehören immer zwei und Sayed hat seinen Teil dazu beigetragen. Und du hast es zugelassen, dass dies mit dir geschieht. Du wirst dich besser fühlen, wenn du ihnen vergeben hast."

Ich hatte mich so an meine Schuldzuweisungen und meine Abneigung gewöhnt, dass ich mir nicht vorstellen konnte, sie loszulassen. Was Jutta da von mir verlangte, war ein komplettes Umdenken. Irgendjemand musste an der Situation schuld sein. Und wem sollte ich diese Schuld geben, wenn nicht Marwa?

„Nähe dir vier Puppen aus Stoff. Eine für jeden von Euch. Und wenn du die fertig hast und vergeben willst, reden wir weiter."

In Sayeds Abwesenheit konnte ich Karim nicht so oft sehen, wie ich es gewollt hätte. Zwar hatte er mir zuliebe darauf verzichtet, wieder im Hotel zu arbeiten, um immer erreichbar zu sein, aber wir waren uns darüber im Klaren, dass Sayed aus unzähligen Informationsquelle erfahren würde, wann Karim und ich wo zusammen auftauchten. Auch das Betreten meiner Wohnung würde ihm nicht verborgen bleiben. Also rief er jeden Abend Sayed an, um ihm zu sagen, dass er kurz bei Mariam und mir vorbeigehen würde um zu sehen, ob alles in Ordnung wäre. Blieb er zu lange, rief Sayed ihn an. Ich war am Ende. Und ich war mir fast sicher, dass ich so nicht weiter leben konnte. Doch was sollte ich tun? Sayed würde in diesem Stadium nicht mehr zustimmen, dass ich mit Mariam das Land verließ. Bei einer Scheidung würde er zwar Mariam nicht bekommen, aber über ihren Aufenthaltsort bestimmen, sodass sie ebenfalls nie Ägypten verlassen konnte.

Ich hatte meine einsame Zeit genutzt, mit einem Anwalt zu telefonieren, der mir genau auseinandergelegt hatte, was passieren konnte. Fest stand, dass ich als Christin immer die schlechteren Chancen in Bezug auf das Sorgerecht hatte als moslemische Frauen. Also begab ich mich wieder in den Zustand der Hoffnung, dass doch alles gut werden würde und Marwa irgendwann Vergangenheit wäre. Als Sayed mit Yousra, Esra und Mohamed zurückkam, war ich erleichtert. Doch alles entwickelte sich wenig zu meiner Zufriedenheit. Alle drei waren zwischen 12 und 18 Jahren und dementsprechend sehr nahe an Marwas Alter. Diese wollte es sich nicht nehmen lassen, endlich einen Teil der Familie auf ihre Seite zu ziehen und die beiden Mädchen waren hin und hergerissen zwischen ihrer Loyalität mir gegenüber und ihrer Sympathie zu Marwa. Zudem berichteten sie alles brühwarm ihrer Mutter Fateen, Sayeds Schwester. Zwar konnte Karim nun wieder den ganzen Tag bei uns sein und schlief auch bei uns, um die Vielzahl an Frauen nicht alleine zu lassen, aber der Stress war groß. Zudem rastete Sayed immer öfter aus, weil Marwa ihn mit der Schwangerschaft zur Weißglut brachte. Ich versuchte,

Esra, der älteren Nichte Sayeds, alles zu erklären, aber sie war zu sehr darauf bedacht, sich unparteiisch zu verhalten, was meines Erachtens eine Frechheit war, weil Marwa eindeutig die Schlechte war.

Doch ich verzieh allen alles, weil Karim wieder da war. Ich war so froh, wollte seine Anwesenheit so sehr genießen und hatte ihn so sehr vermisst, dass ich all meine guten Vorsätze aufgab. Eines Nachts, sobald alle schlafen gegangen waren, nahm ich ihn mit in mein Schlafzimmer. Ich hatte darauf geachtet, dass die Wohnungstür von innen verriegelt war und hatte zur Vorsicht Sayed unter einem Vorwand angerufen. Karim und ich hatten beide die letzten Tage gewusst, dass wir miteinander schlafen würden. Er hatte gemerkt, dass meine Widerstandskraft schwand und ich wusste, dass er es wusste. Es war für uns beide ein unglaubliches Erlebnis. Ich hatte noch nie mit jemandem geschlafen, der mich so sehr fühlen ließ, dass er mich liebte. Es ging nicht um Sex, obwohl es kein unwesentlicher Faktor war. Vielmehr war es eine Demonstration unserer Zusammengehörigkeit, unseres Vertrauens zueinander und unserer Liebe. Danach war eine Trennung von Karim für mich kaum noch vorstellbar. Und ein Zusammenleben mit Sayed noch weniger. Während wir bei jeder sich bietenden Gelegenheit miteinander schliefen, machte ich mir nur Gedanken darüber, was wir tun konnten und ob der Altersunterschied nicht doch zu groß sei. Karim betonte immer wieder, dass ihn das nie gestört hätte und er mich immer lieben würde, aber ich war mir nicht so sicher.

Doch nun unternahm ich gedanklich immer mehr, um eine mögliche Trennung von Sayed vorzubereiten. Zwar konnte ich mich immer noch nicht zu wirklichen Taten durchringen, aber ich war mir sicher, dass ich zumindest zum Islam übertreten sollte. Dieser Gedanke war mir schon früher gekommen, weil ich in Hurghada gelernt hatte, dass der Islam sich nur wenig vom Christentum unterschied und es für Mariam das Leben einfacher machen würde, wenn sie größer wurde. Nun war ich mir jedoch sicher, dass ich diesen Schritt gehen sollte. Und auch über Wege, die Villa endlich auf mich zu überschreiben, dachte ich nach. Auch hier musste ich einen Weg finden. Denn im Falle einer nicht einvernehmlichen Scheidung hätten wir nichts. Also ließ ich Sayed einen deutschen Koran besorgen und begann zu lesen.

Ich unterhielt mich mit einigen in der Familie über bestimmte Themen und ließ jeden wissen, dass ich im Begriff war, Moslem zu werden. Das brachte mir endlose Punkte bei Sayeds Familie ein und vor allen Dingen meine Schwiegermutter sah eine Bestätigung darin, dass Sayed völlig fehlgeleitet sein müsse. Während ich also fremdging, meine Scheidung plante und mit Dieter und Jutta an mir arbeitete, beschäftigte ich Sayeds Nichten und Neffe. Doch bald war der Besuch vorbei. Und ich sah nur eine Möglichkeit, Karim ein wenig länger in der Wohnung zu halten. Jemand von ihnen musste bei mir bleiben. Also erkor ich Esra aus, diejenige zu sein, die das Alibi darstellen sollte. Doch Esra wollte nach El Fayoum. Und so griff ich zu unlauteren Methoden. Ich bekniete sie, sagte ihr, dass ich ohne sie wieder ganz alleine sei und mein Rücken noch nicht komplett in Ordnung wäre. Und nachdem Karim ihr bestätigt hatte, dass auch er die Wohnung verlassen würde, weil er nicht als Mann alleine bei mir bleiben könnte, ließ sie sich breitschlagen zu bleiben.

Doch schon sehr bald war unsere Dreierrunde nicht mehr angenehm. Zwar hielten Karim und ich durch, weil wir nur so zusammenbleiben konnten, aber Esra fühlte sich nicht wohl. Immer öfter bat sie ihre Mutter, sie nach Hause zu holen. Und als Sayed sie schließlich fuhr, atmete ich erleichtert auf. Das Zusammenleben mit Karim war mir zwar wichtig, doch hatte ich eingesehen, dass es mit Esra einfach nicht ging. Außerdem hatte Karim angefangen, wieder mit Ulrike zu telefonieren und ich fühlte mich von ihm immer betrogen, wenn ich dies mitbekam. Zwar sagte er mir, dass er sich nur von Ulrike scheiden lassen wollte, wenn sie ihm gegenüber stand, aber ich wusste, dass ich auch kein Recht hatte, dies zu verlangen. Denn immerhin war ich diejenige, die immer darauf bestanden hatte, mit Sayed für Mariam zusammen zu bleiben. Als ich Jutta davon erzählte, schlug diese hörbar die Hände über dem Kopf zusammen.

„Was erwartest du denn eigentlich? Er betrügt dich, du betrügst ihn. Dabei kann doch nichts Gutes herauskommen!" sagte sie mir.
„Ich war Sayed immer treu. Aber ich bin nur noch mit ihm zusammen wegen Mariam. Ich habe doch auch ein Recht auf ein Leben."
„Aber du musst klare Entscheidungen treffen. So kann das doch nur Negatives geben."

Ich verstand sie, aber wollte nicht zugeben, dass wieder einmal ich etwas aufgeben musste. Immer war ich es und es reichte mir. Ich wollte Karim behalten. Aber ich hatte mir vorgenommen, ihrem Rat zu folgen und Marwa zu vergeben. Die Puppen hatte ich schon genäht und hatte bei der von Marwa keine angenehmen Gedanken gehabt. Ich hatte einen kleinen Vorgeschmack darauf bekommen, wie viel Spaß Voodoo machen konnte und musste mich wirklich zwingen, mich nicht in die Negativität reinzusteigern. Doch jetzt musste ich für das Ritual ein wenig Friedhofserde bekommen und das war in Hurghada gar nicht so einfach. Als ich Karim davon erzählte, sah er mich nur mit großen Augen an und war entsetzt. Die Friedhöfe in Hurghada waren nicht wie in Deutschland und Besuche auch nur zu besonderen Anlässen üblich. Außerdem waren auf den meisten Gräbern keine Blumen zu finden, die Erde erforderlich gemacht hätten. Hier war einfach nur Wüste. Trotzdem ging er mit mir einen Nachmittag, als ich Sayed gesagt hatte, ich würde Mariam abholen und auf dem Weg mit Karim zum Souk fahren, weil ich nicht alles alleine tragen könnte, auf den Friedhof in der Nähe und suchte ein Grab, das wenigstens etwas Erde hatte. Wir sahen uns um wie zwei Diebe, ob uns auch niemand beobachtete und dann nahm ich eine Handvoll Erde in eine Plastiktüte. Damit fuhren wir dann nach Hause und ich versah jedes Püppchen, das ich aus einem alten

Bettbezug genäht hatte, in der Bauchmitte mit ein wenig von der Erde. Am Abend ging ich dann zu unserem Blumenbeet vor dem Haus, grub ein Loch und stellte mir vor, wie alles, was ich Marwa vorwarf und übel nahm, mit der Puppe in diesem Loch verschwand. Ich bedeckte es wieder mit Erde, sprach ein Vater unser und ging nach oben. Ich hoffte inständig, dass mich niemand gesehen hatte und wartete darauf, dass ich mich leichter fühlte, aber nichts passierte. Doch ich arbeitete weiter an mir und hörte auf die Hinweise und Ratschläge von Dieter und Jutta. Ich hatte inzwischen verstanden, dass eine Änderung nur geschehen konnte, wenn ich mich änderte.

Sicherheitshalber arbeitete Karim aber noch mit Girgis, um wirklich jede Möglichkeit auszuschöpfen. Und nebenbei führten Karim und ich unsere Beziehung so gut wir eben konnten. Nichts war mehr normal oder so wie es sein sollte. Mitte Juli kam dann endlich Nehad mit ihrer Tochter. Ich freute mich sehr, endlich nicht mehr alleine sein zu müssen und Karim konnte auch wieder zu uns ziehen.

Ich begann, meine Rolle als neue Moslema zu spielen und lernte von Nehad, was ich konnte. Kurz vor Ramadan im August wollte ich offiziell zum Islam übertreten und ich empfand das Beten mit Nehad als Wohltat. Es war wie eine Meditation und machte mich ruhiger. Sayed kassierte viele Minuspunkte in den Augen der strenggläubigen Nehad und bei Hany, denn er unterstützte mich in keinster Weise. Zwar freute er sich und es stand ihm in den Augen seiner Familie gut, dass seine Frau konvertierte, doch beten wollte er nicht. Nehad, die eh schon erzürnt war über die Heirat mit Marwa und die Behandlung, die ich bekam, lehnte Sayed inzwischen regelrecht ab. Und da weder Girgis noch meine Arbeit mit der Lebensberatung das gewünschte Ergebnis brachten, beschlossen Karim und ich, Nehad von der schwarzen Magie zu erzählen. Keiner von uns, auch Anna nicht, konnten das nötige Geld aufbringen, das Girgis benötigte, um einen weiteren Magier einzubeziehen und den Durchbruch zu erzielen. Anna hatte zwar ihren Freund und Vermieter gefragt, ob er uns einen Kredit geben würde, aber auch der hatte abgelehnt. Mein gesamter Schmuck war verkauft und ich hatte nur noch meine Eheringe und das, was Mariam zur Geburt bekommen hatte. Es blieb uns also nur, Verbündete zu finden. Und so redeten Karim und ich eines Abends mit Nehad.

Wir erläuterten ihr alle Gründe, die dafür sprachen, dass Sayed mit schwarzer Magie verändert wurde, ließen aber Girgis aus und ersetzten ihn durch einen Weißmagier in Deutschland, denn die strenggläubige Nehad hätte hierfür nie Verständnis aufgebracht. Schneller als erwartet war Nehad ebenfalls davon überzeugt, dass dies die einzige Begründung für Sayeds Verhalten sei und wir beschlossen, auch Hany einzuweihen. Besonders die Tatsache, dass Sayed Marwa nach der ausgesprochenen Scheidung zurückgenommen hatte, obwohl alle Möbel verkauft und die Wohnung aufgegeben war, und die Schwangerschaft von Marwa ließen auch für Hany als Einziges schwarze Magie oder Voodoo als Erklärung zu.

Girgis gab uns einige Informationen über Sayed und was passieren würde, die nicht zu erahnen waren und als in den nächsten Tagen alles wie vorausgesagt eintrat, waren beide restlos überzeugt. Doch nun musste eine Lösung gefunden werden und Hany hatte genauso wenig Geld wie wir. Alle stimmten überein, dass auf jeden Fall die Villa so schnell wie möglich auf meinen Namen laufen musste. Denn war die nicht mehr greifbar, war ein großer Anreiz für Azza und Marwa weg. Ich hatte Bedenken, Sayed darauf anzusprechen, doch Hany sagte, er wäre ja da und Sayed würde in Nehads Gegenwart schon nicht ausrasten. Obwohl Girgis davor gewarnt hatte, Sayed wütend zu machen und prophezeit hatte, dass etwas passieren würde, das für mich unangenehm wäre, beschlossen wir, es am nächsten Tag zu probieren. Während Mariam und Hanna in Mariams Zimmer spielten, unterhielten Nehad, Karim und ich uns, als Sayed die Wohnung betrat. Ich hatte mir vorgenommen, mit ihm alleine zu reden und nach einem Kaffee, bei dem er recht gut gelaunt zu sein schien und ich auch keinerlei Verletzungen an seinem Körper entdeckt hatte, nahm ich ihn mit auf den Balkon. Er war nett und erstaunlich entspannt und so hoffte ich, dass Hany recht behalten würde. Als ich erwähnte, dass meine Mutter Probleme mit ihren Knien hätte und so bald nicht kommen könnte, war er sehr verständnisvoll und fragte, ob wir etwas tun könnten. Doch sobald ich sagte, dass meine Mutter mich gebeten hätte, die Villa auf meinen Namen zu überschreiben, weil sie das nicht mehr so lange herauszögern wolle, brach die Hölle los. Sayed schrie und tobte, wir wären alle nur auf Geld aus, nichts wäre uns heilig, nur das Geld. Er raste in die Wohnung, schmiss alles um, was ihm in den Weg kam und Nehad sprang aus Angst zu den Kindern ins Zimmer und schloss die Tür. Ich war vor Angst ganz starr, denn obwohl ich Sayed cholerisch erlebt hatte, war mir dies völlig neu. Er wütete, dass meine Mutter schon immer nur auf das Geld geachtet hätte und ich wäre wie meine Mutter. Er schrie Wörter wie „Hurensöhne" und andere Schimpfworte, raste von einem Ende der Wohnung zum anderen und schmiss Stühle um. Dann raste er ins Schlafzimmer und kam mit einer Tasche wieder heraus, die er mir vor die Füße schmiss.

„Pack Mariams Sachen zusammen, die sie für ein paar Tage braucht." Mir wurde eiskalt. Nicht Mariam.
„Nein," sagte ich ruhig. „Das werde ich nicht tun. Mariam geht nirgendwo ohne mich hin."
Sayed setzte noch ein wenig Lautstärke auf sein Geschrei und lief in Mariams Zimmer. Dort schmiss er alles an Kleidung in die Tasche, was er finden konnte. Mir liefen die Tränen übers Gesicht und ich sah Karim flehend an. Der sah mich warnend an und sagte nur, ich solle ruhig bleiben. Doch dann riss Sayed alle Schubladen im Wohnzimmer auf, die er finden konnte und ich wusste, was er suchte. Er wollte Mariams Pass. Doch den würde er nicht finden. Ich hatte ihn versteckt, nachdem er Mariam gegen meinen Willen mit zu Marwa genommen hatte. Nun schrie er mich an.

„Wo ist der verdammte Pass?" Ich zuckte nur mit den Schultern, während ich weinte.

„Ich warne dich, gib mir diesen verdammten Pass oder es passiert was."

Ich schüttelte nur mit dem Kopf und schluchzte auf. Mein Atem wurde abgehackt und ich stand nahe vor einem Asthma-Anfall.

„Bitte, ich brauche mein Spray", sagte ich ihm und ging langsam Richtung Schlafzimmer.

„Du gehst nirgendwo hin, bevor du mir nicht gesagt hast, wo dieser elendige Pass ist." Vor Schreien war sein Gesicht rot wie eine Tomate und der Druck in seinem Kopf ließ es anschwellen. Vor Angst sackte ich gegen die Wand gelehnt auf dem Boden zusammen. Karim brachte Mariam und Hanna zu Nehad ins Gästezimmer und wies sie an, die Tür abzuschließen. Dann ging er auf Sayed zu.

„Sayed, beruhige dich", versuchte er ihn zum Innehalten zu überreden.

„Diese verdammte Frau. Alle wollen sie nur Geld. Ihre Mutter auch. Sie wollen mich nur ruinieren und davon abhalten, das zu tun, was richtig ist", schrie er und hob eine Marmorvase über meinen Kopf. „Sag mir endlich, wo der Pass ist", schrie er weiter. Doch ich weinte nur noch und versuchte, genug Luft zu bekommen. Karim hielt Sayeds Arm mit der Vase fest.

„Es reicht, Sayed. Du willst nicht den Rest deines Lebens im Gefängnis verbringen. Das hier will Gott bestimmt auch nicht", sagte Karim ruhig. Sayed ließ den Arm sinken und raste ins Schlafzimmer. Karim brachte mich zu einem Sessel im Wohnzimmer und gab mir mein Asthma-Spray, dann ging er zu Sayed. Als ich wieder zu Luft gekommen war, klopfte ich an die Tür des Gästezimmers und bat Nehad, mich hereinzulassen. Die Kinder weinten verängstigt auf dem Bett, Nehad weinte mit und rief Hany voller Angst an, sofort zu kommen und uns alle herauszuholen. Ich rief Anna an und bat sie, die Polizei zu rufen, während ich Sayed alles auseinandernehmen hörte. Anna versprach, sofort zu kommen und nachdem ich aufgelegt hatte, hielt ich es für sicherer, wieder ins Wohnzimmer zu gehen. Denn die Gefahr war geringer für Mariam, wenn ich vor der Tür stand. Sayed hatte inzwischen den Pass gefunden und stopfte ihn zitternd vor Wut in die Tasche.

„Ihr verdammten, geldgierigen Weiber. Gib mir meine Tochter und du kannst alles haben. Aber so nicht. Nicht mit mir", schrie er puterrot im Gesicht.

„Das ist die Villa meiner Mutter. Du hast kein Recht, sie zu behalten, wenn sie sie will", erinnerte ich ihn mit dem letzten Rest an Widerstandskraft.

„Euch geht es doch allen nur um Geld. Geld, Geld, Geld. Ich nehme meine Tochter und du kannst mit deinen Sachen glücklich werden. Wir gehen", sagte er und wollte durch die Tür.

„Mariam holst du hier nur über meine Leiche heraus", sagte ich ihm ruhig.

„Wenn es sein muss auch das", schrie er mich an, doch Karim hielt ihn so lange zurück, bis Nehad die Tür geöffnet und mich ins Gästezimmer geholt hatte.

Ich rief wieder Anna an, während Sayed gegen die Tür schlug. Sie hatte nicht die Polizei angerufen und war auch noch nicht da. Ich fragte sie, ob sie sich darüber im Klaren sei, was hier gerade passieren würde und legte wütend auf sie auf. Nehad fragte bei Hany nach, der auf dem Weg war, aber noch zehn Minuten brauchen würde. Und dann hörte ich, wie Sayed mit Anna sprach. Doch auch sie bekam nur Geschrei zu hören. Karim nutzte die Gelegenheit, um nach uns zu sehen. Und als er im Zimmer stand, wie immer der ruhige Pol, war mir Nehad egal und ich stürzte mich weinend in seine Arme. Er strich mir beruhigend über den Rücken und sagte, dass alles gut werden würde, aber ich konnte nur weinen. Dann ging er wieder und versuchte, Sayed zu beruhigen. Als kurze Zeit später Hany eintraf, atmeten wir etwas auf, denn nun gab es zwei Männer in der Wohnung, die ihre Frauen beschützen würden. Nach fünf Minuten rief Hany mich von draußen. Ich war nicht sicher, ob ich es wagen konnte, vor die Tür zu gehen, entschied mich aber dafür. Ich blieb fünf Meter von Sayed entfernt stehen und hörte die Männer auf ihn einreden, dass es das gute Recht meiner Mutter sei, die Villa auf meinen Namen zu übertragen und dass nichts seinen Anfall rechtfertigen würde. Sayed schrie immer noch, sah aber wieder wie ein Mensch und nicht mehr wie ein verrückt gewordenes Tier aus. Nach weiteren zehn Minuten ging Sayed wortlos aus den Balkon im Schlafzimmer und wir alle atmeten auf. Bei Sayed bedeutete dieser Schritt nachgeben. Wir waren also wieder sicher.

„Geh zu ihm. Du weißt besser als wir alle zusammen, wie du ihn beruhigen kannst", schlug Hany vor.

„Im Leben nicht. Vor einer halben Stunde wollte er mich noch umbringen", sagte ich entrüstet.

„Petra, bitte, du weißt, dass wir so bei Sayed gar nichts erreichen. Ich glaube Karim und dir ja mit schwarzen Magie, nachdem ich das gerade gesehen habe, aber wir wollen doch alle, dass Mariam und du sicher seid und die Villa bekommt."

Ich sah ein, dass er recht hatte. Ich konnte Sayed entweder in dem Glauben lassen, dass ich böse auf ihn war und die Gefahr bestand, dass ich ihn mit Mariam verlassen würde oder ich konnte tun, was ich immer getan hatte und versuchen, Frieden mit ihm zu schließen und den Anschein zu erwecken, ich würde unsere Beziehung retten wollen. So schwer es mir fiel, ich ging auf den Balkon. Ich trat hinter Sayed und berührte ihn mit der Hand am Rücken. Er zuckte nur zusammen.

„Das war nicht gut, Sayed", sagte ich. „Ich habe nur weitergegeben, was meine Mutter gesagt hat."

„Es tut mir leid", knurrte er leise.

„Ich weiß, dass du unter einem enormen Stress stehst und versuchst, das Richtige zu tun. Aber wir alle haben unser Päckchen damit zu tragen. Gerade in Gegenwart von Mariam solltest du das nicht machen. Ich verstehe, dass du in einer sehr schwierigen Lage bist. Lass es uns versuchen, gemeinsam zu schaffen." Ich gab mein Bestes, ihn wie immer zu beruhigen.

„Ich liebe dich doch. Wirklich. Ich kann nur einfach nicht mehr und jeder zerrt an mir", sagte er traurig.

„Ich weiß, ich weiß. Alles wird gut, bestimmt." Ich nahm ihn in den Arm und fragte ihn, ob er einen Kaffee wollte. Dann ging ich hinein, lehnte mich vollkommen erledigt an die Tür und weinte. Karim machte Sayed den Kaffee, den ich ihm brachte und danach kümmerte ich mich um Mariam. Die Gefahr war erst einmal gebannt.

Als Marwa anrief und Sayed erneut wütend machte, weil sie in ihrer Schwangerschaft jede Minute etwas anderes brauchte, rannte er hinaus und ließ den Motor des Autos aufheulen. Jetzt würde Marwa das passieren, was er in Gegenwart von Hany und Karim gerade noch zurückhalten konnte. Als Anna anrief, konnte ich mir ein ironisches „Danke" nicht verkneifen. Sie hatte die Polizei nicht angerufen und war auch nicht gekommen. Ich war mir sicher, dass sie zwischen Sayed und mir stand und sich auch zukünftig für keine Seite entscheiden würde. Ich verwies sie direkt an Marwa, die würde ihre Hilfe bestimmt brauchen.

Der Abend verlief sehr ruhig, denn wir waren alle vollkommen geschafft von den Geschehnissen. Uns war Girgis Warnung eingefallen und die Ungeheuerlichkeit der Dinge, die sich in dieser Wohnung am Nachmittag abgespielt hatten, erschütterte uns alle. Wir waren nur knapp einer Katastrophe entronnen. Nehad wollte nach Hause und keine Nacht länger in einem Haus bleiben, in dem ein Verrückter ein- und ausging, andererseits wollte sie mich aber auch nicht alleine lassen. Karim sagte ihr zu, während ihres Aufenthalts ständig in unserer Nähe zu bleiben. Das hatte er mir auch bereits versprochen. Hany telefonierte mit Essam und bat ihn, schnellstmöglich nach Hurghada zu kommen, doch Essam hatte keinen Urlaub und würde seinen Job verlieren, wenn er einfach der Arbeit fernblieb. Wir alle hatten sowieso das Gefühl, dass sich die Familie langsam an die Zustände bei uns gewöhnte und nur noch dachte, dass Sayed eh machen würde, was er wollte. So saßen wir vier also zusammen und suchten nach Möglichkeiten. Doch uns fiel nichts ein. Wenn einer von uns noch Zweifel an Azzas Plan oder der eingesetzten schwarzen Magie gehabt hatte, waren die jetzt ausgeräumt. Sayed hatte bewiesen, dass er die Villa nicht aufgeben konnte. Sein Wutanfall, lediglich durch die Erwähnung der Villa ausgelöst, sprach Bände. Wir hofften auf einen positiven Anruf von Girgis, doch der setzte noch einen auf die schlechte Stimmung als er sagte, dass Azza nun durch den Magier Fische hatte einsetzen lassen. Erst verstanden wir nicht, doch dann wurde uns klar, was dies bedeutete. Wurden Fische mit Magie für Personen versehen und ins offene Wasser gelassen, war es nahezu unmöglich, diese wiederzufinden und unschädlich zu machen. Und Azza hatte gleich einen Rundumschlag gemacht und Marwa, ihr ungeborenes Kind und Sayed damit belegt. Girgis versprach, es zu versuchen, hatte aber wenig Hoffnung. Wir hatten alles gegeben, aber ohne Erfolg.

XXXI

Ramadan rückte immer näher und der Termin für meine Konvertierung zum Islam auch. Ich hatte seit einigen Wochen nun keinen Kontakt mehr zu Ashraf gehabt, dachte aber immer daran, dass er der erste gewesen war, der mir von dieser Religion erzählt hatte und dessen größter Wunsch es gewesen war, dass ich Moslema wurde. Ich fand es nur fair, dass er dabei war. Und da Sayed von Schuldgefühlen geplagt wurde, nutzte ich die Gelegenheit und äußerte meinen Wunsch. Natürlich rief ich Ashraf vorher an und informierte ihn, dass Sayed sich wahrscheinlich bei ihm melden würde und nannte auch den Grund. Er war glücklich, aber besorgt, weil ich immer noch in dieser Situation lebte. Um mein Versprechen Karim gegenüber zu halten, sagte ich nur sehr wenig. Karim war jedoch wütend, weil ich Ashraf dabei haben wollte. Doch ich verteidigte meine Entscheidung und sagte, Ashraf wäre der erste gewesen, der mich dem Islam näher gebracht hätte und da jeder Moslem durch die Anwesenheit bei einer Konvertierung einen Bonus in seinem Leben erhielt, wollte ich ihm den nicht vorenthalten. Dagegen konnte auch Karim nicht viel sagen.

Am Tag vor Ramadan wusch ich mich auf die vorgeschriebene Weise und sprach mein Gebet dabei. Ich stieg in meine neue Galabea und ließ mir von Nehad beim Binden des Tuchs um meinen Kopf helfen. Diese Tücher fand ich wirklich schön, wenn auch sehr warm. Ich hatte vorher schon gesagt, dass ich nicht mit den Kopftüchern anfangen wollte. Mit meinen 40 Jahren sah ich keinen Sinn darin und alle hätten es sich zwar anders gewünscht, akzeptierten aber meine Entscheidung. Trotzdem musste ich in der Moschee ein Kopftuch tragen und ich sah wie eine echte Ägypterin aus, als wir nach El Gouna in die Moschee fuhren. Hamdy aus dem Sheraton war mit seiner Frau und Tochter gekommen und Nehad, Hany, Karim und Sayed waren dabei. Ich sagte meine einstudierten, arabischen Antworten im Büro des Sheikhs bevor wir in die Moschee gingen und ich während des Gebets meinen Wunsch bekundete, zum Islam überzutreten. Sayed hatte Ashraf angerufen und er hörte über das Telefon jedes meiner Worte mit. Ich freute mich darüber, dass er es so miterleben konnte. Karim hatte mich gefragt, was ich mir wünschen würde und ich hatte gesagt, dass ich gerne in meinem Lieblingsrestaurant essen gehen würde. Dort übergaben mir Nehad und Karim ihre Geschenke. Einen Ring, offiziell von Nehad, eigentlich aber von Karim, und passende Ohrringe vom anderen. Sayed hatte mir nichts geschenkt, denn er hatte nur noch Schulden. Aber er war sehr stolz und präsentierte mich jedem. Da mich die meisten Menschen hier sowieso kannten, freuten sie sich mit uns und beglückwünschten mich. In ihrer Achtung war ich nochmals gestiegen. Auch meine Schwiegermutter weinte vor Glück am Telefon und meine Schwägerinnen betonten immer wieder, was für eine wunderbare Frau ihr Bruder hätte und seufzten beim Gedanken an die weitere Ehefrau.

Der Tag verlief schön und wir genossen alle die Ruhe und das Essen, denn am nächsten Tag würde Ramadan beginnen und wir würden fasten. Ich hatte gesagt, dass ich es versuchen würde und Nehad hatte im Gegenzug versprochen, so lange zu bleiben, bis ich alleine beten und fasten konnte. Dieser Deal war nach meinem Geschmack, denn so stellte ich sicher, dass die nächsten vier Wochen Karim bei uns ein- und ausgehen konnte und ich nicht alleine war. Nach dem Vorfall wegen der Villa war ich überzeugt, dass ich alleine nicht wirklich sicher war. Ich war also besonders freundlich zu Nehad und Hanna und betete fünf mal am Tag fleißig neben ihr. Das Beten fiel mir nicht besonders schwer. Bei der Wärme war das Waschen von Händen, Füßen und Kopf eine Wohltat und die Monotonie der Worte und Bewegungen beim Gebet erinnerte stark an eine Meditation. Es tat mir gut und beruhigte mich. Das Fasten allerdings war nicht so einfach. Ich hatte mir gedacht, dass ich durstig sein würde, aber die Zigaretten machten mir weit mehr aus als das. So ging ich heimlich auf dem Balkon und rauchte meine Zigaretten. Wir bereiteten zusammen Eftar, das Frühstück nach Sonnenuntergang, und standen alles zusammen durch. Nur mein Mann sah sich nicht in der Lage, mich zu unterstützen.

Doch mir waren alle Fehler seinerseits recht, denn sie würden sofort seiner Familie berichtet werden. Außerdem konnte Nehad mich einfach nicht als Neu-Moslema bei einem Mann wie Sayed lassen. Ich würde ja nie zum richtigen Glauben finden. Ich lernte auch schnell, dass eine Frau während ihrer Periode nicht zu fasten braucht und den Koran nicht anfassen darf. Leider mussten die Tage nachgeholt werden. Aber das war nicht wichtig für mich. Sayed hielt sich vermehrt bei Marwa auf, da diese wegen ihrer Schwangerschaft nicht fasten musste und er dort ohne strafende Blicke Kaffee trinken und rauchen konnte.

Doch am dritten Tag von Ramadan wurde unsere neugewonnene Ruhe erneut tief erschüttert. Sayed rief mich an und sagte mir, dass Nabil im Krankenhaus sei. Der Metzger, den ich seit Beginn meiner Hurghada-Zeit kannte, mit dem wir mindestens dreimal in der Woche Kaffee getrunken hatten und der uns oft besucht hatte, war im Krankenhaus. Er hatte am Ende seines Tages sein Geschäft schließen wollen. Sein Angestellter Shaban wischte den Boden und beförderte das Wasser mit einer Flitsche nach draußen, wo ein Straßenverkäufer in einem kleinen Wagen Ruccola verkaufte. Das Wasser spritzte und traf die Galabea des Verkäufers. Ein Streit entstand und der Verkäufer beschimpfte Shaban. Dieser erwiderte die bösen Worte und schnell kamen einige Männer zusammen, die schlichten wollten. Auch Nabil gehört zu ihnen, versuchte zu beschwichtigen und erinnerte alle daran, dass man sich doch in Frieden trennen solle, um zu den Familien nach Hause zu gehen. Erst löste sich die Menge auf und die Streitenden trennten sich. Alles schien bereits vergessen, als Nabil Minuten später seinen Laden abschloss und in sein Auto steigen wollte. Doch in diesem Moment erschien eine Gruppe von 25 Männern mit Stöcken und Messern und schlug auf die Glastüren des

Ladens ein. Die Angestellten eilten Nabil zur Hilfe, doch auch sie konnten nicht mehr verhindern, dass das gesamte Geschäft vollständig zerstört wurde.

Sie konnten ebenso nur hilflos zusehen, als einer der Angreifer sein Messer in den Rücken von Nabil rammte und ihn bis zum Bauch aufschlitzte. Das Krankenhaus war nicht weit entfernt und Nabil wurde sofort operiert. Insgesamt fünf mal versuchten die Ärzte, durch eine Operation und 45 Blutkonserven sein Leben zu retten. Vor dem Krankenhaus und um das Krankenhaus herum warteten mehrere hundert Menschen auf eine positive Nachricht. Sayed war bei den Söhnen von Nabil und half, die Menge mit Wasser zu versorgen und Nabils ältesten Sohn zu beruhigen. Doch erst am nächsten Tag am Abend gaben die Ärzte den Angehörigen, Freunden und Stammkunden die Hoffnung, dass nun alles gut werden würde. Der Blutverlust sei unter Kontrolle und Nabil erwacht und könne schon mit den Ärzten reden, hieß es. Wir alle, die Familie und die übrige Menge atmeten auf. Auch aus der Heimatstadt Assuan waren Menschen angereist und freuten sich über die gute Nachricht.

Am nächsten Morgen jedoch war Nabil tot. Wie so oft, war sein Aufwachen und Reden ein letztes Aufbäumen vor dem Tod gewesen. Die Menge war aufgebracht, holte Messer und Gewehre und schwor Rache. Ich konnte das Chaos um Sayed herum am Telefon hören. Auch ich war traurig und weinte um Nabil. Doch ich hatte auch Angst, denn ich kannte die Ägypter. Sie würden nicht eher ruhen, bis sie den Schuldigen gefunden hatten. Gerade die Menschen aus Oberägypten kannten nur die Regel „Auge um Auge, Zahn um Zahn" und manche Fehden dauerten Jahrzehnte. Nabils Frau und seine sechs Kinder, das jüngste neun Monate alt, waren ebenfalls fassungslos. Plötzlich war der Versorger der Familie nicht mehr da. Hatten sie vorher ein komfortables Leben geführt, stand nun alles in Frage, vor allen Dingen da Amr, Nabils ältester Sohn, noch nicht einmal seine Armeezeit abgeschlossen hatte. Wie es üblich in Ägypten ist, wurde am Nachmittag desselben Tages Nabil bereits beerdigt. Tausende von Menschen säumten die Straße, die von Polizei und Militär gesichert wurde, denn Nabil war bekannt und sehr beliebt gewesen. Der Gouverneur, der Polizeichef und der höchste Sheikh waren unter den Trauernden. Jeder hoffte, dass es keinen Krieg im Souk geben würde, aber Amr entschied nach Beratschlagung mit Nabils Brüdern, dass die Familie keine Beileidsbekundungen annehmen würde. Damit tat er kund, dass sein Vater für ihn und seine Familie erst beerdigt sein würden, wenn der Fall abgeschlossen wäre. Seine Reaktion war eine Kampfansage an die Täter und zur Bestärkung schwor Amr vor allen, das Beileid aller erst zu akzeptieren, wenn der Täter getötet wurde.

Mir lief es kalt den Rücken herab, denn der Souk war somit zu einem gefährlichen Ort geworden. Viele hatten die Täter gesehen und schnell stand fest, dass Abou Karim, der Gemüsehändler, der Anstifter der Tat gewesen war. Es war aus Neid geschehen und nun war nicht nur Nabils Familie am Ende. Abou Karim musste sich vor halb Hurghada verstecken, ebenso zwei weitere Inhaber von Geschäften im Souk, die die Tat ausgeführt hatten. Nur wenig später wurde Abou Karim gefunden und ins Gefängnis gebracht. Dort war er aber vor der Meute nicht sicher und man brachte ihn in seine Heimatstadt. Doch sein Leben war ebenfalls zu Ende und wollte er sein Geschäft weiterführen und Familie ernähren, blieb ihm nur, vor allen Amr sein eigenes Leichenhemd zu übergeben. Damit würde er sich selbst mehr erniedrigen als irgendwie sonst und würde sein Leben Amr aushändigen. Es war ein Weg, Frieden zu schaffen und Amr nahm nach langem Hin und Her an.

Sayed war in dieser Zeit bei Amr und ich bat ihn, mir alles ansehen zu dürfen. Ich war fast die einzige Frau im Souk, in dessen Mitte ein großes Zelt mit Tribüne aufgebaut war. Überall lief der Secret Service und Polizei herum, denn es wurde erwartet, dass einige Unverbesserliche versuchen würden, Abou Karim zu ermorden. Ich war in der Sicherheit von Nabils hergerichtetem Laden untergebracht, vor dessen Tür direkt das Zelt stand. Auf den Stühlen vor der Tribüne waren die Angehörigen beider Seiten untergebracht, gut aufgeteilt nach Familie. Auf der Tribüne saßen Amr, der ranghöchste Sheikh, der Gouverneur und der Polizeichef. Außerdem Nabils Brüder und seine anderen Söhne.

Die Spannung stieg spürbar, als Abou Karim das Zelt betrat und die Polizei griff einige Male ein. Doch dann legten sich Abou Karim und der Täter mit dem Gesicht auf den Boden und übergaben Amr ihre Leichenhemden mit der Bitte um Vergebung und dem Satz, dass sie sich ihm auslieferten. Amr nahm die Hemden an und offiziell war der Frieden wieder hergestellt. Ich konnte kaum glauben, dass dies das Ende war, aber es kehrte tatsächlich Ruhe ein im Souk. All dies hatte uns einige Zeit während Ramadan beschäftigt. Nebenher suchten wir zu viert immer noch eine Lösung für das Problem Sayed und diskutierten jeden Tag neue Vorfälle, denn Sayed war schon lange nicht mehr in der Lage, auch nur annähernd freundlich zu sein. So sehr er auch Marwa verprügelte und dabei bewusst auf ihren Bauch zielte, so wenig änderte das an ihrer Schwangerschaft. Und als er verkündete, dass Marwas Kind Mariams Bruder oder Schwester sein würde und genauso aufwachsen würde wie sie, erntete er nur empörte Blicke. Ich fragte ihn, ob er dieses Kind dann auch auf die Deutsche Schule schicken würde oder er meinte, dass ich Mariam diese Möglichkeit verwehren würde, nur weil er sich die Schule selbst nicht leisten konnte. Doch sein Blick sagte mir, dass ich wieder einen cholerischen Anfall riskierte und ich schwieg. Anna kam nur noch selten, denn sie wusste, dass ich versorgt war und Marwa jemanden brauchte, der ihre Wunden versorgte.

XXXII

Karim und ich waren so oft zusammen, wie es sich einrichten ließ. Einige Male gingen wir wirkliche Risiken ein, wenn er leise aus seinem Zimmer kam, die Tür abschloss, damit jeder, der klopfen würde, dachte er würde schlafen und nichts hören und dann ins Schlafzimmer zu mir schlich und auch hier die Tür abschloss. Doch diese Zeit gab mir die Kraft, die Tage durchzustehen, an denen Sayed da war. Einmal, nachdem wir eine wundervolle Nacht miteinander verbracht hatte, kam Sayed von Marwa nach Hause und hatte den selten gewordenen Anfall, dass er mich liebte und sich um mich sorgte. Er nahm mich mit ins Schlafzimmer und es war für jeden im Wohnzimmer, auch Karim, ersichtlich, dass er mit mir schlafen wollte. Ich brachte es kaum über mich und hatte die ganze Zeit Karims Gesicht vor mir und den schmerzlichen Blick, mit dem er mich angesehen hatte, als Sayed mich mitnahm. Doch ich musste dieses Spiel mitspielen und Sayed durfte zum Wohle aller nichts ahnen. Ein Glück war Sayed meistens nicht danach zu Mute, mit mir zu schlafen, denn er brauchte die Ruhe in meiner Wohnung, um sich von Marwa zu erholen.

Ramadan ging dem Ende zu und ich hatte meine Mutter gebeten, im September doch zu kommen, denn ich wollte, dass sie einem Anwalt eine Vollmacht gab für den Fall, dass wir für die Villa klagen mussten. Ich konnte ihr nicht die Wahrheit sagen, denn ich war mir nicht sicher, ob Sayed eine Veränderung in ihrer Art bemerken würde. Alles musste sicher sein. Obwohl sie eigentlich nicht kommen wollte, erreichte ich mein Ziel. Ich hatte auch schon mit einem Anwalt telefoniert und wusste, wohin wir gehen mussten. Nachdem Nehad abgereist war, erledigten Sayed und ich die Änderungen in den Papieren. Mariams Geburtsurkunde und unsere Heiratsurkunde mussten dahingehende geändert werden, dass ich nun dem Islam angehörte. Diese Änderung war mir wichtig, erforderte aber, dass ich offiziell in Kairo in Al Azhar registriert wurde. Eine Fahrt nach Kairo wurde notwendig, Sayed konnte wegen Marwas Schwangerschaft aber nicht weg. Deshalb war geplant, dass wiederum Karim mit mir fuhr und auch Mariam, die wieder im Kindergarten war, zu Hause blieb. Ich bat Sayed aber darum, dass er mit Mariam nicht bei Marwa schlafen würde und auch akzeptierte, dass ich Marwa nicht in meiner Wohnung haben wollte. Er war sauer, stimmte aber zu. Und so fuhr ich mit Karim nach Kairo. Karim wollte unbedingt Autofahren lernen und ich sah keinen Grund, diese Fahrt nicht dazu zu benutzen. Ich ließ ihn also fahren und erklärte ihm unterwegs die grundlegenden Regeln. Es war eine sehr entspannte Fahrt. Wie immer in solchen Situationen hatten wir das Gefühl, aus einem Gefängnis ausgebrochen zu sein und genossen es in vollen Zügen.

Doch kurz vor Kairo, als wir von der Autobahn abbogen und ich Mariam anrufen wollte, hörte ich am Telefon, dass Marwa bei Mariam war. Ich fragte Sayed, was das sei und er schrie sofort los, dass er das tun würde, was er für richtig hielt. Ich sagte ihm, dass er mir ein Versprechen gegeben hätte und es mir wichtig sei, dass Mariam nichts von seiner Beziehung zu Marwa mitbekommen würde, doch er schrie mich nur weiter an, dass ich ihn nur unter Druck setzen wolle und mir jedes Mittel recht sei. Selbst Mariam würde ich benutzen, um sein Leben schwierig zu machen. Ich weinte und wollte sofort zurück nach Hurghada. Karim versuchte mich zu beruhigen, doch ich wollte nicht. Mein Kind wurde wieder einer Situation ausgesetzt, die nicht gut war. Als wir Essam an der Straße trafen und er weiterfuhr, sagte ich immer wieder, dass ich nach Hause wollte. Essam versprach, mit Sayed zu reden, doch ich glaubte ihm nicht. Ich glaubte keinem mehr. Wie hatte ich mein Kind nur bei diesem Vater lassen können. Trotzdem sah ich ein, dass wir nicht am selben Tag nach Hurghada fahren konnten und in El Fayoum redete Essam mit Sayed, der ihm versprach, mit Mariam alleine zu Hause zu schlafen. Ich glaubte ihm nicht, wusste aber, dass ich besser daran tat, auf meinem Weg zu bleiben.

Auch Dieter und Jutta hatten mich hierin bestärkt und ich hatte von ihnen inzwischen gelernt, an meine Ziele zu glauben. Sheima unterstützte mich und forderte Essam immer wieder auf, Sayed zu Änderungen zu zwingen. Abends ging ich zu Karim, der auf seinem Balkon saß. Als Anstandsdame saß Renas bei uns, aber wir gaben uns nicht wirklich Mühe, unsere Beziehung zu verbergen. Wir verbrachten einige schöne Stunden mit Reden in der sternenklaren Nacht und ich war mich sicher, dass ich mit Karim leben wollte. Ich wusste nicht wie, aber ihn wollte ich nicht aufgeben.

Nachdem ich am nächsten Tag mein Gelöbnis in Gegenwart von Essam, Karim und dem höchsten Sheikh von Ägypten in der Al Azhar wiederholt hatte und mir eine Urkunde überreicht worden war, die mich offiziell zur Moslema machte, fuhren wir zur Feier des Tages zu Citystars, dem größten Einkaufszentrum, das ich in meinem Leben je gesehen hatte. Ich kaufte Karim eine Jeans und ein Hemd und mir selbst eine Galabea. Essam bekam als Dank für seine Bemühungen ein Parfum und wir waren alle sehr glücklich, doch Sayed rief an und fand heraus, was wir taten und war wütend, dass Essam in nicht vorher gefragt hatte. Wann immer wir guter Laune waren, verstand es Sayed, sie zu zerstören. Karim und ich nutzten den Abend, auch Essam von der schwarzen Magie zu berichten, denn er war unsere letzte Chance. Doch der Sheikh, den Essam befragte, versicherte ihm, dass Sayed nicht unter magischem Einfluss stand. Essam konnte uns nur glauben oder eben nicht, während Nehad und Hany es selbst erlebt hatten. Essam versprach, sich darum zu kümmern und auch mit Hany zu reden, doch auch er gab uns nicht das Geld, das Girgis gebraucht hätte.

Auf dem Rückweg nahmen wir Sabah, Karims Mutter, und Renas mit nach Hurghada, denn sie wollten ihn für einige Zeit besuchen und für Sabahs Knie einen guten Orthopäden aufsuchen. Wir wussten, dass dies ein Zusammensein erschweren würde, aber nahmen es gelassen. Als ich aber in Hurghada ankam, war Sayed noch immer wegen unseres Ausflugs zu Citystars sauer und machte mir Vorwürfe. Er wies mich an, nicht mehr alleine mit Karim wegzugehen. Ein Tiefschlag für mich, aber ich vermied Diskussionen. Nachdem Sayed mir nun auch noch Karim genommen hatte, wollte ich nur noch weg. Da Sayed dazu übergegangen war, mein Handy zu kontrollieren, hatte mir Karim eine weitere SIM-Karte organisiert, mit der ich ihn anrufen konnte. So sprachen wir jede Nacht, die Sayed nicht da war. In einer dieser Nächte teilte ich ihm mit, dass ich mit ihm in ein anderes Land gehen wollte. Ich hatte erwartet, dass Karim sich freuen würde. Keinesfalls hatte ich damit gerechnet, dass er darüber nachdenken würde. Ich war geschockt. Was gab es da nachzudenken? War dies nicht der Mann, der mir gesagt hatte, dass er alles für mich aufgeben würde? Ich hatte ihm Tunesien vorgeschlagen. Mit dem Geld von der Wohnung könnten wir dort etwas aufbauen und er wäre in der Lage, ohne Visum einzureisen. Aber er redete davon, dass er zwei oder drei Monate später nachkommen würde, wenn sich die Aufregung gelegt hätte, damit seine Familie nicht unter Sayed zu leiden hätte. Was war schief gelaufen? Ich war so dermaßen enttäuscht von Karim, dass ich mich mit ihm ständig stritt. Er liebte mich eben auch nicht. Auch bei ihm stand ich nicht an erster Stelle. Nun war auch diese Seifenblase zerplatzt. Im Oktober würde Ulrike kommen und er würde sich von ihr scheiden lassen. Es wäre zu auffällig, wenn gleich darauf wir beide verschwinden würden, erklärte er mir. Doch ich sah nur, dass er eben nicht alles für mich bereit war zu tun und ich alleine sein würde mit meinen Problemen.

Zum Glück kam meine Mutter in der Zeit und lenkte mich ab. Sayed hatte zugestimmt, ihr nichts von Marwa zu sagen und auch jede Nacht in der Wohnung zu schlafen und so wurde unsere Beziehung kurzzeitig besser. Meine Mutter spürte zwar, dass etwas nicht in Ordnung war, aber ich konnte nicht reden. Das Risiko war einfach zu groß und sie hätte mir nicht helfen können. So erzählte ich ihr eine Geschichte, die viele Ungereimtheiten hatte, bekam sie aber am Ende doch dazu, mit mir zum Anwalt zu gehen und ihm eine Vollmacht auszustellen. Sie verstand zum Glück nur sehr wenig Englisch, denn meine Fragen an den Anwalt hätten sie sehr irritiert. Ich war das erste Mal sehr traurig, sie alleine nach Deutschland zurückfliegen lassen zu müssen, gleichzeitig aber froh, endlich mit der Schauspielerei aufhören zu können. Sobald meine Mutter weg war, ging ich dazu über, mich zu verschleiern. Mir gefiel das Kopftuch als dekoratives Beiwerk und ich hatte meinen Spaß an immer neuen Arten, wie ich es binden konnte. Auch das Verhalten der Menschen war anders, sobald ich das Kopftuch trug. Zwar musste ich einige verstörte Blick aushalten und vor allen Dingen die europäischen Frauen hielten mich für verrückt, aber ich ging meinen Weg unbeirrt weiter. Trotzdem fiel Sayed zurück in seine Unfreundlichkeit. Für ihn war ich der Grund allen Übels. Ich akzeptierte Marwa nicht, benutzte Mariam, um ihm ein schlechtes Gewissen zu machen und wollte einfach nicht das tun, was eine gute Ehefrau zu tun hat. Von der Märtyrerin war ich zur Schuldigen geworden. Unsere Beziehung war eisig und so war es wenig verwunderlich, dass er seinen Druck auf mich erhöhte.

Nachdem er mich von allen außer Anna abgeschnitten hatte, kam er nun nach Hause und teilte mir mit, dass er nach El Fayoum fahren würde, um seinen Vater zu sehen. Und Marwa käme mit. Ich war enttäuscht, denn ich wäre auch gerne zu seiner Familie gefahren. Er fragte mich, ob ich mitkommen würde und erkannte erst bei meiner Antwort, dass er eigentlich hatte fragen wollen, ob ich mit Marwa und ihm nach El Fayoum fahren würde. Ich lehnte rigoros ab. Dies machte ihn so wütend, dass er sagte, Mariam würde in jedem Fall mitkommen. Danach stand er auf und verließ sofort die Wohnung. Ich rief weinend Karim an, der mir sagte, ich solle mich beruhigen. Sayed würde das niemals tun. Dann rief ich Jutta und Dieter an, die mir sagten, ich sollte fest daran glauben, dass Mariam bei mir bleiben würde.

Doch ich war so verzweifelt, dass ich mich mit Karim, seiner Mutter und seiner Schwester in einem Coffeeshop verabredete, um über unsere Möglichkeiten zu reden. Doch uns fiel nichts ein, außer zu hoffen. Jutta sagte mir am Abend dann, dass ich endlich das System von Sayed erkennen müsse.

„Er hat dir immer gedroht und du hast eingelenkt. Am Ende hat er seine Drohungen immer dazu benutzt, von dir das zu bekommen, was er wollte. Jetzt will er seiner Familie demonstrieren, dass er eine harmonische Familie mit zwei Ehefrauen hat. Denk mal daran, was du willst."
„Aber ich kann Mariam doch nicht mit ihnen fahren lassen", sagte ich verzweifelt.
„Was wird ihr passieren? Sie wird dort mit den Kindern spielen und eine gute Zeit haben."
„Und sie wird sehen, wie Marwa und Sayed zusammen sind", erwiderte ich.
„Ja, aber sie ist schlau, das wird sie sowieso schon wissen. Petra, Sayed hat immer bestimmt und kennt die Hebel, die er bei dir ansetzen muss. Überleg mal, ob es nicht an der Zeit ist, ihm zu zeigen, dass du dich nicht unter Druck setzen lässt."

Jutta hatte ja Recht und ich erkannte, dass ich immer nach Sayeds Pfeife getanzt hatte. Doch dass ich das unbedingt auf Mariams Kosten ändern musste, wollte mir nicht einleuchten. Ich betete, schloss hunderte von Abkommen mit Gott, was ich nicht alles tun würde, wenn er mir dieses Mal meinen Wunsch erfüllte und packte unter Tränen Mariams Tasche für eine Woche. Ich musste es durchziehen, denn wenn ich jetzt mitfuhr, hatte ich verloren und würde allen zeigen, dass ich mit Sayeds Verhalten einverstanden war. Um mich doch noch zu einer Änderung meines Entschlusses zu bewegen, nahm Sayed mir meine Handykarte und ersetzte sie durch eine, die kein Guthaben hatte. Er brachte mir genug Verpflegung für eine Woche und zog das Internetkabel aus der Wand. Sein letztes

Druckmittel war, dass ich das Haus nicht verlassen durfte, doch auch das nahm ich scheinbar gelassen entgegen. Innerlich litt ich, aber ich wollte es ihm nicht zeigen.

Der Abschied von Mariam war ebenso ruhig und ich wünschte ihr viel Spaß. Ich hatte bis zum Ende gehofft, dass sie sich weigern würde, ohne mich zu fahren, aber Sayed wusste ganz genau, wie er seine Tochter bestechen konnte. Und so fuhren alle drei ab und ich blieb weinend zurück. Wie Dieter und Jutta mir gesagt hatten, nutzte ich die Tage, um über die Situation und mich nachzudenken. Karim schlich sich nachts zu mir, bis Jutta uns warnte, dass Sayed uns beobachten ließe. Wir selbst hatten schon eine ähnliche Vermutung gehabt und sahen uns nun bestätigt. Also kam Karim nur sehr wenige Male zu mir. An einem dieser Abende fragte er mich über Ulrike aus. Und ich konnte sein Verhalten nicht einordnen.

„Warum fragst du das alles?", wollte ich wissen.

„Ich kann es dir noch nicht sagen. Ich habe da einen Verdacht, aber dem muss ich noch nachgehen."

„Nun sag schon, ich will das wissen, vielleicht kann ich dann noch mehr sagen", drängte ich ihn.

„Meinst du, Sayed könnte mit Ulrike geschlafen haben?"

Ich lachte, weil diese Vorstellung wirklich absurd war.

„Wie kommst du denn auf so was? Wann und wo soll das denn gewesen sein?", fragte ich ihn.

„Es ist nur so ein Gefühl."

Zwei Tage später telefonierten wir in der Nacht und er sagte mir, dass Ulrike ihm gestanden hätte, dass sie mit Sayed geschlafen hatte. Ich war wie vor den Kopf geschlagen.

„Wie soll das denn gegangen sein?", fragte ich ihn.

„Als Ulrike die Wohnung gemietet hat, weil ich bei euch nach der Operation war, hat Sayed sie immer nach Hause gefahren. Erinnerst du dich, als er einen Abend anrief und sagte, das Auto hätte eine Panne und er müsse es kurz reparieren?" Ich erinnerte mich, denn ich hatte auf Sayed gewartet und es war spät geworden.

„Das Auto hatte keine Panne", fuhr Karim fort. „Sayed ist mit Ulrike in die Wohnung gegangen und hat mit ihr geschlafen. Sie sagt, sie wollte erst nicht, aber Sayed hätte sie bedrängt. Am nächsten Tag, als er sie abholte, haben sie es noch mal getan."

Jetzt war ich wirklich sprachlos. Marwa war kein Ausrutscher, Sayed schlief auch mit anderen Frauen. Es ging ihm gar nicht darum, Gottes Regeln im Koran zu erfüllen, er wollte zwei Frauen. Denn wäre es anders, hätte er diesen Fehler ja nicht wiederholt. Und Ulrike! Ich hatte sie in meinem Haus aufgenommen, sie war wochenlang mein Gast gewesen und hatte zum Dank mit meinem Mann geschlafen.

Nun erschienen mir auch einige Sachen logisch. Sayed hatte bewusst darauf gedrängt, dass Karim Ulrike heiratete, denn nur so war sein Geheimnis wirklich sicher. Ulrike hatte Karim gewollt und für ihr Schweigen Sayeds Unterstützung bekommen. Was ich Ulrike aber wirklich übel nahm war, dass sie mir nichts gesagt hatte, nachdem Sayed Marwa geheiratet hatte. Schon vor der Heirat mit Marwa hätte ich wissen können, dass Sayed nicht nur mit Marwa fremdgegangen war. Ich hätte viele Lügen erkennen und mir viel Leid ersparen können. Ich war wütend.

Auch Karim war für seine Verhältnisse mehr als sauer. Sein eigener Onkel hatte ihm zu einer Heirat mit einer Frau geraten, mit der er geschlafen hatte. Ein absolutes No Go in ägyptischen Familien. Kein Mann würde eine Frau jemals anrühren, die bereits mit jemandem aus der Familie zusammen gewesen war. Und er hatte Ulrike gewarnt, denn es war ihm wichtig, dass sie in Ägypten mit keinem Mann je etwas gehabt hatte. Sie hatte die Gelegenheit gehabt, ihm vor der Heirat zu gestehen, was vorgefallen war. Jetzt konnte er ihr das nicht mehr vergeben. In meiner Wut erzählte ich Karim davon, dass Ulrike mit einer Frau zusammengelebt hatte und er war noch tiefer getroffen. Der doppelte Betrug seines Onkels und seiner Frau schmerzten ihn sehr. Und er schwor übelste Rache an allen.

Wir mussten beide diese Neuigkeiten erst einmal sacken lassen und ich telefonierte mit Anna, die mehr geschockt war als ich. Sie versprach, am nächsten Tag Sayed anzurufen und ihm zu sagen, dass sie mich besuchen fahren würde. Ein Nein von ihm würde sie nicht akzeptieren. Und so hatte ich am nächsten Tag ihr wundervolles iPad, um über Skype mit Jutta zu telefonieren. Doch wenn ich gedacht hatte, ihr eine Neuigkeit erzählen zu können, war ich falsch gewickelt, denn ihre Reaktion war nur ein: „Und Ulrike war nicht die einzige." Dieser Satz machte mich nachdenklich und mir fielen viele Begebenheiten ein, wo ich mein Bauchgefühl ignoriert hatte. Corinna, die plötzlich nicht mehr zu Besuch kam, dafür aber Sayed mit einem Kuss links, einem Kuss rechts begrüßte, die Frau von den Malediven in der Deutschen Schule, die mehrere Stunden mit Sayed angeblich geschäftlich verbracht hatte, aber ihn nie beauftragt hatte. Es fiel mir wie Schuppen von den Augen. Alles war eine riesengroße Lüge. Er hatte mich schon immer betrogen.

Unsere ganze, wundervolle Beziehung war nichts als eine Scheinwelt. Wie jeder andere hatte auch er sich immer noch mit anderen vergnügt. Ich ekelte mich nachträglich vor jedem Mal, das ich mit ihm geschlafen hatte. Auf Juttas Frage, ob ich mit so einem Mann, und sei es wegen Mariam, zusammenbleiben wolle, konnte ich nur noch verneinen. Aber ich musste es langsam machen und sicher für Mariam, mich und die Villa.

Mariam rief mich jeden Tag mehrere Male an und schien glücklich zu sein. Bis auf einen Tag, an dem sie morgens weinend aufwachte und jedem sagte, dass in der Nacht die Polizei gekommen sei und Sandy, unserem Babyhund, den wir seit einigen Wochen hatten, in den Bauch geschossen hätte und nun sei Sandy tot. Nichts half, sie zu trösten. Auch Sandys Bellen, das ich sie hören ließ, beruhigten sie nicht. Sayed betonte, dass er nicht wisse, wie sie darauf käme. Ich machte mir Sorgen, aber am nächsten Tag war alles vorbei. Insgesamt zehn Tage blieb Sayed mit Mariam in El Fayoum, doch dieses Mal blieb ich standhaft. Ich hatte sogar schon Mariams Sachen sortiert und alles so gelegt, dass ich schnell packen konnte, sollte es erforderlich sein.

XXXIII

Als Sayed mit Mariam wiederkam, nahm ich sie von ihm unten an der Haustür entgegen und sagte ihm nur ein höfliches Hallo. Er machte sich nicht die Mühe, freundlich zu sein, denn er merkte sehr genau, dass er mich dieses Mal nicht unter Kontrolle hatte. Einige Tage später nahm mich Mariams Kindergärtnerin zur Seite und sagte mir, dass sie nicht mehr in der Lage sei, das Verhalten meiner Tochter hinzunehmen. Mariam hatte, während alle Kinder ruhig spielten, ohne Anlass ein Holzklötzchen genommen und einem Jungen auf den Oberschenkel gehauen bis das Blut kam. Ich war fassungslos. Nie hatte ich mit solchen Auswirkungen gerechnet. Was war in El Fayoum passiert?

Ich war mir sicher, dass es Zeit wurde, Sayed zu verlassen. Doch ich fand den Mut nicht. Ich rief Essam an und berichtete ihm von dem Vorfall. Ich erzählte ihm, dass ich wüsste, dass Sayed noch mit anderen Frauen geschlafen hätte und erzählte ihm von der Frau in der Deutschen Schule, denn ich konnte es Karim nicht antun, von Ulrike zu erzählen. Wie sich herausstellte, war dies ein Fehler, denn nun musste Sayed zum Gegenangriff übergehen. Er hatte toleriert, dass ich seiner Familie erzählt hatte, wer bei uns das Geld nach Hause brachte, wem die Wohnung und die Villa gehörten, wer das Auto gekauft hatte und wie schlecht er mich behandelte. Alles das war für ihn etwas, das er zu seinen Gunsten drehen konnte. Eine weitere Frau jedoch würde sein Gebilde aus Lügen zusammenfallen lassen und das konnte er nicht zulassen. Eines Morgens um sechs Uhr, Mariam schlief friedlich neben mir, weckte er mich auf und sagte mir, ich brauche gar nicht wieder schlafen gehen. Ich solle ihm einen Kaffee machen und mich ins Wohnzimmer setzen. Sein Gesichtsausdruck ließ mich erstarren. Ich hatte panische Angst und ich war mit meiner Tochter alleine. Mir blieb nur ein Anruf bei Jutta, die ich weckte. Ich sagte ihr sehr leise, dass ich Angst hätte und Sayed gerade gekommen wäre. Sie konnte mir nur noch sagen, dass sie mir

Energie schicken würde, bevor ich auflegen musste. Als ich mich gesetzt hatte, erkannte ich, dass Sayed zu ruhig war. Er war gefährlich. Doch ich konnte nichts tun. Meine Tochter schlief im Schlafzimmer. Also wartete ich.

„Erzähl mir, wie oft du mit Karim geschlafen hast", sagte er ruhig. Ich war wie vor den Kopf gestoßen und in meinem Gehirn ging ich alle Möglichkeiten durch, was er wissen konnte. Aber mir fiel nichts ein.

„Wie kommst du denn darauf? Das ist doch absurd."

„Hör mir gut zu, du kannst jetzt reden und wir finden Mariam zuliebe einen Weg, oder du wirst deine Tochter nie mehr wiedersehen." Ich bekam es mit der Angst zu tun. Was sollte ich ihm sagen? Die Wahrheit? Das was er hören wollte? Blitzschnell wägte ich meine Möglichkeiten ab. Wenn er etwas wusste und ich log, wäre Mariam für mich verloren. Dafür kannte ich Sayed gut genug. Sagte ich die Wahrheit, hatte ich die Chance, dass Karim es als Lüge abtun würde. Sayed hätte nichts in der Hand. Ich entschloss mich also für die Wahrheit.

„Es war wirklich nichts. Ich habe ihn geküsst, mehr nicht."

„Bist du dir sicher?" Wusste er etwas oder nicht? Ich konnte das Risiko nicht eingehen.

„Nein, ich habe auch mit ihm geschlafen."

„Wann und wo?"

„Ich weiß es nicht mehr."

„Lüg mich nicht an oder deine Tochter ist weg." Ich ging im Kopf durch, was er wissen konnte.

„Einmal im Gästezimmer und einmal in Karims Wohnung als Mutti hier war."

„Wo war Mariam?"

„Bei Mutti oder im Kindergarten." Mein Blutdruck stieg stetig, ich hörte nur noch das Blut in meinem Kopf rauschen und ich zitterte am ganzen Körper. Und dann stand Sayed auf. Er presste seine Hand an meinen Hals und drückte mich gegen den Sessel. Dann holte er mit der Faust aus und schlug mir ins Gesicht. Sekundenlang sah ich nur schwarz, ich fühlte Angst um mein Leben, um das Leben von Mariam aber ich sah ihn ruhig an. Er schlug wieder und wieder zu.

„Du bist eine Hure wie all die anderen Frauen. Nichts ist besser an dir als an jeder Dirne, die auf der Straße steht."

Wieder landete die Faust in meinem Gesicht. Er zog an meinem Ohr und an meinen Haaren, drückte mir die Kehle zu bis ich kaum noch Luft bekam, aber ich wollte nicht schreien. Mariam sollte das nicht auch noch erleben. Eine Stunde traktierte er mein Gesicht bis ich es vor Schmerzen kaum noch fühlte. Dann rief er Karim an und zitierte ihn in meine Wohnung.

Karim kam, sah mich und wusste Bescheid. Ich flehte zu Gott, dass er das Richtige sagen würde und Sayed warf ihm direkt vor, was ich gesagt hatte. Nur kurz sah Karim auf mich und mein unmerkliches Kopfschütteln. Dann leugnete er alles. Auch als Sayed ihm jede Situation detailliert wiedergab, so wie ich sie dargestellt hatte, leugnete er und ich atmete auf. Sayed hatte nichts in der Hand. Er schmiss Karim raus und sagte ihm, er wolle ihn nie wieder in diesem Haus sehen. Karim ging, jedoch nicht ohne ihm zu sagen, wie enttäuscht er von Sayed wäre. Als er gegangen war, sagte ich zu Sayed, dass es mir leid täte, dass ich nicht gewusst hätte, was ich antworten solle, weil ich Mariam nicht verlieren wollte. Er hätte mir keine Wahl gelassen. Außerdem hätte ich erst vor kurzen herausgefunden, dass er auch mit anderen Frauen geschlafen hätte. Angriff ist die beste Verteidigung, wie man sagt, und ich sah darin eine Möglichkeit, ihn abzulenken.

Er schrie mich gleich wieder an und sagte, dass er nie mit einer anderen Frau geschlafen hätte. Ich erzählte ihm von der Frau von den Malediven. Erstaunlicherweise rief er sie sofort an und bat sie, zu uns zu kommen, und erstaunlicherweise kannte sie schon den Weg und war als viel beschäftigte Geschäftsfrau auch zehn Minuten später da. Inzwischen saß ich neben Sayed auf dem Sofa, völlig benommen und von dem Wunsch beseelt, alles möge schnell ein Ende haben. Doch beide erklärten mir in einer wohlinszenierten Show, was sie alles Harmloses miteinander getan hätten, dass Sayed ihr noch nicht einmal die Hand gegeben hätte, weil sich das nicht gehören würde. Dabei hatte er sie mir auf dem Schulfest vorgestellt und in meiner Gegenwart mit einem Kuss auf beide Wangen begrüßt. Aber ich wollte nicht mehr diskutieren. Alles schmerzte und ich konnte nicht mehr weiter. Als die Frau endlich ging und mir dabei einen mitleidigen Blick zuwarf, war ich erleichtert. Ich setzte meine Bearbeitung von Sayed fort und erklärte ihm, dass ich ihm das mit Karim nur erzählt hätte, weil ich keinen anderen Ausweg gesehen hätte und alles eine Lüge gewesen sei. Er war genug verunsichert, um nicht erneut zuzuschlagen, hatte jedoch so viel Zweifel, dass er mir ins Gesicht sagte, dass ich nicht besser sei als Marwa. Im Gegenteil, ich wäre nicht gut genug, ihr auch nur die Füße zu küssen. Ich nahm alles hin.

Ein Glück kam nach endlosen vier Stunden Mariam aus dem Schlafzimmer und Sayed wurde ganz der freundliche Vater. Ich bat ihn, mich zu Anna mitzunehmen, damit Mariam einen schönen Tag haben könnte und zu meinem Erstaunen ließ er mich dorthin gehen. Scheinbar vertraute er Anna genug, um zu glauben, dass diese darauf achten würde, dass ich nichts falsches machte. Sobald Sayed gegangen war, weinte ich mich bei Anna aus. Wir waren am Strand und ich erzählte ihr alles leise. Sie konnte an meinem Hals Sayeds Hand sehen und meine linke Gesichtshälfte war angeschwollen und begann, sich zu verfärben. Ich bat sie um ihr Tablet und rief Dieter und Jutta an. Ich erzählte alles und wir gingen meine Möglichkeiten durch. Danach bat ich Anna, einen mit ihr befreundeten Arzt zu fragen, ob er zum Strand kommen könnte, um sich mein Gesicht anzusehen und einen Bericht zu schreiben. Denn den würde ich vielleicht später brauchen. Der Arzt kam, sagte mir zu, einen Bericht zu schreiben und empfahl mir einen guten Anwalt. Den rief ich dann auch gleich an und gab Anna alle Details, falls sie sie brauchen würde. Ich vereinbarte mit ihm, dass ich in den nächsten Tagen zu ihm kommen würde.

Danach rief ich Karim von Annas Handy aus an und weinte mich bei ihm aus. Er konnte nicht kommen, denn Sayed würde es erfahren. Ich bat ihn nur, mir ein Versteck irgendwo in Ägypten zu suchen, in dem ich mit Mariam bleiben könnte, wenn ich Sayed verließ. Meine Schmerzen waren höllisch und wir gingen in Annas Wohnung, wo sie mich mit Medikamenten versorgte. Als sie wirkten, schlief ich erschöpft ein und wachte erst am nächsten Morgen auf.

Sayed hatte Anna nur angerufen und sich nach Mariam erkundigt. Als Anna ihn bat, mich bei ihr schlafen zu lassen, hatte er zugestimmt. Unter Aufsicht war ich ihm lieber als alleine. Ich flehte Anna an, mich nicht alleine in meine Wohnung gehen zu lassen und sie begleitete mich bereitwillig. Dort rief ich wieder Dieter an, der mir sagte, Jutta hätte ihn gebeten mir auszurichten, schnellstmöglich aus der Wohnung und von Sayed wegzukommen. Inzwischen hatte ich Juttas hellseherische Fähigkeiten schätzen gelernt und ich sagte Anna, was ich erfahren hatte. Ich wollte gerade los und meinen Koffer packen, als erneut Dieter anrief und mir riet, abzuwarten und den richtigen Zeitpunkt zu wählen. Genau im richtigen Moment, denn nur eine Minute später hätte ich den Koffer vom Schrank geholt und gepackt. Kurz darauf kam Sayed unerwartet wieder. Ich wartete also auf eine erneute Möglichkeit, doch die ergab sich nicht. Sayed war damit beschäftigt, meine Schmuckgeschenke zum Übertritt zum Islam zu zerstören, weil eins von Karim war. Alle Fotos von Karim und Ulrike mussten zerstört und vom Computer gelöscht werden und nichts durfte an ihn erinnern. Ich war abends zu erschöpft, um zu gehen. Mein Gesicht war grün und blau und ich wusste immer noch nicht, wohin ich eigentlich gehen sollte. Am nächsten Tag besuchten uns Sayed Cousine, die mit ihrem Mann auf Hochzeitsreise war. Sie sah mich nur mitleidig an, als sie offensichtlichen Schlagma le bemerkte. Ich war zwei Tage völlig ruhig gewesen. Also bat ich Sayed, mir die Internetleitung wiederzugeben, weil ich arbeiten wollte. Es war ein Wagnis, aber ich musste mit Leuten kommunizieren, wenn ich weglaufen wollte. Doch er nahm nur mein Gesicht in seine eine Hand und ohrfeigte mich mit der anderen. Zum Glück kam Mariam angelaufen und er ließ von mir ab. Im Wohnzimmer war er wieder der freundliche Mann und konnte sich der Einladung zum Essen nicht entziehen. Dieses Mal wollte er Marwa mitnehmen, um zu demonstrieren, dass ich in Ungnade gefallen war. Anna sollte auch mitgehen. Sie wollte es auch so, um mir die Gelegenheit zu geben, sicher zu fliehen.

XXXIV

Mehrere Minuten saß ich in der Wohnung, nachdem alle gegangen waren. Ich versuchte, den Mut zu finden, endlich alles zu packen. Doch die Angst, dass Sayed genau dann kommen würde, wenn ich den Koffer vom Schrank genommen hätte, lähmte mich. Doch irgendwann musste ich es tun. Ich würde hier sonst sterben. Also nahm ich all meinen Mut und meine Verzweiflung und nahm den Koffer vom Schrank.

Wahllos nahm ich die Kleider, die ich für Mariam zusammengelegt hatte. Ich packte ihren kleinen Koffer mit Spielsachen, griff in die Schublade, in der ich unsere Papiere gefunden hatte, die Sayed vor mir versteckt hatte. Dabei war auch Mariams abgelaufener Pass, den Sayed fälschlicherweise für den gültigen gehalten hatte, als Nehad und Hany bei uns waren und er das erste mal drohte, mir Mariam nur gegen die Villa zu geben. Ich hatte mich umziehen wollen, doch ich entschied, dass dafür keine Zeit war. Während ich packte, rief ich Karim an und sagte ihm, er solle in fünf Minuten mit dem Taxi vor dem Haus stehen. Er versuchte, zu diskutieren, doch ich schrie ihn nur an, er solle schnell machen. Dann legte ich auf, erklärte Mariam, wir würden eine kleine Reise machen und schickte die Hunde vor die Tür. Ich hoffte, sie würden so Sayed nicht in die Hände fallen, wenn er entdeckte, dass ich mit Mariam geflüchtet war.

Ich zerrte den 25 Kilo schweren Koffer mit der einen Hand die Treppe herunter, über die Schulter die Laptoptasche und in der anderen Mariams Koffer. Mir war egal, dass ich das ganze Haus mit dem Donnern des Koffers auf mich aufmerksam machte. Jetzt war eh alles zu spät. Und dann stand ich vor der Tür, verzweifelt, weil noch kein Taxi da war. Ich zitterte am ganzen Leib und konnte mich kaum auf den Beinen halten. Als ich ein Auto um die Ecken kommen sah, nahm ich für Sekunden an, dass es Sayed war und fragte ich, wohin ich rennen konnte, doch dann sah ich Karim aus dem Taxi steigen.

Ich konnte den Koffer nicht alleine tragen und Karim schmiss ihn in den Kofferraum. Ich hob Mariam schnell auf die Rückbank und sprang hinterher. Dann machte ich mich ganz klein und hoffte, dass ich niemand sehen würde. Ich fragte Karim, ob er für mich eine Unterkunft organisiert hätte, doch er hatte nicht. Er wusste nicht, wo er mich sicher unterbringen sollte. Ich sagte ihm aufgebracht, dass er seit zwei Tagen wisse, dass es dazu kommen würde. Doch dann rief ich lieber den Anwalt an während Karim mit dem Taxifahrer diskutierte, ob er mich nach Luxor fahren könnte.

Mahmoud, der Anwalt, sagte, er wäre erst in einer halben Stunde in seinem Büro und ich bat ihn verzweifelt, es schneller zu machen, denn ich war außer mir vor Angst. Würde Sayed erst einmal bemerken, dass ich nicht mehr in der Wohnung war, war ich nirgendwo in Hurghada sicher. Wir hielten mit dem Taxi in einer Seitenstraße, als Sayed anrief. Mein Herzschlag setzte aus und ich wusste nicht, ob ich antworten sollte oder nicht. Ich entschloss mich, eventuell etwas Zeit zu gewinnen, wenn ich antwortete. Er fragte mich, warum das so lange gedauert hätte und ich antwortete, dass mir schlecht und ich auf der Toilette gewesen sei. Angesichts der Tatsache, dass ich den ganzen Tag über Magenschmerzen geklagt hatte, schien ihm dies einleuchtend. Ich erklärte ihm, dass Mariam schon schliefe, damit er nicht seine Tochter sprechen wollte. Ich war mir nicht sicher, was sie ihm sagen würde.

Als ich aufgelegt hatte, rief ich den Anwalt wieder an, der mir mitteilte, dass er in fünf Minuten da sei. Wir fuhren also los und Karim schleppte meinen Koffer in den ersten Stock in das Büro des Anwalt während ich mit Mariam voraus lief. In meiner abgetragenen Jogginghose, einem alten T-Shirt, blau und grün geprügelt stand ich vor dem Mann, der meine Scheidung durchbringen und mein Leben in Ägypten weiterhin möglich machen sollte. Er sah mich nur schockiert an und versorgte mich mit Kaffee und Zigaretten. Ich schickte Karim erneut los, meinen Ehering zu verkaufen, damit ich wenigstens etwas Geld hatte. Als Sayed das nächste Mal anrief, wusste ich, dass er inzwischen bestimmt mein Verschwinden bemerkt hatte und antwortete erst gar nicht. Ich nahm die Karte aus dem Handy und ersetzte sie durch die, die mir Karim gegeben hatte. Alles andere wäre zu gefährlich gewesen. In der Zwischenzeit erklärte ich in kurzen Worten meinem neuen Anwalt, was vorgefallen und geplant war. Mahmoud schüttelte nur den Kopf.

„Ich brauche von dir Vollmachten, Unterlagen und einige Papiere. Das können wir alles heute nicht mehr erledigen. Das geht erst morgen", sagte er.

„Aber wo soll ich denn hin?", fragte ich ihn verzweifelt.

„Gibt es keine Freundin? Diese Anna, die mich das erste Mal angerufen hat?"

„Nein, da wird Sayed zuerst suchen. Das geht nicht. Ich habe keinen hier."

Mahmoud dachte nach. Als Karim wiederkam, informierte ich ihn, dass er den Taxifahrer wegschicken könne, denn ich würde an diesem Tag Hurghada nicht verlassen. Ich versprach, ihn später anzurufen und ihm zu sagen, was weiter geschehen würde.

Mahmoud hatte in der Zwischenzeit eine leere Wohnung über seinem Büro gefunden, die ich für eine Nacht mieten konnte. Zeitgleich hatte er den Hausmeister beauftragt, alle Fenster mit Zeitungen zu verkleben. Dann rief er zwei Bodyguards an, die die Nacht vor meiner Tür verbringen würden.

„Es ist sehr spät. Ich brauche von dir bis morgen eine Zusammenfassung aller Ereignisse und alle Papiere. Ruf niemanden an. Die Wohnung ist sicher." Was blieb mir anderes übrig, als ihm zu vertrauen? Die Männer zeigten uns eine typisch ägyptische Wohnung, die weder besonders schön noch in irgendeiner Form eingerichtet war. Alle Fenster waren sorgfältig mit Zeitungen zugeklebt worden und niemand konnte hineinsehen. Auf dem Boden im letzten Zimmer lag eine Matratze, als besondere Zugabe hatte man uns einen Tisch hineingestellt. Ich fühlte mich alleine und erschlagen. Unser Gepäck wurde in das Zimmer gestellt und Mahmoud bestellte noch Wasser und weiche Brötchen für Mariam, damit wir am Morgen essen konnten. Dann verabschiedete er sich und beruhigte mich noch mal mit der Versicherung, dass die beiden Bodyguards rund um die Uhr in meiner Nähe wären und ich ihn auch nachts wecken könne, wenn etwas passieren sollte. Ich dankte ihm und schloss die Tür sorgfältig ab. Dann setzte ich mich zu meiner Tochter, die über die Geschehnisse sehr verwirrt war.

„Schau, wir spielen jetzt ein wenig Verstecken. Wir müssen sehr, sehr leise sein und niemand darf uns hören", erklärte ich ihr.
„Verstecken wir uns vor Papa?", fragte sie mich und mir traten die Tränen in die Augen.
„Genau."
„War Papa böse?", wollte sie wissen und zeigte auf mein Gesicht.
„Ja, das war er." Ich sah keinen Sinn darin, ihr etwas anderes als die Wahrheit zu sagen. Dafür hatte sie zu viel gesehen.
„Gut, dann werde ich ganz doll leise sein und er wird uns bestimmt nicht finden", erklärte sie mir und legte sich auf die Matratze. Bald war sie eingeschlafen und ich betrachtet mein Kind, das so viel hatte mitmachen müssen. Ich dankte Gott, dass er uns bis hierhin gebracht hatte. Dann öffnete ich unsere Koffer und Taschen, um zu sortieren, was ich hineingeworfen hatte. Ich stellte fest, dass ich für mich nur sehr wenig hatte und vieles, was vorher gut geplant zusammengestellt worden war, hatte zurückbleiben müssen. Aber wir hatten das Nötigste. Ich legte alles für den nächsten Tag bereit und rief Karim an.

„Sayed ist völlig ausgerastet", teilte er mir mit.
„Was macht er?", wollte ich wissen.
„Er fährt durch ganz Hurghada und sucht nach dir. Verlass bloß nicht das Haus", warnte er mich.
„Das habe ich auch nicht vor."

„Er war bei Anna und ruft sie ständig an. Und mich auch. Aber ein Glück kam ich zwei Minuten vor Marwa und Sayeds Cousine im Harafeesh Coffeeshop an und als er hereinstürmte, saß ich gemütlich bei einer Tasse Kaffee und alle beteuerten, dass ich schon ewig dort sitzen würde."

Ich lachte, immerhin hatte Karim Glück gehabt und niemand konnte ihm nachweisen, dass er mir geholfen hatte.

„Sayed hat alle Leute, die dich kennen könnten, angerufen. Auch den Bekannten am Flughafen. Jeder sucht nach dir." Das beunruhigte mich, aber wenn Sayed bis jetzt noch nicht hier war, war anzunehmen, dass mich keiner gesehen hatte.

„Karim, ich muss hier Vollmachten geben und mit Mahmoud alles durchgehen, bevor ich gehe. Ich sage dir dann Bescheid. Hast du schon was gefunden, wo ich hin kann?", fragte ich ihn.

„Nein, und das ist auch nicht so einfach. Ich kann dich doch nicht alleine in Luxor lassen. Wer weiß, wie lange das dauert und wen Sayed alles kennt", sagte er.

„Lass uns das Morgen entscheiden. Aber tu nichts, bevor ich es weiß", bat ich ihn.

„Ich liebe dich", sagte er.

„Ich liebe dich auch." Und ich meinte es.

Meine Nacht war schlaflos. Jedes kleinste Geräusch ließ mich durch den Türspion gucken, zig mal überprüfte ich Fenster und Wohnungstür und jeder Laut puschte Adrenalin in meinen Körper. Ich begab mich also an die schwierige Aufgabe, auf wenigen Seiten die Erlebnisse mit Sayed der letzten Monate zusammenzufassen.

Am Morgen frühstückten Mariam und ich auf unserer Matratze trockene Brötchen und Wasser und spielten weiter Verstecken bis Mahmoud mich anrief und mir sagte, dass er dem Bodyguard Bescheid geben würde, mich zu ihm zu bringen. Ich zog mich an und packte ein paar Spielsachen für Mariam in meine Tasche. Als es an der Tür klopfte, zuckte ich zuerst zusammen, doch dann sah ich durch den Türspion den Bodyguard, den Mahmoud mit am Abend gezeigt hatte. Wir liefen schnell ein Stockwerk tiefer und machten in Mahmouds Büro sofort die Tür hinter uns zu. Der kurze Weg hatte meinen Adrenalinspiegel wieder enorm erhöht. Mahmoud lächelte mich aufmunternd an und bestellte Mariam und mir erst einmal etwas zu trinken. Der Kaffee tat mir gut und ich fühlte mich gleich etwas besser. Dann bat ich ihn, über Skype Jutta und Dieter anrufen zu können, die ich bisher nicht informieren konnte. Sie waren froh, von mir zu hören und sagten, ich solle mir keine weiteren Sorgen machen. Alles wäre gut und ich wäre sicher. Doch zweifelten sie daran, dass es ratsam wäre, in Ägypten zu bleiben. Nachdenklich beendete ich das Gespräch. Die nächsten Stunden erzählte ich Mahmoud alles, was ich erlebt hatte und seine Miene wurde immer ungläubiger. Er hatte mit einer Scheidung gerechnet und hatte eine lebensgefährliche Flucht bekommen. Unterbrochen wurden wir nur von dem Mitarbeiter des Notariatsamtes, der gekommen war, um meine Vollmacht an Mahmoud aufzunehmen. Am Ende unseres Gesprächs holte Mahmoud seine Pistole aus dem Schrank und legte sie, für Mariam nicht sichtbar, auf den Schreibtisch.

„Sicherer ist das", sagte er ernst. „Nach dieser Geschichte traue ich Sayed alles zu."

„Ja, ich inzwischen auch", bestätigte ich ihn. „Und was machen wir nun?", wollte ich wissen.

„Haben wir Beweise für das, was passiert ist?", fragte er mich.

„Nein, und ich glaube kaum, dass seine Familie gegen ihn aussagen wird."

„Was ist mit Papieren?", fragte er.

„Ach ja," jetzt fiel mir wieder ein, dass ich bei meiner Flucht einfach nur in die Schublade gegriffen und gleich alles mitgenommen hatte, um nicht erst sortieren zu müssen.

„Ich habe sie in meiner Tasche, bin mir aber nicht sicher, was da alles dabei ist." Ich griff nach meiner Tasche und holte alles heraus. Mahmoud sah alles durch und seine Miene wurde zunehmend entspannter. Ich sah, dass einfach alles dabei war. Mariams Pass, Sayeds

Pass, die Verträge für die Villa, die Wohnungspapiere, Sayeds Heiratsurkunde mit Marwa, meine Heiratsurkunde und noch einiges mehr. Mahmoud grinste mich an.

„Da bist du ja erst einmal sicher in Deutschland, denn ohne Pass kann er nicht ausreisen."

„Ähm, ich wollte eigentlich in Ägypten bleiben und mich verstecken, bis die Scheidung durch ist", sagte ich.

„Das würde ich dir nicht raten. Es scheint so, dass Sayed wirklich alles und jeden kennt und er wird bestimmt sehr wütend sein. Keiner kann dir garantieren, wie lange das Verfahren dauert und selbst dann wäre Mariam nicht mehr sicher vor ihm. Deutschland ist die bessere Alternative", erklärte er mir.

„Aber ich will Ägypten nicht verlassen. Soll ich ihm einfach alles überlassen und wegrennen?", fragte ich. Außerdem: was würde aus Karim und mir werden, wenn ich nicht mehr in Ägypten war?

„Petra, du hast großes Glück gehabt. Wovon willst du hier leben und willst du immer auf der Flucht bleiben? Wenn ich es richtig verstanden habe, wurde dir in dem Gespräch heute Morgen dasselbe geraten." Ich schwieg nur betroffen, sah aber ein, dass er recht hatte. Die Neuigkeiten, die wir von Karim erfuhren, waren auch nicht aufbauender, denn er teilte uns mit, dass Sayed immer noch die ganze Stadt absuchen würde und auch die Checkpoints auf dem Weg nach Kairo durch seine Beziehungen informiert waren. Es sah also wirklich so aus, als ob ich fahren müsste.

„Aber wie komme ich nach Deutschland? Vielleicht hat Sayed inzwischen veranlasst, dass Mariam nicht ausreisen darf. Und seine Kontakte am Flughafen werden ihn sofort informieren, wenn ich irgendwo auf einer Liste auftauche", gab ich zu bedenken.

„Ich werde ein paar Erkundigungen einziehen. Das bekommen wir schon hin. Kümmere dich darum, aus Ägypten zu kommen und ich regele die rechtliche Seite", sagte er optimistisch.

Während Mahmoud nach Hause zum Essen fuhr, gingen wir nach oben in die Wohnung, wo der Bodyguard uns kurze Zeit später unser Mittagessen hereinreichte. Nach dem Essen malte Mariam ihre Bilder weiter. Düstere Bilder, die Menschen mit riesigen Augen zeigten, die weinten. Ich schrieb Sacha eine SMS, dass er mich bitte dringend anrufen möge, doch nichts passierte. Mir fiel niemand sonst ein, der mir Geld schicken und ein Ticket buchen konnte. Meine Mutter wäre mit all den Neuigkeiten völlig überfordert. Also rief ich ihren Chef an. Johannes und ich hatten uns immer gut verstanden und ich war mir sicher, er würde mir helfen können. Er rief mich sofort zurück.

„Johannes, ich brauche dringend deine Hilfe. Sag bitte Mutti nichts, ich will nicht, dass sie sich aufregt. Ich erkläre ihr alles, wenn ich in Deutschland bin."
„Was ist passiert?", fragte er.
„Es ist eine lange Geschichte, aber Sayed hat mich geschlagen und ich bin mit Mariam geflüchtet. Jetzt brauche ich dringend heute oder morgen einen Flug aus Ägypten raus", sagte ich ihm.
„Ich melde mich bei dir", versprach er und legte auf. Das Gute an Johannes war, dass er sofort das Wesentliche erfasste und tat, ohne dass man lange herumreden musste. Kurze Zeit später rief er mich wieder an.
„Es gibt keine Flüge aus Hurghada in den nächsten Tagen. Nur über Kairo." Kairo? Das war gefährlich. Essam war in Kairo Polizist und würde Beziehungen zum Flughafen haben. Was, wenn ich auf einer Passagierliste stünde und er davon Wind bekam und mich am Flughafen abfing.
„Ansonsten kann ich dir nur einen Flug über Moskau anbieten."
Moskau? Egal, Hauptsache raus.
„Welcher geht zuerst?", wollte ich wissen.
„Der über Kairo. Heute Nacht um 1 Uhr ab Hurghada und um 4 Uhr ab Kairo nach Frankfurt."
„Gut, wir nehmen den."

„Alles klar, jemand holt euch in Frankfurt ab. Viel Glück."

Ich dankte ihm und legte auf.

Als Mahmoud aus der Pause wiederkam, brachte ich ihn auf den neuesten Stand.

„Gut, und bitte zu niemandem ein Wort."

„Auch nicht zu Karim?"

„Ich traue niemandem. Wenn du am Gate bist, kannst du ihn anrufen." Ich seufzte. Das war hart und Karim würde mir das nie verzeihen, aber ich musste da durch.

„Kannst du nicht mit mir kommen? Nur, falls sie mich mit Mariam nicht durchlassen?", fragte ich ihn.

„Ok, das hatte ich eh vor."

Johannes rief an und bestätigte mir den Flug, dann fragte er, wie viel Geld ich brauchen würde und ich nannte ihm den mit Mahmoud vereinbarten Betrag für seine Vertretung und das Flugticket. Mit Western Union würde das Geld in wenigen Minuten da sein und Mahmoud ging sofort los, um sich darum und um das Ticket zu kümmern.

In der Zwischenzeit redete ich mit Jutta und Dieter, die beide erleichtert waren, dass ich nach Deutschland fliegen würde. Auch ich spürte den Druck von mir abfallen, weil ich fühlte, dass diese Entscheidung die richtige war. Ich würde nicht die nächsten Wochen und Monate in Angst verbringen, sondern fernab alles regeln können. Und ich konnte mich entspannen. Nach fast einem Jahr war es fast vorbei.

Um Mitternacht kamen die Bodyguards in das Büro und hatten unser Gepäck schon aus der Wohnung geholt. Mahmoud fuhr getrennt von uns zum Flughafen, Mariam und ich waren eingekeilt zwischen zwei ägyptischen männlichen Schränken. Ich war nervös, doch viel mehr beunruhigte mich der Eingang zum Flughafen. Wir wussten von Karim, dass Sayed sich in Dahar befand, also weit weg vom Flughafen, aber seine Kontakte reichten weit. Wie vereinbart brachten die Bodyguards Mariam und mich bis zum Sicherheitscheck. Mahmoud war wie vereinbart vorgegangen, denn wir wollten vermeiden, dass jemand uns zusammen sah. Er würde in meiner Nähe bleiben, aber für jeden Beobachter kannten wir uns nicht. Als wir am EgyptAir Schalter ankamen, konnte ich mein Glück nicht fassen. Jutta hatte mir zwar versichert, dass alles gut gehen würde, aber so viel Glück konnte niemand haben. Alle Computersysteme waren ausgefallen und der Check in musste manuell vorgenommen werden. Da das Ticket so spät gebucht worden war, fanden sich unsere Namen handschriftlich hinzugefügt am Ende einer langen Liste. So würde Sayed meinen Abflug aus Hurghada bestimmt nicht mitbekommen. Wir waren so spät angekommen, dass wir nur wenige Minuten warten mussten, bis wir das Flugzeug besteigen konnten. Mariam fand alles sehr aufregend, denn sie hatte schon lange fliegen wollen. Ich war erleichtert, dass sie alles so gut wegsteckte.

In Kairo stiegen wir aus und ab hier gingen Mahmoud und ich zusammen. Wir karrten mein Gepäck auf einem Wagen, besprachen noch alles, was es zu klären gab. So zum Beispiel, wie er mit meinen Möbeln verfahren sollte, wenn er die Wohnung verkaufen konnte. Fast zwei Stunden verbrachten wir so, während Mariam auf meinem Schoß schlief. Ich hatte Angst, zum Lufthansa-Schalter zu gehen, denn wenn ich im Computer auf der Passagierliste geführt war, konnte Essam mich hier erwarten. Doch zu meiner Begeisterung war der Systemausfall weltweit. Auch hier waren unsere Namen handschriftlich hinzugefügt worden. Nun stand mir nur noch die Passkontrolle bevor, bei der sie Beamten sehen würden, dass Mariam einen ägyptischen Vater hatte und sein Einverständnis zur Ausreise des Kindes verlangen konnten. Mahmoud ging mit mir und auch er war nervös. Da es mitten in der Nacht war, standen hier drei Frauen, die sich angeregt unterhielten. Sie sahen Mariam und mich an. Ich winkte Mahmoud sicherheitshalber zu. Und wirklich, sie sahen ihn an, dann wieder mich und winkten mich durch. Meine Knie drohten einzusacken vor Erleichterung. Ich war durch. Hier war ich sicher. Nichts und niemand konnte diesen Bereich betreten und keiner mich daran hindern, meine Tochter nach Deutschland zu bringen. Nun stand mir nur noch der Anruf bei Karim bevor. Ich hatte ein schlechtes Gewissen, weil ohne ihn eine Flucht nicht möglich gewesen wäre. Es gab also keinen Grund, ihm zu misstrauen, nur wusste Mahmoud das nicht. Und der war in diesem Moment für Mariam und mich wichtig gewesen.

„Karim."

„Habibi, wie geht es dir? Wo bist du?" Gleich die unangenehmste Frage zuerst.

„Karim, uns geht es einigermaßen gut. Ich habe viel mit Jutta, Dieter und Mahmoud geredet und wir alle waren uns einig, dass ich in Ägypten immer in Gefahr sein werde. Und vor allen Dingen Mariam noch viel mehr als ich. Außerdem habe ich kein Geld und du auch nicht. Es ist also das Beste, nach Deutschland zu fliegen."

„Warte, wir können bestimmt eine andere Lösung finden."

„Du weißt so gut wie ich, dass du die andere Lösung nicht wolltest. Ich kann nicht hier bleiben."

„Und wann willst du fliegen?", wollte er wissen.

„Nun, eigentlich bin ich gerade dabei. Ich bin in Kairo am Flughafen und in zehn Minuten können wir ins Flugzeug." Stille. Ich hatte gewusst, dass ihn das treffen würde.

„Und du hast es nicht für nötig gehalten, mir das vorher zu sagen?", fragte er ärgerlich.

„Karim, ich war total aufgeregt und ständig war etwas zu tun und Mahmoud darf das mit uns beiden nicht wissen, also ging es mit dem Anruf nicht. Es tut mir leid, ich hatte keine Wahl. Und es ist ja nicht für lange. Wenn die Scheidung durch ist, bin ich wieder da." Karim lachte freudlos auf.

„Wenn du einmal in Deutschland bist, kommst du bestimmt nicht wieder", sagte er.

„Doch, ich verspreche es. Aber zuerst müssen wir hier auch sicher sein. Karim, sei nicht böse, ich habe noch immer nicht verdaut, was alles passiert ist und bin am Ende. Bitte..."

„Vergiss mich nicht und melde dich, wenn du angekommen bist."

Traurig versprach ich es ihm.

Als wir das Flugzeug betraten, wusste ich, dass es ab jetzt nur noch aufwärts gehen konnte. Lufthansa war schon etwas anderes als Condor Charter. Wir hatten breite Sitze, ein umfangreiches, frei wählbares Fernsehprogramm und gutes Essen. So konnte Fliegen also auch sein. Das erste Mal seit Tagen entspannte ich mich. Mariam verschlief den Flug und war in Frankfurt einigermaßen ausgeruht. Johannes hatte mir gesagt, auf welchem Bahnsteig meine Mutter auf mich warten würde. Doch Frankfurt wäre nicht einer der größten existierenden Flughäfen gewesen, wenn es nicht Stunden gedauert hätte, vom Flugzeug zur Passkontrolle, dann zur Gepäckabfertigung und dann zum Bahnhof zu kommen. Es war der 18. Oktober und die Temperatur betrug neun Grad. Mariam und ich hatten Kleidung passend für das warme Hurghada an. Wir froren und waren erschöpft vom vielen Gehen, als wir endlich den Bahnsteig erreichten, den Johannes mir gesagt hatte. Und fünf Minuten später sahen wir meine Mutter. Ich hatte Tränen in den Augen, weil endlich wirklich alles überstanden war. Ab jetzt waren wir sicher und ich konnte mich um mich kümmern.

Mariam rannte auf meine Mutter zu und fiel ihr in die Arme. Ich ging langsam hinterher. Sie sah nur in mein Gesicht und sah die Blessuren, die Sayed verursacht hatte. Dann umarmte sie mich auch und begrüßte mich. Sie hatte Jacken für uns mitgebracht, die wir dankbar annahmen. Sobald wir im Zug waren, berichtete ich ihr in groben Zügen, was passiert war. Zum ersten Mal machte sie mir keine Vorwürfe. Ich benutzte ihr Handy, um Mahmoud anzurufen und ihm zu sagen, dass wir gut angekommen waren. Auch Karim sagte ich kurz Bescheid. Ich versprach ihm, ihn später anzurufen, dann lehnte ich mich einfach nur zurück und genoss die Ruhe und die Gewissheit, dass Mariam versorgt war. Nach drei Tagen und zwei Nächten ohne Schlaf war ich mit meinen Kräften am Ende.

XXXV

Als wir endlich in der Wohnung meiner Mutter ankamen, waren wir erst einmal damit beschäftigt, nach den Notverpflegungen der letzten Tage richtig zu Essen. Danach räumten wir alles, was wir hatten retten können, in den Schrank, den meine Mutter ebenso wie ihr Schlafzimmer für uns geräumt hatte. Auf ihren 55 Quadratmetern war nicht viel Platz und das Schlafzimmer sah schnell aus wie ein Schlachtfeld. Ich war mir sicher, dass die Ordnungsliebe meiner Mutter und unser Chaos in den nächsten Wochen noch für Aufregung sorgen würden.

Ich suchte erst einmal die Nummer für günstige Anrufe in Ägypten heraus und rief alle an, die informiert werden mussten. Auch Anna, die ich seit dem Tag meiner Flucht nicht mehr gesprochen hatte, bekam einen Anruf. Sie klagte minutenlang nur über den Terror, den Sayed bei ihr veranstaltete und dass er sie ständig aufsuchen würde, um sich zu versichern, dass ich nicht doch bei ihr wäre. Wir glichen ab, was er wissen durfte und was nicht und ich verabschiedete mich. Es gefiel mir nicht, dass Anna ständig hervorhob, welch schwierige Rolle sie spielte. Denn meines Erachtens war alleine schwierig, dass sie zwischen den Stühlen stand und sich nicht für die gute Seite entschied. Dann informierte ich alle in Deutschland, die Sayed kannte. Da er meine Handykarte hatte, die über einen Vertrag lief und deren Telefonkosten erst im Nachhinein bezahlt werden mussten, konnte er auch in Deutschland anrufen. Ich wollte nicht, dass sich meine Freunde Sorgen machten oder etwas ausplauderten, denn ich war mit Mahmoud so verblieben, dass wir Sayed darüber im Unklaren lassen würden, wo wir waren.

Sacha hatte schon einen Anruf von Sayed erhalten, konnte ihm aber nicht wirklich etwas sagen, da er gerade erst aus dem Urlaub zurückgekommen war und keine Ahnung hatte. Bettina konnte Sayed sowieso nicht mehr leiden und hatte nichts gesagt. Mit der Zeit würde Sayed alle meine deutschen Telefonnummern anrufen, aber bisher waren dies seine einzigen Versuche gewesen und so war sicher, dass er nichts erfahren würde. Meine Mutter würde er unter Garantie auslassen, da sie weder Englisch sprach noch davon auszugehen war, dass sie etwas sagen würde. Doch in den nächsten Tagen stellte sich heraus, dass Karim die meisten Schwierigkeiten hatte. Er wurde verfolgt, mit Telefonanrufen terrorisiert und hatte keine ruhige Minute. Sayed glaubte ihm nicht, dass er nichts mit meinem Verschwinden zu tun hatte und nicht wusste, wo ich war.

Ich ging zwar davon aus, dass ich schnell wieder in Ägypten sein würde, aber trotzdem musste ich von irgendetwas leben. Also begab ich mich schnell in den Behördendschungel. Nach allem, was ich gehört hatte, war das Jobcenter ein sehr freundlicher und hilfreicher Ort. Jeder war verständnisvoll und gab sein Bestes, um mir schnell und unkompliziert zu helfen. Das Jugendamt war ebenfalls sehr nett und schnell hatte ich alle Leistungen, die ich brauchte.

Die Suche nach einem Kindergartenplatz schien schon schwieriger. Doch auch hier fand ich eine nette Kindergartenleitung, die der Meinung war, dass Mariam nach allem, was sie erlebt hatte, schnellstmöglich unter Kinder gehörte. Frau Bausen hatte zwar keinen freien Platz, nahm die Aufnahme von Mariam zum nächsten Monatsersten jedoch auf ihre Kappe. Hilfreich war bei all dem sicherlich auch, dass mein Gesicht halbseitig in Blau- und Grüntönen schimmerte und mein Hals Sayeds Fingerabdrücke zeigte. Mit Sacha zusammen erledigte ich dann einige lebensnotwendige Dinge wie die Eröffnung eines Bankkontos und den Kauf eines Internet-Sticks, wobei dieser immer wieder darauf hinweisen musste, dass er nicht der Übeltäter war. Annette und Gerd, die ich Jahre nicht gesprochen hatte, kamen vorbei und Annette hatte alle ihre Kontakte aktiviert, um Kleidung für mich zu finden. Denn das Meiste im Koffer gehörte Mariam oder war nicht wintertauglich. Außerdem bekam Mariam von ihnen ihr erstes Paar Stiefel geschenkt und war überaus stolz. Abends jedoch galt meine Aufmerksamkeit ausschließlich Ägypten. Sayed wurde immer aggressiver und nervöser je länger er nicht wusste, wo Mariam und ich waren. Doch der Computerausfall am Flughafen hatte wirklich dafür gesorgt, dass er sich nicht sicher sein konnte. Und so suchte er weiter, während er Karim beschatten ließ. Seiner Familie erzählte er, dass ich nach Deutschland hätte fliegen müssen, weil meine Mutter krank sei. Nur wenige Eingeweihte wussten, dass ich nicht auffindbar war.

Die Hunde ließ er immer öfter stundenlang auf der Straße herumlaufen und behandelte sie schlecht, wahrscheinlich weil er sich sicher war, dass Karim mir davon berichten würde und ich zurückkommen würde, um sie zu retten. Mehr Druckmittel hatte er auch nicht in der Hand. Und so plante ich mit Anna, wie die Hunde nach Deutschland zu uns kommen könnten. Denn auch für Mariam wäre es wichtig, etwas aus ihrer alten Heimat zu haben, das sie liebte. Nach vielen Telefonaten fand Anna das Blue Moon Center für Tiere in Hurghada, die auch eine Tierpension hatten und Tiere in Not aufnahmen und ins Ausland vermittelten. Die Inhaberin erklärte sich bereit, Ginny, Whisky und Sandy so lange aufzunehmen, bis sie ausreisen konnten und ein Flugpate gefunden war. Nun mussten die beiden nur noch von Sayed geholt werden, was sich als schwierig gestaltete, da er es sinnvoller fand, sie schlecht zu behandeln. Doch da er kein Geld für Futter hatte, ließ er sich schnell davon überzeugen, dass eine Italienerin, die Anna entfernt kannte, eine gute neue Heimat für die Hunde wäre. So holte eine fremde Frau die Hunde mit allem Zubehör bei Sayed ab, gab ihm eine Telefonnummer von einer neuen SIM-Karte, die bald vernichtet werden würde und brachte alle zu Monique ins Blue Moon. Zwar fiel es mir schwer, die Unterbringungskosten aufzubringen, aber Monique war auch da sehr entgegenkommend. Sandy würde sie vermitteln können, da sie noch sehr jung war. Ginny und Whisky wurden geimpft und mit einem Mikrochip versehen, sodass sie nach einer Wartezeit von drei Monaten in Quarantäne nach Deutschland kommen konnten. Jetzt brauchte ich nur noch eine

Wohnung, denn mit meiner Mutter war das Leben nicht einfach. Wir waren einfach zu verschieden und hatten zu unterschiedliche Vorstellungen vom Leben, als dass es lange gut gehen konnte. Zudem war eine aktive, nun Vierjährige nichts für eine Frau Mitte 60, die an Ruhe und Ordnung gewöhnt war.

Glücklicherweise fand ich auch hier schnell eine Lösung, denn schräg gegenüber von meiner Mutter gab es eine leer stehende Wohnung, die genügend Zimmer und Platz für eine alleinerziehende Mutter mit Kind und zwei Hunden hatte. Zudem hatte die Vermieterin selbst Hunde und erlaubte die Haltung in der Wohnung. Schon Anfang Dezember konnte ich einziehen. Obwohl ich vom Jobcenter nur 1600 Euro für die gesamte Einrichtung bekam, konnte ich genau das kaufen, was ich brauchte und mehr als einmal sagte ich mir, dass Gott seine Finger im Spiel hatte. So hatte ich noch 250 Euro übrig, um eine komplette Wohnzimmereinrichtung zu kaufen und bekam nicht nur die, sondern auch noch Teppiche, Gardinenstangen und Kleiderschränke für diesen Preis. Diese Sachen hatte ich eigentlich für später eingeplant, wenn ich etwas gespart hätte. Bettina, ihr Mann und sogar Ulrike halfen mir viel. Ohne sie wäre ich nicht in der Lage gewesen, so schnell in eine eigene Wohnung einzuziehen.

Bei Ulrike sah ich die Hilfe als Wiedergutmachung für die Tatsache, dass sie mit Sayed geschlafen und meine Gastfreundschaft missbraucht hatte. Doch zwischen uns stand immer noch eine meterhohe Wand, die auch dadurch nicht kleiner wurde, dass Karim in ihrer Gegenwart mit mir telefonieren wollte und nur allzu deutlich machte, dass seine Beziehung zu mir so viel besser war als zu seiner Frau. Alles lief also bestens, nur kam Mahmoud mit der Scheidung nicht voran. Meine angepeilten drei Monate waren definitiv utopisch, da er gleichzeitig alles, was mir und meiner Mutter gehörte, retten wollte und das Bekanntwerden der Scheidung bei Sayed nur dazu geführt hätte, dass er alles zerstörte oder verkaufte. Also musste es auf die subtile Weise geschehen, die Zeit erforderte. Karim war darüber nicht glücklich, schaffte aber auch nicht die Voraussetzungen dafür, dass es zwischen uns weitergehen konnte. Kurz nach meiner Flucht war Ulrike nach Hurghada geflogen und auch wenn Karim sie ständig alleine ließ und sie schlecht behandelte, dachte Ulrike erwartungsgemäß nicht daran, die Beziehung zu beenden. Und wie Jutta es umschrieb, gehörte Karim zu den Menschen, die keine Entscheidung treffen konnten. Er wartete darauf, dass ihm jemand diese Entscheidung abnahm. Er ließ Ulrike alleine, um mit mir zu telefonieren, versprach mir umgehend eine Scheidung und berichtete mir von seinen Aktionen, die dazu führen sollten, dass Ulrike sich scheiden ließ. Doch ich hatte immer mehr das Gefühl, vom Regen in die Traufe geraten zu sein.

Auch hier war ich wie eine zweite Frau, musste teilen und hatte nichts Ganzes. Ich war unglücklich, gab aber immer wieder nach, wenn es zur Entscheidung kam. Trotzdem behandelte mich Karim wie seine Ehefrau und stellte enorme Ansprüche. Wenn er anrief, ging er davon aus, dass ich alles stehen und liegen ließ, um ihn zurückzurufen. Er wollte immer informiert sein, wo ich war, wen ich traf und was ich machte. Und als ich Jutta und Dieter besuchte, die nicht weit von mir wohnten, und dort sechs Stunden verbrachte, verlangte er, dass ich nach Hause fuhr, weil es lange genug war. Ich fühlte mich wieder einmal in die Enge getrieben und unfair behandelt. Wie sollte ich das tun, was er wollte und gleichzeitig mich nicht vollkommen lächerlich bei meinen Freunden machen, wenn sie mitbekamen, was Karim alles bestimmte. Und das, nachdem ich gerade dem einen Araber entkommen war? Doch ich hoffte, wir würden unsere alte, gute Beziehung zurückbekommen, wenn ich endlich wieder in Ägypten und er geschieden war. Doch laut Mahmoud würde das noch ein wenig dauern. Ebenso war es nicht möglich, Strafanzeige wegen Körperverletzung zu stellen, weil ich nicht hatte zur Polizei und mit einem Polizisten ins Krankenhaus zur Untersuchung gehen können. Es war einfach zu gefährlich gewesen, da es in Hurghada nur eine Polizeistation für Ausländer gab und Sayed unter Garantie dort jemanden positioniert hatte. Während in Deutschland alles gut lief, stockte das Verfahren in Ägypten komplett.

Zwei Monate nach meiner Flucht versuchte ich, über den Kontakt zu Anna einen Koffer mit Sachen von Mariam und mir zu bekommen, doch Sayed weigerte sich rigoros, etwas von dem zu verschicken, was Mariam oder mir gehörte. Anna plante, im Januar nach Italien zu fliegen und wollte uns besuchen. Sie hätte einen Koffer mitnehmen können, doch erst als ich Essam einschaltete, ließ Sayed sich breitschlagen. Doch Anna kam ohne den Koffer, denn der Flughafen hatte zu viel für das Übergepäck verlangt und ihre Kreditkarte anscheinend nicht akzeptiert. Ich war enttäuscht. Es ging mir weniger um die Sachen oder deren Wert als um das Gefühl, etwas wiederzubekommen, das Meins war.

Die zwei Tage mit Anna waren außerdem sehr aufwühlend für mich, weil sie mir alles berichtete, was Sayed an Lügen über mich verbreitete. Ich war die Böse, ich hatte nie etwas in der Wohnung getan und nur vor dem Fernseher gesessen und mein Kind vernachlässigt, während er alles erledigte und zum Dank hätte ich ihm seine Tochter gestohlen. Mir war zwar klar, dass die meisten unserer Freunde und Bekannten sehr wohl wussten, dass er log, doch verletzte es mich trotzdem und ich wollte, dass jeder wusste, wer hier der eigentlich Böse war. Doch konnte ich das nicht gerade rücken. Außerdem hatte er angeblich mit Ashraf eine Stunde telefoniert und von diesem alles erfahren. Ein Anruf von Anna bei Ashraf, ich konnte dies ja wegen Karim nicht tun, stellte klar, dass Ashraf mit Sayed genau zwei Minuten telefoniert und nichts gesagt hatte. Sie erzählte mir, dass Sayed die Voodoo-Puppen in meinem Schrank gefunden hätte und sie mir ausrichten solle, dass meine schwarze Magie nichts bewirken würde. Zum Beweis hätten Marwa und er sich aus den gemahlenen Kräutern einen Tee gekocht und ihn genüsslich getrunken. Ich bat Anna, Sayed auszurichten, dass er, falls er mehr davon trinken wolle, auf den örtlichen Friedhof gehen müsse und Graberde mitnehmen solle. Wie das Aufbrühen funktionieren würde, wüsste er ja anscheinend.

Ich hoffte wirklich, dass sie ihm dies ausrichten würde. Meine kleine, gehässige Ader freute sich sehr bei der Vorstellung, wie der in Bezug auf Essen und Sauberkeit penible Sayed reagieren würde, wenn er wüsste, das er Graberde getrunken hatte. Diese und ähnliche Geschichten brachten mich zur Weißglut. Außerdem wurde Mariam durch Anna an die Vorfälle erinnert und weinte ständig.

Ich war froh, als der Besuch vorbei war. Mehr denn je hatte ich den Eindruck, dass Anna immer auf der Seite stand, die für sie gerade angenehm war. Anfang Februar wurde dann Sayeds Sohn geboren. Er nannte ihn Abdel Fattah. Etwas anderes war von ihm auch nicht zu erwarten gewesen, denn dies war der Name seines Großvaters gewesen und nach dem Vorfall mit Marwa musste er seine Familie von seiner Rechtschaffenheit mehr denn je überzeugen. Inzwischen hatte er die Wohnung von Marwa aufgegeben und war mit ihr in meine Wohnung gezogen. Ich war wütend und schwor Rache, denn dies war mein Eigentum. Anna sagte zwar, dass Mariams Zimmer und das Schlafzimmer abgeschlossen seien und er mit Marwa im Gästezimmer übernachtete, doch das änderte nichts an meiner Wut. Karim konnte all dies nicht überprüfen, denn seit dem Vorfall mit mir weigerte er sich, die Wohnung zu betreten. Doch trotz allem wollte ich meinen guten Willen zeigen und ließ Sayed mit Mariam über Skype sprechen. Sie hatte oft nach ihrem Vater gefragt und ich wollte es zumindest versuchen. Aber Sayed benahm sich abscheulich und gar nicht, wie ein liebender Vater, der seine Tochter vermisste. Es gab keine Frage, wie es Mariam gehen würde oder was sie machte. Das erste war, dass er ihr seinen Sohn vor die Kamera hielt und ihr sagte, dass dies ihr Bruder sei. Wie jedes Kind in ihrem Alter war Mariam nur verwirrt und weinte, weil Abdel Fattah etwas von ihren Sachen hatte. Auch ein zweites Gespräch verlief ähnlich. Gleichzeitig empfahl mir der Therapeut, zu dem ich mit Mariam ging, weil sie sich im Genitalbereich nicht mehr waschen ließ, ständig unter Entzündungen dort litt und nicht essen wollte, von jeglichem Kontakt mit dem Kindsvater abzusehen, weil dies eine ständige Retraumatisierung bedeutete.

Ich gab den Kontakt also auf, nicht ohne vorher von Sayed in Mariams Gegenwart Drohungen an den Kopf geworfen bekommen zu haben und das völlig wahnsinnige Ansinnen, mich wieder aufzunehmen, wenn ich ihm Mariam bringen würde. Der Therapeut und ich waren uns einig, dass etwas vorgefallen sein musste, was dazu führte, dass Mariam ihren Genitalbereich als schlecht ansah oder ihn mit unangenehmen Erfahrungen verband. Als ich mit Jutta darüber redete und ihr sagte, dass ich Zweifel hätte, ob Sayed Mariam nicht missbraucht hätte, sagte diese mir nur, dass ich mal überlegen sollte, was in El Fayoum passiert sei. Ich erinnerte mich an den Tag, als Mariam mich weinend angerufen hatte. Sie hatte gesagt, dass die Polizei nachts gekommen sei und Sandy in den Bauch geschossen habe. Es hätte Blut gegeben und Sandy sei nun tot. Ich dachte nach. Sayed, Marwa und Mariam hatten in einem Zimmer geschlafen. War es möglich, dass Mariam gesehen hatte, wie Sayed mit Marwa schlief? Aber das hätte nicht dazu geführt, dass sie von Blut und Tod sprach. Hatte Marwa sich gewehrt und geblutet?

Ich erzählte Jutta meine Theorie und sie bestätigte, dass Mariam Zeugin der Vergewaltigung von Marwa durch Sayed geworden war. Da Marwa schwanger gewesen war und geblutet hatte, hatte sie wohl geschrien, dass das Baby sterben würde. Nun hatten wir einen Ansatz, doch Mariam weigerte sich standhaft, darüber zu reden. Da sie anscheinend auch gesehen hatte, wie Sayed mich verprügelte, war ich für sie in dieser Hinsicht jemand, den sie schützen musste und nicht zutraute, sie zu beschützen. Sie würde mir nicht genug vertrauen, um es mir zu sagen. Vor allen Dingen, da sie sich nicht sicher sein konnte, ob Sayed kommen würde. In ihrem Alter konnte sie die Distanz nicht einordnen, die zwischen uns und ihrem Vater lag. Sie fühlte sich noch nicht sicher. Alleine Karim akzeptierte sie als beschützende Person, denn der hatte sich oft genug zwischen Sayed und sein Opfer gestellt. Doch Karim war nicht da. Wir konnten nicht nach Hurghada, er konnte nicht nach Deutschland bei den bestehenden Visa-Vorschriften. Ich aktivierte alle meine Beziehungen, rief das Auswärtige Amt an und versuchte es selbst mit einem Schreiben meiner Fachberaterin beim Jobcenter, die erkannte, dass eine Lösung des Problems dazu führen würde, dass ich meine Tochter schneller alleine lassen und Vollzeit arbeiten gehen konnte. Doch nichts wirkte. Es schien unmöglich, ein Visum für Karim zu bekommen. Inzwischen waren jedoch Ginny und Whisky eingetroffen und das Wiedersehen mit ihnen am Kölner Flughafen war unglaublich. Schon von Weitem bellten sie mich an, als sie meine Stimme hörten und schmissen mich zu Boden und sprangen unaufhörlich an mir hoch. Ich weinte vor Freude und als Mariam am nächsten Morgen aufwachte und die Hunde sah, war sie so glücklich, dass ich jeden Euro und jede Mühe doppelt und dreifach als lohnenswerte Investition ansah. Wir waren wieder eine Familie, mit allen, die wirklich dazu gehörten.

XXXVI

Bis März hatten wir uns gut eingelebt und eine Routine entwickelt. Mariam sah immer besser aus, die dunklen Ringe unter den Augen waren verschwunden und zeitweise aß sie sogar gut. Schnell hatte sie auch keine Pampers in der Nacht mehr gebraucht. Je sicherer sie sich fühlte, desto besser verlief ihre Entwicklung. Nur Karim machte mir Sorgen. Inzwischen hatte ich mit ihm ständig Streit. Ich fand seine Racheaktion an Ulrike überspitzt, hatte ich doch inzwischen durch Jutta und Dieter gelernt, dass Negatives nur Negatives hervorruft. Aber er fand immer neue Ausreden, warum er sich nicht scheiden lassen konnte. Mal war es seine Rache, die ihm so wichtig war, dann sein Vater, der den Stress mit Sayed nicht verkraften würde, weil dieser natürlich sofort vermuten würde, dass die Scheidung mit mir zusammenhing.

Trotz der Entfernung von fast 5000 Kilometern und der Tatsache, dass wir noch nicht mal verheiratet waren, bestimmte Karim in vielen Bereichen, was ich tun und was ich lassen konnte. Außerdem entstand bei mir immer mehr der Eindruck, dass er der Meinung war, alles käme ihm zugeflogen. Weil er mit Girgis gegen meinen Willen ein Geschäft gemacht hatte, um mir zu helfen, verlangte dieser Geld, das Karim nicht hatte. Aus Angst vor einem Schwarzmagier, der sich bei Nichtzahlung an ihm rächen würde, hatte er sich das Geld geliehen und stand nun unter mehrfachem Druck. Da ich in diese Sache involviert war und Karim schon einmal wegen des ausstehenden Schuldscheins, den er unterschrieben hatte, im Gefängnis gewesen war, sah ich mich in der Pflicht, ihm das Geld zu schicken. Denn bei diesem Aufenthalt im Gefängnis hatten nicht nur die Männer dort versucht, sich an dem gutaussehenden Karim zu vergreifen, sondern er war auch geschlagen worden und hatte einen gebrochenen Arm gehabt. Um dies nicht für einen noch viel längeren Zeitraum fortsetzen zu müssen, lieh ich mir das Geld von Marietta und schickte es ihm. Aber auch bei anderen Sachen kam Karims fehlende Entscheidungsfreudigkeit immer wieder zum Vorschein.

So saß er in seiner von Ulrike bezahlten Wohnung und wartete, dass endlich Arbeit zu ihm käme. Er saß und grübelte und saß und nährte seinen Hass gegen Sayed und seine Rachegelüste gegen Ulrike. Auch das Visum für Deutschland musste zu ihm kommen. So wie alles andere auch. Mich fing seine Einstellung an zu nerven. Ich liebte ihn, aber mit zunehmender Selbstliebe, die ich mit Hilfe von Jutta und Dieter entwickelte, begann ich die Einschränkungen durch ihn als unangemessen zu empfinden. Oft sagte mir Jutta den Satz: „Was dich wirklich liebt, kommt auch zu dir zurück." Und ich begann langsam, Konsequenzen in Betracht zu ziehen. Da über Ostern Ulrike auch wieder zu Karim kommen würde und ich ihm vorher schon gesagt hatte, dass ich ein weiteres Zusammensein mit ihr nicht akzeptieren würde, setzte ich ihm ein Ultimatum. Ich gab ihm zehn Tage, um sich von Ulrike scheiden zu lassen, sobald sie da wäre. Wir stritten, sprachen tagelang nicht miteinander und diskutierten. Doch ich wich nicht von meiner Forderung ab. Dieses Mal wollte ich an erster Stelle stehen und die einzige sein.

Die Tage verstrichen, Karim rief mich jeden Abend an und redete stundenlang mit mir, doch von einer Scheidung war nichts zu vernehmen. Jeden Tag sagte ich mir, er würde es morgen bestimmt machen, doch jeden Tag war ich enttäuschter. Als Ulrike abflog, ohne dass über eine Scheidung gesprochen worden war, versuchte Karim, mich damit zu beruhigen, dass er mit Ulrike ein Gespräch geführt habe und diese nun wüsste, dass er sie nicht liebte. Ich dachte ein paar Tage darüber nach und mir fiel immer wieder die Feststellung von Dieter ein, dass ich mir einen zweiten Sayed an Land gezogen hätte und ich wieder nicht auf mich selbst achten würde. Er wusch mir so richtig den Kopf und machte mir klar, dass ich wieder einmal so richtig viel Schmerz brauchte, bevor ich handelte. Und so kam der nächste Streit mit Karim und dieses mal sagte ich ihm, dass er sich entweder sofort per Telefon scheiden lassen würde oder er unsere

Beziehung vergessen könnte. Ich machte ihm klar, dass keine Entscheidung für mich in diesem Fall auch eine Entscheidung sei, nämlich eine gegen mich. Wütend legte er auf. Beide warteten wir in den nächsten Tagen auf einen versöhnlichen Anruf des anderen, der aber nicht kam. Karim fühlte sich ungerecht behandelt und ich wollte mit seinen Racheplänen, seiner Dominanz in unserer Beziehung und seiner Unentschlossenheit nichts mehr zu tun haben. Wie Jutta gesagt hatte: Wenn er mich wirklich liebte, würde er zu mir zurückkommen.

Es war Sommer geworden, ohne dass sich in Ägypten irgendetwas getan hätte. Den Kontakt zu Anna hatte ich komplett abgebrochen, nachdem sie mich hatte drängen wollen, Mariam zu Sayed zu bringen und ich mir sicher war, dass sie nur noch auf seiner Seite stand. Mahmoud wollte alle Fälle zusammen behandeln, denn inzwischen hatte er fünf Klagen gegen Sayed vorbereitet. Sayed würde neben der Scheidung eine Klage auf Unterhalt, eine Räumungsklage für die Wohnung, eine Klage wegen Körperverletzung, eine wegen Betrugs aufgrund des Kaufvertrags für die Villa und eine wegen Urkundenfälschung zugestellt bekommen. Denn Sayed hatte bei seiner Heirat mit Marwa angegeben, dass er nicht verheiratet war und Essam hatte dies bezeugt. Hierauf stand in Ägypten in jedem Fall eine Gefängnisstrafe. In der Zwischenzeit hatte Mahmoud zur Sicherheit meine Wohnung bei der Regierung registrieren und die Unterschrift des Verkäufers prüfen lassen. Doch er wollte alle meine Rechte durchsetzen, indem alle Klagen zum selben Zeitpunkt eingereicht wurden. Ich wartete also, hatte aber inzwischen auch keinen guten Grund mehr, nach Ägypten zurückzugehen. Denn Karim hatte sich nicht wieder gemeldet. Zwischenzeitlich war er einige Wochen untergetaucht und ich hatte Anrufe seiner Schwester bekommen, ob ich wissen würde, wo er sei, aber Jutta hatte mir versichert, dass Karim lediglich Probleme mit geliehenem Geld hatte. Er würde es selbst lernen müssen.

Trotz vieler Versuche, Hilfe von Sayeds Familie zu bekommen, blieben alle Versprechungen von dieser Seite nur heiße Luft. Zwar hatte Essam es durchgesetzt, dass ich einen Koffer voll mit Sachen bekommen hatte, für den ich Transportkosten von 200 Euro hatte zahlen müssen, doch weiter ging die Familie nicht. Auch hatte ich gehofft, dass Marietta weiteren Druck auf Sayed ausüben würde, doch diese war von seinem Verhalten lediglich sehr enttäuscht und wollte nicht rechtlich gegen seine Unterschlagungen vorgehen. Es hatte sich nämlich herausgestellt, dass Sayed kurz nach der Rücknahme seiner Scheidung von Marwa angefangen hatte, das komplette Geld vom Kinderhilfswerk in seine eigene Tasche zu stecken. Um sicherzustellen, dass die Frauen sich nicht mit Marietta in Verbindung setzten, hatte er ihnen gedroht, sie umzubringen, wenn sie etwas darüber verlauten lassen würden. Nur durch Zufall hatte Marietta eine der Frauen in den Slums von Hurghada gefunden, die noch ärmlicher als vorher lebte und in ihrer Not und nur nach einem Schwur, dass Marietta den Mund halten würde, unter Tränen von diesem Erlebnis berichtete. Ich war entsetzt, wie weit Sayed gegangen war, während ich noch immer dachte, unsere Familie sei zu retten. Es hieß also, weiterhin geduldig zu sein.

Ich arbeitete konsequent mit Jutta und Dieter an mir selbst und machte enorme Fortschritte. Doch meine finanzielle Situation war alles andere als rosig. Mariam wuchs ständig, brauchte Kleidung und eine Brille, meine private Krankenversicherung verstand den Basistarif als Rechtfertigung, weniger als die gesetzliche Krankenversicherung zu leisten und lehnte viele erforderlichen Sachen ab oder übernahm nur teilweise. Die Hunde brauchten eine Versicherung, Impfungen und die Hundesteuer fiel an. Und mit 350 Euro plus Kindergeld war kaum noch etwas zum Leben übrig. Da ein Ganztagsplatz im Kindergarten ebenso wenig in Sicht war wie ein Job, musste ich mir etwas anderes einfallen lassen, außer dem Verfassen von Texten im Internet. Je mehr ich meiner Seele durch Meditationen Raum verschaffte, desto mehr konnte ich meinen Gefühlen trauen. Zeitgleich entwickelte sich in meinen Händen ein Kribbeln, wann immer ich in die Nähe von kranken Körperstellen kam. Zuerst fühlte ich dies nur bei den Hunden und konnte damit nichts anfangen. Nach einem Gespräch mit Jutta versuchte ich, Whiskys Humpeln, das er seit Jahren hatte, damit zu behandeln. Ich hielt sein Hüftgelenk zwischen meinen Händen und es schien ihm zu gefallen. Also setzte ich meine Bemühungen fort und erreichte, dass Whisky ohne Schmerzen und Humpeln laufen konnte. Danach versuchte ich, ein System zu finden, das zu dem Kribbeln passte. Ich versuchte es mit Heilmagnetismus und anderen Lehren, aber nichts gefiel mir. Ich nahm mir vor, Reiki zu lernen, was aber wiederum am Geld scheiterte. Also verschob ich eine weitere Beschäftigung damit auf einen späteren Zeitpunkt. Ich wollte mich hauptsächlich mit Tieren befassen, da ich bei Whisky Erfolg gehabt hatte. Doch wie mir meine Hunde zeigten, musste ich noch viel im Bereich des Verständnisses einer Hundeseele lernen, bevor ich weitermachte. Also trainierte ich mit meinen beiden. Nach mehr als einem halben Jahr brauchte ich nämlich immer noch einen Hundesitter, um beide alleine lassen zu können. Nach neun Monaten der Hunde in Deutschland erreichte ich endlich mein Ziel und genoss meine neue Freiheit, auch einmal das Haus verlassen zu können, wann ich wollte. Ginny und Whisky konnten endlich alleine bleiben.

Ich hatte inzwischen auch wieder das Bedürfnis, in die Kirche zu gehen. Mein Glaube war mit meiner Arbeit an mir selbst stetig gewachsen und ich hatte inzwischen die Gewissheit in mir, dass alles, was geschah, einen Sinn hatte und mir auf meinem Weg durchs Leben weiterhalf. So war ich mir sicher, dass ich schon viel früher in meinem Leben hätte lernen können, dass ich ein wertvoller Mensch war, der es verdiente, um seiner selbst geliebt zu werden. Hätte ich diese Tatsache akzeptiert, als ich Ashraf traf, wären wir bestimmt zusammen geblieben. Ich erkannte, dass ich mich vor allen Dingen deshalb von ihm hatte trennen müssen, weil er nichts gefordert hatte. Er war der erste Mensch gewesen, der mich genau so gewollt hatte wie ich war und das hatte mich verunsichert. Ich hatte es vorgezogen, immer wieder die Verletzungen meiner Gefühle zu ertragen. Und da ich eine starke Frau war, konnte ich viel ertragen. Doch Gott hatte mir immer wieder gezeigt, dass es so nicht ging. Ich hatte ihn ignoriert, er hatte einen oben drauf gesetzt, bis bei Sayed mein Leben in Gefahr war. Bei Karim hatte ich ein wenig gelernt, war aber noch immer nicht am Ziel. Jetzt wusste ich, dass Liebe bedeutete, den anderen so anzunehmen wie er war. Denn wenn jemand auch nur eine Winzigkeit an mir verändern wollte, bedeutete dies, dass er mich nicht komplett liebte und respektierte. Meine Baustelle war somit meine Selbstliebe und ich fand mich in der Regel wieder „Liebe deinen nächsten wie dich selbst." Erst musste ich mich selbst lieben. Und das fiel mir gar nicht so leicht. Doch mit der Zeit erkannte ich Möglichkeiten und Wege. Eine davon war die Kirche. Auch Mariam war vom Gottesdienst und den Bildern fasziniert. Komischerweise mochte sie vor allen Dingen Jesus. Obwohl wir aufgrund der Zugehörigkeit zum Islam nie über ihn geredet hatten, geschweige denn Bilder im Haus aufbewahrten, erkannte sie auf Anhieb, wer an die Decke der Kirche gemalt war, die wir eines Tages betraten. Ich glaubte, dass es einen Sinn hatte, dass Gott mich direkt neben meine ehemalige Gemeinde platziert hatte, denn nichts geschah ohne Grund. Und so ging ich mit Mariam immer öfter dorthin. Zum ersten Mal empfand ich Liturgie als wohltuend und Mariam empfand es ebenso. Als ich mit ihr über Taufe sprach, war sie begeistert, dass sie dazugehören würde. Wir planten die Taufe für den ersten Advent. Jutta würde ihre Patentante werden.

Zur selben Zeit fing auch Karim an, mir wieder über Facebook Nachrichten zu schreiben. Wobei schreiben wahrscheinlich das falsche Wort dafür war, denn er bombardierte mich plötzlich regelrecht mit Nachrichten. Mir fiel auf, dass er englisch schrieb und ich konnte mir beim besten Willen nicht vorstellen, dass er seine Schreibschwäche überwunden haben sollte und plötzlich in der Lage war, auf diese Weise zu kommunizieren. Es kamen auch zu viele Fragen, die er nie jemanden hätte übersetzen lassen und ich hatte den Eindruck, dass er von seinen Gefühlen wenig schrieb, dafür aber mich zu einem Satz verleiten wollte, der klar und deutlich die meinen ausdrückte. Außerdem wusste ich, dass er in El Fayoum war und Sayed sich ebenfalls dort aufhielt. Mein Verdacht bestätigte sich, als ich Jutta danach fragte.

„Er steckt in einer großen Klemme", erklärte sie mir. „Seine Gläubiger setzen ihn unter Druck und Sayed nutzt das aus."

„Er verrät mich für Geld?" Ich war entsetzt. Ich wusste, dass Liebe bei Arabern schnell in Hass um schlagen konnte, doch bei Karim hätte ich gewettet, dass er Mariam und mich schützen würde. Auf der anderen Seite hatte ich bei Sayed und Ulrike gesehen, wie schnell er sehr kalt werden konnte.

„Du solltest das anders sehen. Er ist sich sicher, dass du nie wieder nach Ägypten kommen wirst und er dich verloren hat. Also versucht er, sich selbst zu retten."

„Und woher hat Sayed das Geld?", wollte ich wissen.

„Er hat es noch nicht, aber er lässt eben durchblicken, dass er sein Erbe verteilen wird."

Jetzt wurde mir einiges klar. Ich antwortete Karim also freundlich, aber distanziert und sobald ein Satz kam, der seine angeblichen Gefühle für mich ahnen ließ oder falsch verstanden werden konnte, forderte ich ihn auf, sich zu benehmen und zu erinnern, wer ich war.

Nach wenigen Wochen sahen Karim und Sayed dann wohl ein, dass von mir keine Beweise für meine Untreue zu erwarten waren und gaben auf. Noch immer war bei Gericht keines meiner Verfahren entschieden. Sayed verweigerte in Hurghada die Annahme jedweder Papiere, was dazu führte, dass sich alles in die Länge zog, denn ohne ihn benachrichtigt zu haben, wollte kein Richter etwas entscheiden. Zudem konnte kein Unterhalt festgelegt werden, weil Sayed die Werkstatt komplett Adel, Azzas Bruder, überschrieben hatte und somit offiziell kein Einkommen hatte. Trotzdem machte ich Mahmoud Druck und erreichte Mitte Januar eine Scheidung. Dies war nicht nur eine einfache Scheidung, es war die Entscheidung des Richters, dass mir das Leben mit diesem Ehemann nicht mehr zuzumuten sei. Auf drei Seiten wurden alle Vergehen Sayeds in dieser Ehe detailliert beschrieben. Ich freute mich auf das Gesicht von Sayed, wenn er die Urteilsbegründung lesen würde. Leider dämpfte Mahmoud meine Vorfreude.

„Petra, wir wollen gar nicht, dass Sayed es erfährt. Im Moment fühlt er sich sicher, weil er glaubt, ihr wäret noch verheiratet."

„Aber wenn wir geschieden sind, muss er endlich die Wohnung verlassen", erwiderte ich.

„So einfach ist das nicht. Jemand, der nachweislich so lange in der Wohnung gewohnt hat, wird nicht einfach von heute auf morgen vor die Tür gesetzt."

„Aber es ist meine Wohnung."

„Ja, trotzdem wird das nicht so einfach. Du brauchst Geduld." Geduld. Immer wieder dieses Wort. Ich hatte lange gewartet und wollte endlich die Wohnung, meine Sachen und das Geld, damit wir angenehmer leben konnten. Doch Mahmoud bestand darauf, dass es hier nicht einfach um Gerichtsverfahren ging, sondern auch um den richtigen Zeitpunkt, sodass Sayed vor lauter Druck von selbst nachgab, denn die Villa war alles andere als sicher.

XXXVII

Ich fing an, erneut mein Projekt Buch aufzunehmen und meine Erlebnisse aufzuschreiben, denn ich hatte begriffen, dass Hass nicht
der richtige Weg war und eine ausführliche Verarbeitung an der Zeit
war. Robert Betz hatte Menschen wie Sayed in einem Vortrag
„Arschengel" genannt und das war die exakte Beschreibung dessen,
was Sayed in meinem Leben war. Ich empfand ihn als den Menschen, der mir die größten Verletzungen zugefügt hatte und den ich
am meisten verabscheute, trotzdem war er ein Engel, denn er hatte
auch die größten positiven Veränderungen bewirkt. Ich wollte lernen, ihm zu vergeben und vor allen Dingen mir, weil ich es hatte so
weit kommen lassen. Ich schrieb also alles auf, hörte immer wieder
auf, wenn ich an unangenehme Stellen meines Lebens kam und
arbeitet mit Meditationen an anderen Baustellen wie meiner Kindheit. Immer noch stellte ich fest, dass ich im Bereich der Selbstliebe
viel aufzuholen hatte und bekam immer wieder Prüfungen vor die
Nase gesetzt, die mir zeigten, dass das Ziel noch lange nicht erreicht
war. Und ich lernte, den Satz zu verstehen, dass Erwartungen immer
enttäuscht werden. So versuchte ich, mich nur auf mich selbst zu
konzentrieren, mir Ziele zu setzen ohne gleich gedanklich nur noch
in der Zukunft zu leben und etwas von der Hilfe, die ich bekommen
hatte, bei meiner ehrenamtlichen Tätigkeit für die Caritas zurückzugeben. Mariam hatte sich sehr gut entwickelt und man merkte nur
noch selten, dass sie Schlimmes erlebt hatte. Sobald es darum ging,
Dinge abzugeben oder zu teilen, brach sie in Tränen aus. Alles verloren zu haben, hatte sich tief in ihr festgesetzt. Doch langsam wurde
auch dies besser. Sie hatte Freunde gefunden und auch ich hatte
einige Kontakte knüpfen dürfen.

Nur unsere finanzielle Situation war wenig erbaulich. Mit einem
Kleinkind, das jedes halbe Jahr neue Schuhe und Kleidung brauchte
und zwei Hunden, die essen wollten und für die Steuern gezahlt
werden mussten, blieb mir nicht wirklich viel zum Leben übrig. Vor

Ägypten hatte ich 3500 Euro netto verdient und wunderte mich jetzt, wie ich dabei nicht ein dickes Sparkonto aufgebaut hatte. Und so ärgerte es mich um so mehr, dass Sayed mit der wieder schwangeren Marwa gemütlich in meiner Wohnung hauste. Ich gab mir viel Mühe dabei, mir vor Augen zu führen, dass er seinen Weg ging und sein Bestes gab wie jeder Mensch. Auch, dass irgendwann einmal alles zu ihm zurückkehren würde, was er tat, half mir wenig. Trotzdem strengte ich mich an, es so zu sehen. Denn auch meine Gefühle würden irgendwann zu mir zurückkehren. Im April erhielt ich dann erneut eine Nachricht von Karim. Jutta hatte Recht damit behalten, dass alles, was einen liebt, auch wieder zurückkehrt. Und dieses Mal hatte ich nicht das Gefühl, dass seine Nachrichten hinterhältig waren. Ich konnte meinen Gefühlen inzwischen trauen, auch wenn mein Verstand sich noch oft einschaltete und mehr Aufmerksamkeit verlangte. Doch weil ich durch viel Schmerz gelernt hatte, dass ich selbst mich genug respektieren musste in einer Beziehung und die Erfüllung der Bedürfnisse meines Partners nicht der Grund für seine wirkliche Liebe zu mir sein durften, ging ich auf Karims Liebesbeteuerungen nicht ein. Zwar übte er auf mich immer noch denselben Reiz aus wie vor Jahren, als er in meine Wohnung gekommen war, doch ich wusste, dass ich es wert war, wirklich geliebt zu werden. Die Tatsache, dass Karim immer noch mit Ulrike verheiratet war, war also Grund genug für mich, ihn auf Abstand zu halten. Wir unterhielten uns wie gute Freunde, doch sobald er das Gespräch auf seine Gefühle für mich brachte, drohte ich ihm an, das Gespräch zu beenden. Karim war ernster und konsequenter geworden, auch wenn es noch nicht reichte, um sich scheiden zu lassen. Er hatte begriffen, dass er etwas tun musste und nicht einfach abwarten konnte. Trotzdem hatte er immer noch die Angewohnheit, mehr zu beobachten als selbst zu tun. Für ihn war es weitaus wichtiger, über alles und jeden Bescheid zu wissen, als sich mit sich selbst zu befassen. Er berichtete mir die neuesten Entwicklungen bei Sayed und ich musste feststellen, dass dieser sich noch mehr zum Schläger und Lügner entwickelt hatte. Es wunderte mich, dass Marwa das immer noch mitmachte. Fast zwei Jahre, die sie fast täglich verprügelt wurde und sie war immer noch bei Sayed. Inzwischen hatten beide auch noch eine Wohnung in El Fayoum, wo sie aber fast nie waren. Denn Sayed wusste inzwischen genau, dass es gefährlich werden konnte, wenn die Wohnung unbeaufsichtigt war. Immer noch glaubte die Familie, dass ich nur bei meiner Mutter wäre, weil es der nicht gut ginge und Sayed regelmäßig mit Mariam und mir in Kontakt stünde. Seine Geschwister hielten die Wahrheit zurück. Sayeds Vater war im Februar gestorben und ich bedauerte sehr, nicht mehr mit ihm geredet zu haben, vor allen Dingen, da seine letzten Worte Mariam und mir gegolten hatten. Er hatte immer wieder Mariam sehen wollen und keiner hatte es für nötig gehalten, mich zumindest zu fragen. Mit seinen letzten Worten hatte er Sayed aufgefordert, meiner Mutter und mir unser Eigentum wiederzugeben. Doch Sayed war inzwischen so weit gesunken, dass er dem letzten Wunsch seines sterbenden Vaters keine Beachtung schenkte. Aber wie er mir gesagt hatte, tiefer konnte er nicht sinken, denn er hatte bereits die Hölle auf Erden.

Immer noch ging Sayed davon aus, dass wir verheiratet waren. So lange dies der Fall war, war er in der Wohnung sicher. Doch je mehr ich von Karim erfuhr und je länger ich darüber nachdachte desto mehr gelangte ich zu der Überzeugung, dass ich nach Hurghada reisen sollte um das Spiel zu beenden. Ich beriet mich mit Jutta, die der Meinung war, dass ich nicht alleine fahren sollte. Ich ging da völlig konform mit ihr, denn Sayed war früher schon gefährlich gewesen, jetzt allerdings hatte er nur noch meine Wohnung, um die es zu kämpfen galt. Diese Wohnung war der Inbegriff für die Wahrung seines Gesichts geworden. Verlor er sie, ging er ohne Arbeit, ohne Geld und ohne Frau und Kind nach El Fayoum und musste dort bleiben. Aus dem angesehenen, ältesten Sohn des Familienoberhaupts, der von allen geschätzt und um Rat gebeten wurde, wäre ein Niemand geworden, der mit einer wenig gemochten, typischen Ägypterin verheiratet war, die kein Benehmen hatte. Die Scheidung wäre dabei das Schlimmste, denn deren Art war der erniedrigendste Weg, den eine Frau wählen konnte. Ich beriet mich auch mit Karim, der der Meinung war, dass wir mit Sicherheit eine Lösung finden würden. Er selbst hatte inzwischen mehrfach mit Sayeds Wahn Bekanntschaft machen müssen, denn dieser ließ ihn immer noch zeitweise beschatten und kam immer wieder darauf zurück, dass Karim mir geholfen hätte.

Die Situation von Karims Familie war nicht gut, denn die Verbreitung des Gerüchts, dass Karim die Frau seines Onkels wollte, mich zum Flughafen gebracht hätte, als ich geflohen war, und mir sogar alle Papiere aus der Wohnung gegeben hätte, hatte dafür gesorgt, dass sein Vater, seine Mutter und seine Schwestern gemieden wurden. Auch war Karim der einzige, der das Erbrecht für seine Mutter einforderte während Sayeds andere Schwestern schwiegen. Essam hatte nämlich für viel Geld ein Stück des geerbten Lands verkauft und einen Großteil des Gewinns an Sayed gegeben, damit der aus den gröbsten Schulden herauskam und Anwälte in Hurghada damit beauftragen konnte, Mariam zurückzubekommen. Das im Koran verankerte Recht der Töchter des Verstorbenen hatten die Brüder ignoriert und den Schwestern nichts gegeben. Im Allgemeinen war ich mir darüber im Klaren, dass ich bei meinem Aufenthalt in Hurghada keinem außer Karim und Mahmoud trauen konnte. Meine weiblichen Bekannten waren nicht sicher, weil es durchaus möglich war, dass sie mit Sayed geschlafen hatten und unter Druck gesetzt wurden. Wie wir herausgefunden hatten, waren Ulrike und die von den Malediven stammende Frau, deren Kinder in der Deutschen Schule waren, nur ein Bruchteil derer, die von Sayed beglückt worden waren. Auch bei Anna hatten wir viele Hinweise erhalten, dass sie dazugehörte. Dies hatte auch erklärt, warum Anna immer noch Kontakt zu Sayed hatte. Im Gegensatz zu anderen schien sie jedoch immer noch zu hoffen, dass sich eine ernsthafte Beziehung entwickeln würde. Wie man auf einen Mann mit diesem Verhalten hoffen konnte, war uns allerdings schleierhaft. Mindestens von 10 Frauen wussten wir inzwischen, mit denen Sayed während unserer Ehe geschlafen hatte und ich hatte aufgehört, mich zu wundern oder zu behaupten, wir wären einmal glücklich miteinander gewesen. Bei den Männern hatte ich festgestellt, dass sie in jedem Fall immer auf der ägyptischen Seite standen. Vor einiger Zeit hatte ich Makram, meinem Nachbarn, meine Wohnung zum Kauf angeboten und ihn gebeten, unser Gespräch für sich zu behalten, woraufhin er sofort Sayed angerufen und ihm versichert hatte, dass Ägypter natürlich immer zusammenhalten würden und er die Wohnung noch nicht einmal geschenkt von mir nehmen würde. Ich war mir sicher, dass seine Frau Caroline, die Belgierin war, davon nichts ahnte. Es war sowieso allgemein bekannt, dass Makram bei seinen Freunden immer wieder betonte, wie schwierig seine Frau sei und dass er sich eine geheime Wohnung halten würde, in der ein Kühlschrank mit ägyptischem Essen stand, damit er das Essen seiner Frau überstehen konnte. Für mich war also klar, dass ich den Kontakt zu jedem alten Bekannten unterlassen musste, wenn ich in Hurghada war. Nur Am Kamal, der Security des Hauses, in dem meine Wohnung lag, war verlässlich. Er hatte mich immer schon verehrt und ließ kein gutes Haar an Marwa und Sayed.

Die Reise barg also zwei Probleme: Erstens musste ich jemanden finden, der sich darauf einließ, mit mir nach Hurghada zu fliegen und zweitens die finanzielle Seite. Beides löste sich sehr schnell. Ich musste wieder einmal feststellen, dass sich der Weg schnell ebnete, wenn man den richtigen einschlug. Dieter erklärte sich bereit, mit mir zu fliegen, was den Vorteil hatte, dass er den Kontakt zu Jutta halten würde, während ich unterwegs war, um die Wohnung zu bekommen. Und auch das zweite Problem war schnell gelöst, denn die Kirchengemeinde wollte mich gerne unterstützen, endlich mit meinem Exmann abschließen zu können. Dort bot man mir ein zinsloses Darlehen an. Alles in allem war ich mir sicher, die richtigen Schritte zu unternehmen. Die letzten Tage vor meinem Abflug, nachdem wir Wochen als Freunde miteinander gesprochen hatten, näherten Karim und ich uns wieder an. Ich entschied für mich, dass ich einfach nur einmal mit Karim zusammen sein wollte, ohne dass ich Angst hatte, Sayed würde hereinkommen und ohne unter Zeitdruck zu stehen. Ich war mir aber auch sicher, dass es sich um eine einmalige Erfahrung handeln würde und nicht um eine Beziehung, denn ich würde nur leiden, solange Karim verheiratet war. Ich war stolz auf mich, weil ich immer wieder standhaft war, wenn es darum ging, mir selbst treu zu bleiben. Oftmals verurteilte Karim mein Verhalten und ich wiederholte ihm immer wieder mein Lebensmotto, dass ich gut so sei, wie ich im Moment war. Ich tat nichts mehr gegen meine Überzeugung und nur einem anderen Menschen zuliebe. Und erstaunlicherweise bemerkte ich auch hier massive Änderungen bei Karim. Er hatte verstanden, dass es sich nie um echte Liebe handeln konnte, wenn man vom anderen Änderungen erwartete. Musste sich jemand erst ändern, damit er gut für mich war, war er nicht die richtige Person. Im Allgemeinen hatte Karim enorme Fortschritte gemacht und war viel erwachsener geworden. Und unsere Freundschaft gefiel mir so. Da ich sowieso nur ein Doppelzimmer für Dieter und mich gebucht hatte, weil Einzelzimmer nicht finanzierbar waren, reservierte ich für Karim einfach direkt beim Hotel ein Zimmer und wir beschlossen, dass ich zu ihm ziehen würde.

Mahmoud war wenig dafür, dass ich kommen würde, aber ich hatte ihm auch nicht erzählt, dass wir erwarteten, dass in nächster Zeit einiges bei Sayed aus dem Gleichgewicht geraten würde. Aus purem Zufall hatte ich festgestellt, dass ich beim Kartenlegen nicht mehr nur Chaos sah, sondern wirklich etwas erkennen konnte. Zu meinem eigenen Erstaunen hatte ich plötzlich Aussagen treffen können und diese trafen sogar ein. Mehr als Versuch hatte ich Sayeds Kartenbild gelegt und plötzlich die Eingebung, dass sein Sohn nicht von ihm war. Und ich konnte sogar den richtigen Vater erkennen. Ich war mir sicher, dass es Amr, der Sohn des ermordeten Metzgers Nabil im Souk, war. Und sobald ich meine Vermutung ausgesprochen hatte, sagte Karim, dass er selbst schon länger den Verdacht hätte, dass Abdel Fattah nicht Sayeds Sohn sei. Hinzu kam, dass Marwa oft erwähnt hatte, dass sie sich einen gutaussehenden, jungen Mann wünsche und sie genug Gelegenheiten gehabt hatte, Sayed fremd zu gehen. Denn gerade unsere Regelung am Ende hatte ihr jeden zweiten Tag 24 Stunden ohne Sayed garantiert. An Möglichkeiten, fremdzugehen, hatte es ihr also nicht gemangelt. Und dass sie mehr in mein Leben mit allem Drum und Dran als in Sayed verliebt gewesen war, war ebenfalls kein Geheimnis. Jutta, Karim und ich gingen davon aus, dass jemand Sayed einen Beweis dafür liefern und dann die Wohnung leer sein würde, sodass ich hinein könnte.

XXXVIII

Ich flog also aufgeregt und voll Zuversicht nach Hurghada. Das gemeinsame Nachdenken und Vorbereiten hatte mir geholfen, in meiner Einstellung Sayed gegenüber sicher zu sein. Ich wollte mein Eigentum und es war mir wichtig, es ohne Kampf, Schuldzuweisungen und Gefühle der Ablehnung oder gar Rachegelüsten zu bekommen. Ich würde das nehmen, was Meins war und Sayed gegenüber freundlich sein.

Als wir in Hurghada ankamen und ich zum ersten Mal nach einieinhalb Jahren ägyptische Luft einatmete, breitete sich in mir ein Gefühl des Glücks aus. Hier fühlte ich mich Zuhause. Doch sobald wir das Flughafengebäude betraten, ermahnte mich Dieter zur Vorsicht. Ich war so froh, endlich wieder in Hurghada zu sein, dass ich völlig vergaß wie wichtig es war, dass Sayed von meiner Ankunft nichts mitbekam. So eilten wir möglichst unauffällig durch Passkontrolle und Gepäckabfertigung zum Bus, der uns zum Hotel bringen würde. Es war ein Uhr nachts, trotzdem konnte ich es nicht abwarten, Karim zu sehen. Er sollte eigentlich erst am nächsten Morgen ins Hotel kommen, doch ich wusste, dass er eh bis spät in die Nacht wach sein würde und so rief ich ihn an. Er kam sofort und nach einigen Diskussionen mit der Rezeption ließ man ihn auf die Terrasse des Hotels, denn er würde ja ab dem nächsten Tag Gast im Hotel sein. Wir konnten uns nur anstrahlen und alles war wie früher. Nur, dass wir dieses Mal nicht darauf achten mussten, dass uns jemand sah. Dieter und Karim verstanden sich auch auf Anhieb und so saßen wir zusammen und tranken Tee bis uns die Augen vor Müdigkeit zufielen.

Am nächsten Morgen genossen wir das Frühstücksbuffet und entschieden, dass ich am besten sofort zu Mahmoud fahren würde, um alles in die Wege zu leiten. Mit Jutta hatte ich überlegt, welchen Betrag ich Sayed als Anreiz und gleichzeitig Ausgleich für seine Kosten anbieten würde. Denn wir waren uns darüber im Klaren, dass Sayed

Mariam nicht wollte und lediglich die Wohnung im Sinn hatte. Es musste genug sein, um ihn davon einige Zeit leben lassen zu können, durfte aber auch nicht so viel sein, dass es so aussah, als ob ich verzweifelt wäre. Wir entschieden uns für 50.000 LE, was ungefähr 6000 Euro entsprach. Da ich auch beabsichtige, ihm das Auto zu überlassen, könnte er, wenn er sparsam lebte, mit diesem Betrag eineinhalb Jahre eine Wohnung, Essen und seine sonstigen Kosten finanzieren.

Ich holte also Karim an der Rezeption ab und ging mit ihm zu seinem Zimmer. Da wir nicht verheiratet waren, durften wir im Hotel offiziell nicht in einem Zimmer sein. Also schlich ich mich heimlich mit hinein und wir fielen uns in die Arme. Keiner würde an die Tür klopfen, keiner hatte einen Schlüssel und es gab nichts und niemanden, den wir fürchten mussten. Es war ein herrliches Gefühl. Doch ich war auch nervös wegen Sayed und dem, was kommen würde und so gingen wir schnell zu Dieter. Karim und er würden am Pool auf meine Rückkehr warten. Karim rief George an, einen Taxifahrer, von dem er sicher war, dass er Sayed nicht kannte und dass er alles tun würde, um mich sicher von A nach B zu bringen. George war informiert über die Situation und wusste, dass die Gefahr bestand, dass wir verfolgt werden würden. Und so machte er Michael Schumacher alle Ehre. Ich kam gegen 12 Uhr bei Mahmoud an und war mir sicher, dass uns niemand gesehen hatte. Mahmoud und ich begrüßten uns und unterhielten uns wie alte Freunde. Mit Sicherheit hatte ein Anwalt in Hurghada nie Ähnliches für eine Klientin getan wie er für Mariam und mich und so war unser Verhältnis auch entsprechend vertrauensvoll und locker.

„Wie stellst du dir das weitere Vorgehen jetzt vor?", fragte mich Mahmoud.
„Also, ich will noch einmal versuchen, mit Sayed zu reden. Ich möchte ihm 50.000 LE anbieten, im Gegenzug verlässt er die Woh-

nung unbeschädigt und mit meinen Sachen und überschreibt mir die Villa."

„Als ich ihn vor ein paar Tagen angerufen habe, um zu sehen, ob er dazu bereit wäre, hat er ganz klar abgelehnt und gesagt, dass er nur mit dir persönlich darüber reden würde und wenn Mariam dabei wäre."

„Lass es uns noch einmal versuchen. Vielleicht bringt das Geld ihn ja dazu, dass er nachgibt. Und er weiß immer noch nichts von der Scheidung, wir haben also einen ganz klaren Vorteil", erwiderte ich.

„Ja, aber den sollten wir jetzt noch nicht ausspielen."

„Wieso nicht?", wollte ich wissen.

„Vielleicht brauchen wir noch einmal einen Trumpf in unserer Hand und die Scheidung ist eines der größten Druckmittel, die du hast", erklärte mir Mahmoud.

„Ok, aber wenn es nicht anders geht, sagen wir es ihm", entschied ich.

„Vielleicht solltest du ihm einfach anbieten, mit Mariam wiederzukommen, wenn er dir eine der beiden Immobilien jetzt gibt", schlug Mahmoud vor.

„Nein, auf gar keinen Fall. Ich werde freundlich bleiben, keine Schlacht anfangen und ehrlich sein. Nur so kann es gehen. Denn wenn ich mich auf diesen Level herunterlasse, wird es auch so zu mir zurückkommen." Ich bestand auf meinem Weg.

„Das ehrt dich ja auch, aber manchmal muss man taktisch klug agieren."

„Das kann sein, aber ich denke, dass ich mit diesem Weg den gehe, den Gott sich von mir wünscht. Es ist der einzige, der zum Erfolg führen wird." Damit stand meine Entscheidung fest. „Soweit ich weiß, ist Essam gerade in Hurghada. Vielleicht kann das für uns von Vorteil sein", meinte ich.

„Das glaube ich kaum. Sie werden alle hinter Sayed stehen, was auch immer er tut."

„Aber Essam hat auch früher schon versucht, mir zu helfen."

„Ja, aber nicht mehr jetzt, wo du Sayeds Tochter nach Deutschland gebracht hast. Vergiss es. Ich rufe jetzt Sayed an und werde sehen, wann er zu einem Gespräch kommen kann. Und ich werde ihn bitten, Essam mitzubringen."

Ich war gespannt, was daraus werden würde. Doch ich hatte nicht damit gerechnet, dass Mahmoud mir sagen würde, dass Sayed umgehend in das Büro käme. Plötzlich wurde ich panisch.

„Wo sind denn die Bodyguards, die du früher hattest?", fragte ich verunsichert. Ich befürchtete, dass Sayed gefährlich werden würde und konnte auch nicht schnell genug wieder wegfahren, denn Sayed konnte ja schon auf dem Weg sein.

„Als du sagtest, dass du sie nicht brauchen würdest, habe ich sie nicht mehr gefragt."

„Aber jetzt würde ich sie wirklich brauchen", sagte ich bittend. Doch Mahmoud erreichte die beiden nicht. Er schlug vor, dass ich eine Etage über seinem Büro warten solle, doch hier saß ich im Hausflur und hatte Angst. Plötzlich erschien mir der Tag wieder vor Augen, als Sayed mich mehr als vier Stunden verprügelt hatte und ich wusste, an diesem Tag war er in der Lage, noch weiter zu gehen. Vielleicht würde sie mit dem Aufzug nach oben fahren und zu Mahmouds Büro die Treppen nehmen, um zu sehen, ob ich vielleicht da war? Ich wurde nervös und rief Karim an. Ich bat ihn, mir so schnell wie möglich Bodyguards zu schicken, doch Karim wusste so schnell auch niemanden. Ich drängte ihn und wurde immer unruhiger. Es war die blanke Angst, die bisher noch nicht verarbeitet war und nun wieder hoch kam.

Als ich Mahmoud anrief, sagte er mir, dass Sayed noch immer nicht da sei. Als er die Angst in meiner Stimme hörte, bat er einen Mann mit einer Wohnung, mir diese doch bitte kurz zu überlassen. Ich stand auf dem Balkon und ließ die Wohnungstür aus Gründen des ägyptischen Anstands einen Spalt auf. Hier fühlte ich mich sicherer, doch schon nach 30 Minuten musste ich raus, weil die Ehefrau, die nach Hause kam, dem Mann die Hölle heiß machen würde, wenn sie mich fand. Ägyptische Ehefrauen lernten schon mit Aufnahme der Muttermilch, dass andere Frauen in der Nähe des Ehemannes generell zu bekämpfen waren. Hätte mir jemand diese Lektion beigebracht, wäre es vielleicht nie zu den Problemen mit Sayed gekommen, aber es war müßig, darüber nachzudenken. Nun war ich wieder im Hausflur und zitterte vor Angst. Inzwischen war Sayed da, aber ohne Essam, was mich zu weiteren Schweißausbrüchen veranlasste. Denn es konnte ja sein, dass Essam die Umgebung des Büros absuchte. Mahmoud rief mich kurz an und sagte, ich solle aufs Hausdach gehen, er würde zu meiner Sicherheit einen Kollegen schicken. Der kam auch glücklicherweise recht schnell und ich fühlte mich ein wenig sicherer. Während alles in mir zum Zerreißen gespannt war, hörte ich dessen Geschichten über betrogene europäische Frauen an und bekam nur die Hälfte mit. Nach mehr als zwei Stunden konnten wir endlich in Mahmouds Büro zurück. Sayed war gegangen. Ich atmete auf, doch die Anspannung war so hoch gewesen, dass ich mich nicht wirklich entspannen konnte.

„Wie ist es gelaufen?", wollte ich wissen.
„Ich habe Sayed vor Augen geführt, dass er rechtlich keine Chance hat, die Wohnung zu behalten. Ich habe ihm erklärt, dass eine Vielzahl von Verfahren auf ihn zukommen können, wenn er nicht einlenkt und dass seine Anwälte ihm da auch nicht helfen können. Er wollte jedoch davon überhaupt nichts hören und betonte immer wieder, dass er nur mit dir reden würde. Und als ich sah, dass das alles keinen Sinn hat, sagte ich ihm, er solle um 19.30 Uhr mit seinen Anwälten hier sein und könnte dich dann treffen. Sein Gesicht wurde hochrot und ich hatte kurzzeitig den Eindruck, als würde er platzen", erzählte Mahmoud grinsend.

„Und was hat er dann gesagt?" Ich konnte mir bildlich vorstellen, wie wütend Sayed gewesen war, dass er nichts von meinem Kommen gewusst hatte und nun vor diese Tatsache gestellt wurde. Alle seine Kontakte hatten versagt.

„Er wollte wissen, wann du angekommen wärst und wo du wohnen würdest. Denn immerhin hatte er ja immer betont, du müsstest nur kommen, dann würde er die Wohnung räumen. Ich habe ihm gesagt, dass ich davon keine Ahnung hätte und nur wüsste, dass du abends in mein Büro kämst. Aber meines Erachtens nach würdest du direkt vom Flughafen kommen."

Ich grinste auch. Das war nun gar nicht, was Sayed sich erhofft hatte und ich konnte nur hoffen, dass er auch später noch keinen wirklichen Plan im Kopf hatte, wie er auf mich reagieren würde.

„Gut, dann warten wir mal ab." Da es bereits 17.30 Uhr war, hatte es keinen Sinn, ins Hotel zu fahren. Ich hätte gleich wieder zurückfahren können, wenn ich angekommen wäre.

„Deine Bodyguards stehen unten vor der Tür. Ich habe ihnen gesagt, dass wir Bescheid geben, wenn sie gebraucht werden. Willst du einfach hier warten und etwas essen?", fragte mich Mahmoud. Ich schüttelte nur mit dem Kopf.

„Ich bin so aufgeregt, ich kann wirklich nichts essen. Außerdem habe ich letzte Nacht nur vier Stunden geschlafen und bin wirklich müde. Ich würde lieber Kaffee haben."

Und so trank ich Kaffee während Mahmoud alle Originalpapiere in meinem Fall kopierte und die Originale in seinem Schrank versteckte.

„Warum tust du das?", wollte ich wissen.

„Es ist sicherer. Wir wollen doch nicht, dass Sayed irgendetwas in die Hände fällt. Aber zeigen kann ich es ihm, um ihm seine Lage klar zu machen. Sayeds Anwälte haben mich übrigens angerufen. Sie wollen kommen, wenn Sayed sie bezahlt." Davon war kaum auszugehen, aber Sayed würde schon etwas einfallen, da war ich sicher.

Die Zeit zog sich wie Kaugummi und ich wurde immer nervöser. Kurz vor 19 Uhr holte Mahmoud die Bodyguards und schickte mich mit ihnen in ein Büro eines Kollegen eine Etage höher, denn Sayed sollte mich nicht gleich sehen und Mahmoud würde erst noch ein paar einleitende Worte zu den Anwälten sprechen, wenn die denn kamen. Bodyguard Ibrahim und sein Kollege hatten eine für Ägypter ungewöhnliche Größe und ihre Muskeln machten Schwarzenegger Konkurrenz. Ich war mir sicher, dass der eher kleine Sayed noch nicht mal ein Zucken bei ihnen auslösen würde, wenn er gegen sie rannte. Trotzdem war mir schlecht und das Blut rauschte in meinen Adern. Es würde das erste Mal nach 20 Monaten sein, dass ich ihm gegenüber stehen würde. Ich musste mir immer wieder klar machen, dass er keinerlei Rechte mehr hatte, die ein Ehemann besaß und dass mir nichts passieren konnte. Als dann endlich Mahmoud anrief, fühlten sich meine Beine wie Pudding an und ich musste mich zwingen, in das Büro zu gehen. Doch ich war schon immer nach außen hin stark gewesen und setzte ein freundliches Lächeln auf. Von weitem sah ich schon Essam und Hany auf dem Sofa und Sayed auf dem Stuhl an Mahmouds Schreibtisch sitzen. Er hatte sich also Verstärkung mitgebracht. Essam und Hany lächelten mich freundlich an, während Sayed mit Mahmoud lachte. Eine Demonstration, dass er sich mit meinem Anwalt gut verstand und ihn auf seine Seite holen würde. Aber Sayed war für mich inzwischen durchschaubar und es beunruhigte mich keineswegs. Ich schüttelte Essam und Hany die Hand, fragte freundlich nach ihren Frauen und Kindern und gab mich locker. Ich setzte mich Sayed gegenüber an Mahmouds Schreibtisch und stellte zu meiner Überraschung fest, dass ich wirklich alle Anspannung verlor. Auf mein freundliches „Hallo Sayed" erntete ich nur einen vernichtenden Blick.

Mahmoud begann, die Situation darzulegen ohne jedoch auf die in unserem Besitz befindlichen Papiere und die vollzogene Scheidung einzugehen. Er hielt seine Trümpfe geheim. Danach fing Sayed gespielt locker an, allen seine Version der Geschichte darzulegen. Die Wohnung sei meiner geldgierigen Mutter zuliebe von ihm gekauft und auf meinen Namen überschrieben worden, weil ich ihn sonst nicht hätte heiraten können. Meine Mutter wäre andernfalls nie einverstanden gewesen. Wann immer ich etwas gewollt hätte, hätte er mir das Geld gegeben. Und ich hätte ein sehr luxuriöses Leben gewollt. Tausende von Pfund für Essen, Zigaretten, teure Medikamente und die Deutsche Schule für Mariam. Alles hätte er bezahlt. Die Villa hätte er von seinem Ersparten gekauft und außerdem sich um alles gekümmert, weil ich oft krank war oder nicht putzen oder kochen oder mich um Mariam kümmern wollte. Und als Dank, während er nur das getan hätte, was Gott von ihm verlangte und noch viel mehr, hätte ich mich mit seiner Tochter auf und davon gemacht und würde nun auch noch alles verlangen, was ihm gehörte. Immer wieder sah er Zustimmung heischend zu Hany und Essam. Diese nickten nur fröhlich vor sich, hin während ich mir immer wieder sagte, dass ich liebevoll und freundlich mein Recht bekommen würde. Manchmal juckte es mich, eine Diskussion mit ihm anzufangen, aber die meiste Zeit saß ich ruhig und äußerlich gelassen da, hörte mir seine Lügen an und lächelte freundlich. Meine Reaktion irritierte Sayed sichtlich. Danach betonte Sayed immer wieder, dass er mir sofort alles geben würde, wenn er Mariam in Ägypten wüsste. Er würde selbstverständlich Mahmoud als gutem Moslem trauen und selbst ein Foto von Mariam an jedem beliebigen Flughafen in Ägypten akzeptieren. Ich fragte mich, ob er nach all den Jahren wirklich so arrogant sein konnte, mich für so dumm zu halten. Denn hätte er den Beweis, müsste er nur noch den Flughafen und die Polizei informieren und man würde mir Mariam sofort wegnehmen und sie Sayed übergeben. Er betonte, er wolle Mariam nicht zu sich nehmen, nur wissen, dass sie in Ägypten sei. Ich versuchte, weiterhin auch freundlich zu denken.

Dann fragte Mahmoud mich, wer darüber informiert sei, dass sowohl die Villa als auch die Wohnung das Eigentum meiner Mutter beziehungsweise meins seien. Ich wies auf Hany und Essam, die dies beide hätten bezeugen können. Doch auf Mahmouds Nachfragen schüttelten sie nur den Kopf und leugneten, dies zu wissen. Von Essam hatte ich nichts anderes erwartet, vom gottesfürchtigen Hany allerdings war ich enttäuscht, denn der wusste es genau und log definitiv. Seinem Glauben nach würde er dafür in der Hölle schmoren. Ich zuckte nur mit den Schultern und sagte zu Mahmoud, dass das Leben meiner Tochter hier nicht zur Diskussion stünde. Mariam sei nicht mit Wohnungen und Villen aufzuwiegen und hier ginge es um mein Eigentum. Ich würde Sayed für seinen Aufwand das Auto überlassen, das ebenfalls von meiner Mutter bezahlt worden war, und ihm 50.000 LE anbieten. Im Gegenzug würde ich erwarten, dass er uneingeschränkt alles, was meiner Mutter, Mariam oder mir gehörte, sofort an mich zurückgäbe. Wäre dies geschehen, würde ich seinen guten Willen sehen und für Mariam langsam und in einem von ihren Wünschen bestimmten Zeitraum einen Kontakt zu ihm und seiner Familie wieder herstellen. Es ging hin und her und ich bestand darauf, dass Mariam kein Diskussionsgegenstand sei und nicht zur Verhandlung stünde. Sayed bestand darauf, dass ich nichts bekommen würde, solange seine Tochter nicht in Ägypten wäre. Mahmoud machte ihm klar, dass eine Wohnung für Mariam und mich vorbereitet werden müsse, Schulden in Deutschland zu bezahlen wären und für Mariams Wohlergehen der Verkauf der Wohnung wichtig sei, doch Sayed wich nicht von seinem Standpunkt ab. Jeder merkte, dass ihm Mariam gleichgültig war, jedoch wagte keiner, es auszusprechen. Er hatte schon immer verstanden, Menschen unter Druck zu setzen.

Nach stundenlanger Diskussion bat mich Mahmoud in einen Nebenraum und schlug mir vor, Sayed zuzusichern, dass Mariam kommen würde, wenn er mir jetzt die Wohnung gäbe.

„Mahmoud, was soll das? Warum sagst du ihm nicht einfach, dass wir geschieden sind? Dann weiß er, dass er aus der Wohnung raus muss. Und du weißt, dass ich Mariam nicht nach Ägypten bringen kann. Er nimmt sie mir sofort weg", sagte ich entrüstet.

„Aber wir kommen so nicht weiter und sollten vielleicht über einen kleinen Kompromiss nachdenken."

„Nein, Mahmoud, kein Kompromiss auf Kosten meiner Tochter. Mein Angebot steht und wenn er es ablehnt, gehen wir andere Wege. Aber sag ihm doch endlich, dass wir geschieden sind, bitte."
„Damit verspielen wir unseren einzigen wirklichen Trumpf. Ich würde dringend davon abraten."

Also gingen wir zurück ins Büro und Mahmoud wechselte vom Diplomaten zum Anwalt. Er wühlte in seinen Papieren und sagte sehr freundlich und unterwürfig zu Sayed, dass er ihn verstehen könne und er nur noch eine winzige Frage hätte. Da würde es doch diesen Vertrag über eine halbe Million Pfund geben, in dem Sayed bestätigte, dass er dieses Geld erhalten habe und dafür die Villa meiner Mutter gehörte. Sayed sah in diesem Moment sehr desorientiert aus und ich dachte mir nur: „Volltreffer", denn Sayed schien dieses Papier vollkommen vergessen zu haben. Er bestand darauf, dass er nie etwas Derartiges unterschrieben hätte. Mahmoud tat weiter freundlich und nett während er in seinen Papieren wühlte. Ich wusste genau, dass er ein sehr geordnetes System hatte und grinste innerlich. Dies war ein guter Schachzug von ihm gewesen.

„Nun ja, Sayed, das mag ja alles sein, aber wie erklärst du dir dann das hier?", fragte er und hielt ihm die Kopie des Vertrags unter die Nase, die mit zahlreichen Stempeln und Unterschriften sowohl von deutschen Notaren als auch ägyptischen Gerichten versehen war. Sayed wurde blass, dann hochrot im Gesicht. Kurzzeitig sah ich seine Hand verkrampfen und wusste, er hatte vorgehabt, das Papier zu vernichten. Er betrachtete es sorgfältig und sagte dann:
„Das ist Deutsch, selbst wenn ich so was unterschrieben hätte, wüsste ich nicht, um was es sich handelt."
Schlaue Antwort, aber für Mahmoud leider nicht schlau genug.
„Du kannst in Englisch und Arabisch schreiben, ist das richtig?"
„Ja."

„Ok, denn indem du hier in beiden Schriftarten unterschrieben hast, erkennst du an, dass du in der Lage bist, den obigen Text auch zu verstehen."

„Ich habe keine Ahnung, was das sein soll. Das ist nicht meine Unterschrift."

„Doch Sayed, leider schon, denn wir haben deine Unterschriften auf der deutschen und der arabischen Heiratsurkunde mit dieser hier vergleichen lassen und auch das Gericht ist der Meinung, dass das deine Unterschrift ist." Nun wurde Sayed nervös und laut. In früheren Zeiten hätte ich gewusst, dass es nun Zeit für eine neue Tischplatte oder ein neues Handy war, weil eins von beidem gleich gegen die Wand fliegen würde.

„Ich musste ständig Dokumente in Deutsch unterschreiben. Hier der Pass für Mariam, da die Schule. Namenserklärungen, Geburtsurkunden... alles in Deutsch." Nun mischte ich mich ein.

„Ja, und all dies musste vor den Augen des Konsuls oder eines Mitarbeiters der Botschaft unterschrieben werden. Darum mussten wir ja immer nach Kairo. Zu Hause wurden nie Unterschriften geleistet." Nun schrie Sayed los.

„Sie betrügt, wo sie nur kann. Ich habe nie Geld von ihrer Mutter bekommen, geschweige denn meine Villa an sie überschrieben."

„Petra, wer kann bezeugen, dass Sayed Geld von deiner Mutter bekommen hat?", fragte Mahmoud mich. Ich sah nur zu Hany und Essam.

„Die beiden auf jeden Fall. Aber die Antwort kennen wir ja schon." sagte ich locker. Mahmoud gab beiden die Kopie, um sie inklusive einer Übersetzung ins Arabische zu lesen.

„Nun, Sayed, dieses Schriftstück ist gerichtlich anerkannt und belegt, dass die Villa offiziell Petras Mutter gehört. Wir können belegen, dass alle Dokumente in Deutsch in der Botschaft oder dem Konsulat direkt unterschrieben werden mussten und dir nie zu Hause vorgelegt wurden."

„Dieser Wisch belegt doch gar nichts. Dann wusste ich eben nicht, was da drin stand", schrie Sayed mit hochrotem Kopf.

„Petra, wie kam es zu dem Vertrag?"

„Sayed brachte einen Standardvertrag für den Verkauf von Häusern aus dem Schreibwarenladen mit nach Hause, übersetzte ihn mir auf Englisch und ich schrieb es dann ins Deutsche. Er saß neben mir, ich las ihm alles noch einmal übersetzt vor und er unterschrieb."

„Das ist eine Lüge!", schrie Sayed. Ich sah, dass er sich kaum noch beherrschen konnte. Er war fast aus seinem Stuhl aufgesprungen und ich sah den Hass in seinen Augen, als er mich ansah. Immer schon sehr gut im Einschätzen seiner Stimmungen, bekam ich es mit der Angst zu tun. Auch wenn er mich hier nicht umbringen konnte, so wollte ich niemals mehr seine Faust in meinem Gesicht spüren. Ich gab Mahmoud zu verstehen, was passieren würde.

„Gut, dann lassen wir dies ebenfalls ein Gericht entscheiden, doch ich sage dir gleich, Sayed, dass die Aussichten für dich extrem schlecht stehen. Denn da du Englisch lesen kannst, konntest Du die Worte Mubarak 7, Hurghada und 500.000 LE erkennen. Das hätte ausreichen sollen, dich über den Inhalt aufzuklären. Aber selbst wenn du nicht wusstest, was du da unterschriebst, hast du keine Chance. Ich habe hier gerade einen Fall von jemandem, der zehn Schuldscheine unter dem Einfluss von Haschisch unterschrieben hat und wirklich keine Ahnung hatte, was er tat. Der Richter hat klar entschieden, dass ein volljähriger Mensch mit seiner Unterschrift immer bestätigt, dass er weiß, was er tut. Bespreche dies mit deinen Anwälten, die ja leider nicht kommen konnten. Wir klagen auf Herausgabe der Wohnung, der Villa, wegen Körperverletzung und auf Unterhalt und dabei ist die Villa etwas, das ab morgen nicht mehr in unserer Hand liegt, denn es handelt sich um Betrug und das ist ein Kriminaldelikt, bei dem wir die Klage nicht zurücknehmen können."
Nun wurden auch Essam und Hany blass. Doch anstatt einzulenken, wurde Sayed noch wilder. Er riss den Koran an sich, legte die Hand darauf und schwor drei mal, dass alles ihm gehören würde. Alle

waren geschockt, denn jeder im Raum wusste, dass dies gleichzusetzen war mit einem Freifahrtschein in die islamische Hölle.

„Und deswegen ziehe ich jetzt auch mein Angebot zurück, Petra jemals etwas zu geben. Nichts wird sie bekommen."

Essam und Mahmoud versuchten, Sayed ein wenig zu beruhigen und nach einigen Minuten sah Sayed ein, dass er auf diese Art nur meine Geschichten über ihn bestätigen würde. Er fing an, wieder freundlich mit Mahmoud zu reden. Als er aufbrechen wollte, richtete er noch einmal das Wort an mich.

„Wo wohnst du?"

„Im Hotel", antwortete ich kurz. Er sah mich wütend an.

„Das hatte ich mir gedacht. Wir können dich gerne mitnehmen, wenn du das willst. Dann sparst du dir das Taxi."

„Vielen Dank, Sayed," erwiderte ich freundlich „aber bei den Schulden, die ich inzwischen angehäuft habe, machen es 20 LE mehr oder weniger auch nicht mehr aus." Ich wusste, er wollte dringend wissen, wo und mit wem ich wohnte, denn seine Hoffnung war, mich des Ehebruchs bezichtigen zu können.

Als alle gegangen waren, guckten Mahmoud und ich uns zufrieden, aber sehr erschöpft an. Es war 00.30 Uhr und ich musste dringend schlafen. Karim und Dieter würden sich bestimmt Sorgen machen.

„Wir reden morgen, Mahmoud. Ich muss schlafen, sorry", sagte ich.

„Ich auch, es war ein langer Tag. Lass uns morgen weitersehen." Er rief Ibrahim, während ich Karim telefonisch bat, George zu schicken. Der hatte eigentlich schon Feierabend, sprang aber sofort in sein Taxi, um mich zu holen. Karim hatte sowohl mich als auch George gewarnt, dass Sayed mit Sicherheit irgendwo vor der Tür warten würde und Jutta hatte ebenfalls etwas in der Art angedeutet. Und so kam es, dass der Platz zwischen Taxi und Haustür von Ibrahim ausgefüllt wurde, ich schnell ins Taxi sprang und wir in einem unglaublichen Tempo losfuhren. Ich hatte noch nie einen Ägypter so überholen und Gas geben sehen wie George. Zwischendurch fuhr er in eine Seitenstraße und wartete, ob uns jemand folgte, dann heizte er wieder los, fuhr wieder in eine kleine Seitenstraße bis er sich sicher war, dass niemand hinter uns war. Auf der breiten Flughafenstraße, wo jeder Verfolger aufgefallen wäre, waren wir dann am Ende auch wirklich alleine und überzeugt, jeden abgehängt zu haben. Denn nicht nur Karim und Jutta waren sicher, Sayed würde mich verfolgen, auch ich war es. Er musste sichergehen, dass Mariam nicht in Ägypten war und die Chance zum Nachweis des Ehebruchs nutzen. Im Hotel angekommen, schaffte ich es noch gerade in mein Zimmer, bis ich in Karims Arme fiel und in Tränen ausbrach. Die ganze Anspannung fiel von mir ab und das erste Mal in meinem Leben suchte ich Schutz und Sicherheit in den Armen eines Mannes. Nervlich war ich am Ende, aber auch stolz, dass ich es in dieser Art geschafft hatte.

Ich erzählte den beiden Männern, was passiert war und sie erzählten mir im Gegenzug, wie sie ein mobiles Büro am Pool eingerichtet und alle Gäste zu erstaunten Blicken veranlasst hätten. Jeder meiner Anrufe hatte zig weitere Telefonate zur Folge und beide hatten im Hintergrund für meine Sicherheit gesorgt. Ich konnte aber kaum noch auf meinen Beinen stehen und bat Karim, schlafen gehen zu können. So zogen wir uns in Karims Zimmer zurück, nicht ohne sorgfältig darauf geachtet zu haben, dass uns niemand vom Hotel sah. Diesen Ärger wollten wir vermeiden.

Das erste Mal in unserer Beziehung schliefen wir in einem Bett. Diese Erfahrung hatten wir bisher nicht machen können. Es war wundervoll und ich legte mich in Karims Arm und schlief sofort ein.

Den nächsten Tag gönnten wir uns als Auszeit und Urlaub. Nach den Erfahrungen am Tag zuvor hatte ich mir Erholung verdient und wir wollten nicht eine Minute an Sayed denken. Doch der machte uns einen Strich durch die Rechnung. Ab dem späten Nachmittag klingelte Karims Telefon unaufhörlich. Sayed und Essam riefen im Wechsel an. Zuerst antwortete Karim nicht, dann erzählte er ihnen, er hätte keine Zeit, weil er im 50 Kilometer entfernten Marsa Alam einen Auftrag hätte. Doch sie ließen nicht locker und nahmen ihn auseinander. Ob er wisse, dass ich in Hurghada sei, wo ich wohnen würde, ob er vorher gewusst hätte, dass ich kommen würde, ob ich ihn kontaktiert hätte und wo Mariam wäre. Karim gab vor, von allem keine Ahnung zu haben und uns war klar, dass sie ihm nicht glauben würden. Die Anrufe hatten uns nur gezeigt, dass Sayeds Nachforschungen bezüglich meiner Person ins Leere gelaufen waren und er Panik bekam. Doch irgendwann wurde es Karim zu bunt. Er wollte nicht als Feigling gelten und sich vor einem Treffen drücken, weil vielleicht etwas passieren könnte. Und so stimmte er zu, als Essam ihm vorschlug, sich in einem Coffeeshop zu treffen. Sofort alarmierte Karim seine Freunde und diese kümmerten sich um weitere Helfer, die sich strategisch günstig um den Coffeeshop positionieren würden für den Fall, dass Sayed etwas für Karim geplant hatte. Und dies erwies sich als Segen, denn zwischen Sayed und Essam saß im Coffeeshop eine finster aussehende Gestalt, die offensichtlich zu Karims Einschüchterung gedacht war. Sayed begann das Gespräch, ohne sich die Mühe zu machen, sein falsches, freundliches Gesicht aufzusetzen. Er wusste, Karim kannte ihn eh zu gut dafür.

„Wo ist Petra?", fragte er.

„Keine Ahnung, ich wusste ja noch nicht mal, dass sie in Ägypten ist, bevor ihr angerufen habt", antwortete Karim.

„Erzähl doch keinen Mist, du hast ihr immer geholfen."

„Ich habe keine Ahnung, wovon du redest."

„Du weißt, was das für Konsequenzen für deine Mutter und deine Schwestern hat!", mischte sich Essam ein.

„Was sollte es für Konsequenzen haben? Ich habe keine Ahnung, wo Petra ist", sagte Karim ruhig.

„Du stehst auf ihrer Seite und du wirst schon sehen, was du davon hast", drohte Sayed.

„Willst du mir drohen?", fragte Karim. „Vergiss nicht, dass ich alles gesehen habe und jahrelang bei Euch gewohnt habe." Karim gab Sayed zu verstehen, dass er viel von seinem guten Ruf in El Fayoum zerstören könnte, wenn er es für richtig hielt. Nun wurde Sayed wütend.

„Für wen hältst du dich eigentlich? Ich bin immer noch dein Onkel", schrie er und Essam versuchte ihn zu beruhigen. Doch Karim zeigte Essam nur, dass er nicht daran dachte, seinen Mund zu halten. „Essam, das ist kein Onkel. Ich habe ihm mein Geld gegeben, weil er selbst nichts mehr hatte. Ich habe für Petra und Mariam eingekauft, weil Sayed es nicht konnte. Ich habe immer wieder Sayed aus unangenehmen Situationen geholfen und zum Dank schläft er mit meiner Frau, belügt mich und beschuldigt mich solcher Sachen. Ich habe genug." Er stand auf, und wollte zu einem Taxi gehen, doch in diesem Moment stand der Mann zwischen Sayed und Essam auf und zu ihm gesellten sich fünf andere, finstere Gestalten. Binnen Sekunden waren Karims Freunde zur Stelle, schoben Karim in ein Taxi und setzten sich mit den Handlangern von Sayed auseinander, während Karim zu uns zurück fuhr. Ich war froh, als er unbeschadet wieder zurück im Hotel war. Uns war allen klar, dass Sayed von nun an seine Angriffe offen ausführen würde.

Der Rest der Woche verlief fast ereignislos. Telefonate von Mahmoud mit Sayed erbrachten keine Änderung in seinem Verhalten und meine Hoffnung, dass seine Geldnot ihn dazu veranlassen würde, mir die Wohnung zu geben, verpufften. Wir wussten, dass Marwa erneut bewusstlos und blutig geschlagen worden war und waren uns nicht sicher, ob sie, die erneut schwanger war, ihr Baby verloren hatte. Wir konnten nur hoffen, dass sie nun endlich bereit war, sich von Sayed zu trennen und wegzulaufen. Denn klar war auch, dass Sayed einer normalen Trennung nie zustimmen würde. Die Schmach, dass eine zweite Ehefrau, und dann noch jemand wie Marwa, sich von ihm trennte, wäre zu groß. Sie musste also von selbst den Mut finden, mit ihrem Sohn Sayed heimlich zu verlassen. Doch es sah nicht so aus, als ob sie dazu in der Lage wäre und so ging ich mit Mahmoud aufgrund des Zeitdrucks zu meiner Wohnung und er rief Sayed an. Er wollte ihm mitteilen, dass wir beide nun in die Wohnung kommen und meine Sachen abholen würden. Doch obwohl Licht brannte, sagte Sayed, er wäre nicht da. Marwa war alleine. Doch sie würde in ihrem Zustand bestimmt die Tür nicht öffnen. Sayed bot Mahmoud an, ich könne am nächsten Tag gerne in die Wohnung kommen und das holen, was ich für Mariam bräuchte. Wir setzten uns also in einen nahegelegenen Coffeeshop und überlegten.

„Ich werde unter Garantie nicht alleine in die Wohnung gehen", erklärte ich Mahmoud.

„Ich kann ja unten stehen und falls etwas passiert, rufst du sofort an."

„Mahmoud, bis du in der Wohnung bist, bin ich schon tot. Vergiss nicht, Sayed denkt immer noch, dass wir verheiratet sind."

„Ich rufe ihn an und sage ihm, dass wir zu zweit kommen, alleine gehst du nicht."

Das Gespräch verlief kurz.

„Er sagt, du kannst alleine kommen oder gar nicht", sagte Mahmoud.

„Das habe ich mir schon gedacht. Er hat nicht vor, irgendwas abzugeben. Aber die Chance, mich alleine in die Finger zu bekommen, reizt ihn. Er setzt auf meine Geldgier, die ich leider aber nicht habe", lachte ich bitter.

Plötzlich erinnerte ich mich an einen Traum, den ich vor Kurzem gehabt hatte.

„Er wird gleich hier sein", sagte ich Mahmoud. Der lachte nur.

„Bestimmt nicht. Er sitzt mit ein paar Leuten in einem anderen Coffeeshop und sagte, er würde erst sehr spät nach Hause kommen."

„Mahmoud, wann lernst du endlich, mir in solchen Dingen mehr zu vertrauen? Er wird kommen und wir werden hier sitzen und er wird versuchen, einen Streit vom Zaun zu brechen. Immerhin sitzt seine Frau mit einem anderen Mann in einem Coffeeshop, in dem ihn jeder kennt."

„Ich glaube kaum", zweifelte Mahmoud weiter. In diesem Moment rief Karim mich an, der sich mit einigen Freunden in der Nähe aufhielt, um mich abzusichern, falls ich dies brauchen würde.

„Sayed ist auf dem Weg", sagte er kurz angebunden. Nun musste ich lachen.

„Ich weiß, das ist mir auch gerade in den Kopf gekommen", sagte ich und legte auf. Und wirklich, wenige Minuten später stand Sayed vor uns und Mahmoud sah mich nur ungläubig an. Wir machten Small Talk und Sayed schien locker und entspannt. Der düstere Typ von dem Treffen mit Karim war wieder bei ihm und ich blieb vorsichtig, war mir aber sicher, dass genug Menschen mir helfen würde. Als genau die Situation eintrat, von der ich geträumt hatte, reagierte ich bewusst anders und vermied so einen Streit. Mahmoud versuchte, Sayed dazu zu bewegen, gleich in die Wohnung zu gehen, doch er sagte, er müsse wieder gehen. Er wedelte mit seinem Geld und bezahlte unsere Rechnung. Geld, von dem ich wusste, dass er es sich bestimmt gerade irgendwo geliehen hatte. Und dann ging er. Ich hatte wieder nichts erreicht. Denn alleine würde ich bestimmt nicht zu ihm in die Wohnung gehen.

Ich dankte Mahmoud und fuhr zurück ins Hotel. Auf dem Weg sammelte ich Karim ein und beschloss mit ihm, dass eine Verlängerung des Aufenthalts auch keine Änderung bewirken würde. Und so war es beschlossene Sache, dass ich am nächsten Tag unverrichteter Dinge nach Deutschland zurückfliegen würde. Ich war enttäuscht und traurig. Aber ich würde nicht aufgeben. Eines Tages würde das Gute gewinnen.

XXXIX

Ein Jahr später.

„Mama, ich bin einfach gesprungen und dann bin ich untergetaucht und das Wasser war ganz tief. Aber dann habe ich einfach die Augen aufgemacht und den Ring gesehen. Und ich habe ihn ganz alleine hoch geholt." Mariam strahlte mich glücklich an. „Fahren wir jetzt zu McDonalds? Ich habe bestimmt einen Punkt bekommen. Bitte!" bettelte sie mit einem verschmitzten Lächeln. Ich umarmte sie und grinste sie an. Sie wusste ganz genau, wie sie mich um den Finger wickeln konnte.

„Ok, fahren wir los" sagte ich und beobachtete belustigt, wie sie zu ihrer Freundin Paulina rannte, um ihr von ihrem Erfolg beim Schwimmkurs zu berichten. Mariam hatte die schlimmen Zeiten wirklich gut verarbeitet und nur noch sehr selten fragte sie nach ihrem Vater, den sie inzwischen nur noch Sayed nannte. Manchmal fragte sie, ob er irgendwann wieder gesund werden würde, womit sie freundlich meinte, aber es geschah ohne den Wunsch, dass wir wieder eine Familie sein könnten. Ich hatte sie an meinem Heilungsprozess teilhaben lassen und war immer offen mit ihr umgegangen. Auch hatte ich versucht, ihr klarzumachen, dass es ein Problem zwischen ihrem Vater und mir gab, mit dem sie aber nichts zu tun hatte und das auf seine Liebe zu ihr keinen Einfluss hatte. Trotzdem hatte sie inzwischen sehr klare Erinnerungen an die Schläge, die Marwa und ich hatten einstecken müssen, sie gab zu, gesehen zu haben, wie er mich verprügelt und Marwas „Bauch hatte bluten lassen, sodass das Baby beinahe gestorben wäre".

Marwas zweites Kind, eine Tochter, war zwar zur Welt gekommen, beide Kinder waren aber sehr oft krank und hatten mehrere gescheiterte Fluchtversuche der Mutter miterleben müssen. Daneben hatten sie gesehen, wie an einem besonders schlimmen Tag Sayed Marwa nackt an den Haaren auf die Straße gezerrt und vor allen Anwesenden fast umgebracht hätte. Wie sie sich entwickeln würden, war abzusehen und ich hoffte, dass Marwa es doch irgendwann schaffen würde, eine gelungene Flucht zu planen. Weil er keinerlei Einnahmequelle mehr hatte, lebte Sayed nun auf Dauer in El Fayoum und hatte Azza in meiner Wohnung untergebracht, um sich sein Recht dort zu sichern, doch ein kleines Heinzelmännchen hatte etwas unternommen, was sie dazu bewegt hatte, trotz ihrer Angst vor Sayed und ihrem Wunsch, ihn ganz für sich zu haben, die Wohnung zu verlassen und auf Nimmerwiedersehen nach Sharm El Sheikh zu verschwinden.

Meine Wohnung stand nun leer und wartete darauf, dass ich sie leerräumen und verkaufen würde. Nachdem Sayed und Essam ihre Mutter eine Vollmacht für Sayeds Anwälte hatten unterschreiben lassen, hatten diese beim Gericht in Hurghada durchgebracht, dass das Sorgerecht für Mariam auf Sayeds Mutter übertragen wurde. Was mich nur wenig interessierte, denn mit oder ohne diese Entscheidung hätte ich Mariam nie wieder nach Ägypten gebracht, dem einzigen Ort, wo ihnen dieser Beschluss von Nutzen sein konnte. Wir hatten uns inzwischen gut in Deutschland eingelebt und wollten auch gar nicht mehr nach Ägypten zurück.

Aus meinem Faible für Reiki hatte ich einen Beruf gemacht. Ich hatte meine Ausbildung zum Reiki-Meister und Lehrer abgeschlossen, verschiedene energetische Heilmethoden angehängt und meine Kommunikationstrainer-Erfahrungen aus meinen Krankenkassen-Zeiten genutzt, um sie durch eine Ausbildung zum spirituellen Lebensberater zu erweitern. Nun war ich zwar noch nicht ganz unabhängig von den Sozialleistungen des Jobcenters, doch der Erfolg war ausreichend, um mich den Weg optimistisch weitergehen zu lassen. Ich hatte einige Stammkunden, regelmäßige Kurse in der VHS und viele Empfehlungen. Bis dieser Erfolg eingetreten war, hatte es von mir allerdings viel abverlangt. Oft hatte ich mich gefragt, was ich denn noch alles lernen müsse, bevor es bergauf gehen würde. Ich hatte aus meinem antrainierten Mangelbewusstsein in das Wissen gehen dürfen, dass das Universum mir alles gibt, was ich in meiner derzeitigen Lage zum Leben brauche, was ich selbst mir erschaffe und das zu lernen, was gerade bei mir ansteht. Obwohl ich dachte, schon sehr unabhängig von anderen Menschen zu sein, gab es trotzdem noch Einiges zu lernen auf dem Weg, mit mir selbst glücklich zu sein.

Doch es gab inzwischen Zeiten, in denen ich durchaus in meiner Mitte war. Natürlich hatte ich noch manches Mal einen Durchhänger und schlechte Laune, wenn etwas nicht so kam, wie ich es mir gewünscht hatte, doch ich konnte es als Lehre nehmen, mich fragen, was ich dadurch lernen sollte und ging optimistisch an die Änderungen in meinem Denken und Fühlen. Ich hatte begriffen, dass ich keine Lehrer brauchte, sondern selbst für viele Menschen einer sein konnte und dass ich jede Erfahrung auf meinem Weg bekommen würde, die ich wählte. Mit Sicherheit war dies ein lebenslanger Lernprozess, aber ich nahm ihn gerne an. Und so war ich sicher, dass zu gegebener Zeit das Geld kommen würde, das es mir ermöglichte, nach Ägypten zu fahren, um die Wohnung aufzulösen. Sayed konnte ich nur bedauern. Ich war ihm dankbar für die Lehre, die er mir erteilt hatte und es hatte lange gedauert, bis ich dies verstanden und gefühlt hatte. Ich konnte ihm und vor allen Dingen seinen Kindern wünschen, dass er irgendwann den Schmerz beenden würde, den er sich selbst zufügte. Er hatte alle Unterstützung verloren, indem er alle Verwandten belog. Ich hatte dafür gesorgt, dass alle wichtigen Männer der Familie unser Scheidungsurteil in Kopie erhalten hatten. Drei Seiten voll von Gründen, warum mir ein Leben mit ihm nicht zumutbar war, widerlegten seine Aussage, dass ich immer noch bei meiner kranken Mutter sei und er Mariam bei meinem Aufenthalt in Ägypten gesehen hätte. Zehn Männer der Familie stellten ihn zur Rede, nachdem er Marwa einmal mehr verprügelt hatte und die Nachbarn Alarm geschlagen hatten. Sie fragten ihn, warum ich immer noch nicht wieder zurück wäre, er antwortete, weil es meiner Mutter schlecht ginge. Sie fragten ihn, ob zwischen uns alles in Ordnung wäre und ich wiederkäme, er beteuerte, dass alles wie immer sei und ich sicher bald wieder mit Mariam zu Besuch käme. Daraufhin zeigten sie ihm alle Kopien des Scheidungsurteils, dessen Empfang er immer verweigert hatte. Nun konnte er es zum ersten Mal selbst lesen.

Man forderte ihn auf, endlich ein guter Moslem zu werden und meiner Mutter und mir unser Eigentum wiederzugeben. Doch Sayed konnte auch das nicht mehr beeindrucken. Wer alles verloren hat, der schert sich um solche Kleinigkeiten nicht mehr. Meine Schwiegermutter bedauerte ich sehr, denn sie stand ohne Ehemann, ihre Söhne hatten alle versagt, ihr Lieblingsenkelkind war auf immer aus ihren Augen und sie musste alles verkaufen, um Sayed unterstützen zu können. Ihr Lieblingssohn hatte sich als ungläubiger Schläger herausgestellt, der zudem ein Schmarotzer und Lügner geworden war. Die Peinlichkeiten für sie nahmen kein Ende. Und ich hoffte für alle, dass Sayed endlich den richtigen Weg finden würde, denn mir war klar, dass er vor allen Dingen Essam mit hinunterzog. Aber noch war der Schmerz nicht groß genug und ich hoffte, dass nicht erst etwas wirklich Schreckliches in seinem Leben passieren musste, damit er lernte. Doch ich war mir sicher, dass das Resonanzgesetz zu gegebener Zeit auch bei ihm wirken und ihm alles, was er ausgesendet hatte, zurückschicken würde.

Er traf seine eigene Wahl und hatte das Recht auf seinen eigenen Lebensweg wie jeder andere auch. Ich sah auf jeden Fall nach vorne und nur noch selten zurück. Es war notwendig gewesen, mit Ägypten abzuschließen und mich nicht darauf zu verlassen, dass mein Leben nur mit dem Geld weitergehen würde, das ich hätte haben können, wenn Sayed endlich die Wohnung frei gab. Und so konzentrierte ich mich darauf, was am jeweils aktuellen Tag anstand, anstatt Vergangenem nachzutrauern. Mahmoud hatte als letztes Druckmittel die Heiratsurkunde von Marwa und Sayed eingereicht und es war nun eine Frage der Zeit, wann Sayed zu einer Gefängnisstrafe verurteilt werden würde. Doch auch das war mir nicht wichtig. Ich war frei und wollte diesen Zustand erhalten.

Karim war inzwischen von Ulrike geschieden. Am Ende hatte sie kurz nach meiner Reise nach Ägypten einen kapitalen Fehler begangen und zu Karim das böse F-Wort gesagt. Sie hatte wahrscheinlich auch eine Schmerzgrenze erreicht, denn Karims Versuche, einen Scheidungswunsch bei ihr zu erzeugen, waren am Ende so schlimm geworden, dass ich es gar nicht mehr wissen wollte. Er war in Bezug auf dieses Thema unzugänglich für meinen Wunsch, alle Negativität aus unserem Leben zu verbannen. Mein Reden, dass Alles, was wir aussenden, zu uns zurückkommt, kam bei ihm zwar an, jedoch war es ihm das bei Sayed und Ulrike wert. Es war seine Entscheidung und ich konnte und wollte ihn da nicht beeinflussen. Trotz aller Versuche war es uns bisher nicht möglich gewesen, ihn nach Deutschland zu holen und ich glaubte inzwischen, dass auch das einen guten Grund hatte. Nicht alles lag an mir und manchmal war ich auch nur Teil einer Erfahrung anderer. Es gab eben Dinge, die andere Menschen lernen mussten und ich war inzwischen überzeugt davon, dass Karim seit geraumer Zeit eine Lehre ignorierte, die sehr wichtig für sein weiteres Leben war. Meine ständige Unterstützung in verschiedensten Formen bewirkte bei ihm nur, dass dieser Prozess sich in die Länge zog. Ich war mir nicht sicher, ob es eine gemeinsame Zukunft zwischen uns geben würde. Viel hing mit Sicherheit davon ab, ob Karim endlich den entscheidenden Schritt in seine Selbstständigkeit gehen und lernen würde, Entscheidungen zu treffen und nicht ständig darauf zu warten, dass alles zu ihm kam. Doch ich war mir sicher, dass ich mich auf dem richtigen Weg befand und damit erfolgreich sein würde. Und würde Karim es nicht schaffen, würde es bestimmt eine Alternative für mich geben.

Bis dahin werde ich meinen Weg gehen und mich dem Leben stellen. Ich habe erkannt, dass ich selbst Schöpfer in meinem eigenen Leben sein kann und den festen Vorsatz, diese Rolle auch auszufüllen und nie mehr Opfer zu sein, sondern zukünftig nur noch den Weg der Liebe und Eigenliebe zu gehen, so wie meine Seele es von mir verlangt.

Danksagung

Viele Menschen sind mir in meinem Leben begegnet, die ein „Danke" verdienen. Allen voran meine Eltern, die ihr Bestmögliches getan haben, um mich zu einem guten Menschen zu erziehen. Vor allen Dingen meiner Mutter gebührt ein Dank, dass sie so Vieles mitgetragen hat.

Nichts von dem, was meiner Tochter und mir passiert ist, wäre jedoch so verlaufen, wie ich es geschildert habe, wenn es nicht diesen einen Menschen gegeben hätte, der immer für uns da war, uns nie im Stich gelassen hat. Ich danke Dir, Arabi, für alles und verstehe Dein Verhalten heute.

Danke an die Lebensberatung, die mich in der schwersten Zeit mit vielen guten Ratschlägen und positiver Energie begleitet hat. Ich habe viel von Euch gelernt.

Vielleicht für den ein oder anderen unverständlich, jedoch für mich von großer Bedeutung ist der folgende Dank, der sich an meine, um mit Robert Betz' Worten zu sprechen, „Arschengel" richtet. Sayed, Marwa, Azza und Anna, Ihr habt mir die größten Lektionen meines Lebens beschert, für die ich Euch auf immer dankbar bin. Danke für Erfahrungen, die mich durch größte Schmerzen und Enttäuschungen zu wichtigen Erkenntnissen geführt haben und mich zu einem Menschen haben werden lassen, der sich selbst liebt und genug respektiert, um glücklich zu sein. Ich wünsche Euch, dass Gott und Ihr selbst Euch für all das vergeben könnt. Ich habe es.

Liebe Marietta, Du warst in der Not immer da. Ich danke Dir und wünsche Dir, dass Du Dein Glück findest.

Liebe Marlies, auch Du warst oftmals ein Engel, der in der Not eingesprungen ist. Dein Engagement nicht nur für Mariam und mich, sondern auch andere Menschen, die Probleme hatten, war immer eine große Hilfe und ohne Dich hätte ich vieles nicht geschafft. Mein Dank gilt aber auch Deinem handwerklich so begabten Mann und Sandra. Ich hoffe, dass Ihr irgendwann verstehen werdet, was mich dazu bewogen hat, so zu handeln, wie ich es getan habe.

Sacha Moufarrège, auch wenn wir nur gelegentlich Kontakt während meiner Ägypten-Zeit hatten, so ist unsere 25 Jahre andauernde Freundschaft nie erloschen und Du warst immer da, wenn ich Dich gebraucht habe. Nur wenige Menschen schaffen es, von Bekannten zu Lebensgefährten und dann zu guten Freunden zu werden. Dafür möchte ich Dir danken.

Mahmoud Abdel Rady, Du hast mit Sicherheit viel mehr getan als ein Anwalt für seine Klientin tun muss (aber am Ende auch viel weniger) und wir haben viel über den anderen in unserer gemeinsamen Zeit erfahren. Ich bitte Dich um Verzeihung für die Dinge, die ich Dir nicht sagen konnte. Danke für Dein großes Engagement in der Anfangszeit, auch wenn Du irgendwann die Seiten wechseln „musstest". Es tut mir sehr leid, dass auch Du am Ende den Weg von Betrug und Verrat bevorzugst.

Ashraf Shahin, danke für Deine Liebe, Deine Geduld und Deinen Glauben. Unsere Wege haben sich bestimmt nicht zum letzten Mal gekreuzt.

Danke auch an die vielen Menschen, die mich durch diese Zeit begleitet haben und ein kleiner, aber unverzichtbarer Teil des Ganzen geworden sind. Johannes für seine Präsenz als Freund in Notlagen jedweder Art, Am Kamal, den liebenswerten Security, der immer zur rechten Zeit weggesehen hat, Linda, die immer wieder durch Gespräche und anderweitige Hilfe versucht hat, Ruhe in mein Leben zu bringen und die Lehrerinnen in der Deutschen Schule in Hurghada, die ehrlich zu mir waren und mir mit Mariam geholfen haben. Allen anderen dort kann ich nur wünschen, dass sie den Mut finden, sich dem Druck eines Mannes zu widersetzen, der durch die Angst anderer Menschen versucht, erfolgreich zu sein.

Aber auch die vielen Helfer in Deutschland haben ihren Teil zu meinem heutigen Leben beigetragen. Ein großes Danke an die Frauen im Job Center EN, die alles gegeben haben, um mir ein schnelles, selbstständiges Leben zu ermöglichen, aber auch dem Jugendamt Witten, deren Mitarbeiterin sehr verständnisvoll war und Herrn Nüsperling vom Weißen Ring, der alle Möglichkeiten ausgeschöpft hat.

Ein extra großer Dank gilt Marion Bausen, die meine Tochter unbürokratisch in ihren Kindergarten aufgenommen und einen wesentlichen Teil dazu beigetragen hat, dass sie alles so gut verkraftet hat. Sie haben wirklich Ihre Berufung gefunden und ich habe einen Teil der Erziehung meiner Tochter gerne Ihnen überlassen.

Pfarrer Reinhard Edeler möchte ich für die seelsorgerische Hilfe und die guten Gespräche danken. Ich glaube, Sie haben nur eine sehr geringe Vorstellung von den vielen positiven Veränderungen, die sie dadurch bewirkt haben.

Stefanie Gralewski und Martina Hedi Mielke, Ihr seid wirklich mit einer großen Gabe gesegnet und habt mir oft wertvolle Hinweise gegeben. Vielen Dank dafür.

Annette Bitzkat, ich danke Dir nicht nur für das Lesen dieses Buchs und Deine produktive Kritik, sondern für eine Freundschaft von fast 20 Jahren. Unser gemeinsamer Weg ist mich Sicherheit noch nicht zu Ende.

Christina Walter, Du warst nicht nur mit Deiner Hundeschule Chiccobello eine enorme Hilfe. Dein Korrekturlesen dieses Buchs und Dein Urteil waren mir sehr wichtig.

Und last but not least: Mariam, mein Engel, Du bist die wundervollste Tochter, die sich eine Mutter wünschen kann. Ich liebe Dich.